Baedeker

Allianz Reiseführer

Schweden

www.baedeker.com

Verlag Karl Baedeker

TOP-REISEZIELE ★★

Schweden bietet eine Fülle von reizvollen Zielen, die einen Umweg oder sogar eine eigene Reise wert sind. Hier haben wir für Sie zusammengestellt, was Sie auf keinen Fall versäumen sollten.

Stockholm
gilt als Venedig des Nordens

Runenstein von Rök

DIE BESTEN BAEDEKER-TIPPS

Von allen Baedeker-Tipps in diesem Buch haben wir hier die interessantesten für Sie zusammengestellt. Erleben und genießen Sie Schweden von seiner schönsten Seite!

Samische Rentierzüchter
trifft man in Jokkmokk.

Siljansee
Fiedler sorgen für Stimmung an Mittsommer.

! Mittsommer am Siljansee
Nirgendwo sonst in Schweden feiert man den Sommeranfang so bunt und ausgelassen. ► **Seite 283**

! Kunst im Untergrund
Triste Gänge, graue Röhren? Nicht in Stockholms U-Bahn. Zahlreiche Stationen wurden von Künstlern farbenprächtig ausgestaltet. ► **Seite 303**

! Tanz der Kraniche
Jedes Jahr im Frühjahr kann man am Hornborgasee mit etwas Glück Zeuge des Tanzes der Kraniche werden, die hier in Gruppen bis zu 5000 Vögeln auftauchen. ► **Seite 335**

! Süße Leckereien
Polkagrisar werden die buntgeringelten Zuckerstangen genannt, die man in Gränna herstellt. ► **Seite 354**

! Kanalidyll Borensberg
Nahe von Motala gibt es an der Göta-kanal-Schleuse Borensberg immer was zu sehen. ► **Seite 359**

! Auf den Spuren Wallanders
Alle Wallander-Fans können im idyllischen Ystad die Schauplätze aufsuchen, an denen Krimi-Kommissar Kurt Wallander ermittelte. ► **Seite 368**

Stockholm
So kunstvoll sind hier die U-Bahnhöfe.

Ferien in den Schären von Bohüslän
► **Seite 133**

HINTERGRUND

PREISKATEGORIEN

► **Hotels**
Luxus: über 1200 SEK
Komfortabel: 600 – 1200 SEK
Günstig: bis 600 SEK
Pro Nacht im Doppelzimmer

► **Restaurants**
Fein & Teuer: über 250 SEK
Erschwinglich: 150 – 250 SEK
Preiswert: bis 150 SEK
Für ein Hauptgericht

PRAKTISCHE INFORMATIONEN

Fisch
So mancher Lachs, der auf Schwedens Tellern landet, stammt aus der Aquakultur.

TOUREN

Ländliche Idylle in Südschweden

Zu den beliebtesten Reisezielen in Schweden gehört die Insel Gotland in der Ostsee.
► **Seite 167**

REISEZIELE VON A bis Z

Hintergrund

KURZ UND KNAPP, VERSTÄNDLICH GESCHRIEBEN UND SCHNELL NACHZUSCHLAGEN: WISSENSWERTES ÜBER SCHWEDEN, ÜBER LAND UND LEUTE, WIRTSCHAFT UND KUNST, GESCHICHTE UND ALLTAGSLEBEN.

LAND DER WÄLDER UND SEEN

In Schweden gibt es Elche, Alkohol ist teuer und man kann wunderbar wandern – all das ist richtig, doch Schweden hat viel mehr zu bieten. Es ist ein ideales Reiseziel für Individualisten, die den Massentourismus scheuen, ein Land für Urlauber, die gerne auf eigene Faust unterwegs sind, wie für solche, die sich entspannte Tage im Ferienhäuschen am Meer wünschen. Wer einmal dort war, gerät immer wieder ins Schwärmen.

Schweden ist groß und weitläufig, 1500 km misst das Land von seiner Südspitze bis hinauf in die nordische Tundra. Entsprechend vielfältig ist die Natur: Im Süden, Götaland genannt, breiten sich friedliche Ackerbaulandschaften, Sonnenküsten und riesige Seen aus, in der Mitte, in Svealand, liegen die großen Wälder und der Mälarsee mit Stockholm. Das menschenleere Norrland hingegen reicht schon in die baumlose arktische Tundra hinein.

Siljansee
Das Herz des Landes, eingebettet zwischen Wiesen, Wald und Himmel

Schweden will mit Zeit und Ruhe entdeckt werden, denn auch kulturell wird einiges geboten. An erster Stelle steht hier die Hauptstadt Stockholm, das »Venedig des Nordens« mit seinen beeindruckenden Prachtbauten und Museen sowie der lebendigen Restaurant- und Kneipenszene. Auch Göteborg und das lebensfrohe Malmö sind lohnende Ziele für Kulturbegeisterte und Städtetouristen. Im Hinterland hingegen werden die Freunde des Kunsthandwerks fündig: Schwedens »Töpferland« und vor allem sein »Glasreich« sind weltbekannt.

Friedlicher Süden, faszinierender Norden

Während sich die kulturellen Sehenswürdigkeiten auf den Süden des Landes konzentrieren, wird nach Norden hin das Land immer fremdartiger: Die Tageslänge nimmt zu, die Mitternachtssonne scheint, in der menschenleeren Tundra öffnet sich das Tor zur einer Wildnis, deren Monotonie und Großartigkeit unvergesslich ist. Hier leben noch Wölfe und Bären; hier weiden die riesigen halbwilden Rentierherden der Samen, die ihre fast verloren gegangene Kultur jetzt wieder ganz bewusst pflegen.

Königlich

Schweden gehörte lange Zeit zu den Großmächten Europas, entsprechend stolz, prachtvoll und sehenswert sind viele Schlösser, hier das in Kalmar.

Lebensfroh

Ausgelassen tanzen, feiern und aus vollem Herzen singen können in Schweden nicht nur die kleinen Kinder.

Geheimnisvoll

Man sieht sie selten, doch in den riesigen Wäldern des Landes leben Tausende Elche, dazu fast ausgestorbene Tierarten wie Bär, Wolf und Auerhahn.

Sportlich

Segeln, Surfen, Baden, Wandern, Reiten, Golfen, Skilanglaufen, Schlittenfahren, Eistauchen, das machen nicht nur die Gäste, sondern auch die Schweden selbst mit voller Energie.

Kreativ

Kunsthandwerk hat einen hohen Stellenwert. Antiquitäten und Trödel, Kunst und Krempel werden überall im Land gehandelt.

Glücklich

Wer solch einen Lachs aus dem Wasser zieht, wird das nie vergessen. Highlights bietet das Land aber keineswegs nur den Anglern.

Im Jahreslauf spielt die Mittsommerzeit die Hauptrolle. So findet der lange und nördlich des Polarkreises fast lichtlose Winter, der dem Gemüt zu schaffen machen kann, seinen Ausgleich in den endlosen hellen Nächten des Sommers, in denen die Einheimischen von einer unerschöpflichen Vitalität zu sein scheinen. Die Mittsommernacht wird im ganzen Land mit Musik, Tanz, viel Alkohol und Hingabe gefeiert und die Festtagsfreude der Schweden reißt auch die Gäste mit. Im Alltag treten die Schweden überwiegend sehr zurückhaltend auf und werden als höfliche, umgängliche Menschen geschätzt. Schon in den ersten Stunden auf schwedischem Boden fällt dem Reisenden auf, wie sauber und gepflegt hier Gärten, Wege, auch Straßenränder und Wanderparkplätze sind. Auf den Straßen herrscht nicht das Recht des Stärkeren, vielmehr pflegen die Schweden einen sehr gelassenen Fahrstil. So steuert man sein Gefährt friedlich auf hervorragenden Straßen von den Badestränden an der Ostküste zu denen im Westen, von Südschwedens Bilderbuchlandschaft bis hinauf in den höchsten Norden. Seit dem Jahr 2000 besitzt Schweden dank der Öresundbrücke eine direkte Verbindung zum Festland, sodass man, ohne eine Fähre zu benutzen, das größte Land Nordeuropas erreichen kann.

Tradition *Alte Häuser werden in Schweden liebevoll instand gehalten.*

Abba, Ikea und Co.

Schweden ist nicht nur die Heimat von weltweit sehr erfolgreichen Popgruppen wie Abba oder Ace of Base, sondern auch Mutterland von Global Playern wie Volvo, Ikea, Electrolux oder H & M. Wirtschaftlich geht es dem Land gut. Wenngleich die Segnungen des berühmten schwedischen Wohlfahrtsstaats in den vergangenen Jahren deutlich zurückgenommen werden mussten, dient das skandinavische Land heute noch oft als Vorreiter, wenn es darum geht, die negativen Folgen der Globalisierung aufzufangen. Natürlich hat auch Schweden seine dunklen Seiten: Drogenszenen, soziale Randgruppen, Arbeitslosigkeit, doch nicht in solchen Dimensionen wie in anderen Ländern. Bleibt noch ein Blick auf die königliche Familie, deren Mitglieder, anders als in anderen Königshäusern, keinerlei Skandal-Stoff liefern. Als vielmehr sehr romantisch in Erinnerung blieb die Begegnung von König Carl XVI. Gustaf mit seiner späteren Frau, der Heidelbergerin Silvia Sommerlath. Sie treten als ein Königspaar auf, das für ruhige Beständigkeit steht. Das schätzen die Schweden, die so stolz sind auf ihr sehenswertes Land.

Fakten

Sanft, sonnig und voller kultureller Highlights präsentiert sich Schwedens Süden, der Norden ist wild und einsam, ein Paradies für Naturfreunde. Bis vor 100 Jahren war das Land noch ein reiner Agrarstaat, doch längst boomt die Industrie – Ikea, Volvo und H & M lassen grüßen!

Natur und Umwelt

Land zwischen Fjäll und Schären

Auf dem Fjäll

Schweden nimmt den östlichen Teil der skandinavischen Halbinsel ein und wird durch den Hauptkamm des Skanden-Gebirges von Norwegen, seinem westlichen Nachbarland, getrennt. Die Skanden erstrecken sich auf einer Länge von 1700 km (zum Vergleich: Alpen knapp 1000 km). Typisch für die Skanden sind die weiten, teils vermoorten und von kleinen Seen durchsetzten Fjällhochflächen, die zwischen 1000 und 1500 m ü.d.M. liegen. Geologisch gesehen sind die Skanden etwa zwanzigmal älter als die Alpen.

Die großen Seen

Das südliche Schweden sieht völlig anders aus als der Norden: Riesige Seen bedecken die relativ flache Mittelschwedische Senke. Die drei größten Seen sind Vänersee, Mälarsee (dessen Spiegel nur um Zentimeter über dem der Ostsee liegt) und Vättersee. Noch weiter südlich wirkt die nur bis zu 400 m hohe Landschaft wie ein flacher Schild. Im Südwesten leiten dann die Mittelschwedische Senke und Småland über nach Bohuslän und Halland mit ihren Schärenküsten.

Reif für die Insel?

Die Schären (von schwed. skär = Klippe) sind ein Charakteristikum der ostskandinavischen Küsten. Sie sind entstanden, als die Gletscher abschmolzen, sich das Land hob und bislang unter Wasser gelegene Gesteinsmassen aus dem Meer auftauchten. Im Küstensaum von Stockholm zählt man mehr als 24 000 Inseln, Inselchen und Klippen.

Eis formt das Land

Ganz Nordeuropa war mehrere zehntausend Jahre hindurch von einem mächtigen Eispanzer bedeckt, und nur die höchsten Spitzen des skandinavischen Hochgebirges ragten aus der Eisdecke heraus. Während aber Norddeutschland schon vor 20 000 Jahren eisfrei wurde, war Skandinavien vor nur 10 000 Jahren noch weitgehend von Eis bedeckt. Vor allem diese letzte Eiszeit formte die Landschaft Skandinaviens: Das Eis verschliff alle älteren Formen stark, nur der lange Gebirgszug der Skanden blieb erhalten. Als es schmolz, hat die Ostsee, die anfangs nur ein großer Stausee am Rand des Eises war, ihre Uferlinie immer wieder verändert und bekam eine offene Verbindung zum Weltmeer. Von der alten mittelschwedischen Meeresbedeckung sind die großen Seen zurückgeblieben; durch die reichliche Zufuhr von Fluss- und Quellwasser hat sich ihr Salzwasser längst in Süßwasser verwandelt.

Die Gletscher schmelzen

Hatten die etwa 2000 m mächtigen Eismassen das darunter liegende Land noch stark in die Tiefe gedrückt, so schwand diese Belastung mit dem Abschmelzen des Eises, und das Land hob sich. Am stärks-

← Lappland ist so kalt, dass man Hotels aus Eis bauen kann: Ice-Hotel in Jukkasjärvi

ten war diese **Landhebung** im Zentrum der einstigen Eisbedeckung. Sie ist in Skandinavien noch nicht abgeschlossen, sondern beträgt in der Gegend des Bottnischen Meerbusens noch etwa 1 m pro Jahrhundert, so dass dort manche Städte (z.B. Luleå) ihre Hafenanlagen immer wieder verlegen mussten, um dem zurückweichenden Meer zu folgen.

? WUSSTEN SIE SCHON ...?

- ... dass die Höga Kusten in Västernorrland die höchste Bodenhebung der Welt zu verzeichnen hat? Hier betrug die Landhebung seit der letzten Eiszeit vor 10 000 Jahren 285 m. Das Gebiet steigt noch heute um 8 mm im Jahr auf und wurde zum Weltnaturerbe erklärt.

Die Kraft des Eises schuf bizarre Formen: Im Schärenbereich und Binnenland sind mitunter Felsen zu finden, die an die Rücken mächtiger Wale erinnern. Besonders eigenartig sind die **Oser** (schwed. Åser), lang gestreckte, geschichtete Kiesdämme von bisweilen mehreren hundert Kilometern Länge, die sogar größere Seen durchziehen. Es handelt sich um die ehemaligen Sedimentfüllungen von Tunnelbahnen, die sich die unter den Eismassen hinziehenden Flüsse geschaffen hatten. Als das Eis dann abschmolz, blieben die Sedimentmassen als natürliche Dämme liegen. Von den Menschen wurden sie als stets trockene Verkehrswege geschätzt. Nicht zuletzt verdankt Stockholm seine Existenz einem solchen Os, das zur Abschnürung des Mälarsees beigetragen und eine günstige Möglichkeit zur Überquerung des Wassers geboten hat.

Die schwedischen Landschaften

Südschweden

Die Landschaft in Südschweden unterscheidet sich kaum von der in Norddeutschland und Dänemark. Hier ist es flach, so weit das Auge reicht. **Skåne (Schonen)**, die südlichste Landschaft Südschwedens, ist ein flacher Landstrich voll endloser Felder. Nur der Norden bietet auch Wald.

Schon nordisches Gepräge hat die Landschaft **Småland**, obwohl sie auf der gleichen Breite wie Jütland liegt. Ihr von eiszeitlichen Gletschern abgeschliffener Gneis- und Granitrumpf, der sich kaum bis auf 400 m erhebt, ist trotz der geringen Höhe ein noch weithin unerschlossenes Wald- und Moorgebiet. Der Holzreichtum hat in älterer Zeit an vielen Orten eine lebhafte Glasindustrie entstehen lassen. **Halland** im Westen zeichnet sich durch bekannte Badeorte und schöne Strände aus. **Blekinge** im Osten gehört zu den kleinsten Landschaften, kann aber trotzdem dem Besucher einiges bieten. Das Land ist hügeliger als Skåne, verfügt über weite Laubwälder und schöne Strände an der von Fjorden stark gegliederten Küste.

Die großen Inseln ►

Strände sind das Markenzeichen der Inseln Öland und Gotland. Doch ansonsten haben die beiden nicht viel gemeinsam. Während das kleinere **Öland** windzerfetzt und mit karger Vegetation in der Ostsee liegt, zeichnet sich **Gotland** durch mildes und sonniges Klima aus und wird nicht umsonst »Insel der Rosen« genannt.

Schweden Landschaften

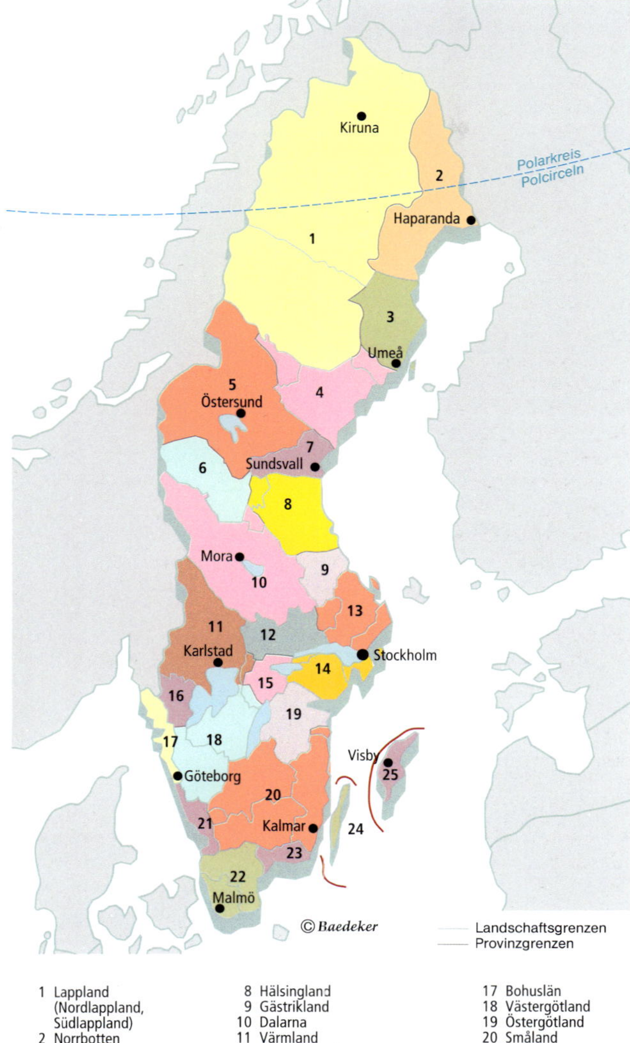

1 Lappland (Nordlappland, Südlappland)
2 Norrbotten
3 Västerbotten
4 Ångermanland
5 Jämtland
6 Härjedalen
7 Medelpad
8 Hälsingland
9 Gästrikland
10 Dalarna
11 Värmland
12 Västmanland
13 Uppland
14 Södermanland
15 Närke
16 Dalsland
17 Bohuslän
18 Västergötland
19 Östergötland
20 Småland
21 Halland
22 Skåne
23 Blekinge
24 Öland
25 Gotland

Der Klarälv ist der längste Fluss Schwedens und schlängelt sich durch waldiges Land.

Mittelschweden

Mittelschweden hat kein eigentliches Zentrum. Immer wieder wechseln ebene Ackerbaulandschaften mit dicht bewaldeten Gebirgshorsten oder mit gleichförmigen, vermoorten Hochflächen ab. Im Osten Mittelschwedens liegt die Landeshauptstadt **Stockholm** hinter einem dichten Schärengürtel. Weiter im Landesinneren hat die bäuerliche Bevölkerung des alten Svealandes jedoch viel offenes Land vorgefunden. Vänersee und Mälarsee werden durch viele kleine Inselchen vor ihren Küsten geprägt.

Nördlich von Stockholm beginnt für viele Liebhaber des Landes erst das richtige Schweden. **Uppland** mit seiner schönen Hauptstadt Uppsala und **Gästrikland** sind mit ihren Wäldern, Seen und weiten Feldern die ersten Vorboten des Nordens. In **Västmanland** und vor allem Dalarna wird die Landschaft bereits wilder. **Dalarna** ist eine der beliebtesten Feriengegenden des Landes und der **Siljansee** wird von vielen als der schönste See Schwedens bezeichnet. Im Nordwesten Dalarnas liegt das südlichste Fjällgebiet Schwedens mit Erhebungen bis zu 1200 Metern. In **Hälsingland und Medelpad**, den Landschaften an der Küste, herrscht Landwirtschaft vor. Im Landesinneren in Härjedalen und Jämtland ist das Klima wesentlich rauer. Jetzt prägen die Wälder und Berge an der Westgrenze zu Norwegen das Bild. Nördlich von **Jämtlands** größter Stadt Östersund beginnt die Wildnis.

Nordschweden

Die meisten Menschen in Nordschweden leben in den Küstenlandschaften **Ångermanland, Västerbotten und Norrbotten**. In den beiden letztgenannten gibt es mit Luleå und Umeå sogar noch größere Städte.

Norrlands Seen liegen im Winter viele Monate lang unter einem dicken Eispanzer verborgen. Weit im Norden, schon jenseits des Polarkreises, sind in Porjus, Harsprånget und an vielen anderen Stellen große Wasserkraftwerke angelegt worden. Norrland und Lappland sind Gebiete der endlosen Wälder, durchrauscht von ungebändigten Strömen, die vom Gebirge herabkommen und früher dem Holztransport dienten. Heute sind weite Waldgebiete durch gute Straßen erschlossen, sodass Holz meist mit Lastwagen zu den vielen Sägewerken gebracht wird. Diese befanden sich früher ausnahmslos an den Mündungen der großen Flüsse, entstehen heute aber auch im Binnenland.
In **Lappland,** der flächenmäßig größten Landschaft Schwedens, leben die wenigsten Menschen. Die Bevölkerung konzentriert sich hauptsächlich auf die Bergbaustädte wie z.B. **Kiruna**. Statt Nadelwäldern wachsen hier lichte Birkengehölze, das Land ist oft sumpfig und moorig, Bäche sickern durch die Trümmer- und Schuttfelder der letzten Eiszeit. Diese Region, bis vor kurzem noch ausschließlich die Domäne zahlreicher halbwilder Rentierherden, wird den Samen (Lappen) heute mehr und mehr streitig gemacht (►Baedeker-Special S. 36). Im Sommer 1986 wurden die Rentierweiden durch große Mengen radioaktiven Niederschlags aus dem zerstörten Kernkraftwerk von **Tschernobyl** (Ukraine) schwer geschädigt.

Pflanzen und Tiere

Bäume

Nur im Süden des Landes wachsen Buchen und Eichen. Der größte Teil Schwedens, vor allem Norrland, gehört zur nördlichen Nadelwaldzone. Als vorherrschenden Waldbaum findet man hier – meist auf Moränenböden – die Nordische Fichte (Picea excelsa), doch auch Kiefern kommen vor. Die Fichtenwälder des Nordens haben ein lichteres Aussehen. Eine stämmige Fichte in einer Gebirgsregion kann dreimal so alt sein wie eine entsprechende aus südlichen Waldregionen. Im Norden Schwedens bilden die Kiefern- und Birkenwälder auf Sandböden den Übergang zur **Tundra,** jener baumarmen Landschaft, die vor allem für Lappland charakteristisch ist.

Für ganz Skandinavien typisch ist die **Birkenzone**, die sich in einem Streifen von 200 m relativer Höhe über der Nadelwaldzone ausbreitet. Die Baumgrenze des Birkenwaldes liegt bei 500 bis 800 m. Als Bodenbewuchs sind Beerensträucher und in trockenen Lagen die Rentierflechte kennzeichnend.

? WUSSTEN SIE SCHON ...?

- ... dass am 8. Januar 2005 der bislang schwerste Sturm seit 100 Jahren über Schweden tobte? Orkan Gudrun riss 80 Millionen Kubikmeter Holz zu Boden, das entspricht der Erntemenge von rund 1,5 Jahren. Besonders betroffen war Südschweden. Schwedische Forstwissenschaftler hoffen nun, dass statt der sturmanfälligen Fichten verstärkt Laubbäume nachgepflanzt werden. Denn auch in Schweden befürchten viele, dass in Zukunft solch schwere Stürme zunehmen.

Zahlen und Fakten Schweden

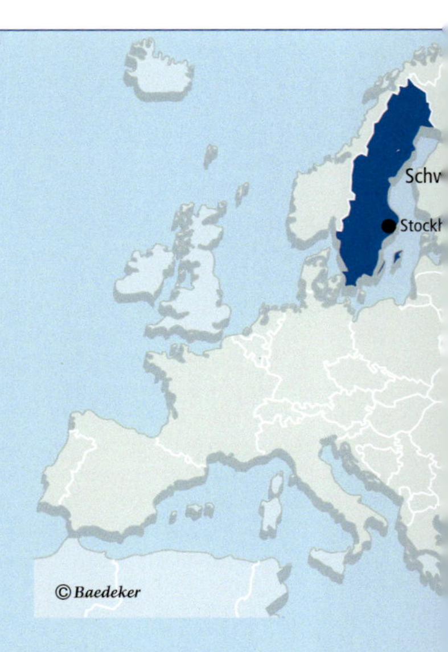

Lage

- Westeuropa am östlichen Rand der skandinavischen Halbinsel

Geografische Daten

- Fläche: 449 964 km² (Deutschland 357 020 km²)
- Größte Nord-Süd-Ausdehnung: 1574 km (etwa vom 55. bis 69. Breitengrad)
- Größte Ost-West-Ausdehnung: 499 km (etwa vom 11. bis 24. Längengrad)
- Küstenlänge: 7624 km
- Höchster Berg: Kebnekaise 2111 m
- Größter See: Vänersee 5585 km²
- Längster Fluss: Klarälven/Göta älv 720 km

Bevölkerung

- 9,01 Mio. Einwohner (Deutschland: 82,5 Mio.)
- davon 90,5 % Schweden, 2,5 % einheimische Finnen, ca. 20 000 Samen
- Ausländer: ca. 476 000
- Bevölkerungsdichte: 20 Einw./km² (Deutschland 231 Einw./km²)
- Altersstruktur: 17 % der Bevölkerung über 65 Jahre, damit ist Schweden eines der »ältesten« Länder weltweit
- Geburtenrate: 1,65 Kinder/Frau
- Religion: 75% der Bevölkerung evangelisch-lutherische Schwedische Kirche, Moslems ca. 250 000 Mitglieder, Römisch-katholische Kirche ca. 150 000 Mitglieder

Staat

- Staatsform: parlamentarisch-demokratische Monarchie
- König: Carl XVI. Gustaf (seit 1973)
- Ministerpräsident: Fredrik Reinfeldt (seit 2006)
- Amtssprache: Schwedisch
- Hauptstadt: Stockholm

Wirtschaft

- Prokopf-BIP 49 495 US-$
- Hauptausfuhr: Holzerzeugnisse, Pkw, Lkw, Maschinen, Elektro- und Telekommunikationsausrüstung, Design
- Einfuhr: u.a. Öl, Pkw, Halbfabrikate, Maschinen, Bekleidung, Obst
- Dienstleistungen: 68 %, Industrie: 30 %, Landwirtschaft: 2 %
- Arbeitslosenquote: 6,3 %
- Währung: Schwedische Krone SKR
- Internet-TLD: .se
- Großunternehmen: ABB, Electrolux, Ericsson, Ikea, Saab, Scania, Tetra-Pak, Volvo
- Energiegewinnung: 50,8 % Wasserkraft, 43 % Atomkraft, Rest: fossile Energieträger

Das Große Schwedische Staatswappen zeigt die drei Kronen und die Folkunger-Löwen.

Getreide, Raps und Moltebeeren

In Mittel- und Südschweden wird in erster Linie Ackerbau betrieben. Die Kulturpflanzen gleichen denen in Deutschland: Roggen und Hafer wachsen bis zum 67. und Gerste bis zum 68. Breitengrad, Kartoffeln gedeihen sogar in Lappland. Darüber hinaus gibt es Apfel-, Birn- und Kirschbäume; im Süden entfaltet der Flieder an Straßenrändern eine überwältigende Blütenpracht und im Frühling blühen die Rapsfelder hellgelb. An manchen Stellen findet man Buschwindröschen, Leberblümchen und Schlüsselblumen. Nicht zuletzt als Wirtschaftsfaktor wichtig sind die vielen Pilz- und Beerenarten (darunter Heidel-, Preisel- und Moltebeeren). Moltebeeren (Rubus chamaemorus) wachsen in Mooren und Feuchtgebieten und werden bis zu 30 cm groß. Ihre Früchte sehen aus wie orangefarbene Brombeeren und reifen Ende Juli/Anfang August. Man macht aus ihnen Marmelade oder isst die eigentümlich bitter-süß schmeckenden Beeren gefroren mit Zucker (»Björnkulla«) und stellt Eis und Parfaits daraus her.

Petri Heil!

Die schwedischen Flüsse und Seen sind sehr fischreich und daher ideale Angelreviere. Es gibt viele Lachse, Forellen, Karpfen, Hechte und Saiblinge; in den Küstengewässern kommt auch der Strömling vor, ein kleiner Weißfisch der Ostsee.

Reh und Ren

Die südschwedischen Wälder gehören zur gemäßigten mitteleuropäischen Zone und werden von denselben Arten bevölkert, die auch in den deutschen Wäldern anzutreffen sind wie Reh, Rothirsch, Fuchs, Hase und Dachs.
Weil in Nordschweden nur wenig Menschen wohnen und die Eingriffe in die Natur bisher eher maßvoll verliefen, ist die Artenvielfalt weit größer als in Mitteleuropa. Hier leben noch Tiere in freier Wildbahn, die bei uns ausgestorben sind, z.B. **Wölfe** im Sarek-Nationalpark. Auch von den Luchsen und **Braunbären** kommen noch einige hundert Exemplare vor. In Lappland, das zum arktischen Bereich gehört, ist die Fauna von Natur aus ärmer als in den weiter südlich gelegenen Regionen. Am verbreitetsten ist das **Ren**, das – oft halbwild – die kargen Tundren beweidet und als Lieferant von Milch, Fleisch, Fellen und Horn für die einheimische Bevölkerung größte Bedeutung hat. Durch strenge Schutzmaßnahmen hat sich der Bestand der **Elche** wieder stark vergrößert (► Baedeker-Special S. 24). Für die nördlichen Regionen sind außerdem Schneehuhn, Schneehase, Vielfraß und Polarfuchs typisch.

Ein Auerhahn bei der Balz

SCHWEDEN UND DER ELCH

Über ein Drittel der in Europa vorkommenden Elche lebt in Schweden. Allein die Anzahl der geklauten Elch-Verkehrsschilder zeigt den Beliebtheitsgrad des Riesenhirsches, der meist ungesehen durch die schwedischen Wälder zieht.

Seit im Oktober 1997 ein Fahrzeug der Mercedes-A-Klasse in Stockholm umkippte, weiß jedes Kind, was ein **Elchtest** ist. Für die Testfahrer heißt es, mit hohem Tempo schnell die Spur zu wechseln, ohne dabei zu bremsen – ein Ausweichmanöver, das z. B. auf schwedischen Straßen nötig werden könnte, wenn ein Elch am Wegesrand auftaucht. Zwar sind viele Strecken durch Wildzäune geschützt, aber an ihrem Ende, also dort, wo meist auch die Elchschilder warnend stehen, sowie in der Dämmerung treten die Tiere dafür gehäuft auf die Straße heraus. Dort halten sie sich gerne auf, weil hier in der Regel weniger Insekten umherschwirren. Fast jeder zweite tödliche **Autounfall** in Schweden hat mit Elchen zu tun.

800 kg Lebendgewicht

Immerhin bringt die **größte Hirschart der Welt** bis zu 800 kg auf die Waage. Elchbullen erreichen eine Schulterhöhe bis 2,4 m, der Körper ist mehr als 3 m lang. Charakteristisch ist das mächtige, schaufelförmige Geweih der Männchen. Aber nur den nordschwedischen Elche wachsen fast ausnahmslos zwei **Schaufeln** auf dem Kopf, rund die Hälfte der südschwedischen Elche trägt ein Stangen-Geweih, ähnlich, wie der Hirsch es tut. Eine Waffe ist der pompöse Kopfschmuck allerdings nicht. Wenn ein Elch sich gegen Wolf, Bär oder andere Angreifer verteidigen will, verteilt er gefährliche Fußtritte und Schläge mit den Vorderläufen. Das Geweih dient allein dazu, dem Impo-

Besonders in der Dämmerung muss mit Elchbegegnungen gerechnet werden.

niergehabe während der Brunftzeit den nötigen Nachdruck zu verleihen. Kaum ist die herbstliche Brunft vorbei, werfen die Bullen den Kopfschmuck ab und barhäuptig ziehen sie durch die Wälder, bis im Frühjahr nach und nach neue Schaufeln wachsen.

Schüchterner Riese

Elche sind überaus scheu und ziehen meist, bis auf Mutter und Kalb, als Einzelgänger durch die Wälder und Sumpfgebiete. Ihre Fähigkeit, sich »unsichtbar« zu machen, ist bei schwedischen Jägern legendär. Am liebsten fressen diese Wiederkäuer **Zweige**, knien auf den Boden, um Gräser zu zupfen und junge Bäumchen anzuknabbern, sorgen für so manchen Forstschaden und setzen mitunter den Feldern der Bauern zu. Besonders **gerne äsen sie im Wasser** – dort entkommen sie den lästigen Bremsen und Mücken –, weiden Schlingpflanzen und Seerosen ab und können bis zu einer Minute kopfunter im See abtauchen. Zum Wasser haben sie ein inniges Verhältnis. Sie schwimmen gut und außerordentlich schnell. Auch sonst sollte man Elche nicht unterschätzen, bloß weil sie so plump und ungeschlacht wirken. Denn sie schaffen es mühelos, über 2 m hohe Zäune zu springen. Zwar bleibt der Elch am liebsten, wo er ist, doch wenn es an Futter mangelt, wandert er mitunter mehrere 100 Kilometer, um neue Weidegründe zu finden. Die nahrungsarme Winterzeit überstehen die Tiere dank ihrer Fettreserven unbeschadet.

Das große Halali

Derzeit leben schätzungsweise rund 350 000 Elche in Schweden, jährlich im Herbst blasen Jäger zum großen Halali auf den König der nordischen Wälder. In nur zwei bis drei Wochen werden die astronomischen Abschusszahlen von ungefähr 100 000 Exemplaren erfüllt und anschließend hat man gute Chancen, **Elchsteak oder Elchgulasch** auf der Speisekarte vieler Restaurants zu finden. Wer die Tiere lieber live erlebt und auf Nummer sicher gehen will, könnte z.B. in den Tierpark Kolmarden gehen (Infos siehe S. 263).

Klima

Nordische Besonderheiten

Die Lage Schwedens hoch im Norden führt zu ausgeprägten jahreszeitlichen Unterschieden bei Sonneneinstrahlung, Helligkeit und Temperatur, die nach Norden hin immer stärker werden. Das Frühjahr (April/Mai) ist durch hohe Strahlungsintensität bei langer Sonnenscheindauer gekennzeichnet. Damit einher gehen oft relativ hohe Mittagstemperaturen an den hellen Frühlingstagen. Schon im März ist es in den schwedischen Wintersportgebieten länger hell als in den Alpen. Erfreulich für Urlauber sind die langen Tage im Sommer sowie ein Hoch, das sich häufig von Russland über die Ostsee ausbreitet und selbst in Höhe des Polarkreises noch Höchsttemperaturen von bis zu 30 °C ermöglicht. Mitte September kann schon der erste Kaltlufteinbruch Schnee bringen. Meist herrscht dann bis zum Monatsende sonniges Hochdruckwetter: In den klaren Nächten gibt es Frost, tagsüber ist es bei sonnigem Wetter aber noch warm und man kann einen Altweibersommer mit herrlicher Laubfärbung genießen.

Warmer Süden

In Südschweden sind die Winter mäßig kalt, die Sommer mäßig warm. In Skåne (Schonen) ganz im Süden ist es am wärmsten. An der Westküste regnet es der westlichen Winde wegen mehr als im Osten. An der Ostküste sind die Wassertemperaturen mit bis zu 16 °C auch am höchsten – ideal für einen Badeurlaub. Im Winter allerdings sinken die Wassertemperaturen bis auf 2 °C ab, sobald der Wärmevorrat der Ostsee aufgebraucht ist. Treibeis aus dem Norden kann bis auf die Breite von Gotland vorkommen. Einfluss auf das regionale Klima haben die großen Binnenseen: Sie geben im Herbst die gespeicherte Wärme an die Umgebung ab und verzögern die Abkühlung der Region im Umfeld. Im Frühjahr sind sie noch gefroren und die Umgebung wird weniger schnell warm.

Frische Mitte

Mittelschweden ist Übergangsgebiet vom stärker ozeanisch geprägten Klima Südschwedens zum mehr kontinental und boreal (nördlich) geprägten Klima Nordschwedens. Die Sommer sind nur mäßig warm und die Winter sehr kalt.

Kurze Sommer im Norden

Nordschweden hat ein kontinentales Borealklima mit langen, sehr kalten, schneereichen Wintern und kurzen, relativ warmen Sommern. Nach Westen schützen die Skanden diese Region, sodass sich feuchte Luftmassen vom Atlantik schon auf der norwegischen Seite abregnen. Die Niederschlagsmengen auf schwedischer Seite sind gering (meist zwischen 500 und 600 mm). Im Frühjahr wird es nur zögernd warm, da die Eisschmelze auf der Ostsee bzw. die Erwärmung des eiskalten Wassers viel Energie verbrauchen und weil im Mai Winde von der Ostsee landwärts wehen. Erst im Mai klettern die Tiefstwerte über den Gefrierpunkt, Ende September fallen sie schon wieder darunter. Nachtfröste sind jeden Monat mit Ausnahme des Juli möglich.

Schweden *Vier regionaltypische Klimastationen*

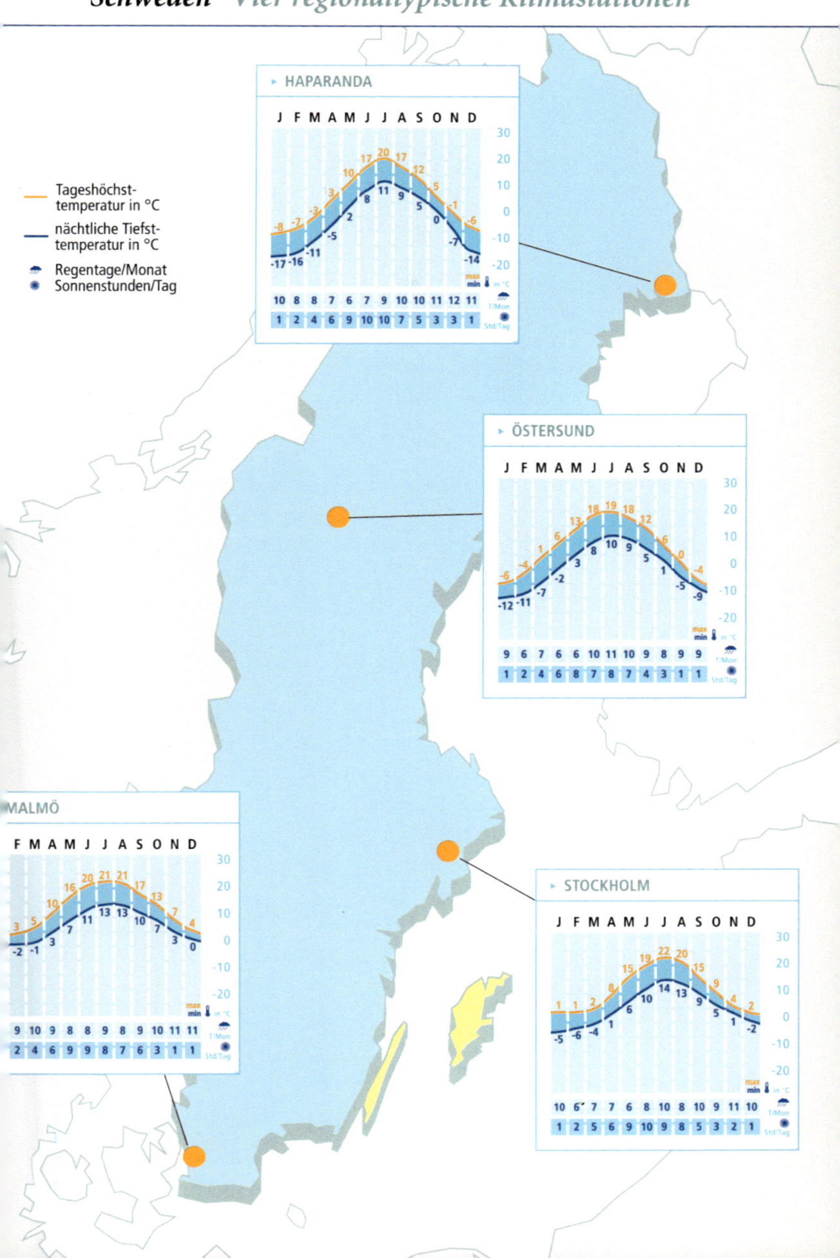

HIMMLISCHE LICHTER

In nördlichen Breiten werden die Besucher je nach Jahreszeit Zeuge von zwei beeindruckenden Himmelsschauspielen: Im Sommer ist dies die Mitternachtssonne, in der dunklen Jahreshälfte und in der Nacht das Polarlicht.

Mit jedem Kilometer, den man im Sommer in Richtung Norden fährt, werden die Nächte kürzer – bis man die magische Linie des Polarkreises auf 66,5° nördlicher Breite erreicht hat und ins Reich der Mitternachtssonne eintaucht. Am Polarkreis scheint diese allerdings nur einen Tag lang – zur Sommersonnenwende am 21. Juni. Doch je weiter man nach Norden kommt, desto länger wird auch die Periode der 24-Stunden-Tage, die am Nordkap von Mitte Mai bis Ende Juli dauert. Für die Menschen im hohen Norden ist diese wochenlange Lichtdusche die beste Kur gegen Winterdepressionen und der gerechte Ausgleich für das Ausharren während der Polarnacht, denn die dauert genauso lange wie die **Mitternachtssonne**. Für Mitteleuropäer, die nur einen Urlaub im Norden verbringen, ist die Mitternachtssonne ein ungewohnter Luxus, an den wir uns erst gewöhnen müssen, denn nicht jeder schläft gut bei Tageslicht. Aber dieses Übermaß an Licht setzt auch ungewohnte Energien frei. Wenn Tag und Nacht keine Bedeutung mehr haben, reduziert der Körper automatisch sein Schlafbedürfnis und es eröffnen sich neue Freiheiten. Für die Skandinavier ist es in dieser Zeit ganz normal, erst spätabends zu einer Wanderung aufzubrechen oder sich spontan zu einem Picknick am Strand zu verab-

» ... eine wochenlange Lichtdusche ist die beste Kur gegen Winterdepression ...«

Nordschweden um die Mitternacht

reden, wo die Sonne eben nicht im Meer versinkt, sondern schon ein Stück über dem Wasser wieder ihren Aufstieg beginnt. Wenn die Sonne stundenlang in der Nähe des Horizonts verweilt, können **die faszinierendsten Lichtstimmungen** entstehen. Während einiger magischer Momente leuchtet die Landschaft in kräftigem Rot, als ob plötzlich alles von innen glühen würde, aber das sind seltene Augenblicke des Glücks, denn auch zu Mitternacht ist die Sonne so launisch wie am Tag. Oft verschwindet sie hinter einem feinen Dunstschleier, der über dem Horizont lauert, und dann wird das Licht nur fahl. Ein anderes Mal wirkt sie zwar kräftig, aber die Luft scheint ihre Strahlen nicht weiterzuleiten und es gibt keine glühenden Gesichter. Viele, die eine Weile ohne Dunkelheit gelebt haben, trennen sich nur schweren Herzens von den 24-Stunden-Tagen. Vielleicht ist das der Grund, warum sie immer wieder nach Norden aufbrechen, denn dieses diffuse Gefühl, etwas Kostbares verloren zu haben, kommt schon auf dem Rückweg, in der ersten dunklen Nacht.

Tanz der Polarlichter

Für alle Bewohner des hohen Nordens war der leuchtende Nachthimmel immer mit Aberglauben, Angst und ehrfürchtigem Staunen verbunden, denn mit irdischen Maßstäben waren Polarlichter nicht zu erklären. Die meist grünen, manchmal auch blauen oder roten Lichtschleier wabern lautlos über den Himmel, verändern ständig ihre Form und stundenlang können Strahlen, Draperien, Bögen, Wolken und Wirbel über den Himmel tanzen, um dann ganz plötzlich wieder zu verschwinden oder aber auch in einer Aurora zu kulminieren, die wie eine Krone aussieht, in die man von unten hineinschaut. Im Mittelalter galt das Polarlicht – wie das Erscheinen eines Kometen – als **Zeichen für bevorstehenden Krieg**, Hungersnöte und Seuchen. Auch in der nordischen Mythologie spielte es eine große Rolle, als Tanz der Jungfrauen und Walküren, als Kampf der Götter und Geister, aber auch als Botschaft gefallener Krieger an die Lebenden wurde es gedeutet. Heute weiß man, dass die rätselhaften Lichter am Nachthimmel auf einer Wechselwir-

Für das Erscheinen der Polarlichter ist ebenfalls die Sonne verantwortlich: Das eindrucksvolle Schauspiel geht auf Sonnenwinde zurück.

kung des **Sonnenwindes** mit dem Erdmagnetfeld beruhen. Alle elf Jahre zeigt die Sonnenoberfläche besonders viele Flecken, was mit heftigen Eruptionen einhergeht. Dabei werden lichtschnelle Röntgenstrahlen und elektrisch geladene Partikel wie Protonen und Elektronen ausgestoßen, die die Erde erst einige Tage nach dem Ausbruch als Sonnenwind erreichen. Dieser prallt auf das Magnetfeld der Erde, staucht es zusammen und bewegt sich entlang der magnetischen Feldlinien zu den magnetischen Polen. Dabei dringen die Partikel in die oberste Schicht der Erdatmosphäre ein, wo sie auf Sauerstoff- oder Stickstoffmoleküle treffen. Dadurch wird ein Teil ihrer Bewegungsenergie in Licht umgewandelt, wobei die Kollisionen mit Sauerstoff zu grünem, die mit Stickstoff zu rotem Polarlicht führt. Da die Partikel des Sonnenwindes von allen Seiten in Richtung auf die Magnetpole wandern, entstehen Polarlichter **stets zeitgleich um beide Pole**. Wird der Sonnenwind zum Sturm, staucht er das Magnetfeld stärker und die Partikel kommen schon vor den Magnetpolen mit der Erdatmosphäre in Kontakt. Deshalb sind Polarlichter bei starker Sonnenaktivität nicht nur auf dem so genannten Polarlichtoval, einer kreisförmigen Zone rund um die magnetischen Pole, sondern auch bis nach Süddeutschland zu sehen.

In Schweden sind die Chancen, Polarlichter zu sehen, nördlich des Polarkreises im September und März am größten. Glück gehört natürlich immer auch mit dazu.

Bevölkerung · Politik · Wirtschaft

Bevölkerung

Von den 9 Mio. Einwohnern leben 85 % in der südlichen Landeshälfte, während die Bevölkerungsdichte in Norrbotten nur ca. 3 Einw./km² beträgt. Jahrhundertelang war Schweden ethnisch sehr homogen. Das weit im Norden lebende Nomadenvolk der Samen (Lappen) war die einzige ethnische Minderheit von Bedeutung. Heute sind sie selbst in ihrem angestammten Siedlungsgebiet nur noch eine Minorität. Zu Beginn zielte die staatliche Politik auf die Assimilierung der Samenn; erst gegen Ende der 1960er-Jahre wurde deren kulturelle Autonomie allmählich ernst genommen (► Baedeker-Special S. 36). Heute besteht die schwedische Bevölkerung zu etwa 10 % aus Einwanderern. Die meisten von ihnen sind finnische Staatsbürger mit Schwedisch als Muttersprache.

Sprachen

Die schwedische Sprache gehört wie Dänisch, Färöisch, Isländisch und Norwegisch zu den nordgermanischen Sprachen. In Schweden gibt es (anders als in Norwegen und Finnland) nur eine einzige Amtssprache: Schwedisch. Viele Schweden besitzen gute bis ausgezeichnete Englischkenntnisse, nicht zuletzt deshalb, weil ausländische Filme im Fernsehen meist nicht synchronisiert werden, sondern nur mit Untertiteln laufen. Durch die seit Jahrhunderten anhaltende Einwanderung aus Finnland wird Finnisch von rund 300 000 schwedischen Bürgern gesprochen.

Stellung der Frau

Seit Anfang der 1970er-Jahre sind die Schwedinnen auf den Arbeitsmarkt vorgedrungen. Hinter diesem Wandel von der Hausfrau zur Berufstätigen, der im übrigen Europa mit deutlicher Verzögerung eingesetzt hat, stehen politische wie soziale Entwicklungen. Zur genannten Zeit wurde die Frau auf dem stark expandierenden öffentlich-sozialen Sektor gebraucht; neue Steuergesetze, Kindertagesheime und Ähnliches wurden geschaffen. Inzwischen sind 85 % der Mütter, deren Kinder noch nicht älter als sieben Jahre sind, berufstätig. Dass so viele Frauen arbeiten, liegt daran, dass die Reformen auch auf Teilzeitarbeit ausgerichtet waren. Verglichen mit anderen Ländern hat die Frau in Schweden eine starke Position in gewählten Organen wie dem Reichstag. In Spitzenpositionen von Unternehmen und Gewerkschaften sieht man sie hingegen seltener; im mittleren Management dagegen sind sie gut vertreten.

Staat und Gesellschaft

Frieden förderte Stabilität

Seit den Napoleonischen Kriegen, die für Schweden 1814 mit dem Frieden von Kiel endeten, lebt das schwedische Volk im Frieden. Dies ist ein Grund für die jahrzehntelange politische Stabilität im Lande. Dazu kommt, dass es in Schweden nur sehr wenige ernsthafte religiöse, ethnische oder soziale Konflikte gab.

Der König repräsentiert ...

Schweden ist eine konstitutionelle Monarchie, in der der König das formelle Staatsoberhaupt ist. Gegenwärtig ist dies **Carl XVI. Gustaf**. Über politische Macht verfügt er aber nicht. Die liegt beim Reichstag bzw. Ministerpräsidenten und Regierung.

... das Parlament regiert

Im schwedischen Reichstag sitzen 349 Abgeordnete. Gewählt wird alle vier Jahre. Die größte schwedische Partei ist die Sozialdemokratische Arbeiterpartei, die in den vergangenen sieben Jahrzehnten bis auf wenige Ausnahmen die Regierung stellte. Mit knapp 40 Prozent erzielte sie auch 2002 die meisten Stimmen. Bei den **Parlamentswahlen 2006 und 2010** gewann jedoch die bürgerliche Allianz die Mehrheit der Stimmen. Ministerpräsident ist seit 2006 Fredrik Reinfeldt (Moderate Sammlungspartei). In der Nachkriegszeit schafften es einzig die Grünen, die seit 1998 im Reichstag vertreten sind, sich neben den traditionellen Parteien zu etablieren. Für Schweden typisch sind auch die relativ geringen Unterschiede zwischen den Parteien. In Detailfragen wird zwar heftig gestritten, aber über den generellen Weg der Politik sind sich meist alle einig.

? WUSSTEN SIE SCHON ...?

- ... dass in Schweden Sozialdemokraten und Gewerkschaften sehr eng verflochten sind? Die Gewerkschaften haben auch sehr starken Rückhalt in den Reihen der Bevölkerung: fast 90 % der Arbeiter sind Mitglieder, entsprechend groß ist der Einfluss auf die Politik.

Schweden und Europa

Seit 1995 ist Schweden Mitglied der Europäischen Union, doch der Währungsunion trat das Land nicht bei. Mit dem Euro kann man hier also nicht bezahlen. Insgesamt ist die Begeisterung für Europa in Schweden doch sehr verhalten.

Die Provinzen

Schweden gliedert sich in 24 Provinzen (län), die gebietsweise mit den 25 historischen Landschaften übereinstimmen. An der Spitze einer jeden Provinzialverwaltung steht ein von der Regierung ernannter Regierungspräsident; daneben besteht eine kommunale Selbstverwaltung.

Alkoholpolitik

Alkohol wird in Schweden sehr hoch besteuert. Auf einen Liter mit 40 Vol.% werden 21 € Steuer erhoben, in Deutschland sind es nur 5,20 €. Ursprünglich diente dies allein als erzieherische Maßnahme, inzwischen hat sich der Staat von diesen Einkünften, die jährlich rund 10 Milliarden Kronen in die Staatskassen spülen, so abhängig gemacht, dass ihm an einem Rückgang des Alkoholkonsums gar nicht gelegen sein kann.

Wegen der hohen Preise ist die illegale Schwarzbrennerei auf dem Lande weit verbreitet. »Hembränd«, der Selbstgebrannte, ist bekannt für seinen hohen Alkoholgehalt und berüchtigt wegen seiner schlechten Qualität. Weiter decken sich die Schweden vorzugsweise auf Fähren mit Alkohol ein und umgehen so die Steuer. Tabu ist Alkohol also keineswegs, vielmehr frönen viele Schweden an Wochenenden

und Feiertagen einem für ausländische Gäste mitunter irritierend exzessiven Alkoholgebrauch. Dennoch liegt Schweden bzgl. des Alkoholverbrauchs pro Jahr bei einem Vergleich von 37 Ländern auf dem 30. Platz. Inzwischen hat man auch bei der schwedischen Regierung die Schwachstellen der Alkoholpolitik erkannt. Seit einigen Jahren werden die Steuern für niedrigprozentigen Alkohol gesenkt, die für hochprozentigen aber angehoben.
Aber auch die EU hat sich eingeschaltet, die in den hohen Steuern eine Verletzung des Wettbewerbs sieht. Die schwedische Regierung denkt mittlerweile darüber nach, die Steuern zu senken, um das Geschäft mit dem billigen Alkohol im eigenen Lande zu machen. Seit 1955 aber kann man nach wie vor Alkohol nur in speziellen staatlichen Läden kaufen.

Wirtschaft

Wohlfahrtsstaat

Innerhalb von nur 100 Jahren wurde aus dem bitterarmen Schweden eines der reichsten Länder Europas, aus einem Agrarstaat eine aufstrebende Industrienation. Weil das Land als eines der wenigen in Europa von den Zerstörungen des Zweiten Weltkrieges verschont blieb, konnte die Industrie nach 1945 sofort ausländische Märkte erobern, während man anderswo mit dem Wiederaufbau zerstörter Fabriken beschäftigt war. Mit heute traumhaft anmutenden Steigerungsraten wuchs die Industrie die gesamten 1950er- und 1960er-Jahre hindurch. Den finanziellen Überschuss verwendete man zum Aufbau eines Sozialstaates, dem schwedischen Wohlfahrtsstaat, der seinen Bürgern umfassende Sicherheit garantierte.

Es kriselt

Ende der 1980er-Jahre wurde aber immer deutlicher, dass die schwedische Industrie im Vergleich zum Ausland zu teuer produzierte – die Kosten des Sozialstaates waren in einer Zeit, in der die gesamte Weltwirtschaft in der Krise war, zu hoch geworden. Als eines der ersten Länder Europas schlitterte Schweden in eine schwere Wirtschaftskrise.
Um die Konkurrenzkraft der Industrie zu stärken, nahm die Regierung einschneidende **Eingriffe in das soziale Netz** vor. So wurde z.B. ein unbezahlter Karenztag im Krankheitsfall eingeführt. Auch fürs Alter müssen die Bürger jetzt verstärkt privat vorsorgen. Die Reformen brachten tatsächlich den gewünschten Erfolg, doch die steigende **Arbeitslosigkeit** macht auch den Schweden Sorgen. Derzeit liegt die Arbeitslosenquote bei 6,3 %, rechnet man alle Arbeitssuchenden hinzu, die in Beschäftigungsprogrammen geparkt wurden, liegt sie bei rund 10 %.

Kein Steuerparadies

In Schweden sind die Steuern sehr hoch: Die Steuer- und Abgabequote liegt bei 50 %, also um ein Viertel höher als in Deutschland. Rechnet man noch Verbrauchssteuern hinzu, gibt ein Beschäftigter fast zwei Drittel seines Einkommens an den Staat ab.

Mächtige Großkonzerne Das Herz der schwedischen Wirtschaft bildet die Automobilindustrie und Großkonzernen ist der Aufschwung zu verdanken. Neun von ihnen, darunter Volvo, Scania, Elektrolux, Ericsson, erzeugen 44 % des schwedischen Exports. Deutschland ist seit 40 Jahren der größte Abnehmer schwedischer Exporte. Neuerdings ziehen aber auch die Exporte nach Asien und in die Vereinigten Staaten stark an. Auffallend ist, wie wenig mittelständische Unternehmen es in Schweden gibt. Sie werden, anders als die Großkonzerne, vom Staat auch wenig gehätschelt und müssen höhere Abgaben leisten als diese.

»Schwedenstahl« Der geologische Untergrund der Skandinavischen Halbinsel enthält Eisen- und Kupfererze. Schon zu Beginn des 14. Jh.s wurden Eisenerze abgebaut. Weltwirtschaftliche Bedeutung erlangten dann im 19. Jh. die Erze von **Kiruna** und Gällivare in Lappland. Noch heute kommen bis zu 80 % der schwedischen Erze aus diesem Gebiet. Dennoch erhält das mit 60 % Eisengehalt sehr hochwertige Erz zuneh-

Der Tännfors ist der größte Wasserfall Schwedens. Das Land zieht aus der Wasserkraft seiner Flüsse fast die Hälfte seines Energiebedarfs, den Rest liefern Atomkraftwerke.

mend Konkurrenz aus Brasilien, wo die Produktionskosten weitaus geringer sind, sowie aus Labrador und Australien. Daher ist der Export des einst legendären »Schwedenstahls«, dem nicht zuletzt die Karosserien der Volvo- und Saab-Automobile ihren Ruf verdankten, stark zurückgegangen.

? WUSSTEN SIE SCHON ...?

- ... dass DaimlerChrysler, Saab, General Motors, Fiat und zahlreiche andere Autohersteller ihre »Erlkönige« im nordschwedischen Arjeplog testen? Weil es im Winter in Lappland extrem kalt wird, können hier die neuesten Automodelle hervorragend auf ihre Winterfestigkeit überprüft werden. Dazu sausen die Erlkönige sogar über die zugefrorenen Seen. Auch Erlkönigjäger liegen hier auf der Lauer, um am Rande der Teststrecken Fotos von den noch geheim gehaltenen Modellen zu schießen.

Die fruchtbaren Sedimentböden in Skåne und der Mittelschwedischen Senke sorgen für hohe Erträge in der **Landwirtschaft**. Was Getreide, Molkereiprodukte und Fleisch betrifft, ist das Land noch heute autark, wenngleich seit dem Anschluss an die Europäische Union Importe aus dem Kontinent auf den Markt drängen.
Gut die Hälfte Schwedens ist von Wald bedeckt. Rund die Hälfte der Waldflächen ist Privateigentum, ein Viertel gehört großen Industriekonzernen und ein weiteres Viertel dem Staat. Mit rund 60 Mio. Festmetern ist der jährliche **Holzeinschlag** hier sogar noch höher als in Finnland, das als Holzproduzent schlechthin gilt. Der weitaus größte Teil des Holzes gelangt in die Zellulose-Fabriken, die u.a. den Grundstoff für die europäische Papierindustrie liefern. Nur rund 17 % der Holzproduktion gehen direkt als Nutzholz oder Fertigprodukte in den Export.

Atomkraft ja bitte!

Schweden besitzt mit mehr als drei Vierteln den höchsten Anteil der bekannten **Uranvorräte** Europas. Das erklärt, dass vom gesamten Energiebedarf des Landes ziemlich genau die Hälfte von Kernkraftwerken bereitgestellt wird. Der Rest wird fast ausschließlich aus Wasserkraft erzeugt. Kohle- oder Ölkraftwerke spielen fast keine Rolle. Für den Touristen hat die intensive Nutzung der Wasserkraft die Konsequenz, dass viele einstmals wegen ihrer Schönheit gepriesene Wasserfälle und Stromschnellen – weil in Druckstollen und Staubecken gebändigt – heute nur noch am »Wasserfallstag« im Hochsommer kurzfristig ihr ursprüngliches Aussehen zeigen.

Tourismus

Als Reiseland ist Schweden besonders bei Individualisten beliebt. Jährlich werden rund 20 Mio. Übernachtungen gezählt, zu denen noch eine ganz beachtliche Zahl von Aufenthalten in Ferienhäusern (estugor) und auf Campingplätzen kommt.

TROMMEL, REN UND INTERNET

Bereits vor vier Jahrtausenden sind die Samen aus dem Uralgebiet nach Nordskandinavien gewandert. »Sámi«, Sumpfleute, wie sich die Urbevölkerung in Norwegen, Schweden und Finnland nennt, sind heute eine ethnische Minderheit in ihren Ländern und ringen um ihre kulturelle Identität.

Einst sprach man von den Ureinwohnern Nordskandinaviens als »Lappen«, doch das hören die Samen gar nicht gern, denn der Begriff gilt als Schimpfwort. Insgesamt wird die Zahl der Bevölkerung mit mehr oder minder starkem samischen Einschlag auf ca. 70 000 Personen geschätzt, von denen die meisten in Norwegen und etwa 17 000 bis 20 000 in Schweden leben.

Altes Jäger- und Hirtenvolk

Archäologisch nachweisbar leben die Samen schon seit über 10 000 Jahren hoch oben im Norden. Als **Rentierzüchter**, Jäger und Schneeschuhläufer werden sie bereits im 1. Jh. n. Chr. in den Schriften von Tacitus erwähnt, und auch in den isländischen Sagas tauchen Samen auf. Ursprünglich waren sie ein Jäger- und Hirtenvolk mit einer Naturreligion, die an eine belebte Natur voller Geister glaubte. Der **Schamane mit der Trommel**, der Noai'di, vermittelte zwischen Menschen und Geistern, indem er in Trance fiel und in Kontakt zu den Wesen aus anderen Welten trat.

Sámi in Bedrängnis

Ähnlich wie den Indianern erging es auch den Samen: Im Laufe der Zeit fand eine immer stärkere skandinavische Kolonisierung ihrer Gebiete statt. Das Land, das ihnen einst gehörte, dürfen sie heute bestenfalls nutzen, Bestimmungsrecht haben sie keines mehr. 1751 teilte man Lappland zwischen Schweden und Norwegen auf und betrieb in den folgenden Jahrhunderten die **Zwangschristianisierung** der Samen. Vorstoß der Siedler, Kahlschläge, Bergwerke, Überflutung weiter Gebiete durch den Bau von Staudämmen, dies alles führte zu einem gravierenden Verlust an Weideflächen. Die Samen und ihre vom Schamanismus geprägte Kultur und Lebensweise wurden immer weiter abgedrängt.

In den 1970er-Jahren erwachte im Windschatten der Ökobewegung auch das samische Selbstbewusstsein neu. Im **Kampf um Mitbestimmung** wurde erreicht, dass seit 1993 alle vier Jahre ein samisches Parlament mit Sitz in Kiruna gewählt wird. Allerdings hat es keine Befehlsgewalt, muss aber in

Jährlich treiben die Sami ihre Rentiere zusammen und wählen Tiere zum Schlachten aus.

allen Fragen des samischen Lebens gehört werden und verteilt die staatlichen Fördermittel. Im Jahr 2000 wurde Samisch in Schweden als Minderheitensprache anerkannt. Damit verbunden ist das Recht jeden Kindes, in der Schule auch Samisch lernen zu können – sofern es Lehrer gibt, was nicht oft der Fall ist. **Samisch** gehört zur finno-ugrischen Sprachfamilie und ist eine höchst komplexe Sprache. Allein für das Wort Schnee gibt es über 100 verschiedene Begriffe. Um ihre neu gewonnene kulturelle Identität weiter zu stützen, tauschen sich die Samen auch übers Internet aus (www.same.net und www.samting.se) und unterhalten einen eigenen Radiosender, das Sameradio.

Wohnung statt Zelt

Heute leben die meisten Samen in Wohnsiedlungen wie alle anderen Schweden auch und gehen ganz normalen Berufen nach. Nur noch rund 2500 Samen betreiben Rentierzucht, die heute allein der **Fleischproduktion** dient. Die Rentiere suchen sich selbst ihre Weidegründe, im Herbst werden die Herden zusammengetrieben und die Schlachttiere ausgewählt. Freilich haben moderne Zeiten längst Einzug in den Samialltag gehalten: Helikopter und Motorschlitten ersetzen beim Zusammentreiben und Hüten Hunde und Skier, Handy und GPS-Geräte sind selbstverständlich. Nur in den Sommermonaten leben die Samen vielfach noch in **Gammen** (kleine Holz- oder Erdhütten) oder auch in Zelten, die oben eine Öffnung für den Rauchabzug haben.

Die nordischen »Sumpfleute« haben allerlei Kulturgut zu bieten, das auch bei Touristen sehr begehrt ist. Gerne gekauft werden Rentierfell- und Zinnarbeiten, bunte Bandwebereien, Teppiche, Schnitzereien aus Horn und Knochen sowie Birkenrindearbeiten. Die **Tracht** der Samen besteht aus einem knielangen Rock aus blauem oder braunem Tuch, der mit roten und gelben Borten besetzt ist, und eng anliegenden Tuchhosen. Die Schuhe sind aus weichem Leder gefertigt und haben aufgebogene Spitzen. In der kalten Jahreszeit tragen die Samen Pelzstiefel und einen Anzug aus Rentierfell.

Neben der farbenfrohen Tracht, überlieferten Sagen und den Rentierschlitten ist vor allem der sog. **Joik** ein wichtiges Element der samischen Tradition. Dieser monotone, aber sehr rhythmische Obertongesang beschreibt lautmalerisch Plätze, Personen oder Landschaften. Der Joik, dessen Wurzeln vermutlich bis in die Steinzeit zurückgehen, spielt für das Gemeinschaftsleben der Samen eine große Rolle.

Geschichte

Großartige Felszeichnungen künden vom Leben der Menschen in Schweden vor 3000 Jahren. Auch die Wikinger sorgten dafür, dass man sie nicht vergaß. Bis zum 18. Jh. war Schweden eine Großmacht und beherrschte Norwegen, Finnland sowie Teile von Norddeutschland und des Baltikums. Aus beiden Weltkriegen hielt sich das neutrale Land heraus.

Steinzeitjäger und Wikinger

vor 12 000 Jahren	Erste menschliche Besiedlung
1800 – 500 v.Chr.	Bronzezeit/ Felszeichnungen
500 v.Chr. – 500 n.Chr.	Eisenzeit/ Entwicklung der Runen
550 – 800.n.Chr	Vendelzeit
ca. 800 – 1050.n.Chr	Wikinger

Vom Jäger zum Bauern

Die ältesten Spuren menschlicher Besiedlung sind in Schweden rund 12 000 Jahre alt. Im Laufe der Steinzeit drangen Jäger und Fischer in Schweden bis zum Dalälv vor. Die Küstenbewohner lebten vom Fischfang und Muschelsammeln. Erst um 5000 v.Chr., also in der Jungsteinzeit, wurden die Menschen sesshaft, legten Äcker an und züchteten die ersten Haustiere. Aus dieser Zeit stammen die Megalithbauten, also Bauwerke aus großen Steinen, an der Küste von Västergötland. Diese als **»Gånggrifter«** (Ganggräber) bezeichneten Anlagen wurden über mehrere Generationen für Bestattungen genutzt. Heute liegen die Steine frei, einst überdeckte sie ein Hügel aus Erde.

Bronzezeit

Die nordische Bronzezeit hatte ihren Schwerpunkt in Dänemark und Südschweden. Aus jener Zeit stammen die verschiedenen **Felszeichnungen**, die man besonders in Tanum im Bohuslän nördlich von Göteborg und nahe der norwegischen Grenze, an der schwedischen Ostküste, nördlich vom Mälarsee oder im Steingrab von Kivik findet.

Eisenzeit

Während der nordischen Eisenzeit, aus der nur spärliche Funde (z.B. auf Öland und Gotland) vorliegen, wurde die Waffentechnik verbessert. Seit dem 2. Jh.n.Chr. sind Runeninschriften auf Schmuck und Geräten bekannt; etwa am Ende des 4. Jh.s begann man auch **Runen** in Stein zu schlagen. Der Name »Scandinavia« tauchte erstmals bei dem römischen Geschichtsschreiber Plinius d.Ä. um 75 n.Chr. auf; Tacitus erwähnte die mächtigen Schwedenkönige (Suiones) um 100 n.Chr. in seiner Germania.

Svear und Götar

Die **Vendelzeit** hat ihren Namen von den prächtigen **Bootsgräbern** in Vendel in Uppland. Im Laufe der Jahrhunderte entwickelten sich zwei Zentren der Besiedlung: Die in straffen Stammesordnungen organisierten Svear herrschten im Gebiet um das heutige Stockholm, die Götar saßen etwas weiter südlich im Bereich des heutigen Östergötland. Die Svear unterwarfen die Götar; die entscheidende letzte Schlacht fand um das Jahr 750 statt. Der Stammesname ging auf das ganze Land über (Svea rike = **Sverige** = Schweden).

← *Runenstein aus der Wikingerzeit, gefunden in Lund*

Wikinger Um 800 setzte eine starke Expansion ein. Die Skandinavier machten sich im Ausland als Händler, vor allem aber als plündernde Wikinger bemerkbar: Während sich ihre Verwandten aus Norwegen und Dänemark bei ihren Raubzügen zumeist nach Westen wandten, spezialisierten sich die schwedischen Wikinger auf den Osten. Über die russischen Flüsse gelangten sie mit ihren leichten Booten bis zum Kaspischen Meer. Sie gründeten dort verschiedene Staaten, zuerst einen am Ilmensee mit dem Hauptort Holmgard, dem späteren Nowgorod; danach auch Kiew. Schwedische Wikinger kamen bis Konstantinopel, wo sie als Waräger die Kaisergarde bildeten.

Mittelalter

um 830	Christliche Missionare erreichen Schweden.
14.–16. Jh.	Hansezeit
1397–1521	Kalmarer Union: Dänemark, Schweden und Norwegen unter einem König vereint
1471	Sieg über die Dänen
1521	Stockholmer Blutbad

Aus Heiden werden Christen Um 830 predigte der **Heilige Ansgar** das Christentum in Birka am Mälarsee, das seinerzeit Schwedens größte Handelsniederlassung bildete. Nur zögerlich legte die Bevölkerung den Glauben an die germanischen Götter wie Thor und Odin ab und lange existierte ein Nebeneinander von Heiden und Christen. Insgesamt sollten 170 Jahre vergehen, bis sich das Christentum im Königshaus durchsetzte: Im Jahr 1000 ließ sich König Olof Eriksson taufen. Einen eigenen Erzbischof erhielt Schweden indes erst 1164. Zu diesem Zeitpunkt war die Christianisierung abgeschlossen, die heiligen Haine und Quellen mit Kirchen überbaut und viele Runensteine weggeschafft.

Hanse Unter der Führung Lübecks hatten sich im 14. Jh. die deutschen Städte in der Hanse zusammengeschlossen. Die Handelsgemeinschaft sicherte sich im gesamten Ostseeraum, so auch in Schweden, die Vorherrschaft und gründete auch hier zahlreiche Städte. Visby war einer der Hauptstützpunkte der Hanse.

Kalmarer Union Ein wichtiges Datum in der schwedischen Geschichte war das Jahr 1397, als unter der Führung der dänischen **Königin Margarete** Dänemark, Norwegen und Schweden zu einem Reich vereinigt wurden. Nach dem Tod Margaretes 1412 wurde die **Kalmarer Union** immer mehr zu einem Machtinstrument Dänemarks und entwickelte sich zum Nachteil Schwedens. Das Land wurde mit hohen Steuern belegt und der Dauerstreit mit der **Hanse**, die den Ostseeraum dominierte,

Die Stadtmauer von Visby (Gotland) zeugt vom Schutzbedürfnis, das im Mittelalter herrschte.

führte zu einem Boykott von schwedischem Eisen und Kupfer. 1434 kam es deshalb unter der Führung des Bergwerksbesitzers **Engelbrekt Engelbrektsson** zum Aufstand. Seinem Bauernheer gelang schließlich der Sieg und Engelbrektsson wurde für kurze Zeit sogar zum Reichsverweser. Zwar wurde er 1436 ermordet und der Adel eroberte sich die Macht zurück, doch viele Freiheiten blieben den Bauern erhalten. Es wurde ein **Vier-Stände-Reichstag** gebildet, dem neben Adel und Geistlichkeit auch Bürger und Bauern angehörten. Letztere genossen Freiheiten, die für die damalige Zeit europaweit einmalig waren.

Schlacht von Brunkeberg

Ab 1436 stand Karl Knutsson an der Spitze des Kampfs gegen den Unionskönig Erich von Pommern. Karl Knutsson wurde 1448 zum König gewählt, verlor aber in den bis zu seinem Tod (1470) andauernden erbitterten Kämpfen gegen König Christian I. von Dänemark und gegen schwedische Adlige zweimal die Herrschaft. Doch der **Kampf gegen die Dänen** und für die Auflösung der Kalmarer Union ging weiter. Sten Sture der Ältere besiegte das dänische Heer 1471 in der Schlacht von Brunkeberg.

Stockholmer Blutbad

Immer wieder eroberten die Dänen ihre Macht zurück. Tragischer Höhepunkt der Auseinandersetzung war das »Stockholmer Blutbad« im Jahre 1521, als Dänenkönig Christian II. 82 schwedische Adlige, die angeblich einen Aufstand gegen ihn geplant hatten, brutal ermorden ließ. Jetzt brach tatsächlich ein Aufstand aus, der zur Absetzung von Christian II. führte.

Aufstieg zur Großmacht

1523	Gustav Wasa wird zum König gewählt.
1527	Reformation
1632	Gustav II. Adolf fällt in der Schlacht von Lützen.
1648	Im Westfälischen Frieden bekommt Schweden u.a. Vorpommern zugesprochen.
1658	Größte Ausdehnung des Staatsgebiets in der Geschichte
ab 1697	Niedergang Schwedens

Gustav Wasa Gustav Wasa, ein schwedischer Adliger, der maßgeblich am Widerstand gegen die Dänen beteiligt war, wurde 1523 zum König von Schweden gewählt. Er ließ 1527 die Reformation einführen, brach die Macht der Hanse und machte Schweden 1544 zur Erbmonarchie.

Gustav II. Adolf Zu Beginn des 17. Jh. betrieb Gustav II. Adolf eine aggressive Expansionspolitik Richtung Osten und beendete die bereits von seinem Vater **Karl IX.** begonnenen Kriege gegen Russland und Polen siegreich. Er reformierte die Verwaltung und förderte die Wirtschaft. Auf Bitten der protestantischen Fürsten griff Gustav II. Adolf in Deutschland in den **Dreißigjährigen Krieg** (1618 – 1648) ein; dort fiel er 1632 in der Schlacht von Lützen.

Gustav II. Adolf

Unter seiner Nachfolgerin Christine setzte sich der **Aufstieg Schwedens zur Großmacht** fort. Im Westfälischen Frieden, der den Dreißigjährigen Krieg beendete, sicherte sich Schweden unter anderem Vorpommern mit Rügen und Wismar sowie Bremen und das Bistum Verden. Weitere Eroberungen folgten im Krieg gegen Dänemark-Norwegen – 1658 stand das schwedische Reich auf dem Gipfel seiner Macht, eine größere territoriale Ausdehnung sollte es nie mehr erreichen.

Doch seine Großmachtstellung konnte Schweden nicht dauerhaft halten. Dem rein agrarisch geprägten Land fehlten die wirtschaftlichen Ressourcen, um das riesige Gebiet absichern zu können. Als 1697 der 15-jährige **Karl XII.** den Thron bestieg, begann der **Abstieg Schwedens**. Zunächst konnte der kriegerische König zwar noch militärische Erfolge feiern, doch die Niederlage im **Großen Nordischen Krieg** (1700 –1721) gegen Dänemark, Polen und Russland brachte den Verlust der Ostseeprovinzen, Bremens, Verdens und Vorpommerns. Auch die Vormachtstellung in Europa war damit dahin.
Karl XII. war bereits 1718 vor der norwegischen Festung Fredrikssten durch eine verirrte Kugel gefallen.

Freiheitszeit · Industrialisierung

1719–1772	Freiheitszeit: Die Macht des Königs wird eingeschränkt.
1809	Schweden verliert Finnland.
1814–1905	Union mit Norwegen
1818	Jean Baptist Bernadotte besteigt den Thron.
ab 1850	Große Auswanderungswellen
1900–1930	Aufstieg zur Industrienation
1914–1918/ 1939–1945	In den Weltkriegen bleibt Schweden zumindest auf dem Papier neutral.

Reichsrat erhält mehr Macht

Nach dem Zusammenbruch erholte sich das Land wirtschaftlich überraschend schnell. In der »Freiheitszeit« genannten Epoche gelang es dem Adel, die Macht des Königs zugunsten des **Reichsrates** deutlich einzuschränken. Die Macht lag nun ganz beim Reichsrat/ Parlament – Vergleichbares konnte zu dieser Zeit nur England aufweisen.

Das Pendel schlägt zurück

Dem aufflackernden Parlamentarismus wurde indes rasch der Boden entzogen. Gustav III., der 1772 den Thron bestieg, schränkte den Einfluss der Parteien wieder stark ein. Er regierte im Sinne des aufgeklärten Absolutismus, schaffte die Folter ab und führte die **Pressefreiheit** ein. Gustav ging auch als bedeutender Förderer von Kunst und Kultur in die Geschichte des Landes ein. Durch sein entschlossenes Auftreten gegen den Adel schaffte er sich dort allerdings viele Gegner und wurde schließlich 1792 durch einen Vertreter des Adels bei einem Maskenball erschossen.

Union mit Norwegen

1805 tobte in Europa wieder ein Krieg. Schweden verbündete sich mit England gegen Russland und Frankreich – und unterlag. Die Provinz Finnland ging verloren. In der Verfassung von 1809 wurden die Machtbefugnisse des Königs stark eingeschränkt, ein Gleichgewicht zwischen Monarchie und Reichstag wurde geschaffen.
Da man Gustav IV. Adolf als Schuldigen für die Niederlage im Krieg gegen Russland und Frankreich ausgemacht hatte, wurde er abgesetzt und durch **Karl XIII.** ersetzt. Die eigentliche Macht übte aber **Jean Baptiste Bernadotte**, ein ehemaliger Marschall aus der napoleonischen Armee, aus. Er wurde 1810 als Kronprinz ins Land geholt und zog 1813 gegen Frankreich und Dänemark in den Krieg. Als Kriegsfolge musste Dänemark **Norwegen** abtreten und Norwegen – gegen seinen Willen – eine Union mit Schweden eingehen, die bis 1905 währte. 1818 bestieg Jean Baptiste Bernadotte als Karl XIV. Johann den Thron. Seine Nachkommen stehen noch heute an der Spitze des schwedischen Staates.

Bitterarme Menschen Im Laufe des 19. Jh.s verschlechterte sich die wirtschaftliche Situation in Schweden zusehends. Vor allem die Landbevölkerung verarmte und rund 1,5 Millionen Menschen (bei einer Bevölkerung von nur 3,5 Millionen) wanderten zwischen 1860 und 1914 vor allem **nach Nordamerika** aus. Wer nicht emigrierte, versuchte sein Glück in der Stadt. Die damals einsetzende Industrialisierung schuf zwar neue Arbeitsplätze, doch für viele ehemalige Bauern endete der Umzug in die Stadt in größter Armut. 1889 wurden die ersten **Arbeiterschutzgesetze** erlassen, als Vertreter der Arbeiterschaft wurden in dieser Zeit auch die Sozialdemokratische Partei und die Zentralgewerkschaft gegründet.

Die Zeit der Weltkriege Ab 1890 kam die Industrialisierung in Fahrt und durchlief bis 1930 eine äußerst rasche Entwicklung. Wirtschaft und Kultur erreichten ein höheres Niveau. Im **Ersten Weltkrieg** verfolgte die schwedische Regierung offiziell eine Politik der Neutralität, da man aber in Wirklichkeit eine sehr deutschfreundliche Linie fuhr, verhängte England schließlich eine Blockade gegen das Land. Das Kriegsende leitete eine Reihe politischer und sozialer Reformen ein, durch die der Grundstein zur Schaffung des schwedischen Wohlfahrtsstaates gelegt wurde. 1921 wurde schließlich das allgemeine Wahlrecht eingeführt. Im **Zweiten Weltkrieg** erklärte Schweden erneut seine Neutralität, trieb aber regen Handel mit Deutschland und lieferte Eisenerz für Hitlers Waffenschmieden. Außerdem wurde den deutschen Truppen ein Transitrecht ins besetzte Norwegen gewährt.

Der Weg ins 21. Jahrhundert

1946	Beitritt zu den Vereinten Nationen
1976	König Carl XVI. Gustaf heiratet Silvia Sommerlath.
1986	Ermordung des Ministerpräsidenten Olof Palme
1995	Beitritt zur Europäischen Union (EU)
2003	Schweden stimmt gegen den Euro.
2006	Die bürgerliche Allianz gewinnt die Parlamentswahlen.

Wohlfahrtsstaat Nach dem Krieg wurden die sozialen Reformen fortgeführt und eine sozialdemokratische Regierung folgte auf die andere. 1946 trat Schweden den **Vereinten Nationen** bei, 1949 dem Europarat und 1951 gründete das Land zusammen mit seinen Nachbarn den **Nordischen Rat**. All dies geschah unter der Führung des Sozialdemokraten Tage Erlander, der von 1946 bis 1969 als Ministerpräsident amtierte. Ihm folgte **Olof Palme** im Amt, der 1976 die Regierungsgeschäfte an Thorbjörn Fälldin abgeben musste. Für schwedische Verhältnisse war das eine Sensation, denn erstmals stand damit kein

Schwedens künftige Königin: Kronprinzessin Victoria

Sozialdemokrat an der Spitze einer Regierung. Doch 1982 übernahmen die Sozialdemokraten und mit ihnen Olof Palme wieder die Macht. Der beliebte Ministerpräsident, der außenpolitisch als Pazifist und Friedensstifter auftrat, gleichzeitig aber die schwedische Armee hochrüstete, wurde 1986 von einem Unbekannten **ermordet.** Dasselbe Schicksal erlitt 2003 die schwedische Außenministerin **Anna Lindh**, die in einem Kaufhaus in der Stockholmer Innenstadt ermordet wurde. Der Sieg bei den Parlamentswahlen 2006 ging an die bürgerliche Allianz, und Ministerpräsident wure Fredrik Reinfeldt.

Königshaus

1976 heiratete König Carl XVI. Gustaf **Silvia Sommerlath**. Er hatte die Deutsche 1972 während der Olympischen Spiele in München kennen gelernt. Am 14. Juli 1977 kam **Victoria**, ihr erstes Kind, auf die Welt. Das war der Anlass, die Thronfolgeregelung zu ändern: Seit 1980 gilt in Schweden bei der Königsnachfolge das Erstgeburtsrecht, auch Frauen dürfen regieren. Damit ist Victoria schwedische Thronfolgerin. Ihr Bruder Prinz Carl Philip wurde 1979 geboren, ihre Schwester Prinzessin Madeleine 1982. Kronprinzessin Victoria schien die große öffentlichen Aufmerksamkeit schwer zu belasten, sie studierte nicht wie geplant in Schweden, sondern in den USA Politikwissenschaft und Geschichte. Mittlerweile wirkt sie gefestigt. Am 19. Juni 2010 heiratete Victoria in der Stockholmer Nikolaikirche (Storkyrkan) Daniel Westling (geb. 1973), mit dem sie seit 2001 liiert war.

Schweden und Europa

Als eines der ersten Länder Europas schlitterte Schweden im Laufe der 1990er-Jahre in eine schwere Wirtschaftskrise mit hoher Arbeitslosigkeit und Betriebsbankrotten. In dieser Situation beschloss die Regierung die Aufgabe ihrer Neutralitätspolitik und beantragte den damals in der Bevölkerung äußerst umstrittenen **Beitritt zur Europäischen Gemeinschaft**. Seit 1995 ist das Land Mitglied der Europäischen Union. Der Beitritt zur Europäischen Währungsunion und damit die Übernahme des **Euro** wurde aber in einer Volksabstimmung 2003 von einer breiten Mehrheit der Bevölkerung **abgelehnt**. Ein Grund für die Ablehnung war der eigene Wirtschaftsaufschwung, den man durch den Euro gefährdet sah.

Kunst und Kultur

Als Impulsgeber für die Kunstwelt ist Schweden nie in die Geschichte eingegangen, dazu lag es immer viel zu weit ab vom Geschehen. In der Literatur liegt der Fall anders: Astrid Lindgren, aber auch Henning Mankell sind international bekannte Namen.

Kunstgeschichte

Vor- und Frühgeschichte

Felszeichnungen

Felszeichnungen gehören zu den eindrücklichsten Kunstwerken der Vorgeschichte in Schweden. Ihre Datierung ist schwierig, doch Forscher gehen davon aus, dass die ersten bereits in der Jungsteinzeit entstanden, also über 8000 Jahre alt sind. Einen Höhepunkt erreichte die Zahl der Felszeichnungen in der Bronzezeit. Allein in der Gegend **Nord-Bohuslän** wurden 40 000 solcher so genannter Hällristningar gezählt, die überwiegend zwischen 1800 und 400 v.Chr. geschaffen worden sind (► Baedeker Special S. 140).

Tierstil

In der germanischen Zeit entwickelte sich die Kunst, Schmuckstücke aus Metall herzustellen, deutlich weiter. Bis um 350 n.Chr. wurden Fibeln, eine Art Brosche, mit gekörnten Gold- oder Silberdrähten verziert. Bis 550 n.Chr. ließ man sich vom Orient inspirieren, übernahm ornamentale Techniken iranischer Herkunft und versah Goldschmuck mit wunderschönen roten Einlagen aus Almandin. Charakteristisch ist auch der »Tierstil«: Schmuckstücke tragen dabei seltsam ineinander verschlungene Tiergestalten, die teils so abstrakt sind, dass man darin kaum ein Tier erkennt. Tipp zur Orientierung: Zuerst das Auge suchen, dann erschließt sich der Rest der Figur leichter.

Kunst der Wikinger

Auch die Wikinger entwickelten den Tierstil weiter und ließen sich von außerhalb inspirieren. So ist z.B. der abstrakte dänische Jellingstil (900–1100) von irisch-keltischer Tierornamentik beeinflusst. Aus etwas späterer Zeit datieren die Runensteine von Stenkyrka auf Gotland (um 1000), Lundagård in Lund und Tulsdorp in Skåne. Kennzeichnende Tiergestalt ist das »Große Tier«, ein raubtierartiges Wesen mit Spiralgelenken und mächtigem Schopf.

Kunst im Mittelalter

Romanik

Ihr Ende fand die germanisch-wikingische Kunst mit der Christianisierung um 1000 n.Christus. Die ältesten Kirchen sind hölzerne Stabkirchen, die allerdings rasch durch Kirchen aus Stein ersetzt wurden. Nur in Hedared bei Borås (► S. 166) hat eine einzige **Stabkirche** die Stürme der Zeiten überlebt. Kirchenbauten aus Stein sind die am besten erhaltenen Baudenkmäler aus romanischer Zeit. Das wichtigste ist der **Dom von Lund**, eine von den Kaiserdomen des Rheinlands beeinflusste dreischiffige Basilika (►S. 240). Die Steinkirchen des 12. und 13. Jh.s sind meist einfacher; vor allem auf Gotland stehen auch noch einige Rundkirchen.

← *Werke von Carl Milles, ausgestellt im Millesgården in Stockholm*

Stadtschloss Stockholm: eine Mischung aus Spätrenaissance und Barock

Gotik Die gotischen Kirchen des 13. bis 15. Jh.s orientieren sich in Südskandinavien vielfach an französischen oder spanischen Vorbildern, etliche auch an der niederdeutschen Backsteingotik. In Schweden bleiben die Formen der Gotik eher gedrungen; für größere Bauprojekte wurden fremde Baumeister und Handwerker ins Land geholt (gotischer Hallenchor des Doms zu Linköping von dem Kölner Meister Gerlach). Das zweite Hauptwerk der Gotik ist der **Dom zu Uppsala** (um 1280 begonnen; allerdings im 19. Jh. durch Restaurierung verfälscht, ►S. 324).

Malerei Die Malerei des Mittelalters zeigt kaum eine eigene Note; sensationell ist aber, dass sich in Schweden viele Wandmalereien in den Kirchen erhalten haben, besonders prachtvoll in den Domkirchen zu Strängnäs und Härkeberga (►S. 250 und 251).

Kunst in der Neuzeit

Renaissance und Barock Nach der Reformation wurden deutlich weniger Kirchen, dafür aber mehr Schlösser gebaut. Hier ließ man sich vom Ausland inspirieren: Deutsche Baumeister brachten im 16. Jh. lombardische Renaissanceformen nach Schweden. Der bedeutendste Schlossbau des 17. Jh.s ist **Drottningholm**, das königliche Sommerschloss (► S. 313), das sich an niederländischen Vorbildern orientiert. Ebenfalls erwähnenswert sind das Stadtschloss von Stockholm (► S. 299), das nach einem Brand umgebaut wurde, der Dom von Kalmar (► S. 212) sowie das Schloss Skokloster bei, Uppsala (1654–1665, ► S. 252).

Klassizismus

Mit dem Bildhauer **Johann Tobias Sergel** (1740–1814), der auch als Zeichner hervortrat, setzte sich der Klassizismus durch. Sergels beste Werke befinden sich heute im Nationalmuseum zu Stockholm. In der Malerei sind vor allem die Innendekorationen der Schlösser von Kalmar und Stockholm zu erwähnen. Wichtige klassizistische Werke auf dem Gebiet der Architektur sind das Alte Opernhaus und die Börse in Stockholm.

Bauernmalerei

Die Blütezeit der südschwedischen Bauernmalerei liegt zwischen 1750 und 1850 (Dalarna, Gästrikland, Helsingland). Die vor allem für festliche Gelegenheiten hergestellten bemalten Wandbehänge bestehen meist aus Stoff oder Papier; im Norden wird die Wand- und Deckenmalerei gepflegt.

Malerei

Im 19. Jh. gingen viele schwedische Maler zur Ausbildung nach Düsseldorf, später nach Paris. Erwähnenswert sind der Landschaftsmaler C.J. Fahlcrantz (1774 – 1861), C. Wahlbom (1810 – 1858), A. Wahlberg (1834 – 1906), vor allem aber der Hauptmeister der neuen schwedischen Malerei, **Anders Zorn** (1860 – 1920), der auch als Radierer hervortrat.

Kunst im 20. Jahrhundert

Architektur

Für die Architektur des 20. Jh.s ist ganz Skandinavien von großer Wichtigkeit. Besonders in den 1920er- und 1930er-Jahren wurde eine bodenverbundene Bauweise sehr geschätzt. Auch der internationale Funktionalismus von **Gunnar Asplund** (1885 – 1940) gewann an Bedeutung, der die Stockholmer Hallen für die Werkbundausstellung von 1930 in luftigen, von Beton und Glas bestimmten Formen geschaffen hat. **Sven Markehus** baute 1936 das Konzerthaus in Helsingborg. Die Ideen moderner Gestaltung des schwedischen Werkbunds lösten eine eigenständige skandinavische Schule der Inneneinrichtung und des Designs aus.

Skulptur und Malerei

Als der bedeutendste schwedische Bildhauer seiner Zeit gilt Carl Milles (1875 – 1955). Neben Anders Zorn, der sich u.a. dafür einsetzte, die alte Bauernkultur Dalarnas zu bewahren, wurde von den Malern des späten 19. und frühen 20. Jh.s besonders **Carl Larsson** (1853 – 1919) bekannt, der vor allem durch seine literarisch umrahmte Aquarellfolge »Das Haus in der Sonne« auch im deutschsprachigen Raum Aufmerksamkeit erregte.

Literatur

Religiöse Literatur Sieht man einmal von den Inschriften der Runensteine ab, so sind religiöse Texte aus dem 13. Jh. die ersten in Schweden erschienenen literarischen Werke. Damals verfasste der Dominikanermönch Petrus de Dacia (1230 – 1289) die Lebensgeschichte der Klosterfrau Kristina von Stommeln. Literarisch bedeutender sind aber die Offenbarungen der Heiligen Birgitta (1303 – 1373). Im 15. Jh. erschienen auch die ersten Bibelübersetzungen in die Landessprache, verfasst von den Brüdern Laurentius (1499 – 1573) und Olaus Petri (ca. 1493 – 1552).

Großmachtzeit In der schwedischen Großmachtzeit, also in der Regierungszeit von Gustav II. Adolf bis zu Karl XII., setzte sich der Humanismus auch in Schweden durch, ehe er vom sog. karolingischen Barock abgelöst wurde. Kristallisationspunkt der künstlerisch-literarischen Kultur war der königliche Hof, dessen Mäzenatentum sprichwörtlich war. Zugleich wandte man sich Strömungen des festländischen Europa zu; parallel entwickelte sich eine Rückbesinnung auf die eigene Sprache. Der Enzyklopädismus brachte Werke wie den voluminösen »Atland eller Manheim« von Olof Rudbeck (1630-1702) und den poetischen Leitfaden »Manductio ad Poesiam Svecanam« von Andreas Arvidi (1620 – 1673) hervor

17. und 18. Jh. Viele bedeutende Werke der schwedischen Literatur wurden im 17. und 18. Jh. von Wissenschaftlern verfasst wie dem Theosophen Emanuel Swedenborg (1688 – 1772), dem Botaniker Carl von Linné (1707 – 1778), dem Astronomen Anders Celsius (1701 – 1744) und dem Chemiker Carl Wilhelm Scheele (1742 – 1786). Wichtige Schriftsteller waren der wegen seiner Trinklieder auch heute noch bekannte Carl Michael Bellmann (1740 – 1795) und Johan Kellgren (1751 – 1795), einer der Mitbegründer der Schwedischen Akademie, der mit religionskritischen Texten an die Öffentlichkeit trat.

Aurorabund Zu Beginn des 19. Jh.s entstand in Uppsala der sogenannte Aurorabund, der sich stark an der deutschen Romantik orientierte. Die Schriftsteller, die ihm angehörten, verband ein starker Nationalismus und eine romantische Verklärung des Nordens. Am bekanntesten von ihnen waren Per Daniel Amadeus Atterbom (1790 – 1855), Erik Gustaf Geijer (1783 – 1847) und Esias Tegnér (1782 – 1846).

Realismus Neben einer idealisierenden Darstellungsform entwickelte sich auch eine eher realistische Sehweise. Wichtige Vertreterinnen dieser Richtung waren die finnlandschwedische Frauenrechtlerin Frederika Bremer (1801 – 1865) und Emilie Flygare-Carlén (1807 – 1892). Deren meist in bürgerlichen Kreisen spielenden Romane waren zur damaligen Zeit Publikumshits. Das künstlerische Talent dieser Schriftstellerin ist durchaus umstritten, doch kommt ihr das Verdienst zu, sich als eine der ersten, zumindest passagenweise, kritisch mit der schwedischen Gesellschaft auseinandergesetzt zu haben

Weltliteratur

1879 wurde mit August Strindbergs (1849–1912) Roman »Röda Rummet« (dt. »Das rote Zimmer«) der erste schwedischsprachige Roman der Weltliteratur veröffentlicht. Obwohl Strindberg die Literaturszene der folgenden Jahrzehnte dominierte, blieb ihm im eigenen Land die Anerkennung lange versagt. Im Gegensatz zu vielen anderen seiner heute weniger bekannten schwedischen Schriftstellerkollegen wurde er auch nie mit dem Literaturnobelpreis ausgezeichnet. 1909 wurde das erste Mal der Literaturnobelpreis nach Schweden verliehen. Die Ehre, auf die Strindberg lange vergebens gehofft hatte, wurde **Selma Lagerlöf** (1858–1940) zuteil. 1916 erhielt Carl Gustaf Verner von Heidenstam (1859–1940), 1931 Erik Axel Karlfeldt (1864–1931), 1951 Pär Lagerkvist (1891–1974) und 1974 Harry Martinson (1904–1978) gemeinsam mit Eyvind Johnson (1900 bis 1976) den begehrten Preis.

Schweden hat im 20. Jh. viele begabte Literaten hervorgebracht, z.B. Ivar Lo-Johansson (1901 bis 1990) der mit dem naturalistischen Roman »Kungsgatan« ein Werk der Weltliteratur schuf, Sarah Lidman (geb. 1923) und Per Olav Enquist (geb.1934). In Deutschland viel gelesen werden u.a. die Werke von Lars Gustafsson (geb. 1936). Die höchsten Auflagen eines schwedischen Autors auf dem internationalen Markt dürfte aber **Astrid Lindgren** (1907–2002) erzielt haben, deren Pippi Langstrumpf sich zu einem Siegeszug um die ganze Welt aufgemacht hat. In jüngster Zeit haben besonders **Kriminalschriftsteller** aus Schweden von sich reden gemacht – allen voran das Autorenehepaar Maj Sjöwall (geb. 1935) und Per Wahlöö (1926–1975) sowie Henning Mankell (geb. 1948) und Hakan Nesser (geb. 1950).

? WUSSTEN SIE SCHON ...?

- ... dass Henning Mankells Krimis bereits 11 Millionen Mal in Deutschland verkauft worden sind? Zwei Gründe dürften maßgeblich sein für den Erfolg: Die höchst blutigen Geschichten spielen inmitten der heilen Welt von Schwedens gut behüteten Bürgern und nicht am Rande der Gesellschaft. Und Kommissar Kurt Wallander, der einsame Wolf, der so oft am Leben leidet, scheint große Sympathien zu wecken.

Berühmte Persönlichkeiten

Womit verdiente der Ikea-Gründer Ingvar Kamprad sein erstes Geld? Was wurde Polarforscher Andrée zum Verhängnis? In welchem Kultfilm spielte Ingrid Bergman mit? Womit wurde Alfred Nobel reich? Kleine Denkmäler für Menschen, die Schweden auch außerhalb der Landesgrenzen berühmt gemacht haben.

Salomon August Andrée (1854 – 1897)

Entdecker

Salomon August Andrée kam in Gränna am Vättersee zur Welt. Der Ingenieur wurde nach seiner Teilnahme an der 1882–1883 durchgeführten Expedition nach Spitzbergen Cheftechniker des schwedischen Patentamts. Am 11. Juli 1897 stieg er in Begleitung seiner Kameraden Strindberg und Fraenkel mit dem Freiballon »Adler« von Spitzbergen auf, um als Erster den Nordpol zu überfliegen. Das Unternehmen endete tragisch: Nachdem das Team bis zum 83. Breitengrad gelangt war, musste es am 14. Juli notlanden und galt als verschollen. Erst 1930 fand man auf einer nordöstlich von Spitzbergen gelegenen Insel die Überreste der Expedition. Die wagemutigen Männer waren an Entkräftung und (wie man vermutet) an einer durch Eisbärfleisch verursachten Trichinose gestorben. Die aufgefundenen Tagebücher und Fotos wurden noch im selben Jahr unter dem Titel »Med Örnen mot Polen« (»Dem Pol entgegen«) veröffentlicht.

Ingmar Bergman (1918 – 2007)

Regisseur

Der Film- und Theaterregisseur Ingmar Bergman wurde als Sohn eines Geistlichen in Uppsala geboren. Ab 1937 studierte er Literaturgeschichte, brach sein Studium aber bald ab. Danach veranstaltete er Laienaufführungen, arbeitete an einem Studententheater und wandte sich schließlich dem Film zu. Sein Ziel: »Ich versuche, die Wahrheit über die menschlichen Verhältnisse zu erzählen – die Wahrheit, so wie ich sie sehe.« Anfangs zeichnete er in seinen Filmen Porträts der skeptischen Nachkriegsjugend; später behandelte er die Probleme der reiferen Generation, deren Aufgaben im Bereich von Familie und Beruf liegen. In den 1950er-Jahren wandte er sich dann eher religiösen Themen zu: den Fragen nach Gott, nach dem Sinn des Lebens und nach dem Selbstverständnis des Menschen.

Nachdem Bergman eine Auseinandersetzung mit den schwedischen Steuerbehörden gehabt hatte, arbeitete er eine Zeit lang überwiegend in Deutschland. Besonders durch den Film **»Wilde Erdbeeren«** (1957), den melancholischen Lebensrückblick eines alternden Mannes, zog Bergman die Aufmerksamkeit des deutschen Publikums auf sich. Bekannt wurden auch die Streifen **»Szenen einer Ehe«** (1973) mit Liv Ullmann, die lange Zeit seine Lebensgefährtin war.

Ingrid Bergman (1915 – 1982)

Schauspielerin

Die in Stockholm geborene Filmschauspielerin Ingrid Bergman arbeitete seit 1935 beim schwedischen Film, später auch in Deutschland und den USA. Hier drehte sie zusammen mit Humphrey Bogart und unter der Regie von Michael Curtiz den Streifen »Casablanca« (1942), eine tragische Liebesgeschichte, die den Oscar erhielt und

← *Greta Lovisa Gustafsson schrieb als »Greta Garbo« Filmgeschichte.*

»Ich seh' dir in die Augen, Kleines ...« Humphrey Bogart und Ingrid Bergman im 1942 gedrehten Kultfilm »Casablanca«.

alsbald zum Kultfilm wurde. Ingrid Bergman selbst bekam die begehrte Auszeichnung für ihre Hauptrolle in »Gaslight« (1944), später für ihre Verkörperung der Anastasia (1956) und für die beste weibliche Nebenrolle in »Mord im Orient-Express« (1974). Als sie sich 1950 von Mann und Tochter trennte, um den italienischen Regisseur Roberto Rossellini zu heiraten, löste dies in Hollywood einen Skandal aus. Mit Rossellini hatte sie drei Kinder, darunter Isabella Rossellini, die ebenfalls Schauspielerin wurde. Ingrid Bergman starb an ihrem 67. Geburtstag in London.

Jöns Jakob Berzelius (1779 – 1848)

Chemiker

Der in der Nähe von Linköping geborene Chemiker Jöns Jakob Berzelius hat die Entwicklung der Chemie in einer großenteils noch heute gültigen Weise beeinflußt. Insbesondere hat er die Analyse um etliche Methoden bereichert sowie die Elemente Cer, Selen, Lithium und Thorium entdeckt. 1811 führte er die chemische Nomenklatur ein, auf der die chemische Formelsprache basiert. Dabei werden die Elemente mit den Anfangsbuchstaben ihrer lateinischen Namen bezeichnet, z.B. H für Wasserstoff (lat. Hydrogenium). Für seine Verdienste wurde Berzelius 1818 geadelt und 1835 in den Freiherrnstand erhoben.

Birgitta von Schweden (1303 – 1373)

Heilige

Der Mutter der schwedischen Nationalheiligen war bei ihrer Errettung aus Seenot die Madonna erschienen und hatte ihr geweissagt, sie werde ein seliges Kind gebären. Bald darauf kam Birgitta in der Nähe von Uppsala zur Welt. Noch nicht 14-jährig, vermählte sie sich mit Ulf Gudmarson, stieg bald zur Hofmeisterin der Königin auf und wallfahrtete nach dem spanischen Santiago de Compostela. Als ihr Mann gestorben war, zog sie sich in den Zisterzienserinnenkonvent von Alvastra zurück und erhielt dort den göttlichen Auftrag, ein Kloster zu gründen. Sie pilgerte nach Rom, um vom Papst die Erlaubnis zu diesem Vorhaben zu erbitten, und gründete 1370 in Vadstena am Vättersee ein Mönchs- und Nonnenkloster. Kurz nach ihrer Rückkehr von einer Fahrt ins Heilige Land starb sie 1373; schon 1391 wurde sie heilig gesprochen.

Christine (1626 – 1689)

Königin von Schweden

Königin Christine von Schweden, die Tochter Gustavs II. Adolf, wurde in Stockholm geboren. Als ihr Vater 1632 in der Schlacht bei Lützen fiel, hatte sie Anspruch auf den Thron, denn seit 1590 war die weibliche Erbfolge in Schweden zulässig. Da Christine noch minderjährig war, bestimmte zunächst ein Regentschaftsrat unter dem Reichskanzler Axel Oxenstierna die Politik. 1644 übernahm Christine selbst die Regierungsgeschäfte, lehnte es aber ab, lediglich aus Gründen der Staatsräson zu heiraten. Auf dem Reichstag von 1649 setzte sie durch, dass ihr Vetter, Karl Gustav von Pfalz-Zweibrücken, zu ihrem präsumtiven Nachfolger gewählt wurde, und 1654 verzichtete sie zu seinen Gunsten auf den Thron. Weit mehr als für die Politik interessierte sich Christine für die Künste und Wissenschaften. Sie holte ausländische Gelehrte an ihren Hof, darunter den französischen Philosophen René Descartes. Nach ihrem Thronverzicht verließ sie Schweden; 1655 trat sie zum Katholizismus über und verbrachte die letzten Jahrzehnte ihres Lebens in Rom, wo sie auch starb.

Greta Garbo (1905 – 1990)

Superstar

Die Filmschauspielerin Greta Garbo, genannt »die Göttliche«, kam als Greta Lovisa Gustafsson in Stockholm zur Welt. Schon ihr erster Film, der 1924 nach der gleichnamigen literarischen Vorlage von Selma Lagerlöf gedrehte Streifen »Gösta Berling«, wurde ein überwältigender Erfolg. Nach dem im Folgejahr in Deutschland entstandenen Film »Die freudlose Gasse« arbeitete die Diva für die US-amerikanische Filmgesellschaft Metro-Goldwyn-Mayer. Die Garbo, die als eine der schönsten und geheimnisvollsten Darstellerinnen der Filmgeschichte gilt, verkörperte meist elegante, aristokratische Gestalten (»Anna Karenina«, »Mata Hari«, »Königin Christine«). Im Jahr 1941 zog sie sich völlig aus der Welt des Films zurück.

Gustav II. Adolf (1594 – 1632)

Monarch Gustav II. Adolf, Sohn Karls IX. und Enkel Gustavs I. Wasa, gilt als der bedeutendste schwedische König. Gegen die Garantie umfassender Rechte, insbesondere der Mitwirkung des Adels an der Regierung des Landes, erklärte der Reichstag den 17-jährigen Gustav Adolf 1611 nach dem Tod seines Vaters für mündig. Mit einer Reihe innerer Reformen schuf Gustav Adolf die Voraussetzungen für die schwedische Großmachtpolitik im Ostseeraum. Bedeutung hatten insbesondere die Heeresreform und der zielstrebige Ausbau der Wirtschaft. 1613 bzw. 1617 gelang es Gustav Adolf, die Kriege gegen Dänemark und Russland zu beenden, die Karl IX. begonnen hatte. Auf dem europäischen Festland wütete seit 1618 der Dreißigjährige Krieg. Da das Vordringen der habsburgisch-kaiserlichen Macht in den Ostseeraum den schwedischen König beunruhigte, entschloss er sich, in den Krieg einzugreifen. Im Juni 1630 landete er auf der Insel Usedom, um die Protestanten zu unterstützen. In Mitteldeutschland besiegte er den kaiserlichen Feldherrn Tilly und zog durch Thüringen und Franken bis Mainz. Nach einem zweiten Sieg über Tilly kam es am 16. November 1632 bei Lützen, südwestlich von Leipzig, zum Kampf zwischen den Schweden und den von Wallenstein befehligten kaiserlichen Truppen. Zwar siegten die Schweden, doch König Gustav II. Adolf fiel in der Schlacht.

Dag Hammarskjöld (1905 – 1961)

Politiker Der schwedische Politiker Dag Hammarskjöld stammte aus der südschwedischen Stadt Jönköping. Als studierter Nationalökonom war er 1936 bis 1946 Staatssekretär im Finanzministerium, 1941 bis 1942 auch Reichsbankpräsident. Zu Beginn der 1950er-Jahre leitete er die schwedische Delegation bei den Vereinten Nationen; 1953 wählte ihn die Generalversammlung der Weltorganisation zu ihrem Generalsekretär. In vielen internationalen Krisen war er bemüht, der UNO zu Geltung als Friedensstifter zu verhelfen. Dag Hammarskjöld kam unter nicht restlos geklärten Umständen bei einem Flugzeugabsturz in Afrika ums Leben; 1961 erhielt er posthum den Friedensnobelpreis verliehen.

Sven Hedin (1865 – 1952)

Asienforscher Der Asienforscher Sven Hedin, der letzte große Landreisende der Entdeckungsgeschichte, wurde in Stockholm geboren. In Berlin wurde er Schüler des Geografen und Chinaforschers Ferdinand Freiherr von Richthofen. Zwischen 1894 und 1935 unternahm er vier Expeditionen nach Zentralasien, die jeweils mehrere Jahre dauerten. Seine Reisen führten ihn u.a. nach Tibet, Lhasa und zum Karakorum. Außerdem betrieb er Forschungen in entlegenen Regionen wie dem Tarimbecken, einer Senke zwischen den Gebirgen Tien Shan, Pamir und Kunlun. Er besuchte das Quellgebiet der Flüsse Brahmaputra und Indus an der Nordflanke des Himalaya und erforschte den Transhimalaya, der seither auch als »Hedin-Gebirge« bezeichnet wird. Auf seiner letzten Expedition leitete er eine internationale, interdisziplinäre Forschungsgruppe, die sich in der Gobi-Region und in Turkestan aufhielt. Sven Hedin wertete seine Reisen nicht nur in wissenschaftlichen Berichten aus, sondern schrieb auch volkstümliche Reise- und Abenteuerschilderungen für Jugendliche.

Noch irgendwo weiße Flecken? Sven Hedin

Ingvar Kamprad (geb. 1926)

Mit dem Verkauf von Streichholzschachteln verdiente der Förstersohn Ingvar Kamprad seine ersten Øre, heute wird sein Privatvermögen auf 23 Milliarden Dollar geschätzt. Damit ist er einer der zehn reichsten Männer der Welt. Kamprad, geb. 1926, gründete mit 17 eine winzige Firma, der er den Namen »Ikea« gab, zusammengesetzt aus den Initialien von Ingvar, Kamprad, Elmtyard, Agunnaryd: Auf dem Hof Elmtyard beim Städtchen Agunnaryd war Kamprad 1928 geboren worden. Anfangs handelte Kamprad erfolgreich mit Uhren und Strümpfen, erst 1948 kamen Möbel hinzu. Weil er sich Artikelnummern schlecht merken konnte, erhielten seine Möbel Namen (z.B. Ruth) und um Transportkosten zu sparen, wurden den Tischen die Beine abgeschraubt. Dies sind Konzepte, die Ikea bis heute beibehalten bzw. weiterentwickelt hat. 1953 eröffnete das erste Ikea-Möbelhaus in einer Zeit, als in Schweden der Wohlstand wuchs und damit die Mittel vorhanden waren, Wohnungen neu einzurichten. Und Ikea produzierte erschwingliche, ästhetisch ansprechende Möbel. Als die Firma 1955 in ernste Lieferschwierigkeiten geriet, weil zahlreiche schwedische Tischlereien den Konzern boykottierten, fackelte Kamprad nicht lange: Er knüpfte Kontakte zu polnischen Schreinereien, die billig und zuverlässig Möbel herstellten. Diese entwarf Ikea nun selbst und legte damit die Basis für den Welterfolg. Noch heute werden in Polen (jetzt auch in China) die meisten Ikea-Möbel hergestellt. Ingvar Kamprad hat sich mittlerweile aus dem Tagesgeschäft zurückgezogen und lebt in der Schweiz.

Selma Lagerlöf (1858 – 1940)

Schriftstellerin Berühmt wurde Selma Ottilia Lovisa Lagerlöf, die bekannteste schwedische Schriftstellerin ihrer Zeit, mit dem Buch »Die wunderbare Reise des kleinen Nils Holgersson mit den Wildgänsen«. Das Buch über Nils Holgersson war ursprünglich eine Auftragsarbeit und als Lesebuch für Schulen bestimmt. Selma Lagerlöf wurde auf dem Gut Mårbacka im Värmland geboren, wo sie einen großen Teil ihres Lebens verbrachte. Nachdem sie einige Jahre als Lehrerin gearbeitet hatte, unternahm sie 1895/1896 eine Italienreise; im Anschluss an eine Reise durch Ägypten und Palästina (1899/1900) schrieb sie den religiösen Schicksalsroman »Jerusalem«. Bekannt wurde sie besonders durch Werke, die in Schweden spielen, darunter »Gösta Berling« und »Liljecronas Heimat«. Im Jahr 1909 erhielt Selma Lagerlöf den Nobelpreis für Literatur.

Carl Larsson (1853 – 1919)

Maler Der Maler Carl Larsson wurde in Stockholm geboren. Er ist der Hauptvertreter des Jugendstils in Schweden; für das Treppenhaus des Nationalmuseums in Stockholm schuf er sechs große Fresken, deren Motive wichtige Ereignisse aus der kunstgeschichtlichen Entwicklung des Landes sind. Larsson war ein glänzender Zeichner und Aquarellist; volkstümlich wurde er insbesondere durch seine Bilder, die das Leben seiner Familie in Sundborn bei Falun schildern und von denen eine Auswahl sein 1909 erschienenes Buch »Das Haus in der Sonne« illustriert.

Zarah Leander (1907 – 1981)

Sängerin Die als Zarah Stina Hedberg in Karlstad geborene Sängerin erlangte Berühmtheit durch ihre unverwechselbare dunkle Singstimme. Seit 1930 als Filmschauspielerin tätig, war sie 1937–1943 einer der wichtigsten und erfolgreichsten Stars der Berliner Ufa. Da man ihr Verbindungen zu den Größen des Dritten Reichs nachsagte, wurde sie nach Kriegsende bis 1949 mit Auftrittsverbot belegt. Zarah Leander starb in Stockholm.

Astrid Lindgren (1907 – 2002)

Schriftstellerin Die als Astrid Ericsson im südschwedischen Vimmerby geborene Astrid Lindgren ist eine der erfolgreichsten Jugendbuchautorinnen der Gegenwart. Am 13. September 1945 gab die damals 38-Jährige beim Verlag Raben & Sjörgen in Stockholm das Manuskript eines Buches ab, bei dem »Pippilotta Viktualia Rollgardina Pfefferminza Efraimstochter Langstrumpf« die Hauptrolle spielte, eine freche, selbstbewusste Göre mit knallroten, abstehenden Zöpfen. Anfangs gab es Kritiker, die diese Geschichten als geradezu anarchisch ablehnten, doch mit der Kinderbuchserie »Pippi Langstrumpf« war die Grundlage ihres weltweiten Erfolgs gelegt. Hier wie in vielen ihrer Werke geht es mitunter reichlich turbulent zu (u.a. »Karlsson auf dem Dach«, »Michel aus Lönneberga«, »Die Kinder von Bullerbü«, »Ferien auf Saltkrokan«), sie wurden verfilmt oder für das Fernsehen bearbeitet. 1978 wurde die Autorin mit dem Friedenspreis des Deutschen Buchhandels ausgezeichnet.

Astrid Lindgren

Carl von Linné (1707 – 1778)

Der Naturforscher Carl von Linné (Carl Linnaeus), aus Råshult in Småland gebürtig, ist **Begründer der biologischen Systematik**. Er studierte zunächst an der Universität Lund Medizin und Naturwissenschaften, unternahm dann ausgedehnte Forschungsreisen (u.a. nach Lappland) und ließ sich als Arzt in Stockholm nieder. Hier wurde er auch Präsident der Akademie der Wissenschaften, deren Gründung er angeregt hatte. 1757 wurde Linné geadelt. Er gestaltete den botanischen Garten von Uppsala um und richtete das naturhistorische Museum ein. Seine letzten Lebensjahre verbrachte er auf dem unweit südlich von Uppsala gelegenen Gut Hammarby. Das große wissenschaftliche Verdienst Carl von Linnés ist die Entwicklung der biologischen binären Nomenklatur, die noch heute gültig ist.

Henning Mankell (geb. 1948)

Schriftsteller
Regisseur

Seine Kurt-Wallander-Krimis, mittlerweile mehrfach verfilmt, haben ihn weltberühmt gemacht und heute ist Henning Mankell der meistgelesene skandinavische Autor. In Stockholm wurde Mankell am 3. Februar 1948 geboren, im Härjedalen wuchs er auf. Schon früh erwachte seine Sehnsucht nach Afrika – vielleicht dem eisigen Klima gezollt, das in diesem Teil Mittelschwedens herrscht. Mit 17 Jahren wurde er Regie-Assistent am Riks Theater in Stockholm. 1972 reiste Mankell das erste Mal nach Afrika, 1979 kam sein erster Roman heraus: »Das Gefangenenlager, das verschwand«. Mankell arbeitete in den folgenden Jahren als Theaterregisseur und Autor und pendelte zwischen Schweden und Afrika hin und her. In Maputo/Mosambik baute er eine Theatergruppe auf, die er bis heute leitet. Immer wieder übte er Kritik an den westlichen Industriestaaten, die Afrika seines Erachtens im Stich lassen. 2000 veröffentlichte er den Roman »Der Chronist der Winde«, in dem er das Leben der Straßenkinder in Maputo beleuchtet. Bereits 1991 erschien der erste Wallander-Krimi, »Der Mörder ohne Gesicht« (dt. 1993). Zwar spielen diese Krimis im südschwedischen Ystad, geschrieben hat Mankell sie jedoch zum größten Teil in Mosambik, das heute seine Wahlheimat ist. Den Rücken hat er Schweden keineswegs gekehrt. Im Sommer kehrt er oft mit seiner dritten Frau Eva, der Tochter von Ingmar Bergman, in sein Ferienhaus in Ystad zurück.

Alfred Nobel (1833 – 1896)

Chemiker

Der Chemiker Alfred Nobel arbeitete zunächst in der väterlichen Maschinenfabrik im russischen St. Petersburg. Seit 1859 beschäftigte er sich in Stockholm mit der Sprengstoffchemie und erfand 1867 das Dynamit, eine Mischung von Nitroglyzerin und Kieselgur, die sicher zu handhaben ist und mit der er seinen Reichtum begründete. Aufgrund von Nobels Erfindungen entstanden Sprengstoff-Fabriken in vielen Industrieländern, u.a. in Deutschland (Dynamit Nobel AG). Das enorme Vermögen, das Alfred Nobel hinterlassen hat, bildet die Grundlage einer Stiftung. Nobel hat testamentarisch bestimmt, dass deren Zinsen alljährlich zu fünf gleichen Teilen an Persönlichkeiten vergeben werden sollen, die der Menschheit besonders großen Nutzen geleistet haben.

August Strindberg

August Strindberg (1849 – 1912)

Der Schriftsteller Johan August Strindberg entstammte einer alteingesessenen Stockholmer Familie. Nach einer schwierigen Jugend begann er in Uppsala zu studieren; danach wollte er Schauspieler werden. Als diese Pläne scheiterten, wandte er sich der Literatur zu. Seit 1872 arbeitete er als Zeitungskorrespondent in Stockholm und kam mit sozialistischen Ideen in Berührung. 1833 ging er nach Paris, lebte dann in der Schweiz, Berlin und Dänemark. Nach einer Nervenkrise kehrte er 1899 nach Stockholm zurück. Nach der ab 1910 in zwei Zeitungen ausgetragenen »Strindberg-Fehde«, seiner letzten polemischen Auseinandersetzung mit der etablierten Oberklasse, starb Strindberg in Einsamkeit; seine drei Ehen waren gescheitert. Strindberg, der sich besonders intensiv mit der Psychologie des Geschlechterkampfs auseinandergesetzt hat, begann als Naturalist in der Nachfolge des Norwegers Henrik Ibsen. Durch Berührung mit okkultistischen Kreisen und durch Lektüre des Philosophen Swedenborg gelangte er zu einer mystisch gefärbten katholisierenden Religiosität, die ihren Niederschlag u.a. in dem Drama »Nach Damaskus« (1898 – 1904) fand. In diesem Werk sind bereits wesentliche Elemente des Expressionismus und Surrealismus vorweggenommen. Auch über historische Gestalten seines Vaterlands, u.a. über Gustav Adolf und Königin Christine, hat Strindberg Dramen verfasst.

Anders Zorn (1860 – 1920)

Maler, Bildhauer

Der Maler, Grafiker und Plastiker Anders Leonard Zorn wurde in Mora am Siljansee geboren. Seinen Vater, einen unterfränkischen Bierbrauer, hat er nie kennen gelernt, nahm aber später seinen Nachnamen an. Seine Studienzeit verbrachte er im Wesentlichen in Stockholm; ursprünglich wollte er Bildhauer werden, fand aber sein eigentliches Ausdrucksmittel in der Aquarellmalerei. Längere Reisen führten ihn nach Spanien, Italien und in die Maghreb-Länder. Um 1888 verlegte er sich zusehends auf die Ölmalerei. Zorn ist der wichtigste Impressionist Schwedens. Seine Erfolge brachten auch eine Reihe offizieller Aufgaben mit sich; er zählte 1890 zu den Begründern der Pariser Société Nationale des Beaux-Arts und war 1893 Kommissar der schwedischen Delegation für die Weltausstellung in Chicago. Auch später führten ihn noch etliche Reisen in die Vereinigten Staaten von Amerika. 1907 gründete er die Bauernhochschule in Mora, wo er seinen ständigen Wohnsitz hatte. Zorn starb als reicher Mann und hinterließ dem schwedischen Staat 6 Millionen Dollar, um das Zorn-Museum einzurichten, das 1939 in Mora eröffnet worden ist.

Praktische Informationen

WAS SOLLTE MAN NICHT VERGESSEN? WELCHES SIND DIE SCHÖNSTEN SOUVENIRS? WIE VERHÄLT MAN SICH AUF SCHWEDENS STRASSEN? LESEN SIE ES NACH – AM BESTEN NOCH VOR DER REISE!

Anreise · Reiseplanung

Anreisemöglichkeiten

Flugzeug

Von allen großen deutschen Flughäfen bestehen mit SAS und Lufthansa tägliche Flugverbindungen nach Schweden. Seit auch Billigflieger die Strecken in den Norden bedienen, hat sich das Preisniveau deutlich nach unten bewegt. Mit Ryanair kann man momentan von Berlin, Düsseldorf, Frankfurt/Hahn, Hamburg/Lübeck oder München nach Stockholm fliegen. Die Norwegian gliegt von Berlin nach Stockholm. Für Reisende nach Westschweden bieten sich auch die Billigflugangebote nach Oslo an – dorthin fliegt ebenfalls Ryanair von Frankfurt/Hahn aus oder Norwegian von Berlin/Schönefeld.

Auto und Fähre

Am schnellsten erreicht man Schweden per Auto über die 16 km lange gebührenpflichtige Öresund-Brücke (www.oeresundsbron.com) zwischen Kopenhagen und Malmö. Eine bequeme Alternative ist auch die Überfahrt mit einer der Fähren von Rostock/Warnemünde, Sassnitz oder Travemünde nach Trelleborg oder via Dänemark (Vogelfluglinie Puttgarden-Rødbyhavn, Rostock-Gedser und Helsingør-Helsingborg). Nach Gotland dauert die Überfahrt 3 Stunden ab Nynäshamm oder Oskarshamm. Man sollte sie möglichst **frühzeitig** buchen, auch um in den Genuss von Frühbucherrabatt zu kommen.

Schweden erreicht man für knapp 32 € auch über die Öresund-Brücke.

Bus Eurolines-Busse und Berlin Linien Bus (www.berlinlinienbus.de) fahren von Hamburg bzw. Berlin nach Stockholm.

Zug Züge fahren von Hamburg auf der Vogelfluglinie (Puttgarden-Rødby), dann weiter über Kopenhagen und Helsingborg, wo Anschluss zu weiteren schwedischen Städten besteht.
Über Fahrpläne und günstige Leistungsangebote informieren die Vertretungen der Deutschen Bahn (www.bahn.de), der Österreichischen Bundesbahnen (ÖBB) und der Schweizerischen Bundesbahnen

FÄHREN

▶ **Kiel – Göteborg**
ca. 14 Std., Stena Line

▶ **Travemünde – Trelleborg**
7–9 Std., TT-Line

▶ **Rostock – Trelleborg**
6 Std., TT-Line u. Scandlines

▶ **Sassnitz – Trelleborg**
3,5 Std., Scandlines

▶ **Vogelfluglinie**
Puttgarden – Rødby 45 min.
Helsingør – Helsingborg 20 min.
Rostock – Gedser 2 Std.
Scandlines

FÄHRVERBINDUNGEN INNERHALB SCHWEDENS

▶ **Oskarshamn – Visby**
Destination Gotland

▶ **Nynäshamn -Visby**
Destination Gotland

FÄHRGESELLSCHAFTEN

▶ **Stena Line**
www.stenaline.de
Tel. (018 05) 91 66 66

▶ **Scandlines**
www.scandlines.com
Tel. (03 81) 54 35 -0

▶ **TT-Line**
www.ttline.com
Tel. (045 02) 801 81

▶ **Destination Gotland**
www.destinationgotland.se
Tel. (00 46) 771 22 33 00

Im Fährhafen von Göteborg

BAHN UND BUS

▶ **Deutsche Bahn**
Tel. (01 80) 599 66 33
www.bahn.de

▶ **Deutsche Touring**
Am Römerhof 17
60486 Frankfurt/M.
Tel. (069) 790 35 01
www.deutsche-touring.com

(SBB). Für Bahnfahrten durch Skandinavien empfiehlt sich ein Inter Rail Pass (www.interrailnet.com).

Ein-und Ausreisebestimmungen

Reisedokumente

Schweden ist EU-Mitglied, für Deutsche und Österreicher entfallen daher die Passkontrollen. Trotzdem sind, um sich auszuweisen, Personalausweis oder Reisepass mitzuführen. Schweizer benötigen für die Einreise eine gültige Identitätskarte und einen Pass.

Führerschein und Autoplakette

Es gilt der EU-Führerschein, für Schweizer und andere Mitglieder von Nicht-EU-Staaten der internationale Führerschein. Das Fahrzeug hat die EU-Plakette bzw. die Länderplakette aufzuweisen.

Zollbestimmungen

Für Reisende aus EU-Ländern gibt es bei der Einfuhr von Waren für den Eigengebrauch keine Beschränkungen. Es gelten die EU-Richtlinien für den Warentransport. Reisende aus der Schweiz dürfen einführen: bei Vollendung des 20. Lebensjahres 1 l Spirituosen oder 2 l Likör, 2 l Wein und 32 l Bier; bei Vollendung des 18. Lebensjahres 200 Zigaretten oder Zigarillos, 50 Zigarren oder 250 g Tabak.

Haustiere

Hunde und Katzen dürfen nach Schweden mitgenommen werden, sofern man einen Heimtierpass vorlegen kann, der schon vor der Abreise in Deutschland ausgestellt werden muss. Die Tiere müssen tätowiert, nachweisbar gegen Tollwut geimpft und entwurmt sein (weitere Informationen sind erhältlich beim schwedischen Landwirtschaftsamt: Statens Jordbruksverk, Smittskyddsenheten, S-55182 Jonköping, www.jordbruksverket.se).

Mückenplage

Nicht ohne Mückenschutz!

Schwedens Mücken sind legendär im negativen Sinne, aber ganz so unerträglich, wie viele behaupten, ist die Mückenplage nicht. Sie betrifft in der warmen Jahreszeit besonders die feuchten und tiefer gelegenen Gebiete Schwedens. In Flusstälern, an Seen, Mooren und vor allem im hohen Norden, wo ein halbes Jahr lang die Sonne kaum untergeht, schwirren ganze Wolken von Insekten durch die Luft, darunter eben auch Stechmücken. Daher unbedingt entsprechende Schutzmittel einpacken (Autan, Moskitonetz, Hut mit Mückennetz, Antijucksalbe). Auch in den schwedischen Supermärkten und Apotheken sind allerlei Abwehrmittel chemischer Art erhältlich, z.B. das Spray Mygga. Salzwasser ist für Mücken uninteressant, wer also in Meernähe reist, dürfte den Plagegeistern entkommen. Auch in Gebiete über der Baumgrenze verirrt sich normalerweise keine Mücke.

Auskunft

WICHTIGE ADRESSEN

AUSKUNFT

► **VisitSweden-Touristeninformation**
Stortoget 2-4
83130 Östersund
Fax (063) 12 81 37
www.visitsweden.com
Deutschland: Tel. (069) 22 22 34 96
Österreich: Tel. (01 92) 867 02
Schweiz: Tel. (044) 5 80 62 94

AUSKUNFT IN SCHWEDEN

► **Ångermanland/Medelpad**
Mitt Sverige Turism
Gånsviksvägen 4
87160 Härnösand
Tel. (06 11) 55 77 50, Fax 221 07
www.upplevmittsverige.nu

► **Blekinge**
Blekinge Turism, Ronnebygatan 2
37132 Karlskrona
Tel. (04 55) 30 50 20
www.blekinge.se

► **Bohuslän/Dalsland/Västergötland**
Västsvenska Turistrådet
Kungsportsavenyen 31-35
41136 Göteborg
Tel. (031) 81 83 00
www.vastsverige.com

► **Dalarna**
Turistinformation Dalarna
Trotzgatan 10-12, 79183 Falun
Tel. (023) 640 04
www.dalarna.se

► **Halland**
HallandsTurist
Kristians Ivs Väg 1, Box 538
30180 Halmstad
Tel. (035) 10 95 60, Fax 12 12 37
www.hallandsturist.se

► **Hälsingland**
Hälsingland Turism
Collinigatan12, 82143 Bollnäs
Tel. (02 78) 62 40 07
www.halsingland.com

► **Jämtland/Härjedalen**
Jämtland/Härjedalen Turism
Rådhusgatan 44
83182 Östersund
Tel. (063) 14 40 22

► **Lappland/Västerbotten**
Lappland
Kyrkogatan 13, 97232 Luleå
Tel. (09 20) 25 79 90,
www.swedishlapland.com

Västerbottens Turism
Västra Norrlandsgatan 13, Box 443, 90109 Umeå
Tel. (090) 16 57 00
www.vastermottensturism.se

► **Östergötland**
Östsvenska Turistrådet
Drottninggatan 24
60181 Norrköping
Tel. (011) 19 65 00
www.ostergotland.info

► **Skåne (Schonen)**
Tourism in Skåne
Stortorget 9, 21122 Malmö
Tel. (040) 20 96 00
www.skane.com

► **Småland**
Smålands Turistråd
Box 1027
55111 Jönköping
Tel. (036) 35 12 70
www.visit-smaland.com

► **Värmland**
Visit Värmland
Västra Torggatan 26
65184 Karlstad
Tel. (054) 701 10 00
www.varmland.org

► **Västmanland**
Västmannlands Kommuner & Landsting, Norra Källgatan 22
72211 Västerås
Tel. (021) 39 79 40
www.vastmanland.se

BOTSCHAFTEN

► **Schwedische Botschaft**
Rauchstr. 1
10787 Berlin
Tel. (030) 50 50 60
Fax 50 50 67 89
www.schweden.org

► **Deutsche Botschaft**
Skarpögatan 9
11527 Stockholm
Tel. (08) 670 15 00
Fax 670 15 72
www.stockholm.diplo.de

► **Schweizer Botschaft**
Valhallavägen 64
10041 Stockholm
Tel. (08) 676 79 00, Fax 21 25 04
www.eda.admin.ch/stockholm

Badeurlaub

Am Meer

Im Sommer sind die Küsten Südschwedens bevorzugte Badeziele sowohl von Einheimischen als auch von zahlreichen Gästen aus dem Ausland. Wassertemperaturen von 20 °C sind im Juli und August keine Seltenheit. **FKK** ist nur an offiziellen Nacktbadestränden erlaubt.

Skåne Ein Paradies für Badende und Strandwanderer sind die Küsten Skånes mit einem insgesamt 300 km langen, flach abfallenden Sandstrand. Malmö an der Südwestküste hat einen ungewöhnlich weitläufigen Sandstrand mit Dünen, zwischen denen man vor dem gelegentlich recht frischen Wind Schutz suchen kann.

Halland Halland an der schwedischen Südwestküste, abschnittsweise auch bezeichnet als »schwedische Riviera«, verfügt ebenfalls über zahlreiche flach abfallende und daher kinderfreundliche Sandstrände: Gern besucht werden u.a. die Strände von Kungsbacka (Åsa, Frillesås), Varberg (Apelviken, Björkäng), Falkenberg (Skrea Strand, Ugglarp) und Laholm (Skummeslövsstrand, Mellbystrand). Steinstrände befinden sich ebenfalls bei Kungsbacka (Onsala/Gottskär, Kungsbackafjorden), Varberg (Getterön), Falkenberg (Ugglarp) und Halmstad (Steninge).

Bohuslän

Ein beliebter Badeort ist Strömstad in Bohuslän. Da südlich davon Felsenküste vorherrscht, fahren viele Gäste ab Strömstad mit Fährschiffen zu den Inseln Styrsö, Alska und Koster hinaus, wo sich Sandstrände ausdehnen.

i Die schönsten Strände

- Schonen: Hävang in Ostskåne
- Bohuslän: Björnsängen auf Nord-Koster
- Halland: Halmstad (Tylösand, Östra Stranden)
- Strände auf der Insel Öland

Die im äußeren Schärengarten **Stockholms** liegenden Ausflugsziele Utö und Sandhamn verfügen über schöne Badestrände (aber auch innerhalb der Stadtgrenze von Stockholm existieren 15 Badestrände). Die Insel Torö südlich von Stockholm gilt als **eines der besten Surfreviere an der ganzen Ostsee**.

Blekinge

Felsenstrände bietet der Schärengarten von Karlshamn. Schöne Badeplätze liegen auf der Insel Hanä bei Bönsäcken und an den flachen Felsen bei Norra und Södra Vindhalla.

Die Inseln

Herrliche Sandstrände finden sich auf der Insel **Gotland** vor der schwedischen Südostküste, z.B. bei Tofta, 20 km südlich von Visby oder Ljugarn und Åminne auf der Ostseite der Insel. Auch die Badestrände der 35 Autominuten nordwestlich von Göteborg gelegenen Insel **Marstrand** (auch Bus- und Schiffsverkehr ab Göteborg) sind sehr beliebt.

An den Binnenseen

Weitere schöne Badestrände finden sich an den unzähligen Binnenseen im Lande. Varamon bei Motala am Vättersee ist das größte nordische Binnenseebad und verfügt über einen kilometerlangen, kinderfreundlichen Sandstrand.

Mit Behinderung unterwegs

Schweden ist vorbildlich bei Vorkehrungen für behinderte Reisende. Hotels und Restaurants sind meist auf den Besuch von Rollstuhlfahrern eingerichtet. Auch die öffentlichen Verkehrsmittel sind sehr behindertenfreundlich, und sogar viele Ziele in freier Natur sind durch Stege und Wege für Rollstuhlfahrer erreichbar geworden.
Eine sehr gute, wenn auch nicht immer aktuelle Broschüre mit dem Titel »Schweden für Menschen mit Handikap« erhält man bei Visit Sweden. Bei De Handikappades Riksförbund erhält man auch einen – allerdings nur schwedischsprachigen Führer – über behindertengerechte Kneipen und Restaurants in Stockholm.

ADRESSEN BEHINDERTENVERBÄNDE

AUSKUNFT IM HEIMATLAND

- **Bundesverband Selbsthilfe Körperbehinderter**
  Altkrautheimerstraße 20
  74238 Krautheim/Jagst
  Tel. (062 94) 42 81 – 0
  www.bsk-ev.org

- **Verband aller Körperbehinderten Österreichs**
  Schottenfeldgasse 29
  1070 Wien
  Tel. (01) 914 55 62
  E-Mail: info@vakoe.at

- **Mobility International Schweiz**
  Amtshausquai 21
  4600 Olten
  Reisedienst
  Tel. (062) 212 67 40
  www.mis-ch.ch

AUSKUNFT IN SCHWEDEN

- **De Handikappades Riksförbund**
  Storforsplan 44
  12321 Farsta
  Tel. (08) 685 80 00
  Fax 645 65 41
  www.dhr.se

- **Turism för alla**
  Box 1087
  25110 Helsingborg
  Tel. (042) 13 48 01
  Fax (042) 13 61 85
  www.turismforalla.se

Elektrizität

Das schwedische Stromnetz führt 220 Volt Wechselspannung. Adapter für die in Mitteleuropa üblichen Elektrogeräte sind nicht erforderlich.

Essen und Trinken

Die Restaurantpreise in Schweden sind in der Regel etwas höher als in Deutschland. Das **Frühstück** (frukost) kann aus Brot, Käse, Schinken, Wurst, dicker Milch, Joghurt, Marmelade und Ei bestehen. Belegte Brote (smörgås, wörtl. Butterbrot) werden zu jeder Tageszeit gegessen. Das **Mittagessen** (lunch) ist einfach und wird etwa zwischen 11.30 und 15.00 Uhr eingenommen. Die meisten Restaurants bieten preiswerte Mittagsgerichte an. Das **Abendessen** (middag), ein

i Preiskategorien

- Fein und teuer: über 220 SEK
- Erschwinglich: 130 – 220 SEK
- Preiswert: bis 150 SEK (für ein Hauptgericht)

warmes Menü, bestehend aus Vorspeise, Hauptgericht und Dessert, wird im Allgemeinen ab 18.00 Uhr serviert.

Hering

Ein typisches Gericht sind Heringe, die zu allen Mahlzeiten auf vielfältigste Weise serviert werden. Besonders beliebt im Sommer sind Matjesheringe mit saurer Sahne, frischen Kartoffeln und Petersilie, dazu knuspriges Knäckebrot. Die typische schwedische Vorspeise besteht aus einer kleinen Platte Heringe mit Brot, Butter und einem Stück gut gereiftem Käse.

Smörgåsbord

Auf dem weltberühmten schwedischen Buffet, dem »smörgåsbord« (wörtl. übersetzt: Butterbrottisch), stehen u.a. gebeizter Lachs, in Dillmarinade eingelegte Heringe, geräucherter Fisch (Aal, Bückling), Krabben, Hackfleischbällchen, »Janssons frestelse« (wörtl.: Janssons Versuchung; ein Auflauf aus geschichteten Kartoffeln, Zwiebeln, Anchovis oder Sardellen), alle Arten kalten Fleisches, Saucen, geräuchertes Rentierfleisch, Leberpastete, Salate, Eierspeisen und diverse Käsesorten. Beliebt sind im Ofen gebackene Omeletts mit einer Reihe von Füllungen und kleine gebratene Würstchen, gebratener Strömming (kleiner Ostseehering), gebratener Salzhering, Erbsensuppe mit Schweinefleisch und Kalops (schwedischer Rindertopf). Außerdem kann man wählen zwischen einer Reihe von Gemüsen, Saucen, fer-

Knusprige Krabben knabbern? Freunde von Fisch werden am Schwedenurlaub ihre Freude haben.

ner eingelegten Gurken sowie Kompott. Will man es richtig machen, isst man ein Smörgåsbord in vier Gängen, beginnend mit Fisch und Meeresfrüchten, dann die kalten Fleischgerichte und schließlich die warmen Speisen und das Dessert.

Regionale Spezialitäten

Skåne (Schonen) Zu den Spezialitäten Schonens gehören **Aal** (z.B. Halmad ål, auf glühendem Stroh zubereitet, mit gutem Räuchergeschmack, wird beim Ålagille-Fest anlässlich des Aalfanges im August/September serviert) und Gans (Mårten gås zum Martinstag am 11. November) sowie Ente, Schweinebraten und verschiedene Heringssorten. Eine erlesene Delikatesse ist heiß geräucherter Lachs zu Béchamelkartoffeln oder dunklem Brot. Dazu wird in Skåne **Akvavit** getrunken.

Småland Småland ist bekannt als die **»Preiselbeerprovinz«**: Preiselbeermarmelade wird zu verschiedenen Mahlzeiten und als Dessert gereicht. Beliebtestes Gericht sind Kartoffelklöße (kroppkakor), die mit geräuchertem und gesalzenem Schweinefleisch, Zwiebeln und Pfeffer gefüllt und mit geschmolzener Butter und Preiselbeermarmelade serviert werden. Isterband ist eine säuerliche Wurst aus Rindfleisch und Gerstengraupen, »Ostkaka« (Käsekuchen) eine aus Milch, Eiern, Sahne und Mandeln sowie Hüttenkäse bestehende süße Spezialität, die oft mit warmem Kompott, Beeren und Schlagsahne serviert wird.

Bohuslän An der Westküste Schwedens werden **Hummer**, Garnelen, Meereskrebse, Krabben und Austern sowie Seezunge, Steinbutt und Heilbutt gefangen. Große Brombeeren und die säuerlichen Preiselbeeren werden zu Marmelade verarbeitet und praktisch zu allen Speisen gereicht. Hagebuttensuppe mit eiskalter Schlagsahne und Zuckerzwieback (sockerskorpa) ist eine geschätzte Köstlichkeit.

Stockholm Auf der Speisekarte findet sich der kleine Ostseehering (strömming), der gern als Vorspeise mit Dill (senapsgravad) oder mit roten Zwiebeln (ättiksströmming) serviert wird. Wohlschmeckend ist der Ostseelachs, der fleischiger und heller ist als jener, der vor der Westküste geangelt wird. Eine Spezialität ist **»laxpudding«**, der aus Lachs, Kartoffeln und Eiern zubereitet und mit geschmolzener Butter serviert wird. Seemanns-Beefsteak mit Zwiebeln (Ångbåtsbiff, wörtlich: Dampfschiffsbeef) ist ein geschätztes Fleischgericht, das auch viele Ausflugsschiffe vor Stockholms Küste servieren. Surströmming ist in Schweden zwar eine Delikatesse, doch dieser stark gegorene Hering ist nicht jedermanns Sache.

Värmland In der värmländischen Küche findet man neben Elch- und Lachsgerichten, Felchen, Zander, Hecht und Barsch auch finnische Spezialitäten, wie Brei, der mit Schweinefleisch und Preiselbeeren serviert wird. Am bekanntesten ist die **»Värmlandskorv«** (Wurst), die aus

Rindfleisch, Schweinefleisch, Zwiebeln und rohen Kartoffeln gemacht und oft zusammen mit Erbsensuppe gegessen wird.

Dalarna

Berühmt ist die **Faluner Wurst**, die am meisten verbreitete Wurstsorte in Schweden, hergestellt u.a. aus gehacktem Rind-, Kalb- und Schweinefleisch sowie Kartoffelmehl und Gewürzen.

Norrbotten

Löjrom (roter Kaviar) ist eine der auserlesensten Köstlichkeiten Norrbottens, der von der im Oktober gefangenen Kleinen Maräne gewonnen wird; der Rogen wird gesalzen und gefroren und auf verschiedene Art, meist mit saurer Sahne, fein gehackten Zwiebeln, Zitrone und Dill serviert. Außer Fisch und Geflügel servieren Restaurants auch **Rentierfleisch** (renkött). Tunnbröd (dünne Scheiben aus Gerstenmehl, gebacken auf offenem Feuer in Steinöfen) kann auch mit »rökt Rensteak« (geräuchertem Rensteak) belegt werden. Ein leckerer Nachtisch sind Moltebeeren.

Getränke

Nationalgetränk Kaffee

Den Schweden haftet der Ruf an, kaffeesüchtig zu sein. Tatsächlich ist Kaffee in Schweden eine Art Nationalgetränk und beendet Mittag- und Abendessen. Zum Kaffee isst man u.a. schneckenartiges Hefegebäck (vetebullar), in den Konditoreien neben Torte (tårta) vor allem Kleingebäck (småkakor) und frische Waffeln (våfflor) mit Himbeeren oder Preiselbeeren.

Bier nach Stärkeklassen

Bier (öl) wird nach Alkoholgehalt klassifiziert angeboten: Lättöl (unter 2,8 vol.%), Folköl (bis 3,5 vol.%), Mellanöl (bis 4,5 vol.%) und Starköl (ab 4,5 vol.%). Ab und zu findet man in Stockholmer Pubs typisch schwedische Bierarten wie das einst von den Wikingern geschätzte süßliche Röde Orm (auch Mjöd bzw. Met oder Honigbier genannt) und das mit Wacholder, Engelwurz und Süßmyrte gewürzte Spetsat. Svagdricka ist ein dunkles, süßes Bier mit zugesetzter Hefe und niedrigem Alkoholgehalt.

Alkoholisches gibt es nur in staatlichen Läden.

Während man Bier bis 3,5 vol.% in Supermärkten bekommt, werden Mellanöl und Starköl sowie Wein und Schnaps nur in staatlichen Geschäften (so genannten **»Systembolaget«**) verkauft, die in der Regel Mo.–Fr. 9.30/10.00–18.00 (Do. bis 19.00) und am Samstag (dies aber nur in manchen Großstädten) bis 14.00 Uhr geöffnet sind.

Feiertage · Feste · Events

Feiertage sind: Neujahr, Heilige Drei Könige (6. Januar), Karfreitag, Ostermontag, Tag der Arbeit (1. Mai), Himmelfahrt, Pfingstmontag, Mittsommer (24. Juni), Allerheiligen (1. November), Heiligabend, 1. und 2. Weihnachtsfeiertag und Silvester. Der schwedische Nationalfeiertag am 6. Juni wird sehr formlos begangen, ist aber seit 2005 arbeitsfrei.

FESTE

JANUAR/FEBRUAR

Kiruna Schneefestival
Kunst aus Schnee, aber auch Hunde- und Rentierschlittenrennen stehen beim größten europäischen Schneefestival auf dem Programm (www.snofestivalen.se).

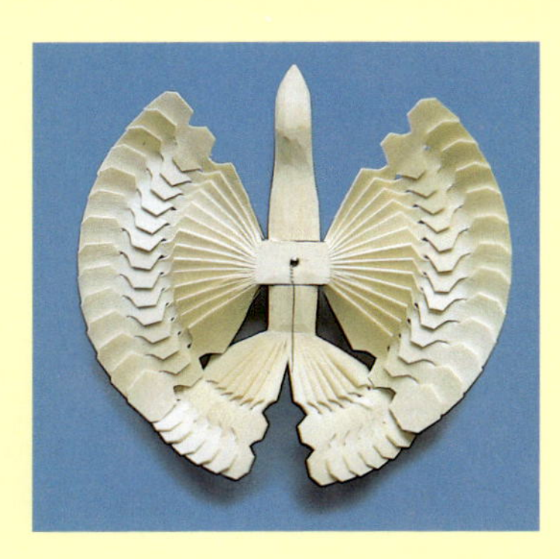

Samisches Kunsthandwerk

Wintermarkt in Jokkmokk
Anfang Februar wird seit dem Jahre 1605 in Jokkmokk ein großer samischer Wintermarkt abgehalten. Bei diesem ältesten Markt Schwedens werden samisches Handwerk verkauft und samische Kultur vorgestellt (www.jokkmokksmarknad.com).

MÄRZ

Wasalauf
Das bekannteste Sportereignis im Winter ist der Wasalauf, an dem jedes Jahr mehr als 30 000 Skilangläufer teilnehmen (90 km lang, von Sälen nach Mora, www.vasaloppet.se).

APRIL

Walpurgisnacht
Am 30. April wird überall im Lande die Walpurgisnacht gefeiert. Für Touristen am eindrucksvollsten sind die Feierlichkeiten im Stockholmer Freilichtmuseum Skansen (www.skansen.se).

MAI

Tjejtrampet
Tjejtrampet ist das größte Fahrradrennen der Welt – nur für Frauen (www.tjejtrampet.com).

JUNI

Stockholm Marathon
15 000 Läufer aus aller Welt nehmen jedes Jahr am Stockholm Marathon teil. Die Strecke führt durch die schönsten Teile der Stadt (www.marathon.se).

Midsommar
Mittsommer wird im ganzen Land

ausgiebig am Wochenende des 24. Juni (bzw. dem darauffolgenden) gefeiert; auf ganz traditionelle Art im Freilichtmuseum Skansen/ Stockholm.

JULI

▶ **Musik am Siljan**
Jährlich können die Gäste rund um den Siljansee unter rund 100 Programmen wählen (www.musikvidsiljan.se).

AUGUST

▶ **Stockholm Pride**
Das schwedische Gegenstück zum Christopher Street Day (www.stockholmpride.org)

▶ **Mitteralterwoche in Visby**
Eine Woche lang wird man ins Mittelalter zurückversetzt. Es winken Ritterturniere, Gauklervorführungen und Theaterstücke (www.medeltidsveckan.com).

SEPTEMBER

▶ **Apfelmarkt Kivik (Schonen)**
Zur Apfelernte feiert man einen Apfelmarkt. Besonders spektakulär sind die Skulpturen, die aus Tausenden Äpfeln gebildet werden (www.applemarknaden.se).

NOVEMBER

▶ **Stockholm Filmfestival**
Im Vergleich zu Cannes oder Berlin geht es auf dem Filmfestival von Stockholm eher beschaulich zu. Für Liebhaber skandinavischer Filmkunst ist es aber ein Muss (www.stockholmfilmfestival.se).

DEZEMBER

▶ **Weihnachtsmärkte**
Die beiden größten Weihnachtsmärkte werden im Vergnügungspark Liseberg in Göteborg (www.liseberg.se) und im Freilichtmuseum Skansen in Stockholm veranstaltet. Dort wird an Silvester auch ausgiebig das neue Jahr begrüßt mit Gesang, Feuerwerk und dem traditionellen Vorlesen von Tennysons Gedicht »Die Glocke« um Mitternacht.

Visbys Ritter im Turnier

TANZ UM DEN MITTSOMMERBAUM

Viele Feste, die in Schweden gefeiert werden, werden auch in Mitteleuropa begangen. Einige jedoch sind typisch schwedisch oder zumindest auf den skandinavischen Raum beschränkt, darunter auch das Mittsommerfest.

Das Neue Jahr wird in Schweden auf ruhigere Art und Weise begrüßt als in Deutschland. Ausgelassene Partys und Trinkgelage sind die Ausnahme, meist begeht man den Tag im Kreise der Familie. Der **30. April,** der »Valborgsmässoafton« ist der Tag der Studenten. In allen Universitätsstädten wird an diesem Tag ausgiebig gefeiert. Gegenwärtige und ehemalige Studenten setzen ihre weißen Studentenmützen auf und ziehen durch die Straßen der Städte. Daran schließen sich feucht-fröhliche Gelage an.

Mittsommerbaum

Der **1. Mai** ist auch in Schweden der Feiertag der Arbeiterbewegung. Er wird von den meisten Familien zu einem Ausflug in die inzwischen erwachte Frühlingsnatur genutzt. Den **Nationalfeiertag am 6. Juni** übersieht man leicht. Man zieht zwar vor dem Haus die Fahne hoch, doch arbeitsfrei ist der Tag erst seit 2005. Dafür mussten die Schweden den Pfingstmontag als arbeitsfreien Tag jedoch opfern. Der Feiertag erinnert an die Wahl Gustav Wasas zum König im Jahre 1523 und die Annahme der ersten modernen Verfassung (1809).

Das größte Fest des Jahres

Inoffiziell ist der **Mittsommertag** der eigentliche schwedische Nationalfeiertag. Bis in die frühen Morgenstunden hinein wird ausgelassen gefeiert. Früher fand dieses Fest immer am 24. Juni statt und galt Johannes dem Täufer. 1953 wurde es auf das Wochenende verlegt, das dem 24. Juni am Nächsten liegt. Einen zusätzlichen arbeitsfreien Tag haben die Schweden seitdem nicht mehr. Der Feiertagsstimmung hat die Verlegung aber keinen Abbruch getan. Am Morgen des Mittsommertages werden Haus und Hof mit Blumen und Zweigen geschmückt. Auf dem Land stellen die Männer mit vereinten Kräften die »majstång« auf, einen reich geschmückten Baumstamm. Die majstång hat übrigens, obwohl immer wieder fälschlich so übersetzt,

In der Mittsommernacht wird getanzt, gegessen, getrunken, aber nicht geschlafen.

nichts mit unserem Maibaum gemein. Ihren Namen hat sie nicht nach dem Monat Mai bekommen, sondern von dem schwedischen Wort »majen«, was so viel bedeutet wie winden oder herumbinden und sich auf die Zweige und Blumen bezieht, mit denen die majstång umwunden wird. Am Abend wird dann zum **Tanz** aufgespielt. Alle fassen sich an den Händen und tanzen um den geschmückten Baum. Wer zwischendurch Stärkung braucht, für den steht das traditionelle Mittsommergericht »matjesill«, eine Art marinierter Hering in süßer Soße, bereit. Dazu werden Kartoffeln mit Dill gereicht. Geschlafen, das verlangt die Tradition, wird in dieser Nacht überhaupt nicht.

Besonders wichtig ist die Mittsommernacht für noch ledige Mädchen, die herausfinden wollen, wen sie später einmal heiraten werden. Sie müssen auf neun verschiedenen Wiesen **neun verschiedene Blumen** pflücken und das Sträußchen dann unter ihr Kopfkissen legen. Am nächsten Morgen, wenn sie sich nach dem Fest erschöpft ins Bett legen, erscheint ihnen dann ihr **Traumprinz** im Schlaf.

Munteres Krebsfest

Die Krebspremiere (kräftpremiären), die in der zweiten Augustwoche stattfindet, ist ein sehr junges Fest. Früher durften während des ganzen Jahres Krebse gefangen werden, und deshalb war die kleine Delikatesse das ganze Jahr über auf dem Speisezettel zu finden. Seit aber um 1900 der Krebsfang bis Mitte August verboten wurde, werden die ersten Fangtage ausgiebig gefeiert.

Diese Tradition setzte sich bis in unsere Tage hinein fort. Man setzt sich ein dreieckiges **Papierhütchen auf den Kopf**, bindet sich eine besonders große Serviette um den Hals und macht sich dann im Freundeskreis über die kleinen Meerestierchen her. Allerdings kommen heute die Krebse meist nicht aus schwedischen Gewässern, sondern werden aus China, der Türkei und den USA importiert.

Tomte und Lucia

Am 13. Dezember feiern die Schweden das **Luciafest**, dessen Ursprung im Dunkeln liegt. An diesem Tag trifft man überall Mädchen in langen weißen Gewändern mit dem charakteristischen Kerzenkranz auf dem Kopf. Jeder Verein, jede Schule und jeder Betrieb – alle haben ihre eigene Lucia, die an diesem Tag **Kaffee und Pfefferkuchen** serviert.

Weihnachten ist wie in Deutschland auch ein Fest der Besinnung – und des Essens. Die Geschenke bringt der Tomte, die schwedische Form unseres Weihnachtsmannes.

Geld

Zahlungsmittel In Schweden werden nahezu überall alle gängigen Kreditkarten akzeptiert. An den Bankautomaten kann man mit ihnen bzw. der Bank-Karte und der jeweiligen Geheimnummer problemlos Geld abheben. Die Schwedische Krone (SEK) ist die offiziell gültige Währung.

Banken Banken öffnen im Allgemeinen Mo. – Fr. 9.30 – 15.00 Uhr (donnerstags bis 17.00 Uhr), in den Großstädten sind manche Filialen auch länger geöffnet. In den Flughäfen und Hauptbahnhöfen der Städte Stockholm, Göteborg und Malmö sind Wechselstuben eingerichtet, die täglich 8.00 – 21.00 Uhr öffnen. Geld kann man auch an vielen Postämtern wechseln; vom Postsparbuch abheben ist nicht möglich.

INFOS GELD

WECHSELKURSE

1 € = 9,30 SEK
1 SEK = 0,10 €
1 SEK = 0,14 CHF
1 CHF = 6,99 SEK

KREDITKARTE SPERREN

Seit Juli 2005 gibt es in Deutschland eine einheitliche Nummer, mit der Bank- und Kreditkarten, aber auch Handys gesperrt werden können:

► **von Schweden aus**
(00 49) 116 116
(00 49) 30 40 50 40 50

► **von Deutschland aus**
116 116

Gesundheit

Arzt Bei einem akuten Notfall ist die Notaufnahme (akuttmottagning) der Krankenhäuser zuständig. Man kann sich aber auch in einem Gesundheitszentrum (vårdcentral) oder von einem Arzt behandeln lassen. Wie jeder Schwede auch muss man dort je nach Behandlung zwischen 150 und 280 SEK **Eigenanteil** bezahlen. In Apotheken wird ebenfalls eine Eigenbeteiligung fällig. Wechselnden Apothekennachtdienst gibt es in Schweden nicht, doch finden sich in den Großstädten in Krankenhausnähe Apotheken mit verlängerten Öffnungszeiten. Der Gang zum **Zahnarzt** (tandläkare) kann dagegen teuer werden, denn hier müssen bis zu 70 % der entstandenen Kosten selbst getragen werden.

Krankenversicherung Seit 2004 ersetzt die **Europäische Krankenversicherungskarte** der deutschen Krankenkassen (EHIC) den Auslandskrankenschein. In

Schweden wird diese Karte bei Arztkonsultationen akzeptiert. Die Eigenbeteiligung (s.o.) entfällt dadurch aber nicht. Die Versicherungskarte ersetzt auch nicht eine zusätzliche Auslandsreisekrankenversicherung. Solch eine Zusatzversicherung abzuschließen ist also sinnvoll, z.B. um den Krankenrücktransport abzudecken.

Mit Kindern unterwegs

Auf Kinder eingestellt

Schweden gilt als ausgesprochen kinderfreundliches Land. Wickelräume (skötrum) und Kinderspielecken (barnhöga) bzw. -zimmer sind auf Fähren und Flughäfen, in Bahnhöfen, Zügen, Hotels, Restaurants und Kaufhäusern vorhanden. Fast alle Hotels bieten preisgünstige Übernachtungspauschalen für Familien mit Kindern sowie Kinderbetreuung (barnpassning) an. In vielen Freizeiteinrichtungen und in öffentlichen Verkehrsmitteln gibt es Kinderermäßigung (Kleinkinder zahlen meist gar nichts).

Kinderprogramm

Zu den Favoriten der Kinder zählen Aufenthalte in **Astrid Lindgrens Welt** (Vimmerby), im **Lustigen Haus** (Lustiga huset), einem Spielparadies in Helsingborg sowie im **Wasserpalast Aq-va-kul** in Malmö. Spannend sind auch Detektiv-Experimente in der Molekülwerkstatt im **Kulturhaus von Stenungsund** (Bohuslän). In Göteborg lockt der Freizeitpark Liseberg mit Karussell und Achterbahn. Wer im Urlaub auch etwas lernen will, sollte ins **»Wasserreich«** (Ekomuseum) nach Kristianstad (Skåne) gehen oder ins **Fischereimuseum** auf Hönö (Bohuslän), wo u.a. auch Aufnahmen der Geräusche zu hören sind, von denen die Fischer umgeben werden: das Rasseln der Netzwinde und das Rauschen des Windes. In der Hauptstadt Stockholm ist vor allem der **Junibacken**, ein Freizeitpark, bei dem sich alles um Pippi Langstrumpf dreht, für Kinder erste Wahl. Das **Freilichtmuseum Skansen** mit seinem Tierpark und das **Vasa-Museum** sind für Erwachsene und Kinder gleichermaßen interessant.

Die Welt steht Kopf in Liseberg.

Bei Jung und Alt beliebt: Die Strecke der historischen Straßenbahn von Stockholm (Djurgårdslinie) wird bis zum Sergels Torg verlängert.

Knigge

Freundlicher Umgangston Die Schweden sind sehr freundliche Menschen und dies zeigt sich im täglichen Umgang besonders. So bedankt man sich z.B. für alles, und das ausgiebig. Daher lautet das wichtigste schwedische Wort, das jeder Tourist beherrschen sollte, »tack« – danke.

Immer per Du In Schweden wird jeder geduzt – egal, ob der Nachbar oder der Ministerpräsident. Einzige Ausnahme sind Mitglieder des Königshauses. Das führt dazu, dass viele Schweden, die Deutsch sprechen, ihren Gesprächspartner auch in der Fremdsprache duzen. Die Begrüßung mit Handschlag ist in Schweden unüblich. Titel tragen die Schweden nicht stolz vor sich her.

Pünktlich sein Bei Einladungen zum Essen sollte man pünktlich kommen. Bei Privateinladungen werden 10 Min. Verspätung akzeptiert, bei Geschäftsessen sind Verspätungen tabu. Nach Beendigung des Essens – das immer mit einer Tasse Kaffee abgeschlossen wird – bedankt man sich mit einem »tack för maten« – Danke für das Essen. Weiter ist es üblich, beim Betreten der Wohnung **die Schuhe auszuziehen**. Diese Tradition wird oft locker gehandhabt, doch als Gast sollte man zunächst die Schnürsenkel lösen – wenn der Gastgeber darauf keinen Wert legt, wird er darauf hinweisen.

In Schweden kleidet man sich in der Regel leger, bei Geschäftstreffen hingegen konservativ, und wenn sie abends ausgehen, werfen sich die Schweden gern in Schale. Manches Lokal hat einen **»Dresscode«** und verlangt entsprechende Kleidung.

Trinkgeld wird in Restaurants nicht erwartet, bei gutem Service kann man sich aber durchaus erkenntlich zeigen. Über ein aufgerundetes Entgelt freut sich auch jeder Taxifahrer, bis zu 10 % sind nicht überzogen.

Trinkgeld

Seit 2005 besteht in Restaurants, Hotels, Kneipen und allen öffentlichen Verkehrsmitteln striktes Rauchverbot.

Rauchverbot

Literatur

Eine spannende Einführung in das Reiseland Schweden bieten die Kriminalromane von Henning Mankell, Håkon Nesser und Liza Marklund.
Schon einige Jahre alt sind die Krimis des Autorenpaares Maj Sjöwall und Per Wahlöö. Sie vermitteln mit ihren Büchern aber nicht nur Spannung, sondern gewähren auch einen Einblick ins schwedische Gesellschaftssystem der 1970er- und 1980er-Jahre. Sehr lesenswert sind auch die Spionageromane des Journalisten Jan Guillou. Sozialkritik und Spannung halten sich hier die Waage.

Kriminalromane

Auf andere Art auf Schweden einstimmen lassen kann man sich von Selma Lagerlöf. Ihre Kindheitserinnerungen »Mårbacka« und der Roman »Gösta Berling« porträtieren die Landschaft und Menschen ihrer Heimatprovinz Värmland. Hinauf in den hohen Norden führt der schöne Band »Erzählung vom Leben der Lappen« von Johan Turi. Ebenfalls auf eine Nordlandreise kann man sich mit Carl von Linnés »Lappländische Reise« begeben.

Klassiker

Medien

Deutschsprachige Zeitungen und Zeitschriften sind an Flughäfen und Bahnhöfen, an mit »IP« (International Press) gekennzeichneten Zeitungsläden (pressbyråer) erhältlich. Die wichtigsten schwedischen Tageszeitungen sind die liberale Dagens Nyheter (www.dn.se) und das konservative Svenska Dagbladet (www.svd.se). Boulevardblätter sind Aftonbladet (www.aftonbladet.se) und Expressen (www.expressen.se).

Zeitungen und Zeitschriften

Das Fernsehen hat einen nicht zu unterschätzenden Anteil daran, dass die meisten Schweden über sehr gute Fremdsprachenkenntnisse verfügen. Alle Filme werden nämlich im Original mit Untertiteln ausgestrahlt.

Fernsehen

Nationalparks

In Schweden gibt es 29 Nationalparks sowie in und um Stockholm den ersten Nationalstadtpark der Welt. Ca. 1,4% der Landesfläche (6326,4 km²) sind als Nationalpark ausgewiesen, darüber hinaus gibt es etwa 3200 Naturschutzbiete. Die gesamt geschützte Fläche beträgt 54 000km², bzw. 12% Schwedens.

NATIONALPARKS

NORDSCHWEDEN

► **Vadvetjåkka**
nordwestlich von Kiruna bei Björkliden/Torneträsk, u.a. große Höhlen. Wanderwege zum Park von Tornehamn und Kopparåsen aus.

► **Abisko**
an der Reichstr. 98, 35 km östl. von Riksgränsen, leicht zugänglich; arktischer Kräutergarten, sehenswert insbesondere der tiefe Cañon des Abiskojokka, Ausgangspunkt des beliebten Kungsleden Wanderweges.

► **Stora Sjöfallet**
1 km westlich der Saltoluokta turiststation: In diesem Gebiet liegt u.a. das Akka-Gebirgsmassiv, bekannt durch Selma Lagerlöfs Nils-Holgersson-Erzählung.

► **Sarek**
Jokkmokk, 16 km nördlich von Kvikkjokk. Äußerst schwer zugängliches Wildnisgebiet und nicht geeignet für Fjällneulinge!

► **Padjelanta**
Jokkmokk, 36 km nordwestlich von Kvikkjokk, mit 198 400 ha der größte Nationalpark Schwedens, gilt als eine der botanisch wertvollsten Regionen des Landes.

► **Muddus**
an der Reichsstr. 88, 20 km südwestlich von Gällivare, große Moorgebiete, im Süden tiefe Felsschluchten. Markierte Wanderwege und Hütten zum Übernachten. Viele Mücken!

► **Pieljekaise**
an der Str. Nr. 95, 60 km nordwestlich von Arjeplog, Birkenwälder und Seen mit Saiblingbeständen

► **Björnlandet**
40 km südöstlich von Åsele, großartige Wildnis, Urwaldgebiete, Felsgründ und Schluchten

► **Haparanda Skärgård**
Schärenarchipel im Nordteil des Bottnischen Meerbusens. Interessante, vom Wind geschaffene Dünenlandschaft; viele Zugvögel.

► **Skuleskogen**
an der E 4, 25 km südlich von Örnsköldsvik; mächtige Felsformationen mit schwer zugänglichen Schluchten sowie Bachtäler mit artenreicher Vogelfauna.

MITTELSCHWEDEN

► **Sånfjället**
10 km südlich von Hede; hier leben Braunbären!

Nur beim Rentier tragen beide Geschlechter ein Geweih. Dass sie damit Schnee wegräumen, ist allerdings nur ein Gerücht. In den Nationalparks hat man gute Chancen auf Tierbeobachtungen in freier Wildbahn.

- **Töfsingdalen**
  nordwestlich von Idre; Landschaft mit riesigen Felsblöcken und einzigartigen Urwaldbeständen
- **Fulufjället**
  nordwestliches Dalarna, 20 km westlich von Särna. Hier liegt Schwedens höchster Wasserfall.
- **Hamra**
  an der Reichsstr. 45, 40 km südöstlich von Sveg, Urwaldcharakter mit Elch, Bär, Luchs
- **Färnebofjärden**
  südlich von Gysinge im Grenzgebiet von Västmanlands-, Dalarnas- und Gävleborgs län, reiches Vogelleben, Überschwemmungsgebiete, Flusslandschaften
- **Ängsö**
  Insel bei Norrtälje in den Schären von Stockholm, 10 km südwestlich von Furusund; artenreiche Vogelfauna; nur mit Boot erreichbar

SÜDSCHWEDEN

- **Garphyttan**
  15 km westlich von Örebro; Heuwiesen, Kulturflächen, Viehkoppel und Gärten
- **Tiveden**
  18 km nördlich von Karlsborg, von tiefen Risstälern durchzogen, überwiegend Fichten – viele Sagen umranken diesen »Trollwald«.
- **Djurö**
  Inselarchipel im Vänersee nahe Mariestad.
- **Tyresta**
  20 km südöstlich von Stockholm; lichte alte Kiefernwälder auf von Flechten überzogenem Felsgrund sowie vom Eis polierten Felsen; Brutplatz zahlreicher Vogelarten
- **Norra Kvill**
  20 km nordwestlich von Vimmerby; gut erhaltener Nadelurwald
- **Stora Mosse**
  an der Str. Nr. 151, 10 km nordwestlich von Värnamo; Moore, Vogelbiotop Kävsjön-See
- **Blå Jungfrun**
  Granitinsel im nördlichen Kal-

marsund, erreichbar mit dem Boot von Oskarshamn oder Byxelkrok

▶ **Gotska Sandö**
Fårösund, 50 km nördlich von Gotland; Sanddünen, Kiefernwälder; vielfältige Käferfauna, zahlreiche Orchideenarten

▶ **Stenshuvud**
an der Reichsstr. 10, 17 km nördlich von Simrishamn, behindertengerechter Wanderpfad.

▶ **Dalby Söderskog**
an der Str. Nr.16, 11 km südöstlich von Lund, Laubmischwald (Ulme, Esche, Buche, Eiche), herrliche Blütenpracht im Frühjahr

▶ **Söderåsen**
30 km östlich von Helsingborg; Buchenwälder, vom Kopparhatten Ausblick über weite Teile Skånes

▶ **Kosterhavet**
Schwedens erster Meeres-Nationalpark, grenzt an den norwegischen Nationalpark Ytre Hvaler

▶ **Tresticklan**
Auf dem Gebiet im nordwestlichen Dalsland befindet sich u.a. der See Stora Tresticklan, Kiefernwald und Moore.

Notrufe

NOTRUFNUMMERN

NOTRUFE IN SCHWEDEN

▶ **Polizei, Feuerwehr, Rettung**
Tel. 112

▶ **Pannenhilfe**
Tel. (020) 21 11 11 oder
Tel. (08) 690 38 00

IN DEUTSCHLAND

▶ **ADAC-Notrufzentrale München**
aus Schweden:
Tel. (00 49) 89 22 22 22

▶ **ACE-Euro-Notruf**
aus Schweden:
Tel. 0180 234 35 36

▶ **Deutsche Rettungsflugwacht**
aus Schweden:
Tel. (00 49) 711 70 10 70

▶ **DRK-Flugdienst Bonn**
aus Schweden:
Tel. (00 49) 228 23 00 23

IN ÖSTERREICH

▶ **AMTC-Notrufzentrale Wien**
aus Schweden: Tel. (00 43) 1 982 13 04

IN DER SCHWEIZ

▶ **Rettungsflugwacht Zürich**
aus Schweden:
Tel. (00 41) 333 333 333

Das Handy funktioniert in Lappland nicht flächendeckend, die Post schon.

Post · Telekommunikation

Post

Die Postämter (postkontor) sind werktags von 9.00 bis 18.00, Sa. von 9.00 bis 13.00 Uhr geöffnet. Briefmarken (frimärken) sind außer bei Postämtern auch in Tabak- und Papierwarengeschäften, in größeren Lebensmittelgeschäften und zum Teil auch in Kaufhäusern erhältlich. Das Porto für eine Postkarte oder einen Brief innerhalb Europas beträgt 12 SEK.

Telefon

Die meisten Telefonzellen in Schweden sind Kartentelefone. Telefonkarten gibt es zu 25, 50 und 100 Einheiten. Erhältlich sind die Karten bei Zeitungskiosken, Touristenbüros und Geschäften in der Nähe der entsprechenden Telefonzellen. Die jeweils nächste Verkaufsstelle ist

VORWAHLEN

VON SCHWEDEN

- **nach Deutschland**
  00 49
- **nach Österreich**
  00 43
- **in die Schweiz**
  00 41

NACH SCHWEDEN

- **von Deutschland, Österreich und der Schweiz**
  00 46

in den Zellen angegeben. Mit dem **Handy** kann man in Schweden problemlos telefonieren – lediglich in den nördlichen Landesteilen ist die Netzabdeckung noch etwas löchrig.

Preise · Vergünstigungen

Schweden ist kein billiges Reiseland, allerdings auch keineswegs so teuer wie vielfach vermutet. Benzin ist nach Einführung der Ökosteuer in Deutschland etwa gleiche Preise. Die Preise für Alkohol und Zigaretten, Süßigkeiten und Essen in Restaurants sind in Schweden tatsächlich deutlich höher. Mittags isst man in vielen Restaurants günstiger. Einige Preisbeispiele: ein Glas Wein im Restaurant ab 6 €; 0,33 l Bier (bei Systembolaget) ab 1 €; Ferienhausmiete je nach Saison: ab 250 €/Woche. (Die Beispiele für Getränke im untenstehenden Kasten verstehen sich als Restaurantpreise.)

Sonstige Vergünstigungen

Bei Hotels lohnt es grundsätzlich, sich nach Sondertarifen zu erkundigen. Restaurants servieren zwischen 11.30 und 14.00 Uhr das preisgünstige »dagens rätt«. In Großstädten wie Stockholm, Malmö und Göteborg macht es bei längerem Aufenthalt Sinn, sich die jeweilige Städtekarte zu kaufen, die Museumseintritte und Fahrten mit den öffentlichen Verkehrsmitteln billiger machen. In Verbindung mit der Karte können teils auch günstige Wochenend- und Ferientarife bei den großen Hotels gebucht werden (► siehe dazu die einzelnen Stadtkapitel in Reiseziele von A bis Z).

WAS KOSTET WIE VIEL?

Einfache Mahlzeit
ab 70 SEK

3-Gang-Menü
ab 200 SEK

Doppelzimmer
ab 500 SE

Ein Glas Bier
ab 48 SEK

Eine Tasse Kaffee
ab 9,80 SEK

Ein Liter Normalbe
ab 11,30

Reisezeit

Die besten Monate

Die schönste Reisezeit für **Südschweden** sind die Monate Mai bis Oktober, der klimatisch günstigste Monat ist der Juni; für **Mittel- und Nordschweden** empfehlen sich Juni bis September, denn im Mai sind viele Wanderpfade in Nordschweden von der Schneeschmelze noch versumpft.
Juli ist der Hauptferienmonat der Schweden und der Lieblingsmonat der **Mücken**, es ist wärmer, aber auch regenreicher als im Vormonat. Im August beginnt schon die Nachsaison, in Nordschweden kann es herbstlich kühl werden. September ist ein sehr guter Monat für Aktivurlauber. Jetzt hat man die Wanderpfade für sich allein, und die Mückenplage hört auf. Für **Skitouristen** eignen sich am besten die Monate März und April.
Grundsätzlich ist es auch im meist sonnigen Südschweden nie falsch, die Gummistiefel und Regenkleidung einzupacken.

Mitternachtssonne

Auf Grund der nördlichen Lage geht in dem Gebiet nördlich des Polarkreises die Sonne für Tage oder gar Wochen nicht unter. Obwohl in Stockholm von der Mitternachtssonne nichts mehr zu sehen ist, bleiben auch hier die Nächte hell; die Abenddämmerung geht nahtlos ins Morgenrot über. Die Mitternachtssonne scheint in: Abisko vom 12. Juni bis 14. Juli, in Kiruna vom 31. Mai bis 14. Juli, in Riksgränsen vom 26. Mai bis 18. Juli und am Kebnekaise, dem höchsten Berg des Landes, von 23. Mai bis 22. Juli.

Shopping

Öffnungszeiten

In Schweden gibt es, anders als in Deutschland, keine staatlich festgelegten Öffnungszeiten. Im Allgemeinen sind Geschäfte werktags von 9.00 bis 18.00, samstags bis 14.00 oder 16.00 Uhr geöffnet. Große **Supermärkte** schließen um 20.00, manchmal erst um 22.00 Uhr; viele von ihnen haben auch am Sonntag offen. **Banken** haben montags bis freitags von 9.30 bis 15.00 Uhr geöffnet, am Donnerstag bis 17.00/18.00 Uhr.
Bürger aus Nicht-EU-Staaten wie der Schweiz können sich bei der Ausreise – sofern beim Kauf ein entsprechendes Formular ausgefüllt wurde – die Mehrwertsteuer zurückerstatten lassen.

> ! *Baedeker* TIPP
>
> **Besuch bei den Künstlern von Schonen**
>
> Ende März öffnen die Künstler im westlichen Skåne (in der Gegend von Malmö, Skanör, Falsterbo und Trelleborg) eine Woche lang während der sogenannten »Konstrundan« ihre Ateliers für Besucher. Eine gute Möglichkeit zu persönlichen Gesprächen und bei Interesse guten Käufen (www.konstrundan.nu).

Souvenirs Schweden ist bekannt für modernes Design mit klaren Konturen. Das setzt sich bis in die alltäglichen Gebrauchsgegenstände fort. Beliebte Souvenirs sind Glaswaren, z.B. aus den Hütten Kosta Boda und Orrefors in Småland. **Samisches Kunsthandwerk** aus Rentiergeweih oder Birkenholz ist ebenfalls ein nettes Andenken. Knallrot mit weiß-blauem Zaumzeug ist das **Dalapferd**, das in Dalarna hergestellt wird. Es soll das Reittier des Gottes Odin darstellen und ist zu einem der beliebtesten Mitbringsel aufgestiegen. Kulinarisch kann man in Schweden einige Raritäten erstehen: das reicht vom Elchschinken bis zur **»hjortronsylt«**, das ist Marmelade aus Moltebeeren. Sehr gut schmeckt auch **schwedischer Senf**, aromatisch und leicht süßlich. Wer Lederbekleidung und vor allem Outdoorausrüstung sucht, kann dies in Schweden z.T. deutlich günstiger als zu Hause einkaufen.

Elche sträuben sich oft gegen das Mitnehmen, dann schon lieber ein Dalapferdchen.

Sprache

Viele Schweden sprechen Englisch, manche auch Deutsch. In den größeren Hotels und Reisebüros findet man fast überall Deutsch sprechende Mitarbeiter. In abgelegenen Orten und Gebieten, besonders im nördlichen Landesteil, wird in der Regel nur Schwedisch gesprochen.

Besonderheiten im Schwedischen

Bitte nicht verwirren lassen!

Das Schwedische gehört zur nordgermanischen oder skandinavischen Sprachgruppe. Charakteristisch ist, dass der bestimmte Artikel ans Ende des Wortes gehängt wird (z.B. vägen = der Weg, kyrkan = die Kirche). Das macht die Übertragung ins Deutsche mitunter etwas verwirrend: »Stortorget« steht auf den Straßenschildern vieler Städte, was übersetzt »Der Markplatz« heißt. Wird in diesem Reiseführer nun der Marktplatz beschrieben, muss es »der Stortorg« heißen, sonst hätte man den Artikel »der« gleich zweimal verwendet. Ähnliches gilt für museum/museet.

◄ Alphabet

Wer am schwedischen Telefon- oder Wörterbuch zu verzweifeln droht, hilft vielleicht dieser Hinweis: Im schwedischen Alphabet folgen Å, Ä, Ö nach Z.

Aussprache

In der Aussprache weicht das Schwedische besonders bei folgenden Buchstaben vom Deutschen ab:
å wie ein breiter dunkler o-Laut
o meist etwas dumpf, mitunter wie u
u fast wie ü
c vor e, i, y wie ein scharfes s (ß), sonst wie k
ch vor e, i, y, ä, ö, wie sch
d, h, l vor j stumm, also djur (Tier) wie jüür
f am Silbenende wie w
g vor ä, e, i, ö, y und nach l und r wie j; gj vor o und u wie j
k vor ä, e, i, ö, y und in der Verbindung kj wie sch, z.B. kyrka wie schürka, kött wie schött
s immer scharf wie ß; sj wie sch
tj vor ä, e, i, ö, y wie sch; ti in der Endung -tion wie sch
v immer wie w
y wie ü

Sprachkurse

Während der Sommermonate bieten das Schwedische Institut in Stockholm sowie einige Universitäten ein vielfältiges Kursprogramm in der schwedischen Sprache an. Auskünfte bei: Svenska Institutet Svenskundervisningsenheten, Skeppsbron 2, Box 7434, 10391 Stockholm, Tel. (08) 453 78 00, www.si.se

SPRACHFÜHRER SCHWEDISCH

Speisekarte

Deutsch	Schwedisch
Restaurant	restaurang
Schnellgaststätte	kafeteria, barservering
Imbissbude	gatukök
Frühstück	frukost
Mittagessen	lunch, middag
Abendessen	kvällsmat, middag
essen	äta
trinken	dricka
viel, viele	mycket, många
wenig	lite
Rechnung	räkning
bezahlen	betala
sofort	genast
gegrillt	grillat
gebraten	stekt
gekocht	kokt
Speisekarte	matsedel
Suppe	soppa
Fleisch	kött
Braten	stekt
Wurst	korv
Schinken	skinka
Elch	älg
Hähnchen	kcykling
Kalb	kalv
Lamm	lamm
Rentier	ren
Rind	oxe
Schwein	gris
Fisch	fisk
Fischklößchen	fiskbullar
Dorsch	torsk
Forelle	forell, laxöring
Hering	sill
Krabben	räkor
Lachs	lax
geräucherter	rökt lax
Obst	frukt
Apfel	äpple
Apfelsine	apelsin
Birne	päron
Erdbeere	jordgubbe
Heidelbeere	blåbär
Himbeere	hallon

Hmmm! Ganz frische Räkor!

Kirsche	körsbär
Pflaume	plommon
Preiselbeere	lingon
Zitrone	citron
Gemüse	grönsaker
Blumenkohl	blomkål
Bohne	böna
Erbse	ärta
Gurke	gurka
Kartoffel	potatis
Kohl (Rotkohl)	kål (rödkål)
Kopfsalat	huvudsallat
Spinat	spenat
Tomate	tomat
Nachspeisen	dessert, efterrätt
Speiseeis	glass
Kompott	kompott
Eingemachtes	sylt
Pudding	pudding
Schlagsahne	vispgrädde
Getränke	dryckor
Bier	öl
Kaffee	kaffee
Milch	mjölk
Mineralwasser	mineralvatten
Sahne	grädde

Tee	te
Wasser	vatten
Wein	vin
Weißwein	vitvin
Rotwein	rödvin
Brot	bröd
Weißbrot	vetebröd
Brötchen	franskt bröd
Kuchen	kaka
Gebäck	småkakor
Waffeln	våfflor

Grundzahlen

0	noll
1	en, ett
2	två
3	tre
4	fyra
5	fem
6	sex
7	sju
8	åtta
9	nio
10	tio
11	elva
12	tolv
13	tretton
14	fjorton
15	femton
16	sexton
17	sjuton
18	arton
19	nitton
20	tjugo
21	tjugoett
22	tjugotvå
23	tjugotre
25	tjugofem
30	trettio
40	fyrtio
50	femtio
60	sextio
70	sjuttio
80	åttio
90	nittio

100	hundra
101	hundraen
200	två hundra
300	tre hundra
725	sju hundra tjugofem
1000	tusen
500 000	fem hundra tusen
1 Mio.	en million

Bruchzahlen

1/2	en halv
1/3	en tredjedel
1/4	en fjärdedel, en kvart
1/5	en femtedel
0,3	noll komma tre

Monate

Januar	januari
Februar	februari
März	mars
April	april
Mai	mai
Juni	juni
Juli	juli
August	augusti
September	september
Oktober	oktober
November	november
Dezember	december

Wochentage

Montag	måndag
Dienstag	tisdag
Mittwoch	onsdag
Donnerstag	torsdag
Freitag	fredag
Samstag	lördag
Sonntag	söndag
Feiertag	helgdag

Wichtige Wörter und Redewendungen

Deutsch	Schwedisch
deutsch (Deutscher)	tyska (tysk)
schwedisch	svenska
Deutschland	Tyskland
Schweden	Sverige
Guten Morgen!	god morgon!
Guten Tag!	god dag!
Guten Abend!	god kväll!
Gute Nacht!	god natt!
Auf Wiedersehen!	adjö!/Hei då!
Sprechen Sie …	talar ni …
deutsch	tyska
Ich verstehe nicht.	jag förstår inte.
Ja, jawohl	ja (ha), jo, ju
bitte!	var så god!
danke	tack!
danke sehr!	tack så mycket!
Dame, Frau	dam, kvinna
Herr	herre
(Für) Damen	Damer
(Für) Herren	Herrar
Wo ist …?	var är …?
die …Straße	gatan
die Straße nach …	vägen till …
der Platz	… platsen, …torget
die Kirche	…kyrkan
das Museum	museum, museet
wann?	när
offen/geöffnet	öppen/öppet
Rathaus	stadshus
Post	postkontor
Briefmarke	frimärke
Bank	bank
Bahnhof	järnvägsstation
Hotel	hotell
Übernachtung	övernattung
Was kostet …?	vad kostar …?
eine Zeitung	tidning
Ich möchte gern …	jag skulle gärna …
ein Zimmer	ha ett rum
mit einem Bett (Einzelzimmer)	med en bädd (enkelrum)
mit zwei Betten (Doppelzimmer)	med två bäddar (dubbelrum)
mit Bad	med bad
ohne Bad	utan bad
der Schlüssel	nyckeln
die Toilette	toaletten
ein Arzt	läkare, doktor
rechts	till höger

links	till vänster
geradeaus	rakt fram
oben	uppe, ovanpå
unten	nedanför, nere
neu	ny
teuer	dyr
Eintrittskarte	inträdesbiljett

Verkehrsaufschriften und Warnungen

Halt!	stopp! halt!
Zoll!	tull
Vorsicht!	se upp! giv akt!
Langsam!	sakta!
Baustelle	vägarbete, gatuarbete
Einbahnstraße	enkelriktad
Durchfahrt verboten!	genomfart förbjuden!
Straße gesperrt	gatan avstängd
Baden verboten	badning förbjuden
Zelten verboten	förbud mot tältning

Autotechnische Ausdrücke

Abschleppen	ta på släp
Anlasser	självstart
Auto	bil
Batterie	batteri
Benzin	bensin
Reifenpanne	punktering
Parkplatz	parkeringsplats
Rad	hjul
Reifen	däck
Reparaturwerkstätte	bilverkstad
Blinker	blinkljus
Bremse	broms
Ersatzteil	reservdel
Führerschein	körkort
Hupe	signalhorn,tuta
Kühler	kylare
Luft	luft
Motorrad	motorcykel
Öl	olja
Ölwechsel	oljebyte
Panne	motorstop

Scheibenwischer	vindrutetorkare
Scheinwerfer	strålkastare
Sicherung	säkring
Tankstelle	bensinstation
Ventil	ventil
Vergaser	förgasare
Zündkerze	tändstift
Zündung	tändning
Zylinderkopf	cylinderhuvud

Geografische Begriffe

Berg	berg
Hochgebirge	fjäll
Gipfel	höjd, topp
Bergspitze, Zinne	spets
Gletscher	glaciär
Bergwand (felsig)	bergvägg
flacher Berghang	backe
Bergrücken	ås
Hügel	kulle
Tal	dal
Klamm, Schlucht	klyfta, skreva
Fluss	älv
kleiner Fluss	å
Wasserfall	fors
Meeresstraße	sund
Wasser, Gewässer	vatten
Strand, Flachküste	strand
steiles Felsufer	klint
Insel	ö
Wald	skog
Moor	myr, mosse
Sumpf	kärr, träsk
Stadt	stad
Kirche	kyrka
Turm	torn
Schloss	slott
Garten, Park	trädgård
Straße	gata
Landstraße	landsväg
Weg	väg
(Markt-)Platz	torg, plats, plan
Brücke	bro
Eisenbahn	järnväg
Fähre	färja

Übernachten

Hotels

Die Preise für Hotelübernachtungen sind in Schweden in den vergangen Jahren deutlich gesunken, teils sind sie erheblich preiswerter als in Deutschland. Der Standard der schwedischen Hotels ist durchweg sehr gut. Schwedens Hotelwesen hat in den letzten Jahren eine enorme Wandlung erfahren – viele neue Design- und Erlebnishotels sind entstanden – Wellness und Spa-Abteilungen sind im Trend der Zeit. Schlösser und Fabrikhallen werden zu Hotelkomplexen umgewandelt, von romantisch-traditionell bis zu modern-funktional. Aber auch, wer es familiär und einfach liebt, wird nette Unterkünfte finden, nicht selten in landschaftlich attraktiver Lage.

Jugendherbergen

Eine preiswerte Alternative zu Hotels sind die **Vandrahem**. Eine Altersbeschränkung gibt es in den 315 schwedischen Jugendherbergen nicht. Die Variationsbreite reicht von einfachen Unterkünften bis zu Häusern mit Hotelstandard. Entsprechend gestaffelt sind auch die Übernachtungspreise, die bei etwa 10 Euro für einen Platz im 4-Bett-Zimmer beginnen. Eine Mitgliedschaft im Jugendherbergsverband ist nicht notwendig, wird aber mit Preisnachlässen honoriert. Die »Vandrahem« sind übrigens mehr als nur Jugendherbergen, weil oft sehr ansprechend von Lage, Örtlichkeit und Einrichtung her.

i Die originellsten Vandrahem

- Lund: stillgelegter Zug (Tel. 046/ 14 28 20)
- Stockholm: Segelschiff Chapman (Tel. 08/ 463 22 66, www.stfchapman.com)
- Stockholm: ehemaliges Gefängnis Langholmen (Tel. 08/ 720 85 00, www.langholmen.com)
- Smygehuk: Leuchtturmwärterhaus (www.smygehukhostel.com)

Zum Verbund der schwedischen Camping & Ferienhausbetreiber (SCR) gehören 625 Campingplätze, auf denen oft auch Campinghütten, Ferienhäusern oder Wohnwagen gemietet werden können. Um auf einem schwedischen **Campingplatz** zu übernachten, muss man die Camping Card Scandinavia erwerben. Mit der Karte sind einige Vorteile verbunden, wie z. B. eine Unfallversicherung während des Campingaufenthalts und diverse Rabatte. Sie gilt u. a. auch für Dänemark, Finnland, Norwegen und kann bei www.camping.se bestellt werden. Eine aktuelle Gültigkeitsmarke kauft man auf dem ersten Campingplatz, den man aufsucht. Sie kostet für ein Jahr 140 SEK.

Wildes Zelten

Das schwedische Jedermannsrecht gestattet es, wild zu zelten – allerdings nur außer Sichtweite von bewohnten Häusern, nicht auf landwirtschaftlichen Flächen und auch nur für eine Nacht. Selbstverständlich sollte man den Platz sauber verlassen. Offenes **Feuer** muss gelöscht werden und auf Felsklippen am Meer ist generell kein Feuer gestattet, ebensowenig wie im Sommer bei Trockenheit.

ADRESSEN ÜBERNACHTEN

JUGENDHERBERGEN

▶ **Svenska Turistförening (STF)**
Box 17251
10462 Stockholm
Tel. (08) 463 21 00
www.svenskaturistforeningen.se

▶ **Sveriges Vandrarhem i Förening**
Utbygården
79590 Rättvik
Tel./Fax (04 13) 55 34 50
www.svif.se

CAMPING

▶ **SCR**
Mässans Gata 10, Box 5079
40222 Göteborg
Tel. (031) 355 60 00
Fax (031) 355 60 03
www.scr.se

i Preiskategorien Hotels

- Luxus: über 1200 SEK
- Komfortabel: 600 – 1200 SEK
- Günstig: bis 600 SEK
(pro Nacht im Doppelzimmer)

Urlaub aktiv

Angeln Schweden ist eines der besten Angelreviere Europas. Vor Ort muss man sich eine Angellizenz (fiskekort) besorgen. Meist sind die Verkaufsstellen deutlich ausgeschildert, wenn nicht, hilft das örtliche Touristenbüro oder ein Hotel, Campingplatz oder Zeitungskiosk in der Nähe weiter. Dort wird oft sowieso auch die Angelberechtigung verkauft. In einigen Fällen, wie zur Lachspremiere in der Mörrum, muss man sich seinen Standplatz schon ein Jahr im Voraus sichern. Das Angeln im Meer mit Handangelgeräten ist in weiten Teilen des Landes lizenzfrei.

Ballonfahrten Zu den unvergesslichen Urlaubserlebnissen zählen Fahrten in einem Heißluftballon, die in verschiedenen Städten, wie Malmö, Stockholm und Alingsås (Västergötland) angeboten werden. In Stockholm werden nach der einstündigen Ballonfahrt (Start: kurz nach Sonnenaufgang oder kurz vor Sonnenuntergang) Ballonneulinge mit Sekt getauft und erhalten ein Diplom, das ihnen die Aufnahme in die Familie der Luftfahrer bescheinigt.

Draisine Wo früher Züge über die Gleise ratterten, können heute Touristen mit eigener Kraft die schwedische Natur erfahren und mit der Draisine auf stillgelegten Eisenbahnschienen ein- oder mehrtägige Touren unternehmen. Die bekannteste Strecke liegt in Dalsland zwischen Årjäng und Bengtfors (Infos bei Dalsland Turistråd). Weitere Strecken gibt es in Dalarna, Väster- und Östergötland sowie Skåne.

siehe beiliegender Special Guide »Urlaub aktiv« ▶

Golf

In keinem anderen europäischen Land findet man ein so dichtes Netz von Golfplätzen wie in Schweden. Alle schwedischen Golfvereine heißen bei Vorlage der Greencard auch Gastspieler aus anderen Ländern gerne willkommen. Die Greenfees sind im Vergleich zu Deutschland mehr als moderat. Einige Hotelketten bieten Golfpakete an, in denen Unterkunft und Greenfee im Preis enthalten sind. Die Spielzeiten werden dann ebenfalls durch das Hotel gebucht.

Jagen

Jagdsaison ist hauptsächlich von August bis Februar. Zu den wichtigsten Wildarten zählen Elch, Reh, Hase, Ente, Birkhuhn und Schneehuhn. Detaillierte Informationen über Jagdmöglichkeiten für Ausländer sind erhältlich bei Visit Sweden.

Kanu

Schweden ist das ideale Land für den Urlaub mit dem eigenen Boot. Seen und Flüsse, auf denen man sein Boot zu Wasser lassen kann, findet man genug. Wer eine schwierigere Tour plant oder einen ihm unbekannten Fluss befahren will, sollte sich jedoch zunächst eingehend informieren. Organisierte Kanu-Safaris durch Värmland oder Fahrten im Kajak durch Stockholms Schären veranstaltet beispielsweise der deutsche Reiseveranstalter Wolters Reisen.

Kanufahren ist auch für Kinder ein Vergnügen, hier in der Nähe von Åre im Jämtland.

RADWEGE

- **Sverigeleden**
  2800 km vom südschwedischen Helsingborg bis nach Karesuando in Lappland

- **Mälarsleden**
  710 km, rund um die Seen Mälaren und Hjälmaren

- **Siljansleden**
  135 km, rund um den Siljansee, Anschlussmöglichkeiten um den benachbarten Orsasee, im Sommer teilweise sehr viel Autoverkehr

- **Nynäsleden**
  82 km, von Stockholm nach Nynäshamn

- **Åsnen Runt**
  120 km, um den See Åsnen (nahe Växjö)

- **Dalslandsleden**
  350 km durch Dalsland

- **Kustlinjen**
  565 km entlang der schwedischen Ostküste von Öregrund nach Stockholm und Västervik

Fahrräder können, wie hier auf Insel Ven, fast überall ausgeliehen werden.

Rafting (forsränning) bommt auch in Schweden. Neben seriösen Veranstaltern existieren auch dubiose Anbieter. Da zumindest bei anspruchsvollen Fahrten ein gewisses Risiko bestehen bleibt, sollte man nur bei vom Staatlichen Verband der Wildwasserfahrer (FoRS) zugelassenen Unternehmen buchen.

Rafting

Weit über 100 schwedische Anbieter haben Reiterurlaub für Touristen in ihrem Programm. Wer Urlaub mit Pferden machen will, erfährt Näheres bei: Sveriges Ridlägerarrangörers Riksförbund.

Reiten

Schweden bietet mit einer mehr als 7000 km langen Küstenlinie, zahlreichen Seen (darunter Vänersee, Vättersee, Mälarsee und Hjälmarsee), schönen Kanälen (Göta-Kanal, Kinda-Kanal, Strömsholms-Kanal, Hjälmare-Kanal, Dalsland-Kanal, Trollhättan Kanal, Södertälje Kanal, Filipstads-Bergslags-Kanal, Säffle Kanal) und Wasserläufen nahezu unbegrenzte Möglichkeiten für alle Arten des Bootssports. Deutsche, österreichische und Schweizer Staatsbürger sind nicht verpflichtet, sich anzumelden, wenn sie mit dem Boot nach Schweden einreisen. Der Internationale Bootsschein genügt als Bootspapier.

Sportschifffahrt

Schweden ist unbestritten eine der bedeutendsten Tennisnationen der Welt, aus der hervorragende Spitzensportler wie Björn Borg, Stefan Edberg, Anders Jarryd, Mats Wilander oder Magnus Larsson stammen. Die Tennisplätze können ohne Klubzwang benutzt werden.

Tennis

Wandern

Ideales Wanderland

◄ siehe beiliegender Special Guide »Urlaub aktiv«

Schweden ist ideal zum Wandern. Im Norden locken die wilde, einsame Weite und die Gebirgswelt, im Süden die fruchtbare Kulturlandschaft. 400 beschilderte Wanderwege durchziehen ganze Provinzen, u. a. der Blekingeleden, der Skåneleden und der Hallandsleden. Andere Wege führen durch Nationalparks, wie z. B. der Kungsleden, der in Abisko beginnt und am Kebnekaise vorbeiführt, dem höchsten Berg Schwedens. Einen schönen Platz zum Aufstellen seines Zeltes findet man immer, aber am Rande vieler Wanderpfade liegen auch Hütten und Gebirgsstationen, in denen man übernachten kann. Der Svenska Turistföreningen unterhält zahlreiche **Wanderheime**, die über Zwei- und Mehrbettzimmer verfügen. **Hütten** sind in der Regel in Tagesabständen vorhanden, Proviant muss man hier allerdings selber mitbringen. Zwischen den einzelnen Hütten sind die Wege meist gut markiert, ebenso die großen Wanderwege. Eine gute Karte sollten Wanderer dennoch stets mit sich führen.

Für alle Ansprüche

In Südschweden sind die Touren oft relativ einfach, im mittelschwedischen Jämtland und Härjedalen schon etwas anspruchsvoller und in Lappland, speziell in den großen Nationalparks Sarek, Padjelanta und Stora Sjöffallet, sollte man etwas Kondition und Orientierungs-

ADRESSEN

BALLONFAHRTEN

▸ **Grenna Ballong & Luftskepp AB**
Björkhaga
Tel. (03 90) 305 25
www.flyg-ballong.nu

▸ **Ballong & Äventyr AB**
Ladugårdsmarken 412
22591 Lund
Tel. (046) 24 89 00
www.ballongaventyr.se

GOLF

▸ **Svenska Golfförbundet**
Box 84, 18211 Danderyd
Tel. (08) 622 15 00
www.golf.se/SGF

KANU

▸ **Svenska Kanotförbundet**
Rosvalla, 1162 Nyköping
Tel. (01 55) 20 90 80
www.kanot.com

RAD FAHREN

▸ **Svenska Cykelsällskapet**
Box 6006
16479 Kista
Tel. (08) 751 62 04
www.svenska-cykelsallskapet.se

REITEN

▸ **Svenska Ridsport Förbundet**
Ridsportens Hus
73494 Strömsholm
Tel. (02 20) 456 00
www3.ridsport.se

▸ **Sveriges Ridlägers Riksförbund**
Björka Gård
27173 Köpingebro
Tel. (04 11) 55 00 60
www.ridlager.org

TENNIS

▸ **Svenska Tennisförbundet**
Lidingövägen 75, Box 27915
11541 Stockholm
Tel. (08) 450 43 10

WANDERN

▸ **Svenska Turistföreningen**
Drottninggatan 31, Box 25
10120 Stockholm
Tel. (08) 463 21 00
www.svenskaturistforeningen.se

vermögen mitbringen. Denn wer mehrere Tage unterwegs ist, ohne ein Wanderheim verfügbar zu haben, muss einiges an Gewicht mitschleppen. Dank des schwedischen Jedermannsrechts (allemansrätt) darf man so gut wie überall wandern, also auch dort, wo keine Wanderwege sind.

Wandern im Sarek Keine Wanderwege durchziehen den Sarek-Nationalpark in Lappland, der sicherlich zu den faszinierendsten Gegenden Europas gehört. Hier sind Kenntnisse im Umgang mit Kompass und Karte unabdingbar, außerdem gute Kondition, umfassende Wandererfahrung und größte Sorgfalt bei der Ausrüstung!

Wintersport s. Wintersport S. 104/ 105

Die hier abgebildete Ölandsbrücke ist wie alle Straßen in Schweden mautfrei, einzig die Öresundbrücke kostet Gebühr. Über eine Lkw-Maut wird aber bereits nachgedacht.

Verkehr

Allgemeine Vorschriften

Zwischen den deutschen und schwedischen Verkehrsregeln gibt es keine großen Unterschiede. Trotzdem gilt es einiges zu beachten: **Licht ist Pflicht,** und das rund um die Uhr. Nebelschlussleuchten dürfen jedoch nicht eingeschaltet werden. Die zulässige **Höchstgeschwindigkeit** außerhalb geschlossener Ortschaften liegt zwischen 70 und 90 km/h, auf Autobahnen darf man zwischen 90 und 110 km/h fahren. Die schwedische Polizei führt häufig **Geschwindigkeitskontrollen** durch und die Strafen für zu schnelles Fahren sind empfindlich. Die Promille-Grenze für Alkohol liegt bei **0,2 Promille**.
Eine **durchgehende gelbe Linie** am Fahrbahnrand bedeutet Halteverbot; eine gestrichelte gelbe Linie oder eine gelbe Zickzacklinie am Fahrbahnrand zeigt Parkverbot an.

Elche

Die bei Touristen als Souvenir beliebten Elchwarnschilder sollten nicht nur fotografiert, sondern auch beachtet werden. Besonders in den Morgen- und Abendstunden im Frühjahr und Herbst tauchen Elche oft unverhofft auf der Straße auf.

AUTO

► **Motormännens Riksförbund**
Sveavägen 159, P. O. Box 23142,
10435 Stockholm
Tel. (08) 690 38 00 oder
Tel. (020) 21 11 11 (nur innerhalb Schwedens, gebührenfrei)
www.motormannen.se

► **Pannenhilfe**
Tel. (020) 91 20 12

BAHN

► **Statens järnvägars (SJ) AB**
10550 Stockholm
Tel. (0711) 75 75 75,
www.sj.se

BUS

► **Swebus Huvudkontor**
Solna Stranväg 78, 17154 Solna
Tel. (05 446) 300 00, Fax 300 30
www.swebus.se

Überholen Viele schwedische Straßen sind »eineinhalbspurig«. Anders als in Deutschland benutzt nicht der Überholende die zweite Spur, sondern das langsamere Fahrzeug macht den Weg frei und weicht kurz auf den rechten Seitenstreifen aus. Macht ein vorausfahrendes Fahrzeug Platz, bedankt man sich durch kurzes rechts-links Blinken.

Tankstellen Tankstellen sind in der Regel Mo. – Sa. 7.00 – 19.00 Uhr, an Autobahnen und Hauptverbindungsstrecken z.T. auch rund um die Uhr geöffnet. Die meisten Tankstellen sind Selbstbedienungstankstellen mit Geldscheinautomaten für 20-, 50- und 100-Kronen-Scheine, die Bezahlung mit gängigen internationalen Kreditkarten ist meist möglich. Sie sind mit dem Wort »sedel« (Banknote) angekündigt – Tankstellen, an denen man an der Kasse der Tankstelle bezahlt, sind mit »kassa« gekennzeichnet. Im hohen Norden sollte jede Tankmöglichkeit genutzt werden, da Tankstellen dünn gesät sind.

Wintersport

Sehr schneesicher In Schweden wird viel Wintersport betrieben, wobei der Langlauf an erster Stelle steht; auch Skiwanderungen sind beliebt. Für den Wintersport eignen sich (mit Ausnahme der Küstengebiete Südschwedens) am besten die Monate Januar bis März/April, der Norden gilt sogar bis Mai als schneesicher. Im November und Dezember liegt zwar ebenfalls genügend Schnee, dann sind aber die Tage sehr kurz und im Norden ist es zudem äußerst kalt.

Neben dem Skilaufen werden auch Hunde-, Rentier- oder Pferdeschlittentouren, Schneewanderungen, Eisangeln und Wintergolfen,

i Skilanglauf

- Eine der schönsten Loipen Schwedens ist die Mittåkläppspåret beim Wintersportort Ramundberget nördlich von Funäsdalen.

Vorbereitungen zu einer Hundeschlittentour in die lappländische Wildnis bei Jokkmokk

außerdem Heli-Skiing und Motorschlittensafaris sowie Snowboardkurse, Buckelpistenkurse, alpine Skikurse u.v.a. angeboten.

Wintersport-zentren

Von Småland bis in den hohen Norden von Lappland bieten sich Wintersportmöglichkeiten u.a. in den folgenden Wintersportzentren: Isaberg, Närke, Västmanland, Sunne, Siljansee mit Leksan, Rättvik und Tällberg, Sälen, Idre und Grövelsjön, Härjedalen mit Vemdalsfjäll, Funäsdalen, Bruksvallarna, Tänndalen, Tännas und Fjällnäs, Sylarna, Storuvlån und Blåhammaren sowie Åre, Duved und Trillevallen, Strömsund, Gäddede, und Stora Blåsjön, Borgafjäll und Saxnäs, Vilhelmina, Storuman, Jokkmokk, Dundret, Abisko, Björkliden und Riksgränsen.

◄ Funäsdalen

Für Wintersportfreunde aus dem Ausland ist Funäsdalsfjällen (Härjedalen), Schwedens am südlichsten gelegenes hochalpines Gebiet mit mehr als 30 Gipfeln zwischen 1000 und 1800 m, gut erreichbar. Funäsdalsfjällen hat ein breites Angebot für Freunde des Skisports, von der anfängerfreundlichen Piste bis zu Abfahrten für Spitzensportler, über 400 km markierte Skiwanderwege, mehr als 30 Lifte und über 80 Abfahrten. Das Nordic Ski Center in Funäsdalsfjällen, in das alljährlich mehrere Nationalteams aus aller Welt zum Training und für Wettbewerbe anreisen, ist ein Begriff für Skilangläufer aus aller Welt.

Zeit

Wer nach Schweden reist, braucht seine Uhr nicht umzustellen. Ganzjährig gilt die gleiche Zeit wie in Deutschland.

Touren

SCHWEDEN IST VOLL LOHNENDER ZIELE: STOCKHOLM UND DIE GROSSEN SEEN, MALERISCHE KÜSTEN, RAUE FJÄLLS UND LIEBLICHE LANDSCHAFTEN. WOHIN ALSO DIE SCHRITTE LENKEN? WIR VERRATEN IHNEN, WO SCHWEDEN AM SCHÖNSTEN IST!

TOUREN DURCH SCHWEDEN

Diese vier ausgewählten Touren führen durch die schönsten Regionen des Landes, zu Badestränden und Sonneninseln, durch Schwedens Bilderbuchlandschaften und in seine Städte. Für die kürzeste Tour benötigen Sie rund drei Tage, für die längste zwei Wochen. Planen Sie ruhig ein paar Tage mehr ein als angegeben – es lohnt sich.

TOUR 1 **Zur Badewanne Schwedens**
Die Westküste ist bekannt für ihre schönen Strände und wird deshalb auch die »Badewanne Schwedens« genannt. Mittendrin sorgt Göteborg für Abwechslung und städtisches Flair. ▸ **Seite 112**

TOUR 2 **Nach Stockholm und Gotland**
Vom äußersten Süden führt diese Route durchs Landesinnere zur Hauptstadt Stockholm, übers Meer zur Insel Gotland und schließlich entlang der Küste zurück zum Ausgangspunkt Malmö. ▸ **Seite 114**

TOUR 3 **Rund um den Mälarsee**
Die Runde um den Mälarsee ist eine Fahrt durch eine der ältesten Kulturlandschaften Schwedens. Einige der schönsten Schlösser und ältesten Städte des Landes sowie die Hauptstadt Stockholm mit ihren zahllosen Sehenswürdigkeiten liegen am Wegesrand. ▸ **Seite 116**

TOUR 4 **Die große Nordlandfahrt**
Stadt, Land, Wildnis: Dieser Dreiklang durchzieht die zweiwöchige Tour von Stockholm gen Norden bis hinauf zur finnischen Grenze und zurück. Man überquert den Polarkreis, badet an den letzten Sonnenstränden und kann zu Fuß oder per Kanu die endlosen Wälder Mittel- und Nordschwedens erkunden. ▸ **Seite 118**

Göteborg
Hafenstadt mit prickelndem Flair

Ystad
Schwedens Süden eignet sich wunderbar für Zwischenstopps am Strand.

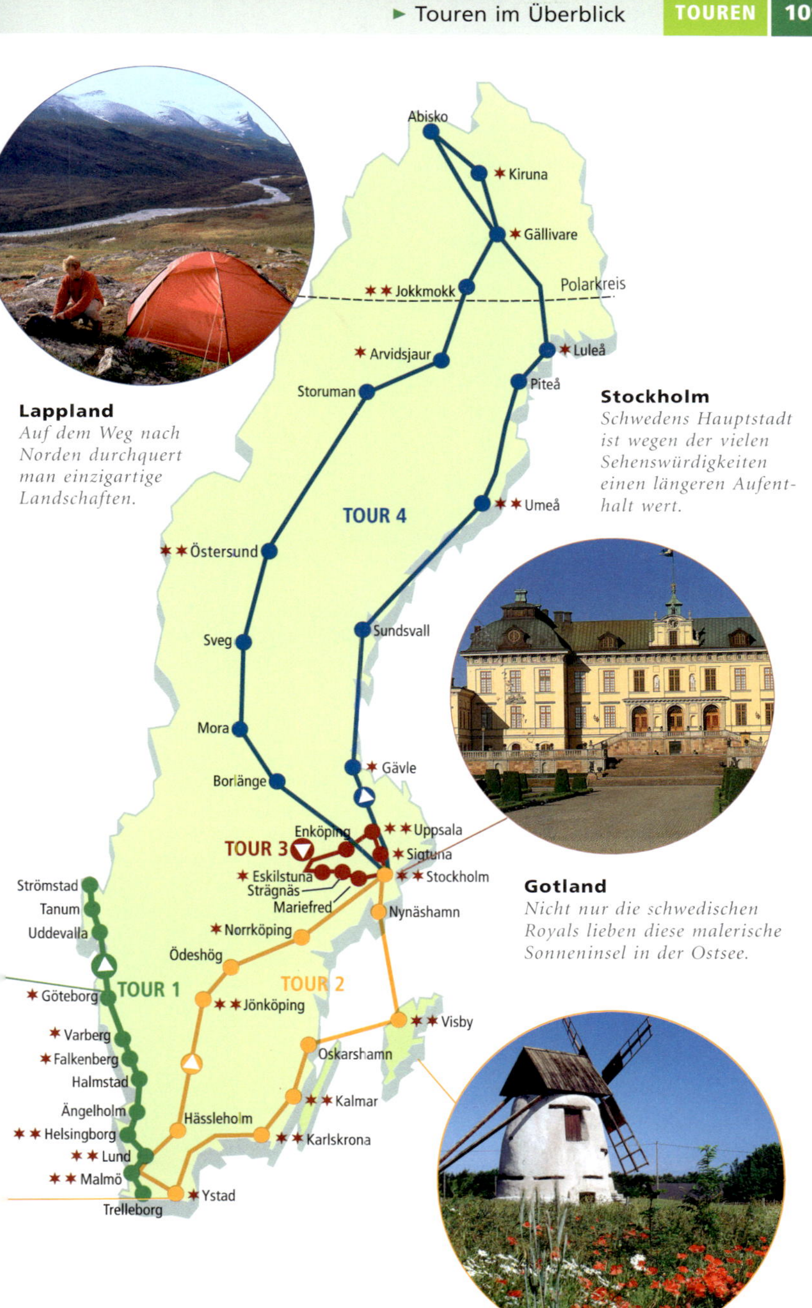

Lappland
Auf dem Weg nach Norden durchquert man einzigartige Landschaften.

Stockholm
Schwedens Hauptstadt ist wegen der vielen Sehenswürdigkeiten einen längeren Aufenthalt wert.

Gotland
Nicht nur die schwedischen Royals lieben diese malerische Sonneninsel in der Ostsee.

Unterwegs in Schweden

Der Süden Der Süden, und ganz besonders Skåne, gilt als **Schlemmerprovinz**, denn dort, wo die Böden fruchtbarer und die Weiden saftiger sind, leben die Genießer des Landes. Hier fühlt man sich fast wie in Dänemark, wegen der goldgelben Äcker, die in der sanften Meeresbrise wogen, und der Menschen, die leicht an ihrem breiten Dialekt zu erkennen sind. Der Südzipfel hat aber noch mehr zu bieten: Die drittgrößte Stadt des Landes, das sympathische **Malmö**, von dem es nur ein Katzensprung hinüber ins dänische Kopenhagen ist, und eine Vielzahl schöner Strände. **Småland** ist dann schon typisch schwedisch, ein Landstrich mit viel Wald und zahllosen Seen, eine **Bilderbuchlandschaft**, die an Astrid Lindgren erinnert.

Der Westen Die gesamte Westküste gilt als Badewanne der Nation und erfreut sich schon seit dem 19. Jh. großer Beliebtheit. Die Küstenprovinz **Halland** profitiert von sonnigen Sommern, dann kommen die Touristen in Scharen an die **kilometerlangen Sandstrände**. Doch Gedränge ist hier selbst während der Hauptferienmonate Juli und August ein Fremdwort. Mittelpunkt der Westküste ist **Göteborg**, Schwedens zweitgrößte Stadt, in Traumlage am Meer. Hier warten erstklassige Museen, ein reichhaltiges Unterhaltungsangebot und in den Restaurants fangfrische, maritime Gaumenfreuden, die auch den Gourmet zufrieden stellen. Nördlich von Göteborg erstreckt sich die Küstenprovinz **Bohuslän** mit ihren pittoresken Fischerdörfern. Zwar gibt es hier weniger Sandstrände, aber auch die verwinkelten Schären bieten Wassersportlern ein reiches Revier.

Die Mitte Fast ganz Mittelschweden ist von Nadelwäldern bedeckt, in denen sich **unzählige Seen** verstecken. Hier haben viele Schweden ihr Ferienhaus, oft eine kleine Hütte direkt am See, fernab jeder Hektik. Rund um den **Mälarsee** zeugen zahlreiche historische Städte und prächtige Schlösser von der langen Geschichte dieser Region. **Stockholm** lohnt zu jeder Jahreszeit einen Besuch. In Värmland bieten die Flüsse und Seen viel Abwechslung für Kanu- oder Floßtouren. Dalarna ist vor allem wegen des wunderschön gelegenen **Siljansees** bekannt. Hier, in der Heimat des Dalapferdchens, dem bekanntesten Souvenir Schwedens, haben sich schon immer Künstler und Kunsthandwerker wohl gefühlt. Nirgendwo wird Mittsommer schöner als am Siljansee gefeiert, mit Musik und Tanz um den Maibaum und einem anschließenden opulenten Essen im Kreis der Familie.

Der Norden Nordschweden, das ist natürlich **die unendliche Weite Lapplands**, mit wild schäumenden Lachsflüssen, kristallklarer Luft und majestätischen Bergmassiven. Tagelang kann man durch diese imposante Natur wandern, ohne auf Ansiedlungen oder Straßen zu treffen. Eine erstklassige Wanderroute ist der Kungsleden, **Schwedens bekanntes-**

ter Wanderweg, der auf 450 km Länge die grandiose Bergwelt durchquert. Nicht weniger interessant ist ein Besuch der Hohen Küste in Medelpad und Ångermanland, die sich steil aus dem Meer erhebt. Weiter im Norden liegen Västerbotten und Norrbotten, oft als Riviera des Nordens gepriesen, was vielleicht ein wenig übertrieben ist, aber hier lässt sich die Sonne doch recht häufig am Himmel blicken und heizt die flachen Küstengewässer auf angenehme Badetemperatur auf. Der Norden ist die **Heimat der Sami**, die seit Menschengedenken mit ihren Rentieren als Nomaden umhergezogen sind. Mittlerweile sind fast alle sesshaft geworden und man muss schon genau hinschauen, um von dieser uralten Kultur noch etwas zu entdecken.

Das richtige Verkehrsmittel

Natürlich kann man Schweden auch **mit öffentlichen Verkehrsmitteln** erkunden. Im Süden bietet das relativ dichte Eisenbahnnetz eine bequeme und mit dem Scan-Rail-Pass auch recht preisgünstige Möglichkeit, alle größeren Städte zu entdecken. Durch die mittlerweile etablierten Billigflüge von verschiedenen Städten Deutschlands nach Stockholm erlebt die schwedische Hauptstadt einen regelrechten Besucheransturm. Im Norden ist das Eisenbahnnetz allerdings weitmaschiger. Im Sommer bietet sich die Inlandsbahn als »Sightseeing-Strecke« an, die von Mora in den hohen Norden führt.

Wen es eher in die Natur und speziell nach Nordschweden zieht, dem eröffnet **der eigene Wagen** erheblich mehr Möglichkeiten. Der Zustand der Straßen ist bis hinauf nach Lappland gut und auch kleinere Nebenstraßen sind in der Regel asphaltiert. Autobahnen und autobahnähnliche Schnellstraßen verbinden alle Zentren Südschwedens, die meisten Straßen sind ungewohnt leer und so fährt man relativ stressfrei, denn die meisten Schweden steuern ihre Autos sehr rücksichtsvoll und halten Geschwindigkeitsbegrenzungen penibel ein. Hin und wieder sollte man aussteigen und die Wanderschuhe anziehen, denn nur so kann man die grandiose Natur richtig erleben. **Wandermöglichkeiten** bieten sich eigentlich überall, auch Kanu- und Radtouren erfreuen sich großer Beliebtheit. In Südschweden kann man hervorragend abseits der Hauptstraßen radeln und die zahlreichen Flüsse, Seen sowie der Götakanal eignen sich bestens für einen Urlaub auf dem Wasser.

Auch mit der Bahn kann man Schweden bereisen, doch Abstecher ins Hinterland sind dann schwierig

Tour 1 Zur Badewanne Schwedens

Länge der Tour: 513 km
Dauer: ca. 6 Tage
Start und Ziel: Trelleborg, Strömstad

Von Trelleborg bis hinauf zur norwegischen Grenze ist das Badevergnügen grenzenlos. Ob Sandstrände oder Schärenküste, hier findet jeder das passende Fleckchen. Die Küste ist nicht zersiedelt und frei von Hochhäusern und Bettenburgen. Göteborg, Lund und Malmö zählen zu den kulturellen Highlights der Strecke.

Palmen und Meer

Ausgangspunkt der Tour ist ❶ **Trelleborg**, der südlichste Fährhafen Schwedens. Dieser ist für die meisten nur Durchgangsstation. Doch etwas Zeit sollte man sich nehmen und einen Blick auf die Palmen an der Hauptstraße werfen, danach dem Stortorget, dem Zentrum der kleinen Altstadt, einen Besuch abstatten und die rekonstruierte Wikingerburg »Trelleborgen« anschauen.
Auf dem Weg nach ❷ ✶✶ **Malmö** bietet sich ein Abstecher nach Skanör und Falsterbo an, denn die Halbinsel zählt dank ihrer Sandstrände zu den beliebtesten Badeorten. Malmö besitzt eine sehenswerte Altstadt. Im Sommer kann man in einem der zahlreichen Freiluftrestaurants oder auf einer Stadtrundfahrt durch die Kanäle das Flair der Stadt genießen oder die Museen in der Festung besuchen.

Vom Dom an den Strand

Die nächste Station ist die Universitätsstadt ❸ ✶✶ **Lund**. Ihre größte Sehenswürdigkeit ist der stattliche Dom. Von Lund führt die Straße am Öresund entlang weiter in Richtung Norden nach ❹ ✶ **Helsingborg**, das an der engsten Stelle des Sundes gegenüber vom dänischen Helsingør liegt und seit jeher ein wichtiger Fährhafen ist. Dies hat sich auch nicht durch den Bau der Öresundbrücke geändert. Helsingborg hat zwar nur eine kleine, aber durchaus sehenswerte Altstadt. Auch das nahe Schloss Sofiero ist einen Besuch wert. Auf der E 6 und E 20, die als Autobahnen ausgebaut sind, gelangt man schnell nach ❺ **Ängelholm**, das zwischen den Halbinseln Kullen und Bjäre liegt. Ängelholm bildet den Anfang einer ganzen Kette von bekannten Badeorten, die sich die gesamte Westküste entlangziehen.
Unterwegs nach ❻ **Halmstad** lohnt noch ein Stopp in Melbystrand an der sanft geschwungenen Laholmsbukt, die wegen ihres langen Sandstrandes berühmt ist. Halmstad, ❼ ✶ **Falkenberg** und ❽ ✶ **Varberg** sind nette Kleinstädte und vor allem der langen Sandstrände wegen sehr beliebt. Der schönste ist übrigens der Tylösand in der Nähe von Halmstad.

✔ NICHT VERSÄUMEN

- Dom zu Lund
- Altstadt von Helsingborg
- Göteborg
- Felsritzungen in Tanumshede

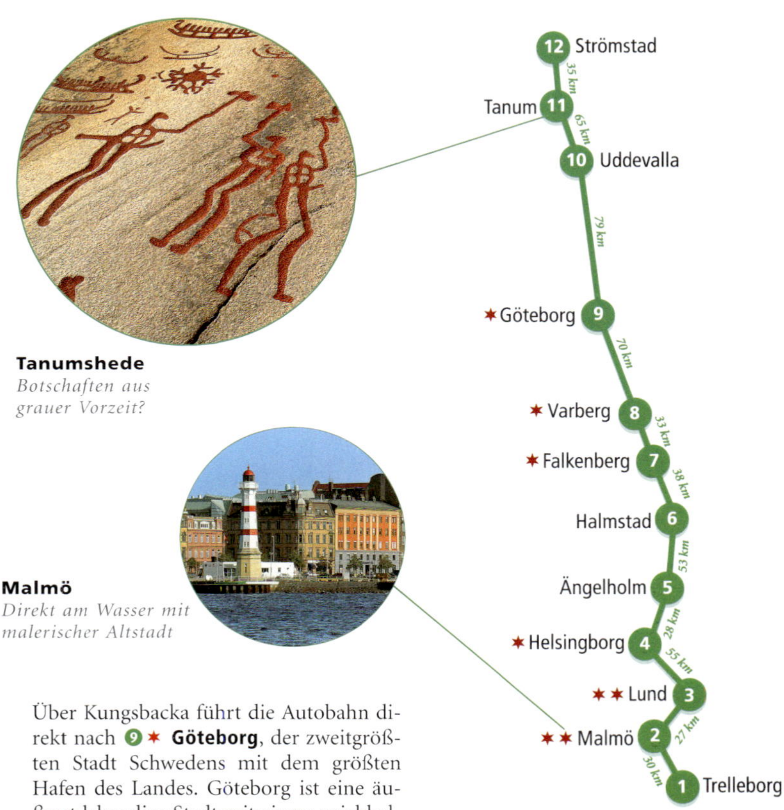

Tanumshede
Botschaften aus grauer Vorzeit?

Malmö
Direkt am Wasser mit malerischer Altstadt

Über Kungsbacka führt die Autobahn direkt nach ⑨ ✶ **Göteborg**, der zweitgrößten Stadt Schwedens mit dem größten Hafen des Landes. Göteborg ist eine äußerst lebendige Stadt mit einem reichhaltigen kulturellen Angebot und guten Restaurants, lohnt also einen längeren Aufenthalt. Auch der Abstecher ins 20 km nördlich gelegene Marstrand ist reizvoll, denn nirgendwo sonst findet man solch kunstvoll verzierte Holzhäuser. Nördlich von Göteborg erstreckt sich die Landschaft Bohuslän. Auf dem Weg nach ⑩ **Uddevalla** gibt es keine größeren Sandstrände mehr, aber die stark zergliederte Küste mit den vielen Schären ist nicht minder attraktiv. Besonders diejenigen, die dieses Labyrinth mit dem Boot erkunden, werden von der Schärenküste begeistert sein. Mit dem Auto kann man einen Abstecher zu kleinen Küstenorten wie Smögen oder Fjällbacka einplanen, bevor man nach ⑪ **Tanum** kommt, in dessen Nähe zahlreiche Felsritzungen aus der Bronzezeit zu bewundern sind. ⑫ **Strömstad** ist die letzte schwedische Stadt vor der norwegischen Grenze und wurde wegen seiner Heilquelle erster Kur- und Badeort an der schwedischen Westküste.

Tour 2 Nach Stockholm und Gotland

Länge der Tour: 1093 km
Dauer: ca. 10 Tage
Start und Ziel: Malmö

Diese Rundtour beginnt tief im Süden, in Schonen. Anfangs führt sie durch fruchtbares Ackerland, in Småland, dem Land der Seen und Wälder, sieht es hingegen typisch schwedisch aus. Danach geht es am Vätternsee entlang nach Stockholm. Sehr entspannend: die mehrstündige Fahrt mit der Fähre auf die Sonneninsel Gotland.

Auftakt in Schonen

Seit der Eröffnung der Brücke über den Öresund sind das schwedische 1 ✶✶ **Malmö** und die dänische Hauptstadt Kopenhagen noch ein gutes Stück näher zusammengerückt. Doch noch ist Malmö eine gemütliche Stadt mit sehenswerten historischen Bauten, einigen interessanten Museen und gemütlichen Restaurants und Kneipen. Von hier sind es nur wenige Kilometer bis zur alten Universitätsstadt 2 ✶✶ **Lund**, deren größte Sehenswürdigkeit der imposante Dom ist. Von Lund folgt man der E 22 anfangs in nordöstlicher Richtung, bis links die Str. 23 abzweigt, die zwischen den Seen Västra Ringsjön und Östra Ringsjön verläuft.

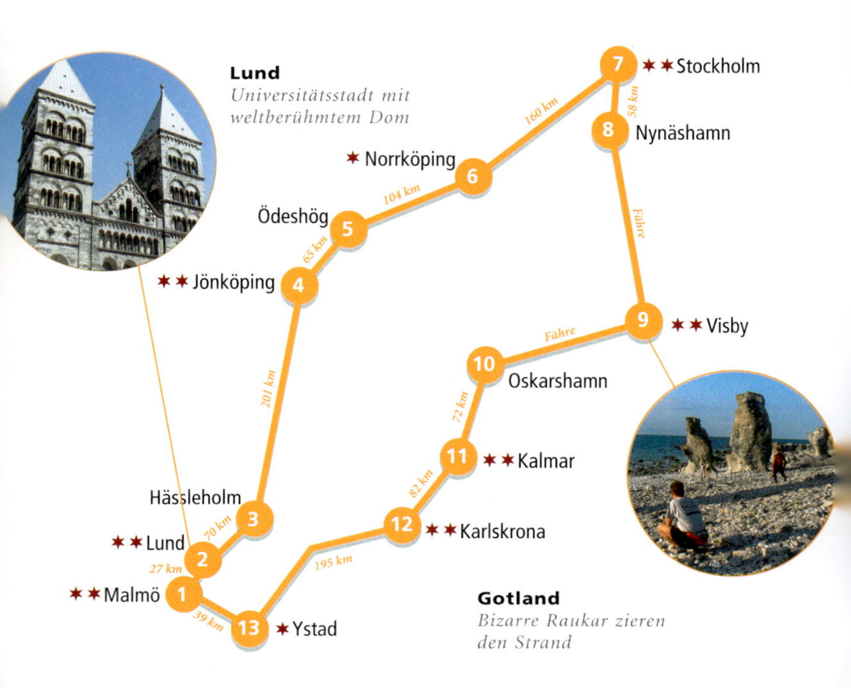

Lund
Universitätsstadt mit weltberühmtem Dom

Gotland
Bizarre Raukar zieren den Strand

Am Vätternsee

Über Höör gelangt man nach 3 **Hässleholm** und folgt ab jetzt der Str. 117, die bei Markaryd auf die E 4 trifft. Durch das wald- und seenreiche Småland führt die Straße schnurgerade in Richtung Norden. Bei dem kleinen Ort Ljungby kann man entweder einen Abstecher nach Westen zum See Bolmen machen, dessen Ufer nur dünn besiedelt sind, oder man biegt in Richtung Växjö ab, das die westliche Grenze des Glasreiches bildet. Wieder zurück auf der E 4 erreicht man schließlich 4 ** **Jönköping** am Südende des Vätternsees. Seit Mitte des 19. Jh.s war die Stadt einer der wichtigsten Streichholzproduzenten weltweit, heute erinnert das sehenswerte Tändsticksmuseet an diese Zeit. Von Jönköping folgt man der E 4, die am Ostufer des Vättern verläuft, weiter in Richtung Norden. In Gränna sollte man das Markenzeichen der Stadt, die rot-weißen Pfefferminzstangen, die sog. »Polkagrisar«, probieren und einen Abstecher zur Insel Visingö machen, der größten Insel im Vätternsee. Bis 5 **Ödeshög** führt die Straße noch am Seeufer entlang, biegt dort nach Linköping ab, dessen größte Sehenswürdigkeit das Freilichtmuseum Gamla Linköping ist und erreicht schließlich 6 * **Norrköping**. Von hier ist es nicht mehr weit bis zur Hauptstadt 7 ** **Stockholm**, die natürlich einen längeren Aufenthalt wert ist.

NICHT VERSÄUMEN

- Malmös schmucke Marktplätze
- Visbys mittelalterliche Stadtmauer
- Schloss von Kalmar
- Fachwerkhäuser in Ystad

Stippvisite auf Gotland

Nach dem Besuch von Stockholm fährt man bis 8 **Nynäshamn** und besteigt die Fähre nach 9 **Visby**, der Hauptstadt Gotlands, die mit einer fast vollständig erhaltenen mittelalterlichen Stadtmauer beeindruckt. Gotland ist eine Sonneninsel inmitten der Ostsee mit fast mediterranem Flair. Die Westküste Gotlands ist überwiegend von Kalksteinklippen geprägt, die Ostküste dagegen ist flacher, hier dominieren die Sandstrände. Neben dem mittelalterlichen Visby sind die sogenannten Raukar, bizarr erodierte Kalksteinnadeln, Gotlands größte Sehenswürdigkeit. Mit der Fähre verlässt man Gotland, landet in 10 **Oskarshamn** und folgt der Küstenstraße bis nach 11 ** **Kalmar**, dessen wuchtiges Renaissanceschloss schon von weitem auszumachen ist. Die nächste sehenswerte Stadt an der Ostküste ist 12 ** **Karlskrona**, das auf eine 300-jährige Geschichte als Flottenhauptquartier zurückblickt. 13 * **Ystad** liegt schon an der Südküste Schonens, ein kleines Städtchen mit alten Fachwerkhäusern, engen Gassen und verwinkelten Innenhöfen. In der Umgebung gibt es einige schöne Strände, berühmt wurde der Ort aber durch Henning Mankells Kriminalromane, in denen Kommissar Wallander so manchen Mord in der Gegend von Ystad aufzuklären hat. Von Ystad gelangt man entweder auf der E 65 zurück zum Ausgangspunkt Malmö oder man fährt entlang der Küste über Smygehamn und Trelleborg nach Malmö.

Stockholm: Hauptstadt, Königsresidenz und aufregendes Pflaster

Tour 3 Rund um den Mälarsee

Länge der Tour: 317 km
Dauer: ca. 3 Tage
Start und Ziel: Stockholm

Früher war der Mälarsee eine Bucht der Ostsee, erst die Landhebung machte ihn zum drittgrößten See Schwedens, heute ein Labyrinth aus Inseln, Halbinseln, Buchten und Landzungen. Historische Städte und prächtige Schlösser an seinen Ufern geben immer wieder interessante Einblicke in die schwedische Geschichte.

Wo die Wikinger siedelten

Start für die Umrundung des Mälarsees ist ❶ ** **Stockholm**. Dessen Zentrum verlässt man in westlicher Richtung auf der E 4 und E 20, passiert die Vororte der Hauptstadt und gelangt praktisch nahtlos nach Södertälje. Hier spalten sich die beiden Europastraßen auf, die E 4 führt nach Süden, die E 20 verläuft weiter in westlicher Richtung und trifft in der Nähe von ❷ **Mariefred** auf den Mälarsee. Rund um diesen See hat sich schwedische Geschichte abgespielt: hier siedelten die Wikinger, hier entstanden die ersten Städte und fasste das Christentum Fuß. Mariefred ist wegen der schönen alten Häuser und wegen Schloss Gripsholm der meistbesuchte Ort am Mälarsee. Das rote Märchenschloss wurde in Deutschland vor allem durch Kurt Tucholsky bekannt. Auch die nächste Station, das kleine Städtchen ❸ **Strängnäs**, liegt am Ufer des Mälaren, der mit seinen vielen Inseln und Buchten ein Labyrinth aus Wasser und Land bildet. In Strängnäs

NICHT VERSÄUMEN

- Vasa-Museum in Stockholm
- Schloss Gripsholm
- Dom von Uppsala

ist es viel ruhiger als in Mariefred, und auch die nächste größere Stadt ❹✶ **Eskilstuna** lockt lange nicht so viele Touristen an. Die größten Sehenswürdigkeiten der ansonsten modernen Stadt sind die historischen Schmieden, die in ein Handwerks- und Kunstgewerbezentrum umgewandelt wurden. Kurz hinter Eskilstuna zweigt die Str. 53 ab, die über Kvicksund nach Digtuna, zur E 18 und weiter ins nahe Västerås führt, das an einer Bucht des Mälarsees liegt.

Über Uppsala nach Stockholm

Bei Västerås verlässt man den See und gelangt über ❺**Enköping** in die alte Universitätsstadt ❻✶✶ **Uppsala**. Dass die Stadt auch eine gewichtige Rolle als religiöses Zentrum gespielt hat, lässt sich leicht an dem mächtigen Dom ablesen. Uppsala ist aber auch die Stadt Carl von Linnés, dem Begründer der biologischen Systematik. Von Uppsala fährt man, anfangs auf der Str. 255, in südlicher Richtung nach ❼✶ **Sigtuna**, das hübsch am Sigtunafjärden, einer Verzweigung des Mälarsees, liegt. Der als Fußgängerzone gestaltete Ortskern mit den niedrigen Holzhäusern lockt viele Besucher an. Von Sigtuna lohnt ein Abstecher zum nordwestlich gelegenen Schloss Skokloster, einem weithin sichtbaren weißen Vierflügelbau. Auf dem Weg zurück nach Stockholm sollte man noch bei dem prächtigen Schloss Drottningholm einen Stopp einlegen, das wunderschön auf einer Insel im Mälarsee liegt.

Tour 4 Die große Nordlandfahrt

Länge der Tour: 2878 km
Dauer: ca. 14 Tage
Start und Ziel: Stockholm

Die Kontraste können kaum größer sein: Von der turbulenten Hauptstadt Stockholm führt die Reise hinein in die Weite Lapplands. Die Heimat der Sami ist ebenso faszinierend wie die endlosen, einsamen Wälder. Wildnis kann man hier hautnah erleben – zu Fuß, per Fahrrad oder auch mit dem Kanu.

Durch Mittelschweden

Die große Nordlandtour beginnt in ❶ ** **Stockholm**. Erste Zwischenstation ist ❷ ** **Uppsala**, Universitätsstadt, religiöses Zentrum und eine der ältesten Städte des Landes mit einem sehenswerten Dom. Von Uppsala führt die E4 durchs Landesinnere nach ❸ * **Gävle**, wo man dann erstmals wieder den Duft des Meeres spürt. Diese älteste Stadt Norrlands besitzt in der Altstadt einige schön restaurierte Holzhäuser. Auch die nördlichste Festung der Wasakönige ist hier zu besichtigen. Ganz anders präsentiert sich ❹ **Sundsvall**, Nordschwedens größte Stadt, mit einem der wichtigsten Häfen. Nach dem Brand von 1888 wurden die Häuser feuersicher aus Stein wiederaufgebaut und rund um den Marktplatz findet man ein sehenswertes Ensemble stattlicher Bauten.

Uppsala: junge Menschen, alte Universität

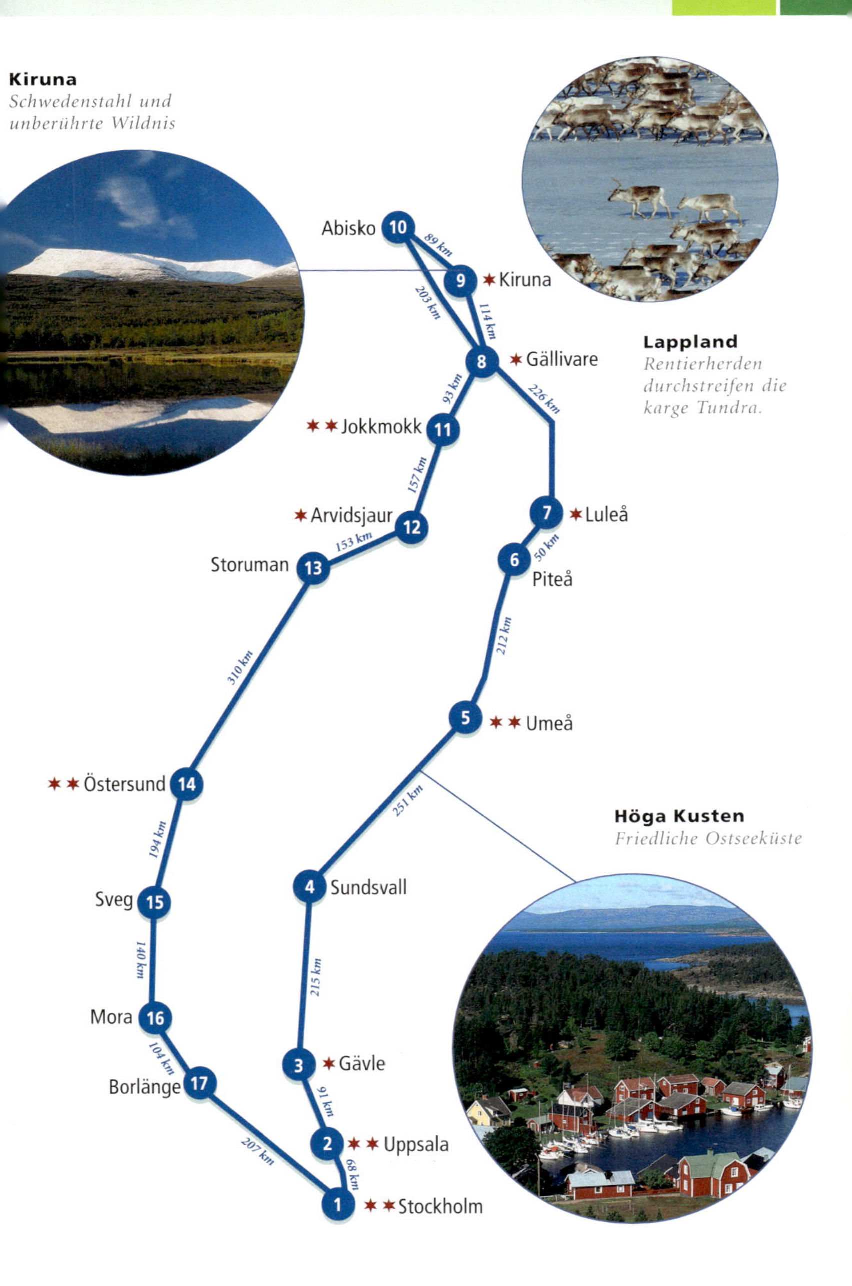
Kiruna
Schwedenstahl und unberührte Wildnis
Lappland
Rentierherden durchstreifen die karge Tundra.
Höga Kusten
Friedliche Ostseeküste
Abisko 10
89 km
9 ✶ Kiruna
203 km
114 km
8 ✶ Gällivare
93 km
226 km
✶✶ Jokkmokk 11
157 km
✶ Arvidsjaur 12
7 ✶ Luleå
153 km
50 km
Storuman 13
6 Piteå
212 km
310 km
5 ✶✶ Umeå
✶✶ Östersund 14
251 km
194 km
Sveg 15
4 Sundsvall
140 km
215 km
Mora 16
104 km
Borlänge 17
3 ✶ Gävle
91 km
207 km
2 ✶✶ Uppsala
68 km
1 ✶✶ Stockholm

Der Sarek-Nationalpark zählt zu den großartigsten Landschaften Schwedens.

An Norrlands Riviera

Im weiteren Verlauf der Reise kommt man nach Härnösand, das den Beginn der landschaftlich reizvollen Hohen Küste markiert. Bei Gallsäter sollte man von der E 4 abbiegen und auf kurvigen, teilweise bergigen Straßen zu den Fischerdörfern an der Küste fahren. Zurück auf der Hauptstraße geht es weiter nach Örnsköldsvik, wo die Küste wieder flacher wird, und nach 5 ** **Umeå**, das nach einem Brand modern und architektonisch nüchtern aufgebaut wurde. 6 **Piteå** lohnt einen längeren Aufenthalt wegen der Kirchenstadt Gamelstad, deren 400 rote Holzhäuser auf der UNESCO-Weltkulturerbeliste stehen. In Pite Havsbad locken ein schöner Sandstrand und durchaus erträgliche Wassertemperaturen. Nicht umsonst nennen die Schweden diesen Küstenabschnitt »Norrlands Riviera«. 7 * **Luleå**, eine nüchterne Kleinstadt, lebt in erster Linie von seinem Eisenwerk und dem Hafen, von dem das Erz in Richtung Süden verschifft wird.

Sprung über den Polarkreis

Nach Luleå folgt man der E 4 noch bis Töre und biegt dort auf die E 10 ab, die sich von der Küste entfernt und eine Panoramatour durch die Einsamkeit und Weite Schwedisch-Lapplands bietet. Auf dem Weg nach 8 * **Gällivare**, das mit Malmberget einen Doppelort bildet, passiert man den Polarkreis. Ebenso wie 9 * **Kiruna** verdankt Gällivare seine Existenz den riesigen Erzvorkommen. Schon aus der Ferne sind die Spuren des Erzabbaus von Kiruna zu sehen, die umliegenden Berge wurden geköpft und ausgehöhlt und neue Berge aus Abraumgestein aufgeschüttet. Unbedingt lohnend ist ein Abstecher von Kiruna ins Samen-Dorf Jukkasjärvi, und das selbst im Winter, denn dann ist das Eishotel geöffnet. Auf der Fahrt von Kiruna nach 10 **Abisko** werden die Berge immer höher und kahler, hier zeigt sich der Norden von seiner schönsten Seite. Abisko, eine kleine Ansiedlung am See Torneträsk, ist ein guter Ausgangspunkt für eine Wanderung auf dem berühmten Kungsleden.

NICHT VERSÄUMEN

- Kirchenstadt Gamelstad bei Piteå
- Blick auf den Erzabbau in Kiruna
- Samen-Dorf Jukkasjärvi
- Mora am Siljansee, besonders zu Mittsommer

Bei den Samen

Jetzt beginnt der Rückweg, anfangs auf der gleichen Strecke bis zur Erzstadt Gällivare und dann weiter bis zur Samensiedlung 11 ** **Jokkmokk**, die wegen der alten Kirche, dem Museum Ajtte und den vielfältigen Aktivitätsangeboten einen längeren Aufenthalt lohnt. Eine kleine Nebenstraße führt von Jokkmokk nach Kvikkjokk zum Kungsleden und in die Nähe des Sarek-Nationalparks, der wegen der fehlenden Infrastruktur immer noch eine Herausforderung für Wanderer darstellt. Auch das nächste Ziel 12 ** **Arvidsjaur** ist eine alte Samensiedlung und bietet die Möglichkeit, auf der Str. 95 einen Abstecher nach Arjeplog und weiter ins Gebirge und zum Nationalpark Pieljekaise zu machen. Bei Jäckvikk kreuzt der Kungsleden die Straße und lädt zu Wanderungen ein. 13 **Storuman** liegt am gleichnamigen See.

Siljansee und Dalapferdchen

Auf schnurgeraden, asphaltierten Straßen geht es über Strömsund, Dorotea und Vilhelmina nach 14 ** **Östersund**, der einzigen größeren Stadt der Landschaft Jämtland. Die bedeutendste Sehenswürdigkeit Östersunds ist das Freilichtmuseum Jamtli. Der kleine Ort 15 **Sveg** ist Zwischenstation auf dem Weg nach 16 **Mora**, dem wichtigsten Touristenzentrum am Siljansee. Für Mora sollte man sich etwas Zeit nehmen, um das Zornmuseum und das Wasalaufmuseum zu besuchen, aber auch um Abstecher in die Nachbarorte zu unternehmen. Nicht versäumen sollte man das nahe Nusnäs, das für seine Dalapferdchen berühmt ist. Zum nächsten Ziel, 17 **Borlänge**, gibt es zwei Routen, entweder auf direktem Weg auf der Str. 70 über Leksand und Rättvik oder mit einem kleinen Umweg über Falun, das wegen seines aufgelassenen Kupferbergwerks einen Besuch lohnt. Über Enköping und die zur Autobahn ausgebaute E 18 erreicht man schließlich Stockholm.

Reiseziele von A bis Z

VON DEN SANDSTRÄNDEN IM SÜDEN ZU DEN GROSSEN WÄLDERN IM LANDESINNEREN HINAUF INS WILDE LAPPLAND – IN SCHWEDEN GIBT ES VIEL ZU ENTDECKEN!

Ängelholm

C 2

Landschaft: Skåne (Schonen)
Einwohnerzahl: 37 000
Provinz: Skåne Län
Höhe: 4 m ü.d.M.

Die Herstellung von Töpferwaren hat in Ängelholm und Umgebung eine lange Tradition. Neben kunstvoller Keramik lockt im Sommer der kilometerlange Sandstrand die Gäste an. Auf der Insel Hallands Väderö kann man sogar Robben beobachten.

★ Das schwedische Töpferland

Ängelholm, nördlich von Helsingborg an der Rönneå und der Skälderviken genannten Bucht des Skagerrak gelegen, wurde 1516 vom dänischen König Christian II. gegründet und war bis ins 18. Jh. Schauplatz vieler Auseinandersetzungen zwischen Dänen und Schweden. Schon im 17. Jh. standen Ängelholms Töpfer in hohem Ansehen und die gesamte Umgebung gilt noch heute als »Sveriges Keramikbygd« (Töpferland Schwedens). Viele der Manufakturen können besichtigt werden.

? WUSSTEN SIE SCHON ...?

- Seit Mitte des 19. Jh.s werden in Ängelholm Okarinen hergestellt. Das sind tönerne Flöten, die in allen alten Hochkulturen zu finden waren. Die »Ängelholm-Okarina« ist aus Lehm, hat einen eingerollten Schnabel und ist ein beliebtes Souvenir. Wer sie klingen hören möchte: Im Juli spielt jeden Samstag das Okarinenorchester auf dem Marktplatz.

Durch die engen Gassen wirkt das Stadtzentrum noch immer recht altertümlich. Am Stortorg (Marktplatz) stehen das alte Rathaus (1775) und die 1516 errichtete, im 19. Jh. umgebaute Kirche. Südöstlich an der Rönneå befinden sich das neue Rathaus (1975) und der Anleger der Ausflugsboote, die auf der Rönneå und entlang der Küste verkehren. Nordwestlich vom Zentrum liegt der **Hembygdspark**, ein kleines Freilichtmuseum mit technischem Museum und Tiergehege (Öffnungszeiten: Mai – Ende Aug. Di. – So. 13.00 – 17.00 Uhr, Thorslundsgatan). Der schöne Sandstrand, der sich kilometerlang an der **Skäldervikenbucht** erstreckt, bietet viele Bademöglichkeiten.

★ Halbinsel Kullen

Arild

Südwestlich von Ängelholm schiebt sich die Kullenhalbinsel spitz zwischen Öresund und Skäldervikenbucht in die Ostsee. Folgt man der Straße von Ängelholm nach Mölle, durchquert man eine hügelige Kulturlandschaft und kann immer wieder einen Blick aufs Meer werfen. Ein ganz besonderes dörfliches Idyll ist Arild mit seinem kleinen Hafen und den bunten Holzhäusern, die terrassenförmig am Hang liegen. Gepflegte, üppig blühende Gärten, nette Restaurants und Übernachtungsmöglichkeiten machen Arild zu einem beliebten Ferienort.

Die Kullenhalbinsel ist auch für ihre schönen Wälder bekannt.

Küste von Kullaberg

An Arild schließt sich die unter Naturschutz stehende Küste von Kullaberg an, eine für Südschweden einmalige Geländeformation. Hierbei handelt es sich um eine 15 km lange Gneisscholle, die stehen blieb, als sich das umliegende Land senkte. Entstanden ist ein wildes Szenario: Die roten Gneisfelsen, in die die Brandung Grotten und Schluchten gefressen hat, fallen mitunter bis zu 50 Meter senkrecht zum Meer ab. Auf verschlungenen Wegen kann man entlang der Kullabergküste wandern und die Aussicht genießen. Weiter im Landesinnern stößt man auf Laub- und Nadelwälder, Wiesen und Moore. Die höchste Erhebung ist der 187 m hohe Berg Håkull. Auf der Spitze der Halbinsel blinkt ein **Leuchtturm**, der zwar recht klein ist, aber zu Schwedens hellsten gehört.

Mölle

An der Südküste liegt mit Mölle ein weiteres hübsches Dorf, das schon um 1900 ein beliebtes Seebad war und über dem der weiße Holzpalast des Grand Hotels thront. Von Mölle führt eine schmale und bis 12 % steile Straße durch eine herrliche, dicht bewaldete Landschaft zum Kullen. Einige Kilometer südlich lohnt ein Halt beim **Schloss Krapperup** (1570). Der Park ist jederzeit zugänglich, im Schloss finden im Sommer häufig Ausstellungen zeitgenössischer Kunst statt. Tagsüber kann man im Schlosscafé selbst gemachten Kuchen genießen.

ÄNGELHOLM ERLEBEN

AUSKUNFT

Ängelholm Turistbyrå
Stortorget, 26232 Ängelholm
Tel. (04 31) 821 30, Fax 192 07
www.turist.engelholm.se

Båstad Turism
Torget/Köpmansgatan 1, 26921 Båstad
Tel. (04 31) 750 45
www.bastad.com

AUSFLÜGE

Inselfahrt
Von Torekov (35 km von Ängelholm entfernt) aus fährt Mitte Juni bis Mitte August von 9.00 bis 16.00 Uhr stdl. ein Fischerboot zur Robben-Insel Hallands Väderö (Tel. 04 31 / 36 34 94).

Töpfer in Hönganäs

EINKAUFEN

Keramik
In Hönganäs gibt es neben der großen Manufaktur Höganäs Saltglaserat kleine Künstlerateliers, wo man vom schlichten Tonpott bis zur exquisiten Keramik alles findet.

ESSEN

► Fein & teuer

Rusthållargården
Kullenhalbinsel, Arild, Utsikten 1
Tel. (042) 34 65 30
www.rusthallargarden.se
Der Rusthållargården liegt inmitten des idyllischen Arild. Die Küche zählt zu den besten Schwedens.

Kattegat Gastronomi & Logi
Torekov, Storgatan,
Tel. (04 31) 36 30 02, www.kattegat.se
Speiseerlebnis der besonderen Art zwischen Ängelholm und Båstad, denn hier verwöhnen zwei Spitzenköche ihre Gäste. Günstigerer Mittagstisch und sonnige Freiterrasse

► Erschwinglich

Margetetorps Gästgifvaregård
Hjärnarp, Tel. (04 31) 45 44 50
www.margretetorp.se
Dieses traditionelle Restaurant nördlich von Ängelholm liegt sehr schön am Rande eines Parks.

ÜBERNACHTEN

► Luxus

Grand Hotel Mölle
Bökebolsvägen 11
Tel. (042) 36 22 30, Fax 36 22 31
42 Zi., www.grand-molle.se
Der weiße Holzpalast liegt etwas oberhalb des Dorfes mit schönem Blick über den Hafen. Angeschlossen ist das Gourmetrestaurant Maritime mit einem erlesenen Weinkeller.

Baedeker-Empfehlung

Klitterhus Restaurang & Pensionat
Havsbaden
Tel. (04 31) 135 30, Fax 135 31
14 Zi., www.klitterhus.com
Komfortables Hotel direkt am Sandstrand von Ängelholms Havsbad. Wunderbar sind vor allem die Zimmer mit Meerblick. Eine exzellente Küche und die sonnige Terrasse runden das positive Bild ab.

Höganäs

Über die kleinen Fischerdörfer Lerhamn und Nyhamnsläge gelangt man schließlich nach Höganäs, **ein wichtigstes schwedisches Keramikzentrum**. Auch das Höganäs Museum verfügt über eine Keramikausstellung und im Museumsshop sind einige schöne Objekte zu erwerbenebenfalls Produkte dieses Kunsthandwerks erhältlich (www.noganasmuseum.se; geöffnet: Di. – So. 13.00 – 17.00 Uhr).

✶ Bärenhalbinsel

Torekov

Nordwestlich von Ängelholm erstreckt sich die Bärenhalbinsel (Bjärehalvön). Folgt man der Straße von Ängelholm aus immer der Küste, passiert man einige schöne Badeplätze und erreicht schließlich Torekov am Ende der Bärenhalbinsel. Es ist ein netter Fischerort und Seebad mit malerischen Holzhäuschen. Herrlich entspannen kann man sich in dem kleinen, sanierten Warmbadehaus von 1876 (Hamnplanen, www.torekovswarmbadhus.com; Tel. 04 31/36 36 32).

Hallands Väderö

Vor der Küste liegt die Insel Hallands Väderö mit einem Vogelschutzgebiet und einer der wenigen **Robbenkolonien** Schwedens. Die Insel besitzt zwar nur wenige kleine Sandstrände, dafür ist aber das Wasser hier besonders klar.

Hovs Hallar

Von Torekov führt die Straße Nr. 115 in östlicher Richtung nach Hov, von wo ein Abstecher zum Naturschutzgebiet Hovs Hallar lohnt. Dort endet der Höhenzug **Hallandsåsen** abrupt am Meer und bildet eigenartige Felsformationen.

Norrvikens Trädgårdar

Auf dem »Italienischen Weg« schlängelt sich die Straße zum südöstlich gelegenen Norrvikens Trädgårdar. Herz des im 19. Jh. angelegten Parks ist der **monumentale Barockgarten**, auch der japanische Garten und die Königsschlucht sind sehenswert. Angeschlossen ist das Café/Restaurant Villa Abelin (Mai bis Aug. tgl. 10.00 – 18.00 Uhr).

Båstad ist das Herz der Bärenhalbinsel und ein international bekanntes Golf- und Tenniszentrum. Im Tennisstadion, das direkt am Meer liegt und Teil einer modernen Hotel- und Kuranlage ist, finden regelmäßig die schwedischen Sandplatzmeisterschaften statt. Neben anderen Künstlern hat sich auch Richard Rackham in Båstad niedergelassen und zeigt in seinem **Glasstudio Eldoluft** viele seiner faszinierenden Kreationen (Stationshuset; Öffnungszeiten: Juli – Mitte Aug. Mo. – Fr. 10.00 – 17.00, Sa. 11.00 bis 14.00 Uhr; Tel. 04 31/791 79).

! *Baedeker* TIPP

Bei den Leinenwebern

Kurz bevor man nach Båstad kommt, lohnt noch ein Besuch beim »Vävaren i Båstad« in Boarp. Hier können Sie bei der Herstellung von Leinenprodukten zuschauen und hochwertige Tischtücher oder Bettwäsche erstehen (Mo. – Fr. 10.00 – 18.00, Sa. 10.00 – 14.00, So. 11.00 bis 15.00 Uhr; Führungen Di. u. Do. 10.00 Uhr; www.vavarenibastad.se).

Bergslagen

E/F 5/6

Landschaft: Dalarna

Provinzen: Dalarna Län, Öebro Län, Värmland Län

Jahrhundertelang war Schweden einer der größten Eisen- und Kupferproduzenten der Welt. Der Bergbau hat die Region Bergslagen besonders geprägt, die zahlreichen Gruben, Hütten und Schmieden legten den Grundstein für den Wohlstand. Nachdem es aber im Bergbau kriselt, setzt man verstärkt auf Tourismus.

Wechselhaftes Schicksal

Zwischen Falun und Örebro erstreckt sich die Region Bergslagen. Ursprünglich galt als »Bergslag« ein Gebiet, in dem »Bergets Lag«, das Gesetz des Berges herrschte. Hier wurde das Gesetz durch die Privilegien, die die Bergleute zugeteilt bekamen, geregelt. Schon im 12. Jh. begann man Erz zu brechen. Dazu erhitzten die Bergleute Felsen, bis sie porös waren und mit Hacken und Pickeln abgebaut werden konnten. In einfachen Öfen wurde dann das Erz aus dem Gestein geschmolzen. Die später gegründeten Hütten und Werke lagen natürlich nahe der Erzvorkommen und stets auch nahe an Wald und Wasser: Die Wälder lieferten Feuerholz und Holzkohle, die Stromschnellen trieben die Wasserräder der Hütten und Hammerschmieden an. Anfangs stellten die Bergmänner nur Roheisenbarren her, die lange der wichtigste Exportartikel waren. Später wurden die Barren zu geschmiedetem Stangeneisen veredelt. Zu den größten industriellen Zentren stiegen Falun, Borlänge, Norberg, Filipstad, Lindesberg, Nora, Karlskoga, Kopparberg und Norberg auf. Doch Ende der 1990er-Jahre war der Traum vorbei, die Globalisierung traf auch Bergslagen mit voller Wucht: Fast alle Minen machten dicht, Zehntausende Arbeiter standen auf der Straße. Heute versucht man, der Gegend auch mit Geld von der EU wieder aufzuhelfen. Vor allem in die Sektoren Tourismus und Fachhandwerk wird viel investiert.

Sehenswertes in Bergslagen

Ekomuseum Bergslagen

Wer hier ein Museum im üblichen Sinne erwartet mit Dach, vier Wänden und der typischen Ansammlung von Fundstücken, der dürfte überrascht sein. Denn das Ökomuseum Bergslagen umfasst ein riesiges Gebiet, das sich von den weiten Ebenen des Mälartals entlang der Wasserläufe des Strömsholmskanals und Kolbäcksån erstreckt und bis in die dunklen norrländischen Finnwälder reicht. In diesem Museum blieben alle Sehenswürdigkeiten an ihrem Platz. Über 60 Monumente wie Gruben, Hütten, Schmieden, Kraftwerke, Dörfer finnischer Siedler und Arbeiterwohnungen können besichtigt werden. Ein Karte mit allen »Objekten« und ihren Öffnungszeiten halten die Touristenbüros bereit, auch die umfangreiche Homepage informiert hierüber (www.ekomuseum.se).

BERGSLAGEN ERLEBEN

AUSKUNFT

Borlänge Turistbyrå
Sveagatan 1, 78433 Borlänge
Tel. (02 43) 25 74 90, Fax 25 37 17
www.borlange.se

Filipstad Turistbyrå
Stora Torget 3 D, 68227 Filipstad
Tel. (05 90) 613 54, Fax 6 13 71
www.filipstad.se

Nora Turistbyrå
Järnvägsgatan 1, 71380 Nora
Tel. (05 87) 811 20
www.nora.se

ESSEN

▶ Preiswert

Dössbergets Värdshus
Bjursås (nordöstl. von Falun)
Tel. (023) 507 37, www.dossberget.se
Restaurant und Kaffeestube mit sonniger Südterrasse. Vor allem das selbst gebackene Brot und die Konditoreiwaren überzeugen. 2004 zum besten Restaurant Dalarnas gekürt

S2
Borlänge, Stationsgatan 2
Tel. (02 43) 802 70, www.bolanche.se
Restaurant mit sehr günstigen Tagesgerichten. Am Wochenende verwandelt sich das S2 ab zirka 22.00 Uhr zum Club, dann wird die Musik schon mal lauter aufgedreht.

ÜBERNACHTEN

▶ Günstig

Munkebergs Camping
68233 Filipstad, Tel. (05 90) 501 00
www.munkeberg.com
Der Campingplatz ist schön gelegen außerhalb von Filipstad auf einer Halbinsel des Lersjön. Neben genügend Platz für Wohnwagen und Wohnmobile gibt es auch einfache Hütten für Selbstversorger und einige Zimmer im Vandrarhem. Verleih von Fahrrädern und Kanus.

Baedeker-Empfehlung

Hennickehammars Herrgård
Tel. (05 90) 60 85 00, Fax 60 85 05
55 Zi., www.hennickehammar.se
Der Gutsherrenhof liegt am Hemtjärnsee 4 km südlich von Filipstad, pflegt schwedische Traditionen, besitzt eine ausgezeichnete Küche und geschmackvoll eingerichtete Zimmer. Das Hotel profitiert nicht nur von den traumhaften Wäldern und Seen in seiner Umgebung, sondern setzt sich auch für deren Erhalt ein und wurde dafür mit dem »Svenska Mötens Umweltdiplom« ausgezeichnet.

AUSFLÜGE

Die Dampflok von Nora
fährt im Sommer auf der ersten Normalspur-Eisenbahnstrecke Schwedens (Nora – Pershyttan sowie Nora – Järle). Der alte Bahnhof dient als Museum.

WASA-KNÄCKEBROT

Zwar gehört Wasa seit 1999 zum Barilla-Konzern, doch Knäckebrot wird in Filipstad immer noch produziert. Neu ist das Knäckebrotmuseum im Konsul Lundströmväg 11, das über die 90-jährige Wasa-Geschichte informiert (Tel. 05 90/182 82).

MARKT

Jährlich im September findet in Filipstad der Jahrmarkt »Oxhälja« statt. An 1300 Marktbuden werden Würstchen, Schnürsenkel, Kleidung und Krimskrams aller Art angeboten (www.oxhalja.se).

Bergslagskanal Der 64 km lange Bergslagskanal verbindet Karlskoga im Süden mit Filipstad im Norden. Auf der historischen Wasserstraße wurden früher Erz und Eisen zum Vänersee transportiert. Heute wird sie ausschließlich für touristische Boots- und Kanufahrten genutzt. Der Kanal führt über 16 Seen, vier Flüsse und fünf Kanäle. Der Höhenunterschied wird mit Hilfe von sechs Schleusen bewältigt.

! *Baedeker* TIPP

Schlittschuh-Marathon

Bei guten Witterungsverhältnissen wird auf dem Bergslagskanal im Winter eine 50 km lange Strecke für Schlittschuhläufer präpariert. Wenn Sie wollen, können Sie auch Ende Februar auf dem zugefrorenen Kanal am Jonny-Nilsson-Marathon teilnehmen.

Auch **Borlänge** verdankt seine Entstehung der Eisenindustrie und ist heute ein bedeutendes Zentrum der Metall verarbeitenden Industrie. Hier lohnen zwei Museen einen Besuch: Das **Geologiska Museet** beherbergt eine der größten Mineraliensammlungen des ganzen Landes (www.geologiskamuseet.se; Juni–Aug. Mo. – Fr. 10.00 bis 17.00, Sa. 11.00 – 15.00, sonst Mo./Di./Do.Fr. 10.00 – 17.00, Sa. 13.00 – 15.00 Uhr, Hantverksbyn 13). Im **Zukunftsmuseum** kann jeder seine eigenen Experimente machen, sich im Planetarium bequem zurücklehnen und vom Sternenhimmel verzaubern lassen (Framtidsmuseet, Jussi Björlings Väg 25, Mo. 13.00 – 17.00, Di. – Fr. 10.00 – 17.00, Sa./So. 12.00 – 17.00 Uhr).

Lindesberg Fährt man auf der Str. Nr. 60 Richtung Süden, erreicht man Lindesberg. Dies ist das historische Zentrum von Bergslagen. Strandpromenade, Kirche und schöne alte Holzhäuser verbreiten eine gemütliche Kleinstadtidylle. Das Museum im Tellandska Gården gibt Einblicke in die Stadt- und Kulturgeschichte der Umgebung (Öffnungszeiten: Di., Do., So. 12.00 – 16.00 Uhr).

Frövi Gleich neben der modernen Papierfabrik Assi Domän in Frövi, ca. 20 km südöstl. von Lindesberg, steht die alte Papierfabrik, heute Museum. Hier kann man Schwedens älteste Papiermaschine (1872) besichtigen und sich auf eine Reise durch 500 Jahre Industriegeschichte begeben (www.froriforsmuseet.com; Mo. – Fr. 11.00 – 17.00 Uhr).

Nora Die ruhige Kleinstadt 30 km nördlich von Örebro besitzt dank ihrer bunten, rund 200 Jahre alten Holzhäuser und der kopfsteingepflasterten Straßen viel Charme. Einen Einblick in die Zeit, als der Bergbau noch florierte, gibt der Göthlinska Gården, in den die betuchte Familie Göthlin 1885 einzog und der heute Museum ist. Zu dem 1793 erbauten Bürgerhaus gehört ein schöner Garten mit Aussicht auf den Norasee und die Insel Alntorp (Führungen: Juli, Aug. tgl. 13.00; Mai – Sept. nur Sa./So. 13.00 Uhr). Auch eine in Schweden viel gelesene Autorin stammt aus Nora: Maria Lag war viele Jahre die Krimikönigin Schwedens und hat in ihren Büchern ihre Heimatstadt oft verewigt.

Pershyttan

In Pershyttan, 3 km südwestlich von Nora, sind die älteste erhaltene Holzkohleneisenhütte und das größte Wasserrad Schwedens zu besichtigen. Der **Åkerby Skulpturenpark** liegt neun Kilometer nördlich von Nora, mit wunderschöner Aussicht auf den See Fåsjön und die bewaldeten Bergrücken. Mit mehr als 130 Objekten ist er einer der größten Skulpturenparks des Landes.

Filipstad

Filipstad liegt im Westen von Bergslagen an der Krezung der Str. Nr. 63 und 64. Die Stadt am kleinen See Daglösen ist eingebettet in eine waldreiche, hügelige Landschaft. Man kann dort hervorragend wandern, auf Elch-Safari gehen, fischen oder im klaren Wasser des Sees schwimmen. Der Bergbau ist längst passé, heute zählt die »Wasabröd AB« zu den wichtigsten Arbeitgebern. Das bedeutendste Sommerereignis ist die »Fili-Bjur-Woche« Ende Juli mit Musik und Tanz. Am Skillerälv, dem Flüsschen der Stadt, steht die originelle Plastik, die den in Filipstad geborenen Lyriker Nils Ferlin (1898 – 1961) in Denkerpose darstellt. Auf dem Östra Kyrkogården (Friedhof) befindet sich das bombastische Mausoleum des Erfinders **John Ericsson** (1803-1889), dem bekanntesten Ingenieur seiner Zeit. Er entwickelte für die US-Navy ein Tiefenmessgerät (Vorläufer des Echolotes), gilt als Pionier in der Nutzung von Solarenergie und war für seine Körpergröße wie auch für sein feuriges Temperament bekannt.

Filipstad liegt malerisch am See Daglösen.

★ Bohuslän

B 3/4

Landschaft: Bohuslän **Provinz:** Västra Götaland Län

Der stark zergliederte Küstenstrich mit seinen unzähligen von Wind und Wasser glatt polierten Schären ist schon lange eine beliebte Urlaubsregion. Die Badeorte an der Küste sind rustikal bis mondän, die Möglichkeiten für einen Urlaub am Meer vielfältig. Wer das Geheimnisvolle liebt, sollte Tanum besuchen: Figuren, Schiffe und längst vergessene Symbole sind dort in Hunderte Felsen geritzt.

Die Landschaft Bohuslän erstreckt sich nördlich von Göteborg entlang der Küste des Skagerraks bis zur norwegischen Grenze. Erst seit dem Frieden von Roskilde (1658) gehört sie zu Schweden. Neben dem Fischfang, der früher fast die einzige Einnahmequelle bildete, ist der Tourismus heute ein wichtiger Wirtschaftszweig.

Sehenswertes in Bohuslän

Die Hauptverkehrsader der Region ist die von Göteborg über Uddevalla zur schwedisch-norwegischen Grenze führende E 6. Wer etwas Zeit mitbringt, wird viel Vergnügen an Abstechern über kleine Nebenstraßen hin zu Meer, Inseln und bekannten Seebädern haben.

Kungälv

Rund 20 km nördlich von Göteborg liegt Kungälv direkt an der E 6. Das recht idyllische Städtchen in schöner Lage am Fluss Nordre Älv blickt auf eine über tausendjährige Geschichte zurück. Der alte Marktplatz sowie die Straßen Östra Gatan und Vestra Gatan mit ihrer historischen Holzhausbebauung bilden den Kern der gut erhaltenen **Altstadt**. Auch die Kirche am Gamla Torg (17. Jh.) ist sehenswert – ein Holzbau auf kreuzförmigem Grundriss und mit hölzernen Deckengewölben, die mit barocken Malereien bedeckt sind.

◄ Bohus Fästning

Die Ruinen der Festung Bohus oberhalb von Kungälv gaben der ganzen Landschaft den Namen. Von den oberen Mauern bietet sich ein schöner Blick auf den Nordre Älv, in den hier der Göta Älv mündet, und auf die umliegende Landschaft. Politisch und strategisch bedeutend war die Festung Bohus, weil bis 1658 der Göta Älv die Grenze zwischen Schweden und Norwegen bildete. Zu ihrer Verteidigung wurde 1308 die Burg errichtet und nach dem Nordischen Krieg im Renaissancestil neu gebaut. Im Fars Hatt genannten mächtigen **Hauptturm** befinden sich ein Modell der Festung, das sie 1658 zeigt, sowie eine Dokumentation zur Baugeschichte (Mai – Sept. tgl. 10.00 – 19.00, Sa. 11.00 – 15.00; April Sa./So. 11.00 – 17.00; Okt. Sa./So. 11.00 – 15.00; engl. Führungen: Juni – Mitte Aug. tgl. 11.00 Uhr).

← *Bohuslän ist ein Traum für alle, die gerne am Wasser Urlaub machen, etwa auf der kleinen Insel Tjörn.*

Surte Unmittelbar südlich von Kungälv lohnt die stillgelegte **Glashütte** von Surte einen Besuch, in der ein Glasmuseum eingerichtet ist. Hier findet man eine Ausstellung über Alexander Samuelson, den Erfinder der Coca-Cola-Flasche (Museum: Mitte Juni – Mitte Aug. Di. – Fr., So. 10.00 bis 16.00, sonst Di. – Fr., So. 11.00 – 15.00 Uhr; www.glasbruksmuseet.nu).

BOHUSLÄN ERLEBEN

AUSKUNFT

Lysekil Turistbyrå
Södra Hamngatan 6, 45323 Lysekil
Tel. (05 23) 130 50
www.lysekil.se

Marstrand Turistbyrå
Hamngatan 25, www.marstrand.se
Nur im Juli und August geöffnet.

Södra Bohuslän Turism
44430 Stenungsund
Kulturhuset Fregatten, Fregatten 2
Tel. (03 03) 815 50 (ganzjährig)

Strömstad Tourist
Ångbåtskajen 2, Gamla Tullhuset
45230 Strömstad
Tel. (05 26) 623 30, Fax 623 35
www.stromstad.se

Tanums Hamn & Turism
Apoteksvägen 5, 45781 Tanumshede
Tel. (05 25) 183 80, Fax 1 83 60
www.tanum.se

Uddevalla
Södra Hamnen 2, 45181 Uddevalla
Tel. (05 22) 997 20, Fax 9 97 10
www.uddevalla.com

ESSEN

► Erschwinglich

Gustafsbergs Badrestaurang
Uddevalla, Gustafsberg 413
Tel. (05 22) 152 00
3 km südlich von Uddevalla schön am Wasser gelegen. Gemütlich mit sehr guter Küche

Marstrands Wärdshus
Hamngatan 23, 44030 Marstrand
Tel. (03 03) 603 69
www.marstrandswardshus.se
Im schneeweißen historischen Holzhaus geht es gemütlich zu, auf der großen Terrasse ist man mittendrin im sommerlichen Trubel und genießt die Aussicht auf den Hafen. Serviert werden überwiegend Fischgerichte.

► Preiswert

Mortens Krog & Nattclub
Uddevalla, Kungsgatan 17
Tel. (05 22) 66 53 00
www.mortenskrog.se
Günstige Tagesgerichte, abends oft Musik

Storm-Kök & Nattclub
Fjällbacka, Allegatan 1
Tel. (05 25) 324 25
Thailändische Küche und viel Stimmung ist das Motto im Storm. Hierher kommt vor allem junges Publikum, das nicht nur gut essen will, sondern danach noch Lust auf Party hat.

ÜBERNACHTEN

► Luxus

Tanums Gestgifveri
Tanum, Apoteksvägen 7
Tel. (05 25) 290 10, Fax 29 571
19 Zi., www.tanumsgestgifveri.com

Marstrand

Die kleine **autofreie Insel** Marstrand wird von der Festung Carlsten überragt, die 1667 erbaut wurde und lange als Gefängnis diente. 1781 flammte auf dem Festungsturm das erste Leuchtfeuer Bohusläns auf. Einst war der Ort eine Hochburg der Heringsfischerei, bis im 19. Jh. der Tourismus das idyllische Fleckchen für sich entdeckte. Marstrand avancierte zum exklusiven Ferienort vor den Toren Göteborgs und ist **beliebt bei Seglern** wie Tagesausflüglern, die mit der Fähre von Köon aus in wenigen Minuten übersetzen, um zwischen den bunten Holzhäusern zu bummeln. Nirgendwo sonst findet man

Historisches Gasthaus von 1663, seit den 1920er-Jahren Hotel mit hervorragender Küche. Sparpreis für das romantische Wochenende

► Komfortabel

Grand Hotell Marstrand
Marstrand, Rådhusgatan 2
Tel. (03 03) 603 22, Fax 600 53
22 Zi., www.grandmarstrand.se
Das romantische Holzhotel bietet alles, was das Herz begehrt: kunstvoll eingerichtete Zimmer, Gartenterrasse und Suiten mit Blick auf den Hafen.

Smögens Havsbad
Smögen, Hotellgatan 26
Tel. (05 23) 66 84 50, Fax 66 84 55
74 Zi., www.smogenshavsbad.se
Das historische Gebäude von 1900 wurde 2001 umgebaut und renoviert. Die Räume sind hell und im skandinavischen Design eingerichtet, bemerkenswert ist die attraktive Spa-Abteilung des Hauses.

► Günstig

Jugendherberge
Uddevalla, Gustafsberg 408
Tel (05 22) 152 00
Ca. 6 km vom Bahnhof entfernt liegt die Jugendherberge direkt am Meer. Traumhaft Lage und sogar Sauna

Fjällbacka Pensionat & Vandrarhem
Falkevägen 2
12 Zi., Tel. (05 25) 328 80
Preisgünstige Unterkunft im Zentrum von Fjällbacka, nur wenige Minuten vom Hafen entfernt

Baedeker-Empfehlung

Stora Hotellet – Im Bett um die Welt
Fjällbacka, Galärbacken
Tel. (05 25) 310 03, Fax 310 93
23 Zi., www.storahotellet-fjallbacka.se
23 Nächte muss man im Stora Hotellet bleiben, dann hat man alle speziell nach Länderthemen eingerichteten Zimmer gesehen und ist so einmal um die Welt gereist.

MARKT / FESTE

Fischmarkt in Smögen
Spannend, unterhaltsam, interessant: die täglichen Fischauktionen um 8.00, 17.00 und 20.00 Uhr

Mittelaltertage in Kungälv
Um den 20. Juli finden auf der Bohus Fästning Mittelaltertage statt.

SPORT

Fernwanderweg Bohusleden
Der Fernwanderweg ist relativ einfach, gut markiert und 360 km lang. Er beginnt in Lindome (Mölnlycke) südlich von Göteborg und führt bis Strömstad. Der Radwanderweg Cykelspåret (290 km) verläuft meistens auf kleinen Wegen. Routenbeschreibungen in den Touristenbüros

so kunstvolle Verzierungen an Geländern, Balkonen und Fenstersimsen. Ein besonders schöner Holzbau ist das **Societetshus** im nördlichen Teil der Insel, das 1887 gebaut wurde, um den schwedisch-norwegischen König Oskar II. nach Marstrand zu locken. Heute sind hier zwei Restaurants, diverse Bars, ein Kasino und ein Nachtclub untergebracht. Von der Terrasse sieht man sehr romantisch den Sonnenuntergang (Långgatan 1, Tel. 03 03/606 00).

Tjörn

Wer Schwedens viertgrößte Insel besuchen will, fährt von Stenungsund aus über den 5 km langen Tjörnleden, dessen Herzstück drei imposante Brücken bilden. Am westlichen Ende befindet sich, über eine kleine Straßenschleife zu erreichen, ein Rastplatz mit schöner Aussicht auf Askeröfjord und Hakefjord. Fährt man ganz in den Westen von Tjörn, gelangt man zum Hauptort **Skärhamn**, in dessen verwinkelten Gassen Freizeitkapitäne gerne ihren Landausflug absolvieren. Unbedingt sehenswert ist das **Nordische Aquarellmuseum**, das sich architektonisch gelungen in die Schärenlandschaft einpasst und wechselnde Ausstellungen internationaler Aquarellmaler zeigt. Das Museumscafé besitzt eine Terrasse direkt am Wasser (Öffnungszeiten: Di. – So. 12.00 – 17.00 Uhr, www.akvarellmuseet.org). Vor **Rönnäng**, dem südlichsten Ort der Insel, liegt die kleine Insel Dyrön, ein idyllisches Eiland mit malerischen Dörfchen und Schären.

Orust

Die Insel Orust erreicht man von Süden und Norden über die Str. Nr. 160. Auch hier gibt es viele sehenswerte Städtchen, wie Nösund, Mollösund, Käringön oder Gullholmen, die alle auf der Westseite der Insel inmitten einer schönen Schärenlandschaft liegen.

Uddevalla

Uddevalla ist eine lebhafte, moderne Industriestadt nördlich von Göteborg am Kattegatt bzw. am Byfjord. Die noch in den 1980er-Jahren bedeutende Werftindustrie ist inzwischen zum Erliegen gekommen. Am östlichen Stadtrand liegen die Skålgrusbänkar, **die größten fossilen Muschelbänke der Erde**. Die bis zu 13 m hohen Halden enthalten die Überreste von mehr als hundert Tierarten, die hier vor rund 10 000 Jahren gelebt haben. Am Südufer des Byfjords schließt sich an das Stadtgebiet von Uddevalla mit **Gustafsberg** einer der ältesten Badeorte Schwedens an.

Die wichtigste Sehenswürdigkeit ist das **Bohusläns Museum** am nördlichen Ufer der Bäveån. Gezeigt werden Wasserfahrzeuge und die Schiffsbautechnik, ferner wird über die Natur Bohusläns informiert (Öffnungszeiten:Mai – Aug. Mo. bis Do. 10.00 – 20.00, Fr. – So. bis 16.00 Uhr, sonst Mo. geschlossen; www.bohuslansmuseum.se).

! *Baedeker* TIPP

Ausflug nach Fiskebäckskil

Mit einer kleinen Fähre überquert man von Lysekil aus den Gullmarenfjord und ist schon mitten im malerischen Ort Fiskebäckskil. Hier schlendern Sie zwischen weißen Villen und pastellfarbenen Wohnhäusern, können in einem der Restaurants ausgezeichnete Fischgerichte genießen oder eines der zahlreichen Ferienhäuser mieten.

Einfach nett: die farbenfrohen Holzhäuser und urigen Holzstege in Smögen

Lysekil

Über die Str. Nr. 160, die schnurgerade in südwestlicher Richtung verläuft, gelangt man ins 61 km entfernte Lysekil. Der Ort liegt am Eingang des Gullmaren, einem weit ins Land reichenden Fjordarm. Der Hafen und die Ölraffinerien bilden das Rückgrat der Stadt, aber auch der Tourismus spielt in dem Seebad eine wichtige Rolle. An die lange Tradition als nobler Badeort erinnern die beiden prächtigen altnordischen Villen »Storstugan« und »Lillstugan« an der Strandpromenade, die sich der Badearzt Carl Curman Ende des 19. Jh.s errichten ließ. Im **Havets Hus** bekommt man alle Fische und Pflanzen der Gegend zu sehen. Die größten Attraktionen sind das **Tunnelaquarium**, in dem die Besucher durch Unterwasserröhren laufen und ringsumher Haie und Seesterne schwimmen, sowie das **Streichelaquarium** (Öffnungszeiten: tgl. 10.00 – 18.00, sonst bis 16.00 Uhr, www.havetshus.lysekil.se). Im benachbarten **Vikarvets Museum** wird die industrielle Geschichte der Region dargestellt und eine große Sammlung von Schiffsmodellen gezeigt (Öffnungszeiten: So. tgl. 17.00 – 19.00 Uhr).
Vom Aussichtsturm bei der Kirche von Lysekil (1901) genießt man eine fantastische Aussicht über die Schärenlandschaft. In Gamla Stan, dem ältesten Stadtteil von Lysekil, sind noch viele der kleinen und flachen Häuser erhalten geblieben, die aus der Zeit stammen, als der Fischfang die Haupteinnahmequelle des Ortes war.

Smögen

Manche mögen's voll: Smögen, am Ende der Sotenäs-Halbinsel, platzt während der Saison fast aus allen Nähten. Über die kilometerlangen Holzstege schieben sich die Touristen im Schneckentempo vorwärts und in den ehemaligen Bootsschuppen warten Dutzende von Läden mit ihrem reichhaltigen Angebot auf Käufer. Am längsten Holzpier der Welt, so die Eigenwerbung, liegen teure Segelschiffe und Yachten dicht an dicht, und man fühlt sich fast wie am Mittelmeer. Dass Smögen noch ein richtiger Fischerort ist, bekommt man erst zu spüren, wenn man zu einer der Fischauktionen geht, die um 8.00, 12.00 und 17.00 Uhr stattfinden. Wer Ruhe sucht, sollte am Beginn oder Ende der Saison kommen, aber auch nicht zu früh oder zu spät, denn im Winter ist Smögen wie ausgestorben.

★ Nordens Ark

Bei Hunnbeostrand, 20 km östlich, bietet die »Arche des Nordens« ein einzigartiges Reservat für vom Aussterben bedrohte Tierarten. Die private Stiftung versucht, ihnen durch Aufzucht und Wiedereingliederungsprogramme eine Zukunft zu geben. Hier findet man alte skandinavische Haustierrassen, Tiere aus Nordeuropa, aber auch einige Exoten, darunter Pandas, Schneeleoparden, Uhus, Mähnenwölfe oder tadschikische Wildschafe. Unbedingt ein Fernglas mitbringen (Öffnungszeiten: Sommer tgl. 10.00 – 19.00, Frühjahr und Herbst bis 17.00, Winter bis 16.00 Uhr, www.nordensark.se).

Fjällbacka

Fjällbacka ist einer der schönsten Orte an der gesamten Westküste, denn die steilen Wände des Vetteberg ragen fast senkrecht unmittelbar hinter den letzten Häusern auf und lassen den bunten Holzhäusern nur wenig Platz. **Ingrid Bergman** hat in dem Ort regelmäßig ihren Urlaub verbracht, ihr zu Ehren bekam der Hauptplatz ihren Namen. Sehenswert ist die **Kungsklyftan**, ein schmaler Spalt im Vetteberg, in dem ein dicker Felsbrocken eingeklemmt ist. Hier wurden Teile des Filmes »Ronja Räubertochter« nach dem Buch von Astrid Lindgren gedreht. Vom Aussichtsberg hat man einen weiten Blick über den Schärengarten, der aus unzähligen Inselchen besteht. Bei guter Sicht sind sogar die weit draußen liegenden Väderöarna zu erkennen. Auf der 2 km südlich von Fjällbacka gelegenen unbewohnten **Insel Stensholm** befindet sich das Grab des in der Skagerrakschlacht gefallenen Dichters Gorch Fock, der eigentlich Hans Kinau hieß (1880 – 1916).

! *Baedeker* TIPP

Hummerbier zum Schalentier

Jedes Jahr am dritten Montag im September um Punkt 7.00 Uhr beginnt man an der Küste Bohusläns zu feiern. Man fährt hinaus aufs Meer zu Hummersafaris und an Land werden nach Lust und Geldbeutel in Restaurants und Fischbuden Schalentiere en masse verspeist. Experimentierfreudige probieren dann auch schon mal das Hummerbier der Brauerei Grebbestad.

Strömstad

Strömstad ist die letzte größere schwedische Stadt vor der norwegischen Grenze, die rund 20 km weiter nördlich durch den Svinesund gebildet wird. Ihn überspannt eine 420 Meter lange Brücke, von der man eine grandiose Aussicht genießt. Einst ein kleines Fischerdorf, begann auch in Strömstad im 19. Jh. das Kur- und Badeleben. Sehenswert sind das im Jugendstil erbaute Stadshus, die alte Badeanstalt, das Societätshaus und das Freilichtmuseum Fiskatorpet. Ein beliebtes Ausflugsziel sind die **Koster-Inseln** 10 km vor der Küste. Es sind die westlichsten bewohnten Inseln Schwedens, die beiden Hauptinseln, Norrkoster und Sörkoster, sind autofrei und stehen unter Naturschutz. Vom Norra Hamn in Strömstad gibt es mehrmals täglich Boote zu den Koster-Inseln.

✶ Tanum

Die Menschen der Bronzezeit (1800 – 400 v.Chr.) haben rings um Tanum eindrucksvolle Spuren hinterlassen, die berühmten Felsbilder, schwed. Hällristningar, die heute auf der UNESCO-Weltkulturerbe-Liste stehen (► Baedeker-Special S. 140). Es existieren vier große Fundstellen: Vitlycke, Aspeberget, Fossum und Litlesby. In einiger Entfernung sind noch die Felsritzungen von Torsbo bemerkenswert.

Vitlycke

Der Felsen von Vitlycke, nur einige Meter von der Straße den Hang hinauf, ist die meistbesuchte Fundstelle und mit 170 Schalengruben und fast 300 Figuren eine der größten. Hier sind fast alle Ritzungen mit roter Farbe ausgemalt. Das bekannteste Motiv auf der Felsplatte ist das Brautpaar, das höchstwahrscheinlich eine heilige Hochzeit vollzieht, die in den meisten vorchristlichen Religionen als Motiv zu finden ist. Sie sollte die Fruchtbarkeit von Mensch, Tier und Saat fördern. Manchmal, wie hier in Vitlycke, steht neben dem Brautpaar ein Mann mit erhobener Axt. Die Axt, bei den Wikingern war es der Hammer, spielte offenbar in der Mythologie der Bronzezeitmenschen eine wichtige Rolle. Links von einem langen Schiff ist höchstwahrscheinlich ein Blauwal abgebildet. Das ist ungewöhnlich, denn, obwohl fast alle Felsritzungen in unmittelbarer Nähe des Wassers zu finden sind, waren Meerestiere nie ein Motiv.

◄ Vitlyckemuseum

Das nahe Vitlycke-Museum vermittelt sehr anschaulich Deutungen und Interpretationen zu den Felszeichnungen. Ein Highlight sind die nächtlichen Führungen im Spätfrühling und Frühherbst mit Taschenlampen als einziger Lichtquelle. Durch die spärliche Beleuchtung wirken die Felsbilder besonders plastisch und mystisch. Weiter gibt es auf dem Museumsgelände einen rekonstruierten Bronzezeithof. Hier kann man zeittypische Kleidung anprobieren, seine Geschicklichkeit mit Werkzeugen aus der Bronzezeit testen, mit Pfeil und Bogen schießen oder auch Linderöd-Schweine und Fjordfä-Ochsen bestaunen. Örtliche Delikatessen serviert das Restaurant Skålgropen (Öffnungszeiten: Mai – Aug. tgl. 10.00 – 18.00, Sept. Di. bis So. 10.00 – 16.00, 1. – 15. Okt. Do. – So. 10..00 – 16.00, 16. – 31. Okt. Sa./So. 10.00 – 16.00 Uhr, www.vitlyckemuseum.se).

Aspeberget

Aspeberget ist mit Felsbildern übersät, doch einige Bilder sind so schwer beschädigt, dass sie abgedeckt werden mussten. Hier ist das schönste Sonnensymbol zu sehen, das von Frauen mit langen Zöpfen

◄ weiter auf S. 142

Rund 40 000 Felsbilder sind aus Schweden bekannt, links ein Beispiel aus Tanum, rechts eines aus Aspeberget.

BOTSCHAFTEN AUS DER VORZEIT

Die beeindruckendsten Zeugnisse der Bronzezeit in Südschweden sind die »Hällristningar« genannten Bilder, die von den Menschen der Bronzezeit an vielen Stellen in die von der letzten Eiszeit glatt gehobelten Felsen geschlagen wurden. Ihre Bedeutung ist bislang nicht bekannt.

Die ersten Hällristningar hat der Norweger Peder Alfsön schon im 17. Jh. entdeckt, doch er glaubte noch, dass Steinmetzlehrlinge sie aus Langeweile in den Fels geschlagen hätten. Erst im 18. Jh. erkannte man, dass die Bilder viel älter sind. Rund 40 000 Felsbilder sind bekannt, die meisten entstanden zwischen 1000 und 500 v. Chr. Die häufigsten Motive sind Boote, von denen mittlerweile mehr als 10 000 in allen Formen und Größen entdeckt wurden.

Das Rätsel der Bilder

Die Felsritzungen sind zwar keine filigranen Kunstwerke, aber doch erstaunlich vielfältig – und zum Großteil noch völlig rätselhaft. Nur rund 100 Generationen vor uns haben die Künstler von Bohuslän gelebt, aber welche Sprache sie gesprochen haben und warum sie unter Mühen so viele Kunstwerke geschaffen haben, wissen wir nicht. So sind die Hällristningar wie ein Bilderbuch, zu dem der Text verloren gegangen ist. In Stein gehauene Bilder wurden weltweit gefunden und die Motive ähneln sich teilweise ganz erstaunlich. Ist dies ein Beweis dafür, dass die Menschen in der **Bronzezeit schon weitreichende Kontakte** hatten? Warum stemmt ein Mann ganz alleine ein Schiff? Warum haben die Menschen auf den Felsbildern oft so auffällig dicke Waden?

Ist es nur ein Zufall, dass man diese Waden auch auf Bildern aus Afrika und Spanien und auch auf griechischen Vasen und Bildern aus Italien findet, die zur selben Zeit entstanden sind?

Nachrichten aus einer anderen Welt

Die häufigsten Motive sind Krieger, Schiffe, Wagen und Tiere. Bilder von arbeitenden Menschen, Häusern oder Kindern gibt es nicht. Deshalb wird vermutet, dass die Hällristningar keine Alltagsszenen darstellen, sondern eine **mystische oder rituelle Bedeutung** haben. Vielleicht waren sie Ausdruck einer der ersten Religionen der Menschheit. Dafür spricht auch, dass die häufig abgebildeten Äxte zum Kampf völlig ungeeignet waren, denn aus archäologischen Funden wissen wir, dass diese Äxte einen Kern aus Ton besaßen und nur mit einer dünnen Schicht Bronze überzogen waren, somit als Streitaxt völlig unbrauchbar waren. Dass manche Körperteile überdimensional groß sind oder einzelne Figuren Flügel tragen, bringen die Archäologen mit der Einnahme **halluzinogener Pflanzen**, wie z. B. Pilzen, in Verbindung. Die Ritzungen würden dann aus einer anderen Welt berichten, die nur im erweiterten Bewusstseinszustand zu schauen ist.

Vergänglicher Zauber

Viele Hällristningar sind heute mit roter Farbe ausgemalt, damit sie besser zu erkennen sind, ob sie ursprünglich farbig waren, ist nicht bekannt. Obwohl die Felsen aus hartem Granit bestehen, setzt der **saure Regen** ihnen zu und lässt die nur wenige Millimeter tiefen Konturen zunehmend unschärfer werden. Zum Schutz wurden deshalb mittlerweile einige Hällristningar wieder mit Erde bedeckt.

getragen wird. Die bekanntesten Figuren sind einige kraftvolle Stiere, die mehr als einen Zentimeter tief in den Felsen geschlagen wurden. Unterhalb der Stiere ist ein Mann mit einem Pflug zu sehen, eines der wenigen Bilder, auf denen arbeitende Menschen zu sehen sind. Die Fußsohlen gehören zu den ältesten Motiven und stammen teils noch aus der Steinzeit. Eine der Figuren lässt 29 Schalengruben über ihrer riesigen Hand schweben. Die Bedeutung ist unklar, vielleicht ist es ein **Kalender**.

Fossum Bei Fossum hat sich ein umfangreiches Felsenbild mit 130 Figuren erhalten, vielleicht eine Kampf- oder Jagdszene. Bemerkenswert sind auch das Bild einer Frau mit einer Schalengrube zwischen den Beinen und das von zwei Männern, die mit dem Rücken aneinander lehnen und einen rituellen Tanz ausführen.

Litlesby In Litlesby ist der 2,30 m große Speergott die dominierende Gestalt. Hier haben die Künstler über einen Zeitraum von mehr als 1000 Jahren ihre Kunstwerke in den Fels geschlagen. Die ältesten Bilder stammen aus der Zeit um 1200 v. Chr. Das Bild von dem Riesengott mit dem Speer in Litlesby könnte **ein Vorgänger Odins** sein.

Torsbo Beim Abstecher nach Torsbo in der Nähe von Hamburgsund stößt man auf fast 1000 Felsritzungen, verteilt auf zehn Felsen, darunter **mehr als 100 Schiffe**. Das größte hat eine Länge von 4,5 m und 124 Passagiere an Bord. Die Menschen werden nur durch Striche angedeutet, die hakenförmigen Gestalten sind Lurenbläser. Mit der Handwerkstechnik der Bronzezeit war es kaum möglich, solch große Schiffe zu bauen. Das Riesenschiff von Torsbo hat deshalb wahrscheinlich eine rituelle Bedeutung als Symbol für die Fahrt ins Totenreich. Das einzige Schiff, das Archäologen aus dieser Zeit gefunden haben, stammt aus Dänemark. Es hatte Platz für gut 20 Passagiere und sieht denen auf den Felsritzungen verblüffend ähnlich.

Eine der beeindruckendsten Schiffsdarstellungen ist die von Torsbo.

★ Falun

F 6

Landschaft: Dalarna
Einwohnerzahl: 55 000
Provinz: Dalarna Län
Höhe: 113 m ü.d.M.

»Das größte Wunder Schwedens, aber auch schrecklich wie die Hölle« nannte der Botaniker Carl von Linné das Kupferbergwerk von Falun. Heute ist die Grube stillgelegt, doch kann man in den Besucherstollen einfahren, um einen Eindruck von den einst harten Arbeitsbedingungen unter Tage zu bekommen.

Kupfer um jeden Preis

Die alte Bergwerksstadt Falun liegt in Mittelschweden am nördlichen Ufer des kleinen Runnsees. Wegen der schon vor rund tausend Jahren entdeckten großen Kupfererzvorkommen war sie für viele Jahrhunderte von größter wirtschaftlicher Bedeutung für Schweden und im 17. Jh. die zweitgrößte Stadt nach Stockholm. Noch im 18. Jh. scheint Falun von der Industrie schwer gezeichnet gewesen zu sein, denn zeitgenössische Reiseberichte belegen, dass damals Tag für Tag dunkler Rauch über der Stadt hing.
Im modernen Falun spielt der Bergbau keine Rolle mehr, selbst die Erinnerungen an diese Zeit sind im Wandel begriffen: Die einst ärmlichen Unterkünfte der Arbeiter in den Stadtteilen Östanfors, Gamla Herrgården und Elsborg haben sich in mustergültige Siedlungen aus bunt gestrichenen Einfamilienhäusern verwandelt, die als **»Holzstadt Falun«** von der UNESCO als Weltkulturerbe geführt werden.

Sehenswertes in Falun

Stadtzentrum

An der Ostseite des Stortorg erhebt sich die **Kristine Kyrka** (erbaut 1642 – 1655), einer der prächtigsten Renaissancebauten Schwedens. Das Kircheninnere ziert eine prachtvolle Barock- und Renaissanceausstattung, bei der die Farben Karolinerblau und Sandsteinrot vorherrschen (Öffnungszeiten: Juli – Mitte Aug. tgl. 10.00 – 18.00, sonst bis 16 Uhr).
Auf dem Stortorg selbst steht eine Bronzestatue des Bauernführers und Freiheitshelden Engelbrekt Engelbrektsson (1390 – 1436). Das Rathaus an der Nordseite wurde 1746 erbaut.

Stora Kopparbergskyrka

Eine weitere bedeutende Kirche ist die Stora Kopparbergskyrka aus dem 14./15. Jh. nahe dem Nordbahnhof. Das Innere wird von Rippengewölben überspannt, die mit ornamentaler Malerei verziert sind (Öffnungszeiten: Juli – Mitte Aug. tgl. 10.00 – 18.00, sonst Mo. – Sa. 10.00 – 16.00 Uhr).

Friedhof

Auf dem Friedhof liegt der »Fette Mats« begraben (► »Wussten Sie schon?« S. 145). In unmittelbarer Nähe der Kirche stehen einige alte Bergmannshäuser.

FALUN ERLEBEN

AUSKUNFT

Turistinformation Dalarna
Trotzgatan 10-12
79183 Falun
Tel. (023) 830 50
Fax 833 14
www.visitfalun.se

ESSEN

► Preiswert

① ***Bagarstugan Café & Bageri***
Berghauptmannsg 54, 79161 Falun
Tel. (073) 876 03 63
Hier werden Brot und Kuchen selbst gebacken. Bei schönem Wetter kann man gut draußen sitzen.

ÜBERNACHTEN

► Luxus

③ ***Scandic Lugnet***
Svärdsjögatan 51
Tel. (023) 669 22 00
Fax 669 22 11
135 Zi., www.scandic-hotels.se
Architektonisch beeindruckendes Hotel im Zentrum mit Pub, Sauna, Fitnesscenter und Kegelbahn. Wer die einzigartige Sicht über die Stadt und die Skischanzen genießen will, muss etwas tiefer in die Tasche greifen.

► Komfortabel

① ***First Hotel Grand***
Trotzgatan 9-11
Tel. (023) 79 48 80
Fax 141 43
151 Zi., www.firsthotels.com/grandfalun
Stadthotel in zentraler Lage mit modernen Zimmern, Fitness- und Spa-Abteilung sowie Restaurant

► Günstig

② ***Falu Fängelse Vandrarhem***
Villavägen 17
Tel. (023) 79 55 75, Fax 79 54 74
www.falufangelse.se
In dieser Jugendherberge übernachtet man in einem ehemaligen Gefängnis und kann zwischen 2- und 4-»Bettzellen« wählen. Ideale Lage, nur wenige Minuten Fußweg zum Zentrum und zu den Sportanlagen. Ganzjährig geöffnet.

Falun *Orientierung*

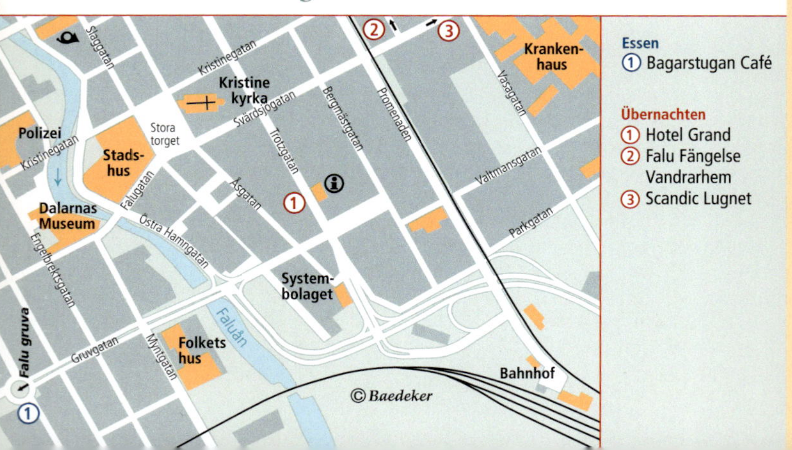

Das Volkskunstmuseum der Region Dalarna steht unweit vom Stortorg am westlichen Ufer der Faluå. Hier findet man eine der größten Sammlungen von »Dal-Malerei« – bemalte Kästchen, Schränke, ganze Interieurs und Wandpartien, die zwischen 1780 und 1860 entstanden sind. Sehenswert sind außerdem die Grafikgalerie, die Sammlung typischer Trachten und Textilien, eine Kupfergalerie sowie archäologische Funde aus der Region. Publikumsmagnet sind **Selma Lagerlöfs Arbeitszimmer** und ihre Bibliothek. Die Schriftstellerin kam 1897 im Anschluss an zehn Jahre Schuldienst an einer Mädchenschule nach Falun, um sich ganz dem Schreiben zu widmen. Hier verfasste sie u.a. ihren weltberühmten Roman »Die wundersame Reise des kleinen Nils Holgersson mit den Wildgänsen« (Öffnungszeiten: Di. – Fr. 10.00 – 17.00, Mo./Sa./So. ab 12.00 Uhr, www.dalarnasmuseum.se).

✶ Dalarnas Museum

Nordöstlich der Stadt erstreckt sich das große Sport- und Freizeitgebiet Lugnet, weithin sichtbar durch die Skisprungschanzen. Der Turm der 90-m-Schanze kann besichtigt werden (Öffnungszeiten: Mitte Mai – Ende Aug. Mo. – Do., So. 10.00 – 18.00, Fr., Sa. bis 23.00 Uhr, Aufzug vorhanden). Ferner gibt es hier Schwimmbäder, Sporthallen, Skilifte und einen Campingplatz.
Das Dalarnas Idrottsmuseum wurde 1993 eröffnet, als in Falun zum dritten Mal die Ski-Weltmeisterschaften stattfanden. Es zeigt, wie sich der Sport in Dalarna entwickelt hat (Öffnungszeiten: Juni – Sept. Mo. – Fr. 10.00 – 16.00, Sa. 12.00 – 15.00 Uhr).

Lugnet

Südwestlich vom Zentrum liegt das ausgedehnte Werksgelände des Kupferbergwerks (Falu Koppargruva), dessen Erzvorkommen schon von den Wikingern ausgebeutet wurden. Heute ist Schwedens **ältestes und bedeutendstes Bergwerk** auch Faluns größte Attraktion und zählt zum Weltkulturerbe der UNESCO. Im 17. und 18. Jh. war es die größte Kupfergrube der Welt, zudem Schwedens bedeutendste Goldgrube und, nach Sala, die ergiebigste Silbergrube. Zu Hochzeiten haben mehr als 1000 Bergleute unter zum teil erbärmlichen Bedingungen unter Tage geschuftet, von denen viele bei Einstürzen ihr Leben verloren. Nicht zuletzt das planlose Graben war für die Grubenunglücke verantwortlich. 1687 kam es zu einem furchtbaren Unglück: Trennwände und Sohlen von drei früheren Tagebauten stürzten ein und bildeten einen einzigen, riesigen Krater, die Pinge Stora Stöten. Der Stöten, dessen

✶ Kupferbergwerk

? WUSSTEN SIE SCHON ...?

- Viele Bergleute verloren bei Grubenunglücken in Falun ihr Leben. Der berühmteste unter ihnen ist Mats Israelsson, der 1677 verschüttet wurde. Erst vierzig Jahre später konnte seine Leiche geborgen und von seiner einstigen, alt gewordenen Verlobten identifiziert werden, denn der Körper des jungen Mannes blieb durch das Kupfervitriol in den Stollen vollständig konserviert. Johann Peter Hebel lieferte diese anrührende Geschichte den Stoff für seine Kalendergeschichte »Unverhofftes Wiedersehen« (1811).

Schlund sich gleich gegenüber dem Bergwerksmuseum auftut, wurde seither durch fortgesetzten Abbau erweitert und ist heute 95 m tief und 350 m breit. Rings umher stehen mehrere Grubengebäude und Förderanlagen, die am Wochenende besichtigt werden können.
Das Bergwerksmuseum (Gruvmuseet) dokumentiert die Geschichte des Erzbergbaus in Falun und bietet interessante Einblicke in die Geologie der Gegend und die Firmengeschichte des Großkonzerns Stora, der die Grube betreibt. Sehenswert ist auch das Münzkabinett (Öffnungszeiten: im Sommer tgl. 10.00 – 17.00, im Juli bis 18.00 Uhr, im Winter Mo. – Fr. 12.00 – 16.30, Sa., So. bis 16.00 Uhr, www.falugruva.se).

Besucherstollen ►

Gegenüber vom Museum steht ein kleines Holzgebäude, über dessen Tür im Halbkreis die **Alchimistensymbole** der Elemente zu sehen sind. Hier befindet sich der Zugang zum Besucherstollen, der bis in eine Tiefe von 55 m durch das dunkle Labyrinth alter Abbaustellen führt. Warme Kleidung und wasserdichtes Schuhwerk empfohlen! (Öffnungszeiten: siehe Bergwerksmuseum).

Falu Rödfärg

Direkt neben dem »Kåre«, einer Holzskulptur in Form eines Ziegenbocks, befindet sich die Fertigungsanlage für die charakteristische ochsenblutrote Farbe, die Falun im ganzen Land bekannt gemacht

Nicht schön, aber interessant: die Kupfergrube von Falun

hat. »Schwedens Nationalfarbe« und der Anstrich unzähliger schwedischer Holzhäuser wurden bereits um 1530 bei Kopparberget aus nicht verwertbaren Mineralien des Kupferbergwerks, dem Abraum also, hergestellt. Anfangs bekamen nur Herrenhäuser und Kirchen den roten Anstrich. Erst als die Farbe immer billiger wurde, konnte sich jeder Falu Rödfärg leisten. Als das Falunrot schließlich von fast jeder Hauswand leuchtete, mussten sich die Reichen etwas Neues einfallen lassen, um sich von der Masse abzuheben. Deshalb haben sie ihre Häuser zunehmend Gelb oder Weiß gestrichen. Während einer Fabrikführung erfährt man alles über das Falunrot (Öffnungszeiten: Ende Juni – Mitte Aug. wochentags 11.00 – 15.00 Uhr, www.falurodfarg.com).

? WUSSTEN SIE SCHON ...?

- ... dass auch Schwedens beliebteste Wurstsorte, die Falukorv, ihre Entstehung der Kupfergrube von Falun verdankt? Denn für den Transport des Kupfers aus der Grube wurden Seile benötigt, die einst aus Ochsenhaut gefertigt wurden. Bergleute aus Deutschland zeigten den Schweden, was man mit dem übrig gebliebenen Fleisch des Ochsen am besten machen könnte: haltbare Wurst.

Sehenswertes in der Umgebung

Bjursås, Stadigsstugan

Einer der bekanntesten Dal-Maler war Mats Persson Stadig aus Bjurså, ca. 15 km nordwestlich von Falun. Er hinterließ eine einzigartige Sammlung von Wand- und Deckenmalereien sowie Möbel und Truhen. Eine Sammlung seiner Werke ist im Stadig-Haus neben dem Heimatmuseum von Bjurså zu sehen (Öffnungszeiten: Mitte Juni – Mitte Aug. tgl. 11.00 – 17.00 Uhr).

Sundborn

Rund 4 km nordöstlich von Falun liegt am kleinen Tofta-See der idyllische Ort Sundborn, in dem der schwedische Maler Carl Larsson (1853 – 1919) von 1901 an mit seiner Frau Karin, die ebenfalls Künstlerin war, lebte. 1888 richteten sie sich den Hof Lilla Hyttnäs ganz nach ihren Vorstellungen ein: mit roten Stühlen, weißen Tischen, Dielen in hellem Holz und mit Gemälden an Wänden und Decken. Damit wurden sie zu Trendsettern, die sich von dem seinerzeit herrschenden dunklen Einrichtungsstil deutlich abhoben. Carl Larssons Gården ist heute ein Museum. Der Publikumsandrang ist groß, daher sollte man in der Hochsaison Wartezeiten einkalkulieren (Öffnungszeiten: Mai – September tgl. 10.00 – 17.00 Führungen, tgl. 11.00 Uhr, www.clg.se).

✶ ✶ ◄ Carl Larssons Gården

Zwischen 1905 und 1912 portraitierte Carl Larsson einige Dorfbewohner und schenkte diese Gemälde später der Gemeinde Sundborn. Heute ist **Carl Larssons Portraitsammlung** im Gemeindehaus neben der Kirche zu sehen (Öffnungszeiten: Ende Juni – Mitte Aug. tgl. 12.00 – 17.00 Uhr). In der Kirche am See sind ebenfalls Gemälde von Carl Larsson zu sehen, das Schönste ist das Gewölbebild über dem Altar.

Gävle

H 6

Landschaft: Gästrikland
Einwohnerzahl: 92 000
Provinz: Gävleborg Län
Höhe: Meereshöhe

Recht lebhaft geht es in der ältesten Stadt Norrlands am Bottnischen Meerbusen zu: breite Einkaufsstraßen voller Menschen, dazu ein riesiger Hafen, von dem aus Holz und Erz verschifft werden. In ganz Schweden ist Gävle allerdings wegen seines »Julbocks« bekannt, dem mitunter nur ein kurzes Dasein beschieden ist.

Der Julbock und die Zündler

Seit 1966 stellt man mitten in Gävle auf dem Slottstorg am 1. Dezember einen Ziegenbock aus Stroh auf. Der erste seiner Art war beachtlich, immerhin 13 m hoch, 7 m lang und 3 t schwer. Doch lange sollte die Freude am neuen Wahrzeichen nicht währen, denn schon am Neujahrstag ging der Bock in Flammen auf. Zwar wurde der Brandstifter gefasst und bestraft. Doch er fand Nachahmer, denn von nun an konnte man jedes Jahr Wetten darauf abschließen, wie lange der Bock aus Stroh vor Zündlern beschützt werden kann. Nicht lange, wie die Erfahrung zeigt. Einer brannte schon, bevor er überhaupt aufgestellt werden konnte, einigen waren nur wenige Stunden Vor-

Bronzeplastik von Henry Moore, feuerfest

weihnachtsfreude beschert, doch manchmal wurde der Strohbock auch verschont – oder so gut bewacht, dass Übeltäter keine Chance hatten. 2006 schaffte es der Bock dank Imprägnierung mit Brandschutzmittel bislang zum letzten Mal heil ins neue Jahr (www.merjuligavle.se/Bocken).

Sehenswertes in Gävle

Mittelpunkt der Innenstadt, die durch den Brand von 1869 und den Wiederaufbau ein neuzeitliches Aussehen bekommen hat, ist der Rådhustorg. Die Flaniermeilen Norra Kungsgatan und Norra Rådmansgatan führen nach Norden zum Gävle Teater, einem der stattlichsten Theatergebäude des Landes im Stil der Neorenaissance. Westlich vom Rathaus (19. Jh., mit Glockenspiel) steht die **Trefaldig-**

GÄVLE ERLEBEN

AUSKUNFT

Gävle Turistbyrå
Drottninggatan 9 (Gallerian Nian)
S-80135 Gävle
Tel. (026) 17 71 17
www.gastrikland.com

ESSEN

► Erschwinglich

Forsbacka Wärdshus
Forsbacka, Värdshusvägen 22
Tel. (026) 351 70
www.forsbackawardshus.se
15 km von Gävle entfernt liegt dieses Restaurant in herrlicher Lage am Rande eines englischen Parks.

Sommerrestaurant Engeltofta
Bönavägen 118
Tel. (026) 996 60, www.engeltofta.se
Das Engeltofta, in einer alten Kaufmannsvilla untergebracht, ist Gävles beliebtestes Ausflugsziel. Es liegt 10 km vom Zentrum entfernt und an Sommerwochenenden trifft sich hier die ganze Stadt am Strand. Jazz- und Liederabende.

► Preiswert

Café Mamsell
Kyrkogatan 14
Tel. (026) 12 34 01
Nettes Café im historischen Berggrenska Gården.

ÜBERNACHTEN

► Komfortabel

Scandic Hotel CH
Nygatan 76
Tel. (026) 495 84 00, Fax 495 84 11
www.scandichotels.se
In zentraler Lage, nur 100 Meter vom Bahnhof und Busterminal entfernt, mit dem gewohnten Scandic-Hotelketten-Komfort.

► Günstig

STF Vandrarhem Engeltofta
Bönavägen 118
Tel. (026) 961 60, Fax 96 05
In Strandnähe und unmittelbarer Nachbarschaft des Sommerrestaurants Engeltofta liegt diese Jugendherberge. Der ideale Ort für einen preisgünstigen Urlaub am Meer.

EINKAUFEN

Von der Nobelboutique bis zum gewöhnlichen Kaufhaus findet man in Gävle so ziemlich alles im Gebiet von Norra Kungsgatan, Drottninggatan und Nygatan.

hetskyrka (Dreifaltigkeitskirche, 18. Jh.). Das Kircheninnere ist im Stil des Barock gehalten.

Gamla Gefle

Überquert man den Fluss Gävleån, sieht man südlich vom Rathaus eine große Bronzeskulptur von **Henry Moore**, die auf einer Verkehrsinsel steht. Ins Auge fallen auch das gelb-weiße **Schloss** aus dem 16. Jh., die nördlichste Festung der Wasa-Könige und das **Provinzmuseum** von Gästrikland. Dies zeigt in erster Linie kulturgeschichtliche Sammlungen und schwedische Kunst aus mehreren Jahrhunderten (Södra Strandgatan 20, www.lansmuseetgavleborg.se; Öffnungszeiten: Di. – So 10.00 – 16.00, Mi. bis 20.00 Uhr). Gamla Gefle, nur wenige Schritte vom Provinzmuseum entfernt, ist der Teil der Altstadt, der vom Brand von 1869 verschont geblieben ist. In den alten, schön restaurierten Holzhäusern sind heute viele Kunstgewerbeläden untergebracht, so auch die **Galerie von Gunnar Cyrén**, einem der bekanntesten Glaskünstler Schwedens (Nedre Bergsgatan 11).

* Eisenbahnmuseum

Südöstlich vom Zentrum liegt in der Rälsgatan 1 das Schwedische Eisenbahnmuseum (Järnvägsmuseum), das über eine der größten und beeindruckendsten Sammlungen von Dampfloks und alten Eisenbahnwaggons weltweit verfügt. Auf dem riesigen Gelände werden 150 Jahre schwedische Eisenbahngeschichte gezeigt – für Eisenbahnfreunde das reinste Vergnügen! (Öffnungszeiten: Juni – Aug. tgl. 10.00 – 17.00, sonst Di. – So. 10.00 – 16.00 Uhr)

Umgebung von Gävle

Furuvikspark

An der Gävlebucht, südlich der Stadt im Seebad Furuvik liegt dieser große Tier- und Vergnügungspark mit vielen Aktivitätsangeboten (Öffnungszeiten: Mitte Mai – Mitte Aug.).

Die Straße Nr. 80 führt von Gävle über Valbo zum südwestlich gelegenen Industrieort **Sandviken** am Nordufer des Storsjön. Zusammen mit den drei Gemeinden Gävle, Hofors und Ockelbo bildet Sandviken das Eisenreich (»Järnriket«), in dem Relikte von der Wikingerzeit bis zum frühen Industriezeitalter zu finden sind. Eingebettet in die wasserreiche Landschaft Gästriklands warten rund 30 kulturhistorische Ziele wie Jädraås, Axmar Bruk, Forsbacka Järnverk, Stålstaden Hofors, Ockelbo oder Gysinge auf Besucher. Nähere Informationen über die einzelnen Standorte bekommt man im Provinzmuseum von Gävle oder im Touristenbüro.

! *Baedeker* TIPP

Schwedischer Whiskey

Im 400 Jahre alten Anwesen Mackmyra, einige Kilometer westlich von Gävle, wird seit 1999 echter Malt Whiskey aus schwedischen Rohstoffen und nach eigenen Rezepten gebrannt. Eine Rarität! Mo. bis Sa. können Sie sich nach Anmeldung bei einer Führung selbst von der Qualität des Malt überzeugen (Bruksgatan 4, Valbo, Tel. 026/ 54 18 80, www.mackmyra.com).

Wahrzeichen Göteborgs und bester Ausguck: das Hochhaus Utkiken am Hafen

★ Göteborg

B/C 3

Landschaft: Bohuslän
Einwohnerzahl: 481 400
Provinz: Västra Götaland Län
Höhe: Meereshöhe

Göteborg ist die zweitgrößte Stadt Schwedens, besitzt aber den wichtigsten Hafen des Landes. Als typische Hafenmetropole ist sie weltoffen und pflegt ein lebhaftes Kultur- und Nachtleben. Flaniermeilen wie die Kungsportsavenyn sowie die Fisch- und Markthallen machen den Aufenthalt überaus kurzweilig.

Geschichte

Göteborg (sprich: Jöteborj) liegt zu beiden Seiten des ins Kattegatt mündenden Göta Älvs. Großen Einfluss auf die Stadtentwicklung hatten die Niederländer, die man im 17. Jh. nach Schweden geholt hatte, und im ersten Göteborger Magistrat saßen zehn Holländer, sieben Schweden und ein Schotte. So war es nicht verwunderlich, dass der Grundriss der Stadt **nach holländischem Vorbild** mit Kanälen und Befestigungen angelegt wurde. Zu dieser Zeit war Göteborg eine der am besten gesicherten Städte mit breiten Wallgräben, Stadtmauer und den drei Festungen Nya Älvborgs, Skansen Kronan und Skansen Lejonet. Dank des ganzjährig eisfreien Hafens entwickelte

GÖTEBORG ERLEBEN

AUSKUNFT

Göteborgs Turistbyrå
Kungsportsplatsen 2, 41110 Göteborg
Tel. (031) 368 42 00, Fax 368 42 18
www.goteborg.com

Borås Turistbyrå
Österlånggatan 1-3, 50315 Borås
Tel. (033) 35 70 90, www.boras.se

ESSEN

► Fein & Teuer

⑤ ***Fiskekrogen***
Lilla Torget 1, Tel. (031) 10 10 05
www.fiskekrogen.com
Preisgekröntes Restaurant für Fischliebhaber. Auch die Weinkarte mit mehr als 300 feinen Tropfen ist mit Umsicht zusammengestellt. Wer sich relativ preisgünstig von der Qualität der Küche überzeugen möchte, kommt mittags.

① ***Sjömagasinet***
Klippans Kulturreservat
Adolf Edelsvärds gata 5
Tel. (031) 775 59 20
www.sjomagasinet.se
Gourmetrestaurant im alten Gebäude der Ostindischen Kompanie von 1775, ausgezeichnete Fischspeisen. Wunderbar an der Hafeneinfahrt gelegen, im Sommer sitzt man direkt am Wasser.

⑦ ***Trädgårn***
Nya Allén 11, Tel. (031) 10 20 80
www.profilrestauranger.se/tradgarn
Elegantes Lokal mit kosmopolitischem, modernem Ambiente, in dem preisgekrönte Köche wirken. Internationale Küche. Abends Fischbuffet.

Fremde Länder, interessante Speisen: die Auswahl in der »Feskekörka« ist groß.

► Erschwinglich

④ ***Restaurang Gabriel***
Fisktorget, Feskekörka
Tel./Fax (031) 13 90 51
www.restauranggabriel.se
Bekanntestes Fischrestaurant Göteborgs in der Fischkirche. Frischere Zutaten findet man nirgendwo. Empfehlenswert das Bohusbuffén. Frühaufsteher können ab 7.00 Uhr bei den Fischauktionen in der Feskekörka zuschauen.

② ***A Hereford Beefstouw***
Linnégatan 5, Tel. (031) 775 04 41
Seit Jahren ein Klassiker für Fleischliebhaber. Hier wählt jeder sein Steak selber aus, das dann nach Wunsch gegrillt wird. Ein reichliches Salatbuffet rundet das Angebot ab.

⑧ ***Joe Farelli's***
Kungsportsavenyn 12
Tel. (031) 10 58 26
www.joefarelli.com
Populäres Restaurant im Zentrum mit italienisch-amerikanischem Essen. Besser einen Tisch bestellen, denn der Andrang ist groß. Viele behaupten, dass es hier die beste Pizza Göteborgs gibt.

► Preiswert

⑥ ***Saluhallen***
Kungstorget
Viele kleine Restaurants, anschauen und das Auge entscheiden lassen. Das Essen ist gut und relativ preiswert. Deshalb ist es hier auch immer recht voll. So. geschlossen.

③ ***Café Kringlan***
Haga Nygata 13, Tel. (031) 13 09 08
Kuscheliges Café im alten Stadtteil Haga mit guter Auswahl an Kaffee und Kuchen. Bei schönem Wetter kann man an den wenigen Tischen vor der Tür auch gut frühstücken.

ÜBERNACHTEN

► Luxus

③ ***Radisson Blu Scandinavia***
Södra Hamngatan 59
Tel. (031) 758 50 00
Fax 758 50 01
349 Zi., www.radissonblu.com
Eindrucksvolles, sechs Stockwerke hohes Atrium mit Wasserfällen, Brunnen und Blumen, sehr geräumige und elegante Zimmer.

► Komfortabel

Best Western Hotell Borås
Borås, Sandgärdsgatan 25
Tel. (033) 799 01 00
52 Zi., www.hotellboras.se
Charmantes Hotel im Zentrum von Borås. Generös und originell eingerichtete Zimmer im Stil der goldenen Zeit Schwedens. Am Abend trifft man sich im urigen Weinkeller oder im englischen Pub.

④ ***Best Western Hotel Eggers***
Drottningtorget
Tel. (031) 333 44 40, Fax 333 44 49
67 Zi., www.hoteleggers.se
Individuell eingerichtete Zimmer im Stil der Jahrhundertwende in einem unter Denkmalschutz stehenden Haus. Prunkvolles Restaurant mit Kristallkronleuchter. Zentrale Lage.

① ***Novotel Göteborg***
Klippan 1
Tel. (031) 720 22 00, Fax 720 22 99
148 Zi., www.novotel.se
Das mächtige rote Backsteingebäude am Göta Älv war früher eine Brauerei. Maritimes Ambiente im historischen Miljö, große, moderne Zimmer. Atemberaubende Sicht vom Restaurant auf die Älvsborg-Brücke.

② ***Barken Viking***
Gullbergskajen
Tel. (031) 63 58 00, Fax 15 00 58

www.liseberg.com
Historisches Viermast-Segelschiff, das zum Hotel mit viel maritimem Flair ausgebaut wurde. Das Schiff liegt im Göteborger Gästehafen in der Nähe der neuen Oper vor Anker. Verschiedene Kajüten, von einfach bis luxuriös.

► Günstig

⑤ ***Spar Hotel Garda***
Norra Kustbanegatan 15-17
Tel. (031) 752 03 00
Fax 752 03 99
www.sparhotel.se
Hotel im westlichen Teil von Göteborg mit guter Verkehrsanbindung zum Zentrum. Modern mit fairen Preisen.

⑥ ***Göteborgs Vandrarhem***
Mölndalsvägen 23
Tel. (031) 40 10 50
Fax 40 11 51
www.goteborgsvandrarhem.se
Von Einzelzimmern über Familienzimmer alles praktisch, sauber und sehr preisgünstig. Zentrale Lage nahe Liseberg.

Im Stadtteil Haga

GÖTEBORG PASS

Der Göteborg Pass gewährt ermäßigten oder freien Eintritt zu vielen Sehenswürdigkeiten und Freizeiteinrichtungen, Stadtrundfahrten und Schiffsexkursionen sowie kostenlose Fahrten mit öffentlichen Verkehrsmitteln (erhältlich bei Tourismusbüros, Hotelrezeptionen, Campingplätzen, Zeitungskiosken. 24 Std. Erw. 245 SEK, Kinder/Jugendliche 170 SEK; 48 Stunden Erw. 390 SEK, Kinder/Jugendliche 270 SEK).

RUNDFAHRTEN

Stadtrundfahrten
Einstündige Bustouren beginnen am Stora Teatern (Mitte Mai – Mitte Sept. tgl. Abfahrten 10.30, 12.00, 13.45, 15.15, 16.45 Uhr. Tickets im Bus).

Hafenrundfahrten
Die Hafen- und Kanalrundfahrten (rund 50 min.) mit flachen Paddan-Booten starten am Kungsportsplats (Mai – Sept. 10.00 – 21.00 Uhr).

EINKAUFEN

Nordstan
Schwedens größtes Einkaufszentrum mit 150 Geschäften, neben dem Hauptbahnhof (www.nordstan.se).

Kungsportsavenyn
Auf der Kungsportsavenyn und in den kleinen Nebenstraßen liegen unzählige Geschäfte und Kunstgalerien.

An der Kungsgatan
Eine 3 km lange Shoppingmeile bilden Kungsgatan, Korsgatan, mehreren Einkaufsgalerien und -passagen. Auch ein Bummel über die Linnégatan und deren Nebenstraßen lohnt.

Antikhallarna
Antiquitäten in der Västra Hamngatan auf drei Etagen (www.antikhallarna.se)

Highlights Göteborg

Liseberg Vergnügungspark
Hully-Gully rund um Riesen-Achterbahn, Karussells und Showbühnen
▶ Seite 161

Kunstmuseum
Stattliche Sammlung skandinavischer Malerei, dazu Rembrandt, Rubens und Co.
▶ Seite 160

Röhsska Museum
Schwedens erstes Design-Museum zeigt Möbel, Glas und andere schöne Dinge.
▶ Seite 160

Universeum
Hier hopst das giftigste Tier der Welt, Regenwälder dampfen, Haie und Rochen schweben durch Unterwasser-Welten.
▶ Seite 161

Fischhalle
Die berühmte »Feskekörka« ist ein Muss für alle Liebhaber von Meeresfrüchten.
▶ Seite 152

Botanischer Garten
Lustwandeln im Tal der Anemonen
▶ Seite 161

sich die Stadt rasch und wurde zum Umschlagplatz für Holz und Eisen. Die 1731 gegründete Schwedische Ostindische Kompanie unterhielt hier einen der wichtigsten europäischen Umschlagplätze für Möbel, Porzellan, Tee und Seide.

Größter Hafen Schwedens

Während der von Napoleon verhängten **Kontinentalsperre** (1806) war Göteborg Hauptlagerplatz für den britischen Handel mit Nordeuropa. Die Gewinne aus dem florierenden Handel flossen auch in die Industrialisierung, Werften und Industriebetriebe wie Esab, SKF, Hasselblad und Volvo siedelten sich an. Neue Stadtteile wie Haga oder Majorna entstanden, in der Innenstadt spiegeln die Prachtbauten z.B. entlang der Kungsportsaveny den Wohlstand der damaligen Zeit. Die Blütezeit als Welthafen begann für Göteborg zu Beginn des 20. Jh.s mit der Aufnahme des Schiffsverkehrs nach Übersee. Heute ist der Göteborger Hafen der größte Schwedens, doch in jüngster Zeit hat seine Bedeutung abgenommen, denn seit den 1990er-Jahren hat sich die Stadt zu einem **Zentrum für Wissenschaft und Forschung** entwickelt und die alten Hafen- und Werftgebiete beiderseits des Göta Älv werden mehr und mehr in Wohngebiete, Promenaden und Kultureinrichtungen umgewandelt.

Sehenswertes im Zentrum

Altstadt

Ursprünglich wurden – wie in vielen holländischen Städten – die Hauptverkehrswege Göteborgs von Kanälen gebildet. Die meisten sind allerdings inzwischen längst zugeschüttet und durch Straßen ersetzt, so z.B. die Östra Hamngatan und die Västra Hamngatan. Nur der Stora Hamnkanal und der einstige Wallgraben, der die Altstadt im Süden begrenzt, existieren noch.

Gustav Adolfs Torg Der weite, rechteckige Gustav Adolfs Torg an der Nordseite des Stora Hamnkanal bildet den repräsentativen Kern der Altstadt. 1854 wurde mitten auf dem Platz das von Bengt Erland Fogelberg entworfene und in München gegossene **Bronzestandbild** von Gustav Adolf, dem Regenten und Stadtgründer, aufgestellt. Allerdings ist es ein Zweitguss: Der erste wurde nach Bremen gebracht, weil das Transportschiff gestrandet war und die Göteborger das von den Helgoländern geforderte Bergegeld nicht bezahlen wollten. Die Nordseite des Platzes begrenzt das stattliche Gebäude der **Börse**, an der Westseite steht

Göteborg *Orientierung*

das 1672 von Nicodemus Tessin d.Ä. erbaute Rådhus, das einen hübschen Innenhof besitzt.

Medizinhistorisches Museum

Nördlich vom Gustav Adolfs Torg, in der Östra Hamngatan 11, dem so genannten Oterdahl Haus des Sahlgrenska Krankenhauses, befindet sich das Medizinhistorische Museum (Medicinhistoriska Museet) das anschaulich die Geschichte der schwedischen Medizin seit 1800 dokumentiert (Öffnungszeiten: Di., Mi., Fr. 11.00 – 16.00, Do. bis 20.00 Uhr, www.sahlgrenska.se).

Besonders bei Dunkelheit wird Göteborgs Oper zur Augenweide.

Kristine Kyrka Westlich vom Rathaus erhebt sich am Kanal bzw. der Norra Hamngatan die nach einem Brand 1748 – 1783 neu errichtete Kristine Kyrka, die auch Tyska Kyrka **(Deutsche Kirche)** genannt wird, war sie doch 1623 für die deutschen Einwohner Göteborgs gebaut worden.

Stadtmuseum Etwas weiter (Norra Hamngatan 12) steht das prächtige, palastähnliche, 1750 errichtete ehemalige Gebäude der Ostindischen Kompanie, in dessen prunkvollen Hallen heute das Göteborgs Stadsmuseum untergebracht ist. Es informiert über Archäologie, Kulturgeschichte und Stadtentwicklung Göteborgs und beherbergt vom Ritterschwert bis zum chinesischem Luxusporzellan allerhand Bekanntes wie Kurioses, übrigens auch die Überreste des einzigen in Schweden gefundenen **Wikingerschiffs** (Öffnungszeiten: Di. – So 10.00 – 17.00, Mi. bis 20.00 Uhr, www.stadsmu seum.goteborg.se).

Dom An der Kreuzung Västra Hamngatan/Kungsgatan erhebt sich die klassizistische Domkirche, die 1815 auf den Resten zweier niedergebrannter Vorgängerbauten errichtet wurde.

Kronhus Etwas nördlich vom Stadsmuseum steht an der Kronhusgatan das 1643 – 1653 erbaute Kronhus (ehem. Zeughaus), Göteborgs ältestes erhaltenes Haus. Im sehenswerten **Reichssaal** wurde 1660 der fünfjährige Karl XI. zum König ausgerufen. Rund ums Kronhus steht eine Reihe niedriger Häuser, heute Läden mehrerer Kunsthandwerker.

Maritima Centrum

Geht man vom Kronhus zum Ufer des Göta Älv, sieht man schon bald die am Ufer vor Anker liegenden Schiffe des Maritima Centrums. Hier können das U-Boot »Nordkaparen«, ein Kanonenboot und andere Schiffe besichtigt werden. Ein weiteres hier vertäutes Schiff dient als **Jugendherberge** (Öffnungszeiten: Mai – Sept. tgl. 10.00 und 18.00, April u. Okt. Fr. – So. 10.00 – 16.00 Uhr, www.goteborgsmaritimacentrum.com).

*** Oper**

◄ Ticket-Office: Mo. – Sa 12.00 und 18.00 Uhr bzw. bis Vorstellungsbeginn

Folgt man dem Flussufer in nördlicher Richtung, kommt man bald zum neuen Göteborger Opernhaus. Als Opernhaus der Superlative war es geplant – und hat die Erwartungen noch übertroffen. Nach aufwändigen Bauarbeiten wurde es schließlich 1994 eröffnet. Architekt Jan Izkowitz ließ sich bei dem Entwurf des 160 m langen und 85 m breiten Gebäudes vom Meer und der umliegenden Landschaft inspirieren. Ein gewaltiges Auditorium und ausgefeilte Akustik kennzeichnen das Innere des Opernhauses. Bei Dunkelheit spiegelt sich die bunt-spektakuläre Beleuchtung des Gebäudes recht stimmungsvoll im Wasser (www.opera.se; im Sommer tgl. Führungen um 13.00 und 15.00 Uhr, Anmeldungen: Tel. 031 / 13 13 00).

Utkiken

Von der Promenade am Opernhaus hat man einen guten Blick auf das am jenseitigen Rand des Hafenbeckens stehende rot-weiß gestreifte Hochhaus Utkiken. Von dessen 86 m hoch gelegener Aussichtsplattform bietet sich **der beste Rundblick** über Göteborg. Vor dem Hochhaus liegt die Viermastbark »Viking« vor Anker, die als schwimmendes Hotel dient.

Entlang der Kungsportsaveny

Kungsportsaveny

Der **Kungsportsplats** mit dem Reiterstandbild Karls IX. ist ein belebter Verkehrsknotenpunkt, an dem viele Busrundfahrten starten, die Paddan-Boote auf Kundschaft warten und die Straßenbahnen im Minutentakt halten. Hier beginnt die Kungsportsaveny. »Avenyen« nennen die Göteborger stolz ihre beliebteste Flaniermeile. Die Prachtpromenade wird von schönen Häusern und unzähligen Cafés, Restaurants und Kneipen gesäumt, in denen bis spät in die Nacht Hochbetrieb herrscht. Überquert man den Wallgraben, steht rechter Hand das Stora Teatern (Großes **Theater**, 1859).

! *Baedeker* TIPP

Alles frisch!

Nur wenige Schritte westlich vom Kungsportsplats, am Kungstorg, liegt die Ende des 19. Jh.s erbaute »Saluhall«. In der traditionsreichen Markthalle gibt es eine Vielzahl von Spezialitätengeschäften mit frischen Lebensmitteln. Auch für den kleinen Hunger zwischendurch ist hier bestens gesorgt (Mo. – Do. 9.00 – 18.00, Fr. ab 8.00, Sa. 8.00 – 15.00 Uhr).

Trädgårdsföreningens Park

Der 1842 eingeweihte Trädgårdsföreningens Park mit seinen großen Rasenflächen, dem Duftgarten mit Kräutern und Gewürzen, den Cafés und schönen alten Holzvillen gleicht einer grünen Oase mitten in der Stadt. Sehenswert sind das historische **Palmenhaus**, das **Schmetterlingshaus** und das **Rosarium**. Der gesamte Park steht unter Denkmalschutz. Im Trädgårdsföreningen werden u. a. Konzerte, Kindertheater und Mittsommerfeste veranstaltet (Öffnungszeiten: Mai bis Aug. tgl. 7.00 – 20.00, sonst Mo. – Fr. 7.00 – 18.00, Sa./So. 9.00 – 18.00 Uhr; www.tradgardsforeningen.se).

✶ Röhsska Museum

Das nach seinen Gründern, den Brüdern Röhss, benannte Museum liegt ungefähr in der Mitte der Kungsportsaveny zeigt europäisches Design und Kunsthandwerk seit dem 17. Jh. Parallel zu den Dauerausstellungen werden mehrmals im Jahr Einzelausstellungen gezeigt (Öffnungszeiten: Di. 12.00 – 20.00, Mi. – Fr. 12.00 – 17.00, Sa./So. 11.00 – 17.00Uhr; www.designmuseum.se).

Poseidon posiert in Göteborg

Die Kungsportsavenyn endet am Götaplats, in dessen Zentrum der riesige **Poseidon-Brunnen** (1931) von Carl Milles als eines der Wahrzeichen der Stadt steht. Um den Platz gruppieren sich das Konzerthaus, das Kunstmuseum und das Staatstheater.

Das mächtige **Kunstmuseum** (Konstmuseet) verfügt über eine beeindruckende Sammlung und widmet sich in erster Linie dem Schaffen nordischer Künstler (Edvard Munch, Carl Larsson, Anders Zorn) vom 15. Jh. bis zu Gegenwart. Auch die internationale Elite wie Rembrandt, Rubens, Van Gogh, Cézanne, Picasso und Chagall sind vertreten.

Mittlerweile ist auch das **Hasselblad Center** im Kunstmuseum untergebracht. Es zeigt wegweisende Beispiele moderner, kreativer Fotografie und sehr gute Wechselausstellungen (Öffnungszeiten: Di. und Do. 11.00 – 18.00, Mi. 11.00 bis 21.00, Fr. – So. bis 17.00 Uhr, Internet: www.konstmuseum.goteborg.se, www.hasselbladcenter.se).

Östliche Innenstadt

Die Eventmeile

Östlich der Kungsportsavenyn erstreckt sich die »Eventmeile« der Stadt, die jährlich rund sechs Millionen Besucher anzieht. Hier liegen nicht nur der Vergnügungspark Liseberg und Skandinaviens führendes Messe- und Kongresszentrum Svenska Mässan, sondern mit Ullevi und Scandinavium auch zwei der bekanntesten europäischen Sport- und Musikarenen.

*** Liseberg**

Der Liseberg-Vergnügungs-Park ist ein gigantische Mischung aus Kirmes und Kultur mit Achterbahnen, Fahrgeschäften, Theater-, Kleinkunst- und Konzertbühnen sowie Cafés und Restaurants. Überragt wird die Anlage vom 146 m hohen Liseberg-Turm, von dem man einen hervorragenden Blick über die Stadt hat (Geöffnet: tgl. Mai – Aug., Mitte Nov. bis 23. Dez.; genaue Zeiten siehe www.liseberg.se).

Universeum

Im Wissenschaftszentrum Universeum kann man exotische Tiere wie Rochen und Haie beobachten, Galaxien und Mondfahrzeuge untersuchen und vor allem viel experimentieren (Öffnungszeiten: Ende Juni – Mitte Aug. tgl. 9.00 – 21.00, sonst 10.00 – 18.00 Uhr, Södra Vägen 50, www.universeum.se).

Museum für Weltkultur

Das Ende Dezember 2004 eröffnete Museum für Weltkultur (Värlsdskulturmuseet) bietet eine Entdeckungsreise durch die multikulturelle Welt. Themen sind Globalisierung und Dialog zwischen den Völkern, aber auch Aids. Sehr eindrucksvoll ist auch das Gebäude von den Londoner Architekten Cecile Brisac und Edgar Gonzales (Öffnungszeiten: Di., Fr. – So. 12.00 – 17.00, Mi./Do. 12.00 – 21.00 Uhr, www.varldskulturmuseet.se).

Angrenzende Stadtteile

*** Slottsskog**

Folgt man der **Linnégatan** (westlich der Innenstadt), die mit ihren vielen Restaurants, Cafés und kleinen Läden die zweite Aveny Göteborgs ist, vom Järntorg in südlicher Richtung bis zum Linnéplats, erreicht man den Slottsskog. Es ist **Göteborgs größter Park** und mit seinen alten Laub- und Nadelbäumen ein beliebtes Naherholungsgebiet. In den weitläufigen Gehegen leben die Tiere Skandinaviens. Weitere Sehenswürdigkeiten im Slottsskog sind die alten landschaftstypischen Holzhäuser, das Observatorium und das hübsche Vogelhaus.

*** Botanischer Garten**

Die südöstliche Fortsetzung des Slottsskog bildet der Botanische Garten (Botaniska Trädgård). Mit 16 000 Pflanzenarten ist er **Schwedens größter botanischer Garten**. Bereits 1923 angelegt, wurde er 2003 zu Schwedens schönstem Park gekürt (Öffnungszeiten: tgl. 9.00 Uhr bis Sonnenuntergang).

Naturhistorisches Museum

Das schon 1833 gegründete Naturhistorische Museum (Naturhistoriska Museet) liegt schön am Nordrand des weiten Slottsskog. Es zeigt eine stattliche Zahl präparierter Tiere, darunter einen Blauwal und einen afrikanischen Elefanten (Öffnungszeiten wechselnd, s. www.gnm.se).

Museen

Westlich vom Järntorg am Ufer des Göta Älv befinden sich das **Schifffahrtsmuseum** (Sjöfartsmuseet) und das **Aquarium** (Akvariet). Ersteres informiert über die Entwicklung der schwedischen Seefahrtsgeschichte vom 16. Jh. bis zur Gegenwart. Das Aquarium zeigt das reiche Leben in den skandinavischen Gewässern (Öffnungszeiten: Di. – So. tgl. 10.00 – 17.00, Mi. bis 20.00 Uhr).

! *Baedeker* TIPP

Auf den Spuren der Arbeiter

Der Stadtteil Haga ist einer der ältesten und liegt südlich der Innenstadt. Im 18. und 19. Jh. war Haga ein typisches Arbeiterviertel, heute leben hier viele Künstler. Die Haga Nygata ist Fußgängerzone und gesäumt von alten, restaurierten Häusern, in denen viele Cafés und Antiquitätenläden untergebracht sind.

Weiter westlich, am Eingang zum Hafen, liegt die **Festung Älvsborg** (Elvsborg Fästning) aus dem 17. Jh. Die Kirche auf dem Gelände ist ein beliebter Ort für Trauungen, das Restaurant hat einen guten Ruf (www.stromma.se/sv/Alvsborgs-fastning).

Eriksberg

Der moderne Stadtteil am nördlichen Ufer des Göta Älv ist auf dem Gelände einer ehemaligen Werft entstanden. Blå Hallen und Eriksbergshallen sind ehemalige Maschinenhallen, die in eine große Hotelanlage umgewandelt wurden. Auf dem Gelände befinden sich mehrere Restaurants und Cafés. In einer Werfthalle wurde der Ostindienfahrer »Götheborg« originalgetreu nachgebaut, der 2003 vom Stapel gelaufen ist. Wenn das stolze Segelschiff nicht gerade auf großer Fahrt ist, kann man es am Pier 4 in Augenschein nehmen. und 2005 nach China aufgebrochen ist. Eriksberg erreicht man am besten mit der Stadtfähre »Älvsnabben«.

Volvo Museum

Das Volvo-Museum nördlich vom Zentrum erzählt die Geschichte der schwedischen Automarke von den Anfängen 1927 und dem ersten Modell ÖV4 bis heute (Öffnungszeiten: Di./Do./Fr. 10.00 – 17.00, Mi. 11.00 – 19.00, Sa./So. 11.00 – 16.00 Uhr, www.volvo.com).

Umgebung von Göteborg

Ausflug in die Schären

Vor Göteborg liegt ein ausgedehnter Schärengarten mit größeren Inseln wie Öckerö und unzähligen kleinen Felsbuckeln, die alle beliebte Ausflugsziele sind. Im Sommer werden Ausflugsfahrten ab Lilla Bommen, Stenpiren und Packhuskajen angeboten. Die nördlichen Schären (Öckerö, Hönö, Björkö, Fotö u.a.) erreicht man mit der Autofähre von Hjuvik auf der Insel Hisingen. Die kleineren Inseln sind

Sehr prachtvoll präsentiert sich die Front von Schloss Tjolöholm.

nur mit Personenfähren zu erreichen. In die südlichen Schären (Asperö, Brännö, Styrsö, Vrångö, Vargö, Vinga) kommt man auch gut mit öffentlichen Verkehrsmitteln: Man nimmt die Tram Nr. 11 nach Saltholmen und steigt dort auf den Schärendampfer um. Sämtliche Schären im Süden sind autofrei. Die Schiffe verkehren das ganze Jahr über täglich, Fahrpläne gibt es im Touristenbüro.

Mölndal

Folgt man der E 20 nach Süden, erreicht man nach 7 km die inzwischen mit Göteborg zusammengewachsene Industriestadt Mölndal. Etwa 2 km östlich liegt das 1796 erbaute **Schloss Gunnebo**. Wegen seines wunderschönen englischen Parks, dem Café und Restaurant, dem Kräutergarten und den vielen Spazierwegen ist Gunnebo ein beliebtes Ausflugsziel (www.gunneboslott.se).

◄ Führungen im Sommer tgl. 12.00, 13.00, 14.00 Uhr

Schloss Tjolöholm

Weiter südlich bei Kungsbacka (E 6 Ausfahrt Fjärås) lohnt ein Abstecher in westlicher Richtung zum Schloss Tjolöholm. Das Schloss, ein massiger, mittelalterlichen Vorbildern nachempfundener Bau aus rotem Granit, wurde 1898 – 1904 im englischen Tudorstil erbaut. Bauherr James Frederik Dickson, ein Göteborger Kaufmann, scheute keine Kosten, sein Domizil mit allen damals machbaren technischen Raffinessen auszustatten, u.a. einem Monstrum von Staubsauger, der älteste Schwedens, der heute im Wagenmuseum zu sehen ist. Am Fuß des Schlosshügels liegen Ökonomiegebäude, das Wagenmuseum und die Cafeteria (Öffnungszeiten: Mitte Juni – Ende August tgl. 11.00 – 16.00, sonst Sa., So. 11.00 – 16.00 Uhr; www.tjoloholm.se).

Nur die Schleusen sorg für gemäßigte Aufregun auf dem Götakanal.

IMMER LANGSAM VORAN

Der nahezu 400 km lange Göta-Kanal bildet zwischen Mem (südwestlich von Stockholm) und Göteborg eine Verbindung zwischen Ost- und Nordsee. Das Mammutprojekt sollte vor allem dem Transport von Waren dienen, ohne den Wegzoll an die Dänen im Kattegatt zu bezahlen. Aber es kam anders.

Schon Gustav Wasa hat mit dem Gedanken gespielt, zwischen Göteborg und Stockholm eine Wasserstraße zu schaffen. Doch erst Karl II. nahm 1716 das Projekt in Angriff. Die Wasserfälle von Trollhättan bildeten einen der vielen Knackpunkte. Die Ingenieure Swedenborg und Polhern versuchten, sie durch Schleusen zu umgehen. Als der Schutzdamm 1755 aber durch Treibholz zerstört wurde, ruhte die Arbeit, bis Freiherr **Baltasar Bogislaus von Platen** mit Hilfe der besten Kanalbauer, derer er habhaft werden konnte, 1810 erneut einen Anlauf nahm. 58 000 Soldaten gruben und sprengten sich bis 1832 durch Schwedens Mitte, 7 Mio. Tagwerk lang, eine mühselige Arbeit, da der gesamte Abraum von Hand abtransportiert werden musste. 14 Flaschen Branntwein pro Woche sollten die **Arbeitsmoral** aufrechterhalten. Motala am Vättersee wurde Zentrum des Kanalbaus und Wiege der schwedischen Maschinenbauindustrie, da hier die Tore der Schleusen hergestellt wurden. 61,5 Kanalkilometer mit 21 Schleusen entstanden zwischen Väner- und Vättersee; zwischen Motala und der Einmündung des Kanals in die Ostsee kamen noch einmal 92,5 km und 37 Schleusen hinzu.

Opfer der Konkurrenz

In vielen Schleifen schlängelt sich der Kanal übers Land, weil man den natürlichen Höhenlinien folgte, um nur eine Kanalseite mit einem künstlich aufzuschüttenden Damm sichern zu müssen. Nach seiner Eröffnung, die von Platen nicht mehr erlebte, boomte der Verkehr auf dem Kanal wie geplant. Doch im 20. Jh. liefen Eisenbahn und Lkws dem langsamen Wasserweg den Rang ab. Längst ist der Kanal zur Attraktion für Schwedenreisende geworden, die mehr zu Ruhe und Gelassenheit tendieren. Die Fahrt auf einem der Passagierboote dauert je nach Programm **zwei bis sechs Tage**, ca. 10 km/h. Diese Kreuzfahrt der entspannenden Art sollte man rechtzeitig im Voraus buchen, denn sie ist sehr beliebt (Buchung: AB Göta Kanalbolag, Pusterviksgatan 13, 41301 Göteborg, Tel. 031 / 80 63 15, www.stromma.se/de/Gota-Kanal).

Die Karte zeigt einzelne Stationen und das Höhenprofil des Göta-Kanals.

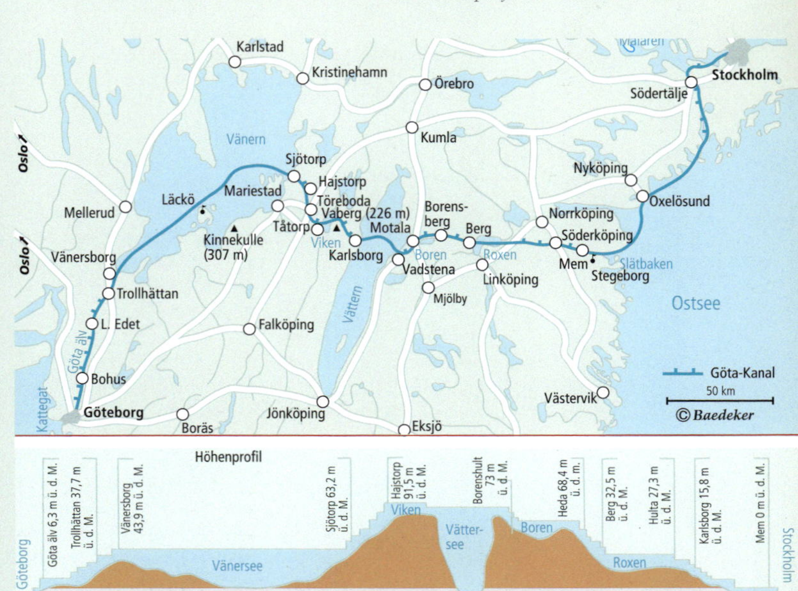

Borås

Die südschwedische Textilstadt Borås liegt ca. 65 km östlich von Göteborg zu beiden Seiten der Viskan. Größere Bedeutung als Handelsstadt gewann sie erst, als Eisenbahn und Textilmaschinen hier Einzug hielten. Borås ist **reich an Skulpturen**, von denen man viele auf einem Spaziergang durch das Zentrum bewundern kann.

Am Stortorg steht das um 1910 erbaute, wuchtige Rathaus mit einem Glockenspiel, davor der hübsche Sjuhäradsbrunnen (1941) von Nils Sjögren. Weiter östlich erreicht man das Kulturhus und das städtische Theater. Im Frühjahr 2009 wurde das **Kunstmuseum** nach gründlicher Renovierung wieder eröffnet. Neben Werken moderner schwedischer Künstler gibt es jetzt auch Videoboxen und Kunstwerkstätten (Schelegatan 4, Öffnungszeiten: Di., Do. 11.00 – 20.00, Mi., Fr., Sa., So. 11.00 – 17.00 Uhr).

Im westlichen Stadtteil Parkstaden, schon etwas außerhalb des Zentrums, liegt der Ramnapark mit dem **Borås Museum**, einem Freilichtmuseum mit historischen Holzhäusern und der um 1690 entstandenen Ramna-Kirche, deren Inneres mit Deckengemälden aus dem 18. Jh. geschmückt ist (Öffnungszeiten: Apr. – Sept. tgl. 11.00 – 17.00 Uhr).

Textilmuseum ►

Eine Baumwollspinnerei aus dem Jahre 1900 beherbergt das Textilmuseum. Zu sehen sind Spinn-, Zwirn- und Webmaschinen. Im Shop des Museums kann man Produkte kaufen, die auf hauseigenen Maschinen hergestellt wurden (Druveforsvägen 8; Öffnungszeiten: Juni – Aug. Di. – So. 11.00 bis 17.00, Sept. – Mai Di., Do. 11.00 bis 20.00, Mi., Fr. – So. 11.00 bis 17.00 Uhr).

Mehr als nur Stoff im Textilmuseum

Folgt man von Borås nordwestlich der in Richtung Alingsås führenden Straße Nr. 180, erreicht man den Weiler Hedared, wo **die einzige Stabkirche Schwedens** steht. Der kleine, altersdunkle Holzbau inmitten eines Friedhofs birgt naive Malerei aus dem 18. Jh.

Die Straße Nr. 27 verlässt Borås in südöstlicher Richtung, bei der Abzweigung nach Länghem lohnt ein Abstecher zu dem reizvoll am Ufer des Åsundsees gelegenen Schloss Torpa aus dem 15. Jh. Einziges Schmuckelement an der Fassade ist das Renaissanceportal. Im Erdgeschoss beeindruckt die Schlosskapelle mit rustikaler barocker Ausstattung. Der große Saal im ersten Stock ist fast lückenlos mit Grisaille-Malereien ausgestattet (Öffnungszeiten: Juni – Aug. tgl. 11.00 bis 17.00, Mai, Sept. nur Sa. u. So., englische Führungen um 11.00 Uhr; www.torpastenhus.se).

Gotlands Raukar zählen zu den ungewöhnlichsten Strandnachbarn.

✶ Gotland

J 2/3

Landschaft: Gotland
Einwohnerzahl: 57 700
Provinz: Gotland Län

So warm und sonnig wie auf Gotland ist es nirgendwo sonst in Schweden. Mit der alten Hansestadt Visby und den Raukar, bizarren Kalksteinnadeln am Strand, besitzt die Ostseeinsel zwei weitere, außergewöhnliche Attraktionen. Und das Beste: Stadt, Stein und Strand kann man bequem auch mit dem Rad erreichen.

Größte Insel der Ostsee

Gotland ist mit 125 km Länge und bis zu 55 km Breite die größte Insel der Ostsee. Sie wird von einem 20 – 30 m hohen **Kalksteinplateau** gebildet, wo es weder größere Binnenseen noch Wasserläufe oder Täler gibt, denn das Wasser versickert rasch im porösen Boden. Die Westküste ist überwiegend schroff und steil, wird aber immer wieder von kleinen Buchten und Stränden durchbrochen. Nach Osten wird die Insel immer flacher, hier findet man dann auch die schönsten Sandstrände, die häufig von kleinen Dünen und Kiefernwäldern flankiert werden. Das Markenzeichen Gotlands sind die **»Raukar«** (Singular »rauk«), Türme und Pfeiler aus teilweise bizarr erodiertem Stein, die man so ausgeprägt sonst nirgendwo im Ostseeraum findet. Man braucht nur wenig Fantasie, um in manchen von ihnen Gesichter zu erkennen. So wundert es nicht, dass viele Raukar Namen tragen und Mittelpunkt von Legenden und Mythen sind.

GOTLAND ERLEBEN

AUSKUNFT

Gotland Turistförening
Skeppsbron 4-6, 62157 Visby
Tel. (04 98) 20 17 00, Fax 20 17 17
www.gotland.info

ANREISE

Mit den Fähren dauert die Überfahrt von Nynäshamn und Oskarshamn auf dem schwedischen Festland nach Gotland rund drei Stunden. Im Sommer verkehren auch Fähren zwischen Visby und Grankullavik (2 Std.) auf Öland (www.destinationgotland.se).

ESSEN

► Erschwinglich

① ***Gutekällaren***
Visby, Lilla Torggränd 3 (Zugang vom Stora Plan)
www.gutekallaren.com
Tel. (04 98) 21 00 43
Restaurant und Bar in historischem Gemäuer

② ***Packhuskällaren***
Visby, Strandgatan 16
Tel. (04 98) 27 62 00
www.packhuskallaren.net
Restaurant in einem alten Speicherhaus aus dem Mittelalter. Hier wird gute Hausmannskost serviert. Im Sommer mit Terrasse

► Preiswert

③ ***Rosas***
Visby, Sankt Hansgatan 22
Tel. (04 98) 21 35 14
www.rosaspensionat.se
Gemütliches Café mit Innenhof

Strandcafé
Am Strand von Ljugarn
Tel. (04 98) 49 33 78
www.ljugarnsstrandcafe.se
Eine Oase unter schattigen Bäumen. Tagsüber gut für schnelle Snacks, abends ein Restaurant mit Niveau.

Baedeker-Empfehlung

Kulinariska Gotland
Kulinarisches Gotland, diesem Motto haben sich mehrere preisgekrönte Restaurants verschrieben, die aus lokalen Produkten typisch gotländische Gerichte zaubern. Nicht ganz billig, aber exzellent! In Visby sind dies: Bakfickan (Stora Torget 1), Donners Brunn (Donners Plats 3), Friheten (Strandgatan 6), 50 KVADRAT (S:t Hansgatan 15), Gamla Masters (Södra Kyrogatan 10), Krakas Krog (Kräklings 223/Katthammarsvik), Lindgården (Strandgatan 26), Wallers Krog (Wallérs Plats 2). Weitere auf Gotland: Konstnärsgården (Romakloster), Smakrike (Claudelins Väg 1/ Ljugarn).

ÜBERNACHTEN

► Luxus

② ***Wisby Hotell***
Visby, Strandgatan 6
Tel. (04 98) 25 75 00, Fax 25 75 50
134 Zi., www.wisbyhotell.se
Das beste Hotel der Stadt bezaubert durch gediegene, mittelalterliche Atmosphäre und bietet dennoch alle modernen Annehmlichkeiten.

► Komfortabel

④ ***Hamn Hotellet***
Visby, Färjeleden 3
Tel. (04 98) 20 12 50, Fax 20 12 70
111 Zi., www.visbyhamnhotell.se
Das Hamnhotel liegt zentral am Hafen, zur Altstadt von Visby ist es nur ein Spaziergang von wenigen Minuten. Die Häuser stammen vom Olympischen Dorf in Lillehammer. Gut und günstig und besonders auf die Bedürfnisse von Familien abgestimmt.

① ***Best Western Strand Hotel***
Visby, Strandgatan 34
Tel. (04 98) 25 88 00, Fax 25 88 11
110 Zi., www.strandhotel.net
Modernes, komfortables Hotel in zentraler Lage der Altstadt, eingebaut in die Stadtmauer von Visby. Geschmackvoll eingerichtete Zimmer. Viele historische Sehenswürdigkeiten und das Meer ganz in der Nähe.

Pensionat Fridhem
Fridhem, Västerheje (6 km südlich von Visby)
www.fridhemspensionat.se
Tel. (04 98) 29 60 18, Fax 24 75 10
Pension mit 18 Zimmern in der früheren Sommerresidenz von Prinzessin Eugenie. Park und schöner Blick aufs Meer.

► Komfortabel

③ ***Visby Jernvägshotell***
Visby, Adelsgatan 9
Tel. (04 98) 27 17 07, Fax 21 98 19
Jugendherbergsähnliche Übernachtungsmöglichkeit im Zentrum.

Vandrarhem Visby Fängelse
Visby, Skeppsbron 1
Tel. (04 98) 20 60 50
Jugendherberge in einem alten Gefängnis, in dem die Zellen beinahe im Original erhalten sind, sogar die Gitter sind noch vor den Fenstern. Ganz in der Nähe der Fähranlegestelle

FERIENHÄUSER

Gotlands Resor
Visby, Färjeleden 3
Tel. (04 98) 20 12 60
www.gotlandsresor.se

VERANSTALTUNGEN

Größtes Ereignis ist das alljährliche Mittelalterfestival Anfang August in Visby. Eine Woche lang wird gefeiert: mit Konzerten in den Kirchenruinen, Tanz, Ritterspielen und vielem mehr.

Wegen des **angenehmen Klimas** ist die **Vegetation** artenreich und üppig, selbst Orchideen gedeihen hier, z.B. Knabenkräuter, Mücken-Händelwurz und Frauenschuh. Weideland und Felder prägen die Landschaft, knapp die Hälfte der Insel ist mit Wald bedeckt.

Wichtige Handelsstation

Gotland war mit seiner Hauptstadt Visby eine unentbehrliche Anlaufstation für Segelschiffe, die sich auf dem Weg durch die Ostsee ins Baltikum und über die Flüsse bis tief hinein nach Russland und zurück befanden. Bis zum Beginn des 12. Jh.s hatten die Inselbewohner selbst den Warenverkehr unter Kontrolle, doch mit wachsender

Bedeutung wurde der Handel immer mehr von Russen und Deutschen beherrscht. 1161 erhielten die Gotländer eine Handelslizenz für die deutschen Länder, 1280 trat die Inselhauptstadt Visby der **Hanse** bei und schloss mit Lübeck ein Schutzbündnis gegen die Seeräuber. Die strategisch wichtige und ökonomisch vielversprechende Lage sollte die Insel in der Folgezeit zum Zankapfel der Mächtigen machen. 1361 eroberte der Dänenkönig Waldemar Atterdag Gotland. Vier Jahre später fiel Gotland in die Hände von Piraten, die aber 1398 vom Deutschen Ritterorden wieder vertrieben wurden. Der Orden verkaufte seine Beute 1408 an Erich von Pommern, den Regenten der vereinigten skandinavischen Königreiche. Ab 1449 stand die Insel wieder unter dänischer Oberhoheit und kam erst 1645 im Frieden von Brömsebro wieder an Schweden. Noch zweimal stand Visby unter Fremdherrschaft: von 1676 bis 1679 regierten die Dänen und 1808 für 23 Tage die Russen in Visby. 1995 wurde Visby von der UNESCO zum Kulturerbe erklärt. Heute ist der **Tourismus** die wichtigste Einnahmequelle.

! *Baedeker* TIPP

Insel der Radfahrer

Gotland ist die ideale Insel für Radtouren. Wenig Autoverkehr, kaum Steigungen und viele Campingplätze machen das Radfahren zum Vergnügen. Nur der Wind kann manchmal etwas stören. Nicht mal sein eigenes Fahrrad muss man mitbringen, das kann man samt Anhänger und Campingausrüstung bei Gotlands Resor mieten (s. S. 169 Ferienhäuser).

Gotlands Kirchen

94 Kirchen gibt es auf der Insel, für die relativ kleine Bevölkerung eine erstaunliche Zahl und ein Hinweis auf den Wohlstand, der zur Zeit ihrer Erbauung herrschte. Die mittelalterlichen Steinkirchen entstanden alle vom späten 12. Jh. bis ca. 1350. Viele sind mit kunstvollen Steinmetzarbeiten an Portalen und Giebelfriesen verziert. Die ersten gotländischen Kirchen wurden im romanischen Stil errichtet, später baute man dann im gotischen Stil mit Spitzbögen. Mit der Eroberung durch die Dänen 1361 war der Bauboom schlagartig zu Ende, Gotland verarmte. Nur das Innere der Kirchen wurde noch mit Wandmalereien verschönert.

★★ Visby

Rosen, Kneipen und Ruinen

Stadt der Rosen und Ruinen wird Visby, die Inselhauptstadt an der Westküste, gerne genannt. Beides ist richtig, denn Rosen blühen hier dank des milden Klimas recht üppig. Und von den einst 17 Kirchen stehen bis auf eine Ausnahme nur Ruinen, hatten doch 1525 die Lübecker fast die ganze Stadt in Brand gesteckt. Rund 150 Häuser blieben von der Katastrophe verschont, sodass man sich heute durchaus noch ein Bild von einer mittelalterlichen **Hansestadt** machen kann. Visby ist heute Sitz des Landeshauptmanns sowie eines Bischofs und soll sich angeblich der größten Kneipendichte Schwedens erfreuen.

★★ Stadtmauer

Der größte Schatz von Visby ist die 3,5 km lange Stadtmauer, die gegen Ende des 13. Jh.s angelegt wurde (Bild S. 41). Sie sollte vor Eindringlingen schützen, allerdings weniger vor ausländischen Feinden, sondern vielmehr vor der restlichen gotländischen Bevölkerung, mit der die Stadt im Dauerstreit lag. Noch heute umgibt sie nahezu vollständig die Altstadt und ist durch 44 zwischen 15 und 20 m hohe Türme verstärkt. An zwei Stellen allerdings zeigt sie Lücken: Die an der Ostseite entstand vermutlich 1524 beim Ansturm der Schweden und die an der Westseite ein Jahr später beim Angriff der Lübecker. An der Seeseite ist der Kruttornet (Pulverturm) in den Mauerring integriert, nahe der Nordecke der Jungfrutornet (Jungfrauenturm), in den der Sage nach die Goldschmiedstochter eingemauert wurde, die aus Liebe zum Dänenkönig Atterdag die Stadt verraten hatte.

Donnersplats

Vom Hafen aus gelangt man durch die Hamngatan zum Donnersplats, an dem das 1652 von einem Lübecker Kaufmann errichtete Burmeisterska huset steht.

Museen

Mitten in Visby liegt an der Strandgatan das Museum **Gotlands Fornsal** (Altertümermuseum), dessen hervorragende Sammlungen rund 8000 Jahre Inselgeschichte präsentieren. Neben den Runensteinen, die zwischen 400 und 1100 n. Chr. geschaffen wurden und die einzigartig in der nordischen Kunst sind, stellen die Gold- und Silberge-

Visby ***Orientierung***

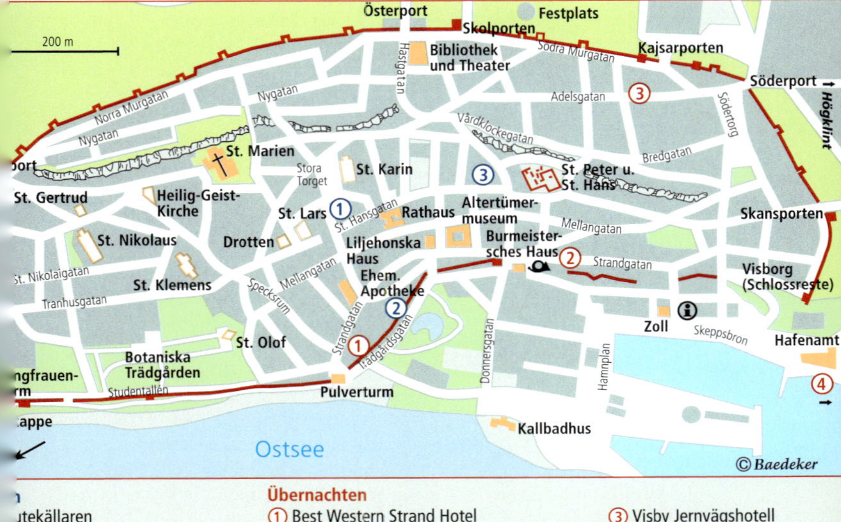

Übernachten
① Best Western Strand Hotel
② Wisby Hotell
③ Visby Jernvägshotell
④ Hamn Hotellet

n
utekällaren
ckhuskällaren
osas

genstände sowie die römischen Münzfunde besondere Schätze dar. Im **Fenomenalen**, der technisch-naturwissenschaftlichen Abteilung des Museums, kann man auch selbst experimentieren (Öffnungszeiten: Mitte Mai – Mitte Aug. tgl. 11.00 – 17.00, sonst Di. – So. 12.00 bis 16.00 Uhr, www.lansmuseetgotland.se).
Das **Kunstmuseum** umfasst Werke der gotländischen bildenden Kunst seit dem 19. Jh.; der Schwerpunkt liegt auf den Werken zeitgenössischer Künstler (St. Hansgatan 21, Öffnungszeiten wie Fornsal).

Ruine St. Karin

Neben dem Museumsgebäude steht das Liljehornska Hus, ein Speicherhaus aus dem 13. Jh., in dem heute ein beliebtes Restaurant, der »Packhuskällaren« untergebracht ist. Über den Packhusplan hinweg gelangt man zum Clematishus und zur Gamla Apotek, einem Staffelgiebelhaus, das eine Gold- und Silberschmiede beherbergt.

Dann folgt man der Lybska Gränd, die zum Marktplatz (Stortorg) führt. An der Südseite des Platzes steht die Ruine der gotischen Kirche **St. Karin (Katharinenkirche)** (1250 eingeweiht), die einst Teil eines Franziskanerklosters war und als die schönste Ruine von Visby gilt. In den Häusern am Marktplatz geht es dank der vielen Kneipen und Restaurants lebhaft zu und im Sommer sind die Freiluftterrassen immer gut besucht. Nördlich vom Marktplatz befinden sich an der St. Hansgatan die **Ruinen der Kirchen Drotten und St. Lars** (13. Jh.), deren mächtige Türme einst auch der Verteidigung dienten.

Heilig-Geist-Kirche

Die Norra Kyrkogatan führt nördlich zur nahen Ruine der romanischen Heilig-Geist-Kirche (Helgeandskyrka) aus dem 13. Jh. Ihre Form, zweigeschossig auf achteckigem Grundriss, ist für Skandinavien ungewöhnlich – auch hier werden deutsche Einflüsse deutlich.

Dom St. Maria

Östlich ragt der dreitürmige Dom St. Maria auf, der ursprünglich Gotteshaus der deutschen Kaufleute war und 1225 geweiht wurde. Man hat ihn mehrmals umgebaut und zwischen 1899 und 1907 restauriert. Heute ist er die einzige Kirche in Visby, in der noch Gottesdienste abgehalten werden. Beachtenswert sind die in Lübeck aus Walnuss- und Ebenholz gearbeitete Barockkanzel (1684) und ein Taufstein aus rotem Gotlandmarmor (13. Jh.).

✶ **St. Nicolai**

Durch eine Seitenstraße gelangt man von der Heiliggeistkirche, vorüber an den Resten der kleinen St.-Gertrud-Kapelle, zur Ruine von St. Nicolai. Mit dem Bau der einstigen Dominikanerklosterkirche wurde um 1230 begonnen, 1525 wurde auch sie von den Lübeckern zerstört. Heute dient sie im Sommer als Kulisse für sehr stimmungsvolle Singspiele (Infos und Karten bei der Touristeninformation).

✶ **Galgenberg**

Sehr schön ist ein halbstündiger Spaziergang durch die Norderport, vorbei an der Ruine der Kirche St. Göran (13. Jh.) hinauf auf den Galgenberg. Von dieser mittelalterlichen Hinrichtungsstätte stehen noch die drei Steinpfeiler des Galgens. Das mag makaber sein, der Blick auf die Stadt und das Meer ist jedoch herrlich.

Umgebung von Visby

Roma

Man verlässt Visby durch die Söderport und folgt der Straße Nr. 143 nach Roma. 2 km südöstlich des Ortes liegt die Ruine der Zisterzienserabtei Romakloster, die 1164 gegründet und nach der Reformation zerstört wurde. In der Ruine der romanischen Kirche werden im Sommer Shakespeare-Stücke aufgeführt.

Dalhem

7 km östlich von Roma liegt Dalhem. Die um 1250 erbaute Kirche zählt wegen ihrer Wand- und Glasmalereien zu den interessantesten auf Gotland. Im südlich gelegenen stillgelegten Bahnhof hat das Eisenbahnmuseum seinen Sitz (Öffnungszeiten: Juni – Aug. So., Juli – Mitte Aug. Mi.,/Do./Sa. 11.15 –15.45 Uhr). Mit der Schmalspurbahn kann man kurze Fahrten nach Hesselby unternehmen.

Valdemarskreuz

Das Valdemarskreuz erinnert an einen schwarzen Tag in der gotländischen Geschichte. Es steht südöstlich von Visby in den Ruinen von Kloster Solaberga und erinnert ans Jahr 1361, als das Bauernheer durch Dänenkönig Valdemar Atterdags Truppen vollkommen aufgerieben wurde. Damals hatten sich die Einwohner von Visby hinter ihren starken Mauern verschanzt, die Tore verrammelt und die kämpfenden Gotländer ihrem Schicksal überlassen.

Snäckgårdsbad

Verlässt man Visby auf der Nr. 149 nördlich durch die Norderport, zweigt nach 4 km westlich eine Straße zum Seebad Snäckgårdsbad ab. Nach 6 km gelangt man zum **Heilkräutergarten**, in dem Hunderte Arten von Heilpflanzen wachsen (Öffnungszeiten: Juni – Aug. tgl.10.00 – 18.00, im Juli bis 20.00 Uhr; www.krusmynta.se).

✶ **Lummelunda-grottan**

An der Straße Nr. 149 folgt nach 4 km die Gemeinde Lummelunda mit einem sehenswerten, erst vor wenigen Jahrzehnten entdeckten und erschlossenen Tropfsteinhöhlensystem. Neben den normalen Führungen gibt es nach Voranmeldung auch noch abenteuerlichere Besichtigungen mit Helm und Grubenlampe (www.lummelunda-grottan.se).

Wuchtige Reetdächer kennzeichnen diesen urigen Bauernhof auf der Insel Fårö.

Lickershamn Als nächstes kommt man zum Fischerhafen Lickershamn. Ein 600 m langer, schmaler Weg führt auf dem Klint entlang zu einem der schönsten und größten **Raukar**, der »Jomfru« (Jungfrau), von wo sich ein herrlicher Blick bietet.

Gotlands Norden

Bro Gotlands Norden kann man auf einer 60 km langen Fahrt von Visby aus erkunden. Durch die Norderport fährt man auf der ins Inselinnere führenden Straße Nr. 148 in Richtung Flughafen und weiter zu dem kleinen Ort Bro. Die romanisch-gotische Kirche aus dem 13. Jh. mit barocker Innenausstattung zählt zu den schönsten Gotlands. An der Außenfassade der Kirche befinden sich Steine mit Tierdarstellungen und Symbolen, die von einer älteren Kirche stammen.

Lärbro Über die Straße Nr. 148 erreicht man den Ort Lärbro. Die dortige Kirche besitzt einen einzigartigen achtkantigen Turm (14. Jh.), Reste von Wandmalereien aus dem 13. Jh. und viele Skulpturen.

Bunge Von Lärbro geht es an der Kirche von Rute (um 1260) vorbei nach Bunge mit einer Wehrkirche aus dem 14. Jh., deren Südportal reich geschmückt ist und die im Innern zahlreiche außerordentlich schöne **Wandmalereien aus dem 14. Jh.** besitzt, die wahrscheinlich von einem Meister aus Böhmen stammen.
Das **Bungemuseum** ist eines der größten und ältesten Freilichtmuseen Schwedens. Die drei Bauernhöfe aus dem 17., 18. und 19. Jh.

geben Einblick in das ländliche Leben auf Gotland. Außerdem sehenswert sind die beiden großen Runensteine (Öffnungszeiten: Juni tgl. 11.00 – 17.00, Juli – Mitte Aug. tgl. 11.00 – 18.30, Mitte bis Ende Aug. tgl. 11.00 – 17.00, Ende Aug.–Anf. Sept. tgl. 11.00 – 16.00 Uhr).

Insel Fårö

In 6 min. kann man von Fårösund aus zur nordöstlich vorgelagerten kleinen Insel Fårö (Schafsinsel) übersetzen. Sie ist wenig überlaufen und besitzt attraktive Sandstrände (Sudersandviken, Ekeviken, Norsta Auren). Ferner gibt es hier **die schönsten Raukar**: Im Naturreservat Digerhuvud stehen auf 3,5 km² mehrere Hundert der verwitterten Kalktürme, von denen die größten rund 8 m hoch sind. An den Strand schließt sich ein karges Geröllsteinfeld an. Im weiter nördlich gelegenen Langhammars ragen weitere 50 Raukar auf.

Gotska Sandön

Wer noch einen Sprung weiter möchte, kann von Färo aus zur 40 km nördlich gelegenen Insel Gotska Sandön übersetzen. Sie ist 9 km lang, 6 km breit und als Nationalpark unter Schutz gestellt. Der größte Teil der Insel besteht aus Sanddünen und Kiefernwäldern, am Boden wachsen Rentierflechten und Heidekraut. Wer hierher kommt, sollte keinen Luxus erwarten. Für Gäste gibt es einen sehr einfach ausgestatteten Zeltplatz und einige Hütten. Lebensmittel muss man mitbringen. Infos zu den Fährzeiten unter Tel. (04 98) 24 04 50.

Gotlands Süden

Kneippbyn

Von Visby bis zur Südspitze Gotlands sind es ca. 80 km. 4 km südwestlich von Visby liegt die Villa Villekulla, die als **Villa Kunterbunt** durch die Verfilmung der Pippi-Langstrumpf-Geschichten von Astrid Lindgren bekannt geworden ist. Sie ist die größte Attraktion des Kneippbyn-Vergnügungsparks mit Shows, Wasserrutsche und Fahrgeschäften (Öffnungszeiten: Juni tgl. 10.00 – 17.00, Juli – Aug. tgl. 10.00 – 18.00 Uhr; www.kneippbyn.se).
4 km weiter erhebt sich der **Högklint**, eine 45 m hohe Klippe, von der man eine weite Sicht auf das Meer und auf Visby hat.

Tofta

13 km weiter erreicht man die Kirche von Tofta aus dem 13. Jh. und das Tofta-Strandbad. Im nachgebauten Wikingerdorf kann man selber wie zu Wikingerzeiten weben, spinnen, bogenschießen, axtwerfen oder auch nur zuschauen (www.vikingabyn.se).

Insel Stora Karlsö

Vom Hafenort Klintehamn verkehren Boote zur Insel Stora Karlsö, die als **Vogelreservat** bekannt ist. Rund 250 verschiedene Arten leben hier, darunter Tordalke, Pilgrimsfalken, Eiderenten und Lummen. Zahlreiche Raukar und Grotten prägen die Landschaft. Die größte Höhle, Stora Förvar, diente in der Steinzeit als Wohnstätte. Stora Karlsö und die benachbarte Insel Lilla Karlsö, auf der nur Schafe leben, stehen unter Naturschutz.

Gotland besitzt mit die schönsten Strände Schwedens, hier bei Tofta.

Hemse Auf der Straße Nr. 141 erreicht 20 km nach Klintehamn den einst bedeutenden Handelsplatz Hemse, dessen romanische Kirche (um 1200) Malereien aus dem 14. und 15. Jh. birgt.

Burgsvik Über die Straße Nr. 142 gelangt man nach Burgsvik, einem am Südrand der gleichnamigen Bucht gelegenen Hafen- und Badeort. 2 km östlich steht die Kirche von Öja (13. Jh.) mit einem schönen Triumphkreuz.

Hoburgen Eine Landstraße führt von Burgsvik zur Südspitze von Gotland. Auf der 37 m hohen Anhöhe Hoburgen steht ein Leuchtturm, ringsum gibt es eigenartige Klintformationen mit dem 4,50 m hohen eindrucksvollen Rauk Hoburgsgubben.

Holmhällar Hoburgen kann man auch auf einem anderen Weg erreichen: Knapp 10 km südlich von Burgsvik zweigt rechts eine Landstraße nach Gervalds ab und führt weiter durch die karge Klintlandschaft unmittelbar an der Küste entlang. Etwa 13 km südöstlich von Burgsvik liegt Holmhällar mit imposanten Raukar. Vor der Küste liegt die Insel Heligholmen mit einer sagenumwobenen Silbergrotte.

Ljugarn An der gotländischen Südostküste liegt der viel besuchte Hafen- und Badeort Ljugarn. Ungefähr 2,5 km nordöstlich erstrecken sich die Raukarfelder von Folhammar. Nördlich von Ljugarn ist in einem Waldgebiet die **Torsburg** (ca. 5. Jh.) zu sehen, die älteste prähistorische Befestigungsanlage der Insel. Sie zieht sich um einen steil abfallenden Kalkhügel, an der Südseite gibt es eine 1,5 km lange und 4 bis ★ 7 m hohe Mauer mit Aussichtsturm. 6 km südlich von Ljugarn kann man bei Guffriede sieben große schiffsförmige Steinsetzungen aus der Bronzezeit ansehen.

Steinsetzungen ▶

Halmstad

C 2

Landschaft: Halland
Einwohnerzahl: 87 900
Provinz: Halland Län
Höhe: Meereshöhe

Schwedens längster Sandstrand erstreckt sich 12 km lang ganz in der Nähe von Halmstad. Der beliebte Badeort an der Westküste bekam von Dänenkönigs Christian IV. wichtige Stempel aufgedrückt: Er ließ das Schloss bauen und rechtwinklige Straßenzüge im Renaissance-Stil anlegen.

Dänische Vergangenheit

Die südwestschwedische Provinzhauptstadt Halmstad liegt an der Mündung des Flusses Nissan in den Kattegatt. Einst gehörte Halmstad zu Dänemark. Da Halland eine **Grenzprovinz** war und es immer wieder Konflikte mit den Schweden gab, ließ Dänenkönig Christian IV. Halmstad Ende des 16. Jh.s befestigen und zu Beginn des 17. Jh.s einen Schutzwall aus Erde und Steinen errichten. Nachdem im August 1619 ein Feuer fast den gesamten Ort zerstörte, baute ihn Christian IV. als **Renaissancestadt** mit geraden Straßen und regelmäßigen Vierteln wieder auf. Einige Fachwerkhäuser in der Storgatan stammen noch aus dieser Zeit. Auch der Stadtteil westlich vom Stortorg zeigt zum Großteil noch die Bebauung aus dem 17. und 18. Jahrhundert. Erst seit 1645 ist Halmstad schwedisch.

Sehenswertes in Halmstad und Umgebung

Marktplatz

Zentrum der Stadt bildet das weite Karree des Marktplatzes (Stortorg). In der Mitte befindet sich die große Brunnenskulptur **»Europa mit dem Stier«** (1926) von Carl Milles. An der südlichen Ecke steht das Rathaus, ein 1938 errichteter Klinkerbau mit einem Glockenspiel. Rechts neben dem Rathaus zieht das stattliche Fachwerkhaus Tre Hjärtan (Drei Herzen) aus dem 15. Jh. den Blick auf sich. Es ist das älteste erhaltene Gebäude der Stadt. Auch in der Kyrkogatan steht eine Anzahl hübscher und gut restaurierter Fachwerkhäuser.

Nikolaikirche

Die Nikolaikirche (14. Jh.) am Südrand des Stortorg ist ein dreischiffiger Backsteinbau, in dem die modernen Glasfenster von Erik Olson und Einar Forseth sowie der Taufstein und die Kanzel (1634) einen Blick verdienen.

Schloss

Südlich vom Stortorg steht das Schloss (17. Jh.), heute die Residenz des Landeshauptmanns und nicht zu besichtigen. Davor liegt das Segelschulschiff »Najaden« vor Anker, in das man einen Blick werfen kann. Am jenseitigen Ufer befindet sich ein kleiner Park mit der Bronzeskulptur »Laxen går upp« (Aufsteigender Lachs, 1958) von Walter Bengtsson und der hohen Betonplastik »Mann och Kvinna« (Mann und Frau) von Pablo Picasso.

HALMSTAD ERLEBEN

AUSKUNFT

Turistbyrån
Lilla torg, 30232 Halmstad
Tel. (035) 12 02 00, Fax 15 81 15
www.destinationhalmstad.se

ESSEN

► Fein & Teuer

Pio & Company
Halmstad, Storgatan 37
Tel. (035) 21 06 69, www.pio.se
Moderne, schon mehrfach preisgekrönte Küche, umfangreiche Weinkarte.

► Erschwinglich

Fridolfs Krog
Halmstad, Brogatan 26
Tel. (035) 21 16 66, www.fridolfs.se
Schwedisch-französisch-italienische Küche. Typischer Landgasthof, in dem man ohne Anmeldung oft keinen Platz bekommt.

Laxbutiken
Heberg (E 6 zw. Halmstad und Falkenberg)
Tel. (03 46) 511 10
Der Name ist Programm: Lachsgerichte in allen Variationen, sowohl in Selbstbedienung als auch im à-la-Carte-Restaurant. Für die gebotene Qualität preisgünstig. Angeschlossen ist ein Delikatessengeschäft (tgl. 10.00 – 19.00 Uhr).

ÜBERNACHTEN

► Luxus

Norre Park Hotel
Halmstad, Norra Vägen 7
Tel. (035) 21 85 55, Fax 10 45 28
45 Zi., 7 App., www.norrepark.se
Charmantes Hotel, entstanden zur Jahrhundertwende, in ebenso charmanter Umgebung – zahlreiche Geschäfte, Restaurants und Pubs liegen in unmittelbarer Nähe. Gemütliche und in warmen Farben gehaltene Räume.

Hotel Tylösand
Tel. (035) 305 00, Fax 324 39
230 Zi., www.tylosand.se
Großes, luxuriöses Wellnesshotel, wunderschön gelegen an einem der besten Strände Hallands.

► Komfortabel

Vallåsens Wärdshus – Gasthof
Våxtorp, Rössjöholmsvägen
Tel. (04 30) 300 87, Fax 306 40
23 Zi., www.vallasensvardshus.se
Konferenz- und Wildnishotel am Fuße der Hügellandschaft Hallandsås. Der Speisesaal befindet sich in einer alten Jagdvilla, von der man einen herrlichen Ausblick auf Wald und Lichtung genießt.

► Günstig

Patrikshill Vandrarhem
Halmstad, Neptunigatan 3
Tel. (035) 18 66 66, Fax 18 87 46,
www.patrikshill.se
Jugendherberge in zentraler Lage

FREIZEIT UND SPORT

Die Halmstad Arena (Växjövägen 22) ist ein architektonisch ansprechendes Bad mit Rutschbahn, Kinderbecken und Whirlpool (geöffnet: mind. 12.00 bis 17.00 Uhr;www.halmstadarena.se).

VERANSTALTUNGEN

An einem Sonntag Mitte August werden südlich von Halmstad beim Tag des Wasserfalls sämtliche Tore der Staudämme geöffnet. Dann darf der Lagan, der sonst seine Kraft fast vollständig in den Dienst der Stromgewinnung stellt, wieder ungehindert zu Tal strömen.

Kilometerlange Sandstrände kennzeichnen Halmstads Umgebung, zum Beispiel Tylösand.

Norre Katts Park

Vom Stortorg geht man durch die von stattlichen Häusern gesäumte Storgatan zur Norre Port (1605). Jenseits des Stadttors breitet sich der große Norre Katts Park aus, an dessen nördlichem Ende das neu gestaltete Länsmuseet Halmstad steht, das kunst- und kulturhistorische Sammlungen mit den Schwerpunkten Archäologie, Seefahrt und moderne Kunst zeigt (Öffnungszeiten: Di. – So. 12.00 – 16.00, Mi. bis 20.00 Uhr, Tollsgatan, www.hallmus.se).

Hallandsgård

Am nördlichen Stadtrand liegt an der dicht von Birken bestandenen Flanke des Galgenbergs (Galgbjerget; mit Aussichtsturm) das Freilichtmuseum Hallandsgård, das historische Holzhäuser aus der Region, eine alte Windmühle, Flachsanbau und einen Kräutergarten zeigt (Öffnungszeiten: Mitte Juni – Mitte Aug. tgl. 12.00 – 18.00 Uhr).

Tylösand

Ca. 8 km westlich von Halmstad liegt der bekannte Badeort Tylösand. Auf dem Weg dorthin kommt man auf dem Tylösandsvägen am **Freizeitpark Miniland** vorbei, in dem Plastik-Dinosaurier, Karussells und Rutschbahnen warten sowie mehr als 80 Modelle von bekannten schwedischen Sehenswürdigkeiten im Maßstab 1:25 (Öffnungszeiten: Anf. Juni – Ende Aug. tgl. 10.00 – 18.00 Uhr, www.aventyrslandet.se).

Strände Der meist gut besuchte Strand von **Tylösand** ist **der schönste Strand** in der Nähe von Halmstad. Draußen auf der Landzunge liegen weitere Sandstrände. Etwas mehr Platz hat man weiter nördlich in Frösakull oder Ringenäs an Stränden, die auch gerne von Familien besucht werden. Auch zwischen Vilshärad und Haverdal lässt es sich gut baden. Wer es ruhiger mag, sollte nach Lynga gehen, hier muss man allerdings erst zu Fuß ein Naturschutzgebiet durchqueren, bevor man ans Wasser kommt. Richtung Süden gibt es mehrere Strände wie den Östra Strand, ca. 5 km von Halmstads Zentrum. **Mellbystrand** an der Laholmbucht ist mit 12 km **der längste Sandstrand Schwedens**. Die ganze, leicht geschwungene Bucht ist im Sommer ein einziges Badeparadies, das auch bei **Windsurfern** sehr beliebt ist.

Lachsangler zieht es nach Laholm.

27 km südöstlich von Halmstad liegt Laholm. In den verwinkelten Gassen des Ortes stehen z. T. vorbildlich renovierte alte Häuser. Nicht umsonst schmücken drei Lachse das Stadtwappen, denn der Lagan, der durch die Stadt fließt, ist **einer der besten Lachsflüsse** Schwedens. In guten Jahren ziehen die Angler bis zu 2000 der edlen Fische aus dem Wasser. Damit die Fischpopulation nicht zu sehr dezimiert wird, frischt die Lachszuchtanlage den Bestand immer wieder auf.

Südlich von Laholm erhebt sich der Höhenzug Hallandsåsen. Hier befindet sich **Schwedens südlichstes Skigebiet, das auch einen Blick aufs Meer bietet.** Zwar sind die Verhältnisse nicht alpin, doch den Schwung von 145 m Höhenunterschied kann man auf 1260 Pistenmetern auskosten. Die Skigebiete am Hallandsåsen erreicht man von Malmö und Helsingborg auf der E 6 Richtung Göteborg (Abfahrt Östra Karup).

Härjedalen

C–E 8

Landschaft: Härjedalen **Provinz:** Jämtland Län
Einwohnerzahl: 10 900

Birken und Kiefern so weit das Auge reicht, Seen, Flüsse und kahle Hochgebirgsflächen prägen Härjedalen. Die mittelschwedische Region ist sehr dünn besiedelt und Wanderer, Kanufahrer und Wintersportler finden hier ideale Voraussetzungen für ihren Sport.

Einsame Wildnis

Von Sveg, dem Tor zum Härjedalen, bis zur norwegischen Grenze erschließt die Str. Nr. 84 diese einsame Bergwelt. Der Fluss Ljusnan, der auf seinem Weg in Richtung Osten mehrere Seen bildet, fließt über weite Strecken parallel zur Straße. Mit einem Einwohner pro Quadratkilometer zählt die Region zu den am dünnsten besiedelten des Landes. Früher lebten die Bewohner Härjedalens in erster Linie von der Land- und Forstwirtschaft, heute spielt auch der Tourismus eine wichtige Rolle. Unbedingt einplanen sollte man den kurzen Abstecher über die norwegische Grenze zur Bergbaustadt Røros, deren Altstadt zum UNESCO-Weltkulturerbe zählt.

Sehenswertes in Härjedalen

Sveg

Der kleine Ort Sveg ist der Verkehrsknotenpunkt im östlichen Härjedalen, denn hier trifft der Inlandsvägen (Str. Nr. 45) auf die Str. Nr. 84, die in Richtung Westen bis zur norwegischen Grenze führt. Das Ortsbild zeigt wenig Bemerkenswertes, wer einen Abstecher ins 16 km östlich gelegene Älvros macht, findet dagegen noch einige alte Häuser. Auch dem Freilichtmuseum Gammelgård mit rund 30 Gebäuden und der Kirche aus dem 18. Jh. mit frei stehendem Glockenturm kann man einen Besuch abstatten.

Baedeker TIPP

Auf Bärensafari

Wer sich einer vom Touristenbüro in Hede regelmäßig angebotenen Bärensafari anschließt, bekommt zwar keine Garantie, eines der imposanten Tiere zu Gesicht zu bekommen, spannend sind die Touren aber allemal.

Hedeviken liegt ca. 60 km nördlich von Sveg an der Str. Nr. 84. Knapp 20 km südlich von Hedeviken erstreckt sich das Sånfjäll, ein bis 1277 m Höhe erreichender isolierter Gebirgsstock, der sich weithin sichtbar aus dem weiten Waldland erhebt. Ein Gebiet von gut 10 000 ha, großteils oberhalb der Baumgrenze, ist als Sånfjellet Nationalpark geschützt, in erster Linie wegen der **Bären**, von denen hier noch rund 35 Tiere vorkommen, die unter Schutz stehen. Mit dem Auto kann man von Hedeviken bis zur Sennerei Nyvallen fahren und von dort auf markierten Wanderwegen den Gebirgsstock umrunden.

Vemdalen Das östlich von Hede gelegene Vemdalen ist ein beliebter Wintersportort. Das Vemdalsfjäll umfasst die Skigebiete Björnrike, Klövsjö, Storhogda und Vemdalsskalet, die von November bis Mai tief verschneit sind. Im Sommer stehen hier rund 180 km markierte Wanderwege zur Verfügung, Angler können ihr Petri Heil in den Flüssen und Seen voller Forellen, Saiblingen und Äschen suchen. Im Talort Vemdalen ist die kunstvoll ausgeschmückte, achteckige, hölzerne **Rokokokirche** von 1763 sehenswert.

Tännäs/Rogen Die Str. Nr. 84 folgt von Hedeviken weiter dem bewaldeten Tal der Ljusnan. Nach 46 km erreicht man Tännäs, das höchstgelegene Kirchdorf Schwedens. Von hier führt eine Stichstraße bis nach Käringsjövalle, das an der Grenze des **Naturschutzgebietes Rogen** liegt. Die höchsten Berge dieser einmaligen Wildnis sind bis zu 1200 m hoch, blockige Moränenrücken und uralte Kiefern prägen das Gebiet. Hier leben noch Bär, Vielfraß und Luchs. Sie haben vor allem dank des angrenzenden norwegischen Nationalparks Femundsmarka genügend Rückzugsmöglichkeiten. Im Winter kommt regelmäßig ein kleiner Stamm **Moschusochsen** aus der Femundsmarka ins Rogengebiet. Auf markierten Wegen kann man den Rogen durchwandern.

Als Pflanzenfresser ernähren sich die Moschusochsen vor allem von Gräsern, Kräutern, Flechten und Pilzen.

Auf der Str. Nr. 84 fährt man weiter in nordwestlicher Richtung und gelangt nach 15 km nach Funäsdalen, Hauptort des westlichen Härjedalen und wichtiger Anlaufpunkt vor allem für Wintersportler, die die **erstklassigen Loipen** der Gegend genießen wollen. Das Funäsdalen Nordic Ski Center ist weltweit eines der größten Loipensysteme. In einem ansprechenden Gebäude am Fuß des Funäsdalsberges befindet sich das Härjedalen **Fjällmuseum**, das über das Leben der hiesigen Samen, Bauern und Grubenarbeiter erzählt (Öffnungszeiten: Mitte Juni – Mitte Aug. Mo. – Fr. 11.00 – 18.00, Sa., So. ab 12.00 Uhr; Rörösvägen 30, www.fjallmuseet.se).

Funäsdalen

Über die Str. 84 erreicht man nach ca. 25 km in Richtung Nordwesten Fjällnäs, einen herrlich am Ostufer des Malmagensjön gelegenen Luftkurort, der auch als Wintersportziel viel besucht wird. Umrahmt wird er von über 1000 m hohen Bergen, deren Gipfel man z.T. ersteigen kann.

Fjällnäs

Nach weiteren 8 km erreicht man die die schwedisch-norwegische Grenze. Von hier sind es noch ca. 40 km bis in die sehenswerte norwegische Bergbaustadt **Røros**.

Grenze zu Norwegen

HÄRJEDALEN ERLEBEN

AUSKUNFT

Funäsdalen Turistbyrå
Rörosv 30
84095 Funäsdalen
Tel. (06 84) 155 80, Fax 155 89
www.funasdalsfjall.se

Sveg Turistbyrå
Folkets Hus, Ljusnegatan 1
84232 Sveg
Tel. (06 80) 107 75, Fax 107 76
www.herjedalsporten.se

ESSEN

► Erschwinglich

Restaurang Vålkojan
Vålkojan (an der Str. 514, 8 km südl. von Vemdalen)
Tel. (06 84) 320 41, www.valkojan.se
Täglich wechselnde schwedische Hausmannskost zum fairen Preis. Oft stehen Fisch und Rentier auf der Speisekarte. Ganzjährig geöffnet.

ÜBERNACHTEN

► Luxus

Storhogna Mountain Spa Resort
Vemdalen
Tel. (06 82) 41 30 30
www.storhogna.com
Spa-Hotel mitten in der Bergwelt Härjedalens. Ideale Kombination von Aktiv- und Verwöhnurlaub. Der Wintergarten mit Café, Bar und Restaurant macht besonders im Winter Freude.

► Komfortabel

Hotell Funäsdalen
Funäsdalen
Tel. (06 84) 214 30
Fax 219 01
49 Zi., www.hotell-funasdalen.se
Hotel mit Seeblick. Ideal für jede Art von Aktivurlaub. Angeboten werden komfortable Zimmer und preisgünstige Unterkunft im Vandrarhem.

Von Helsingborgs Rathaus geht der Blick übers Meer nach Dänemark.

★ Helsingborg

C 2

Landschaft: Skåne (Schonen)
Einwohnerzahl: 121 200

Provinz: Skåne Län
Höhe: Meereshöhe

An der schmalsten Stelle des Öresundes mit Blick auf das dänische Helsingør ist Helsingborg einer der wichtigsten Fährhäfen Schwedens. Die relativ kleine Altstadt zählt zu den schönsten des Landes.

Geschichte Wegen der strategisch wichtigen Lage war Helsingborg ständig von Dänen und Schweden umkämpft. Heute ist es eine lebhafte Hafen- und Industriestadt sowie die bedeutendste Anlaufstelle für den schwedisch-dänischen Waren- und Personenverkehr. Erstmals schriftlich erwähnt wurde die Stadt 1085. Im Mittelalter war sie ein bedeutendes administratives Zentrum für das nördliche Skåne und militärischer Stützpunkt. Insgesamt sechs Mal eroberten die Schweden Helsingborg, um es ebenso oft wieder an die Dänen zu verlieren. Während der Schonischen Kriege (1675 – 1679) wurde die Stadt **fast vollständig zerstört**. Nur die Marienkirche und das Jacob Hansen Haus blieben damals verschont. Erst Magnus Stenbock schlug die Dänen 1710 entscheidend in einer der blutigsten Schlachten, die je auf schwedischem Boden stattgefunden haben. Im 18. Jh. lebten nur rund 700 Menschen hier und es dauerte bis zur Mitte des 19. Jh.s, bis sich Helsingborg von den Kriegsschäden erholt hatte und allmählich zum Zentrum der nördlichen Öresundregion wurde.

Sehenswertes in Helsingborg

Hamntorg

An der Nordseite des inneren Hafens zieht sich der Hamntorg hin. Hier steht das Seefahrtsmonument, eine Merkur-Plastik von Carl Milles auf hoher Säule, daneben ein weiteres Denkmal, das an die Ankunft des französischen Marschalls Jean Baptiste Bernadotte nach seiner Ernennung zum schwedischen König Karl XIV. Johann (1810) erinnert.

Marktplatz

In unmittelbarer Nähe des Fährhafens liegt der lang gestreckte **Stortorg**, der Hauptplatz der Innenstadt. Bemerkenswert ist das schöne Jugendstilgebäude, in dem ehemals die Bank von Schonen saß und heute ein Hotel untergebracht ist. An der Kreuzung mit der Strandgatan erhebt sich das neugotische Rathaus, ein mächtiger roter Klinkerbau mit Türmchen und Zinnen und einem 65 m hohen Turm aus dem Jahr 1897. Im Innern zeigen farbige Glasfenster Episoden aus der Stadtgeschichte. Die vor dem Gebäude stehende Reiterstatue stellt den Feldmarschall Magnus Stenbock (1665 – 1717) dar, der 1710 in der Schlacht bei Helsingborg den endgültigen Sieg der Schweden über die Dänen erfochten hat.

Altstadt

Hinter dem Rathaus liegt die großteils als Fußgängerzone gestaltete Altstadt, die mit ihren repräsentativen Häusern zu den schönsten Schwedens gehört. An der Norra Storgatan Nr. 21 steht das gut restaurierte Jakob Hansens Hus von 1641, auf dem kleinen Platz davor ein Brunnendenkmal (1927) für den dänischen Astronomen **Tycho Brahe** (1546 – 1601).

✶ Kärnan

Über dem lang gestreckten Stortorg ragt das Wahrzeichen der Stadt auf: der Kärnan (spr. tchärnan), ein 35 m hoher vierkantiger Backsteinturm. Vom Platz führt eine breite, von zwei Türmen flankierte Freitreppe hinauf zur König-Oscar-II.-Terrasse, wo sich der alte Verteidigungsturm mit seinen dicken Mauern erhebt. Um 1400 bildete er den Mittelpunkt einer von Valdemar Atterdag errichteten Festung, die 1680 zerstört wurde. Im Turm gibt es ein **Museum** mit einem Modell der Festung mit der Burgkapelle. Von der Dachplattform bietet sich ein weiter Blick auf die Stadt und den Sund (Öffnungszeiten: Juni – Aug. tgl. 10.00 – 18.00, April/Mai/Sept. Di. bis Fr. 9.00 – 16.00, Sa./So. ab 11.00; sonst Di. – So. 11.00 – 15.00 Uhr).

Marienkirche

An der Södra Storgatan, die vom Stortorg nach Süden führt, steht die gotische Marienkirche (Maria Kyrka), ursprünglich im 13. Jh. errichtet und im 15. Jh. umgebaut (Öffnungszeiten: Mitte Juni – Mitte Aug. Mo. – Fr. 8.00 – 18.00 Uhr, Sa., So. 9.00 – 18.00, sonst Mo. – Fr. 8.00 – 16.00, Sa., So. ab 9.00 Uhr).

Dunkers Kulturhus

Dunkers Kulturhaus ist ein architektonisch gelungener Bau am Ufer des Öresundes, den der dänische Architekt Kim Utzorn entworfen

Helsingborg *Orientierung*

Essen
1. Dunker Bar & Matsalar
2. Restaurang Niklas

Übernachten
1. Villa Thalassa Vandrarhem
2. Hotell Viking
3. Elite Hotel Mollberg

HELSINGBORG ERLEBEN

AUSKUNFT

Helsingborgs Turistbyrå
Tel. (042) 10 43 50
www.helsingborg.se

Dunkers Kulturhus
Kungsgatan 11
25221 Helsingborg

ESSEN

► Fein & Teuer

② ***Restaurang Niklas***
Norra Storgatan 16
Tel. (042) 32 22 96
www.dunkermatsalar.com
Das Niklas gehört zu den besten Restaurants des Landes. In edler Designumgebung wird hier vor allem französische Küche serviert. Für schwedische Verhältnisse ist die Weinkarte ausgezeichnet.

► Preiswert

① ***Dunker Bar & Matsalar***
Kungsgatan 11 (Dunkers Kulturhus)
Tel. (042) 32 29 95
Europäische Küche (Quiche, Entrecôte, Fisch) mit Blick auf den Öresund, bunt gemischtes Publikum, nette Atmosphäre.

ÜBERNACHTEN

► Luxus

③ ***Elite Hotel Mollberg***
Stortorget 18
Tel (042) 37 37 00
Fax 37 37 37
104 Zi., www.elite.se
Das älteste Hotel Schwedens blickt auf über 700 Jahre zurück und hat schon viele Berühmtheiten beherbergt. Traditionsbewusstsein, ein Wellnessbereich mit Blick auf die Marienkirche und »Mollbergs Blend«, eine eigene Kaffeemarke, sind die Aushängeschilder.

► Komfortabel

② ***Hotell Viking***
Fågelsångsgatan 1
Tel. (042) 14 44 20, Fax 18 43 20
40 Zi., www.hotellviking.se
Kleines, gemütliches Hotel mit familiärer Atmosphäre im Zentrum.

► Günstig

① ***Villa Thalassa Vandrarhem***
Dag Hammarskjölds Väg
Tel. (042) 38 06 60
54 Zi., www.villathalassa.com
Jugendherberge direkt am Meer mit Blick auf Schloss Kronborg. Hoher Standard zu fairen Preisen. 2- bis 6-Bett-Zimmer und Hütten.

Baedeker-Empfehlung

Alberga Herrgård
Långebergavägen 85, Tel./ Fax (042) 29 68 10, www.albergaherrgard.com
Das Alberga Herrgård liegt etwas außerhalb von Helsingborg wunderschön in einen großen Park. Originelle Zimmer wie der Backstage-Raum, bei dem die Gitarre inklusive ist.

FÄHREN

Alle 20 min. rund um die Uhr verkehren die Fähren über den Öresund ins dänische Helsingør.

EINKAUFEN

Das recht vielfältige Angebot in Helsingborg ist in erster Linie auf die Kurzurlauber aus Dänemark abgestimmt. Beliebte Shoppingmeilen sind: Kullagågatan (Schwedens erste Fußgängerzone, mit zahlreichen Mode- und Geschenkboutiquen), Bruksgatan und Gustav Adolf Torg (im südlichen Teil von Helsingborg).

! Baedeker TIPP

Schlemmen auf See

Das Restaurant auf der Scandlines-Fähre ist bei den Helsingborgern bekannt für seine gute Küche. Während eines Abendessens fährt man über den Öresund und genießt dabei abwechselnd die Aussicht auf Helsingør und Helsingborg. Besonders empfehlenswert und viel billiger als an Land ist die Meeresfrüchteplatte (Scandlines Helsingborg, Tel. 042/ 18 60 00).

hat. Das 2002 eröffnete Gebäude wird für Musik- und Theatervorstellungen genutzt, außerdem finden wechselnde Ausstellungen statt. Finanziert wurde das Kulturhaus von der Henry-Dunker-Stiftung, die ihr Vermögen aus dem Nachlass des ehemaligen Direktors der Helsingborger Gummifabrik bezieht. Er war einer der reichsten Männer Schwedens (1870-1962) und starb kinderlos. Um das Kulturhaus ist ein komplett neuer Stadtteil direkt am Wasser entstanden, der architektonisch durchaus sehenswert ist (Öffnungszeiten: Mo. – Mi. Fr. 10.00 – 18.00, Do. 10.00 – 20.00, Sa./So. 10.00 – 17.00 Uhr; www.dunkerskulturhus.se).

★ **Fredriksdal**

Durch die Stenbocksgatan, die die Innenstadt im Osten begrenzt, kommt man zum **Freilichtmuseum** Fredriksdal. In der prachtvollen Parkanlage stehen das klassizistische Haupthaus Fredriksdals Herregård von 1787 und einige altschonische Bauernhäuser. In weiteren historischen Gebäuden befinden sich Friseursalon, Zahnarztpraxis, Uhrmacherwerkstatt und Krämerladen (Öffnungszeiten: Mai – Aug. tgl. 10.00 – 18.00, April, Sept. tgl. 10.00 – 17.00, Okt. – März 11.00 bis 16.00 Uhr, www.frederiksdal.se). Sehr bemerkenswert ist auch das 1995 eröffnete Druckereimuseum (Öffnungszeiten: Mai – Sept. tgl. 11.00 bis 16.00, sonst Mo. – Fr. 11.00 – 16.00 Uhr; www.grafiska-museet.se).

Umgebung von Helsingborg

Ramlösa Brunn

Rund 4 km südlich vom Zentrum liegt der Mineralquellenort Ramlösa Brunn, der u. a. ein im ganzen Land geschätztes Tafelwasser hervorbringt. Im Brunnspark wurde 1993 der Wasserpavillon eröffnet, der die über 300-jährige Kurtradition fortführt.

★ **Sofiero**

Schloss Sofiero, 5 km nördlich von Helsingborg, wurde 1864 vom späteren König Oskar II. für seine Frau Sofia gebaut und diente beiden als Sommerresidenz. 1905 schenkte der König seinem Enkel Prinz Gustav Adolf das Schloss zur Hochzeit, dieser vermachte es nach seinem Tod 1973 der Stadt Helsingborg. Das hervorragende Restaurant im ersten Stock zählt zu den zehn besten Schwedens (Tel. 042/18 61 30). Die gepflegte Parkanlage mit alten Bäumen ist ein beliebtes Ausflugsziel. Berühmt sind vor allem die Rhododendren, deren Zucht König Gustav VI. besonders am Herzen lag. Interessant sind auch die zahlreichen Themengärten mit Duftpflanzen und Obstbäumen (Öffnungszeiten: Mai – Sept. tgl. 11.00 – 18.00, Park ab 10.00 Uhr, www.sofiero.helsingborg.se).

★ Höga Kusten

H/J 8/9

Landschaft: Ångermanland
Einwohnerzahl: ca. 80 000
Provinz: Västernorrland Län

Zwischen den Küstenstädten Härnösand und Örnsköldsvik erstreckt sich die Höga Kusten, ein am Bottnischen Meer gelegener hochinteressanter Küstenabschnitt. Außergewöhnlich ist auch die Spezialität der Region: saurer Hering mit recht strengem Aroma.

Um die Region rund um die Höga Kusten zu erkunden, bietet sich Härnösand als Ausgangspunkt an. Die alte Hafenstadt, die schon 1565 die Stadtrechte erhielt, breitet sich zu beiden Seiten des Härnösundes aus.

Härnösand

Altstadt

Das Stadtbild wird geprägt von pastellfarbenen Holzhäusern und eleganten Steinhäusern. Vom Festland führt die Nybrogatan auf die Insel Härnö, auf der die Altstadt liegt. Das 1791 erbaute **Rathaus** mit seinem runden Kolonnadenportal ist einer der prächtigsten Bauten der Stadt. Die klassizistische weiße **Domkirche** von 1846 steht auf einer Anhöhe, in ihrem weiträumigen, von einem Tonnengewölbe überspannten Innern gibt es eine große barocke Orgel (Öffnungszeiten: tgl. 10.00 – 16.00 Uhr).

Klassizistische Kirche von Härnösand

In der **Härnösands Konsthall**, untergebracht in einem auffälligen Gebäude am Marktplatz, finden jährlich verschiedene Ausstellungen statt (Di. – Fr. 9.00 – 16.00, Sa. 12.00 bis 15.00 Uhr).

Nördlich der Nybro liegt 1,3 km außerhalb der Stadt das Länsmuseum Västernorrland, ein Freilichtmuseum mit vielen alten Häusern aus dem Ångermanland sowie ein wegen seiner gelungenen Ausstellungen schon **preisgekröntes** Provinzmuseum. Auch Härnösands altes Rathaus und einige weitere historische Holzhäuser werden gezeigt. Zu sehen sind Exponate aus vor- und frühgeschichtlicher Zeit, ein Modell der Stadt Härnösand, Gebrauchskeramik, zahlreiche Schifferklaviere und eine große **Waffensammlung**. Teilweise kurios sind die Nachlässe von Kapitänen, die um die halbe Welt gereist sind, darunter Vogeleier und Mineralien, nautisches Gerät und Puppenstuben, ein kunterbuntes Sammelsurium, das sich sehr originell aus-

HÖGA KUSTEN ERLEBEN

AUSKUNFT

Härnösand Turistbyrå
Stora Torget 2
87180 Härnösand
Tel. (06 11) 881 40, Fax 881 02
www.harnosand.se

Örnsköldsvik Turistbyrå
Lasarettsgatan 24, 89133 Örnsköldsvik
Tel. (06 60) 881 00, Fax 881 23
www.ornskoldsvik.se/turism

ESSEN

► **Erschwinglich**

Spjutegården
Härnösand, Murberget
Tel. (06 11) 51 10 90
Schönes historisches Hofgebäude aus dem nördlichen Ångermanland. Sehr gute Hausmannskost, Im Sommer tgl. 11.00 – 17.00 Uhr; günstiges »Dagens Rätt«.

► **Preiswert**

Café Folkets Hus i Rö
Tel. (06 11) 641 53
Das Sommercafé befindet sich 6 km nördlich vom Härnösand in Rö in einem typischen roten Schwedenhaus.

Restaurang Kajen
Köpmanholmen,
Köpmanholmsvägen 2
Tel. (06 60) 22 34 96
30 km südl. von Örnsköldsvik direkt am Wasser. Es gehört zu einer Jugendherberge und serviert Hausmannskost, vor allem Fischgerichte.

ÜBERNACHTEN

► **Komfortabel**

First Hotel Härnösand
Härnösand, Skeppsbron 9
Tel. (06 11) 55 44 40
Fax 55 44 47
95 Zi., www.firsthotels.com
Nettes Hotel mit Blick über den Hafen, 500 m östlich des Bahnhofs.

Hotell Royal
Härnösand, Strandgatan 12
Tel. (06 11) 204 55
Fax 55 53 54
22 Zi., www.hotelroyal.se
Die Räume in diesem schönen Holzgebäude sind relativ klein, in warmen Farben gehalten und wurden erst kürzlich renoviert. Das Restaurant bietet preisgünstige Mittagsgerichte an.

nimmt (Öffnungszeiten: Di. – So. 11.00 – 17.00 Uhr. Das Freilichtmuseum ist nur im sommer geöffnet; www.murberget.se).

Insel Härnön

Auf der Ostseite der Insel Härnön liegt das Meeresbad Smitingen, 5 km östlich des Zentrums von Härosand gelegen. Nach dem Bade an diesem herrlichen Sandstrand kann man im Café Smitingen einen Lunch einnehmen.

An der Höga Kusten

Högakustenbrücke

20 km nördlich von Härnösand kommt man zur imposanten Högakustenbron, mit 1800 m **eine der längsten Hängebrücken der Welt**. Sie überspannt das Mündungsdelta des Ångerman Älv. An ihrer Nordseite gibt es eine moderne Hotelanlage, eine Touristeninformation und Kinderspielplätze. Dieses Gebiet eignet sich als Ausgangspunkt für Wanderungen, hier beginnt auch der Högakustenleden.

! *Baedeker* TIPP

Urlaub im Leuchtturm

Im Sommer macht sich das kleine Boot »Högbonden« mehrmals täglich von Barsta und Bönhamn auf den Weg zur gleichnamigen Insel vor der Hohen Küste. An Bord sind Tagestouristen, die das kleine Eiland in Augenschein nehmen wollen – und einige, die nicht wieder zurückfahren. Sie nächtigen im rund 100 Jahre alten, liebevoll renovierten Leuchtturmwärterhäuschen (Högbondens Vandrarhem, Tel. 06 13/ 230 05).

Zu Fuß lässt sich die Höga Kusten natürlich sehr viel unmittelbarer erleben als vom Auto aus. Der Högakustenleden ist ein 130 km langer **Wanderweg**, der im Süden an der Högakustenbrücke beginnt und bis zur Anhöhe Varvsberg an seinem Nordende führt. Er ist markiert und in 13 Etappen unterteilt. An vielen Etappenzielen gibt es Übernachtungsmöglichkeiten und unterwegs liegen geschützte Rastplätze. Karten und eine detaillierte Beschreibung des Weges sind in den Touristenbüros von Härnösand, Kramfors und Örnsköldsvik erhältlich.

✶ **Höga Kusten**

Weiter nördlich liegt die Höga Kusten, die hohe Küste, die im Jahre 2000 von der UNESCO in die Liste der Naturphänomene aufgenommen wurde. In diesem Gebiet hat die weltweit größte Landhebung nach der letzten Eiszeit stattgefunden. Bis heute hat sich das Land um 286 m gehoben und jedes Jahr kommen weitere 8 mm hinzu. Auch das **Naturschutzgebiet Norrfällsviken** ist von diesem geologischen Phänomen geprägt, denn hier findet man große Kieselfelder mit Strandwällen, die im Zuge der Landhebung trocken fielen. Die Einheimischen nennen sie »Teufelsloch-Äcker«, denn hier lässt sich kaum etwas anbauen. Nirgendwo sonst am Bottnischen Meerbusen findet man so dicht am Wasser so hohe Berge, Grotten und Geröllfelder. Mehrere Naturreservate und ein kleiner Nationalpark schützen die artenreiche Flora und Fauna der Höga Kusten.

Die Insel Trysunda zählt zu den vielen netten Fleckchen an der Höga Kusten.

Bönhamn Um die Höga Kusten zu erkunden, sollte man bei Gallsäter von der E 4 abbiegen und der ausgeschilderten Route folgen. Auf kurvigen Straßen gelangt man zu kleinen Fischerdörfern wie Fällsvik, Barsta, Bönhamn oder Norrfällsviken. Besonders Bönhamn ist eine Idylle wie aus dem Bilderbuch. Kleine Holzhäuser direkt am Wasser in kräftigen Farben, ein Gästehafen, eine Galerie und mehrere gemütliche Privatunterkünfte machen Bönhamn zu einem der beliebtesten Ausflugsziele an der Hohen Küste. Die Insel Trysunda erreicht man von Köpmanholmen aus mit der Fähre.

Nordingrå In Nordingrå, dem zentralen Ort der Gegend, sollte man sich etwas Zeit für das Wärdshus Mannaminne nehmen, das 1980 als kleines Café und Galerie für lokale Künstler begonnen hat. Mittlerweile stehen auf dem Gelände rund 50 Gebäude, von der norwegischen Stabkirche bis zum ungarischen Farmhaus. Verschiedene Kunstausstellungen, ein Jazz-Festival Ende Juli, ein Restaurant und ein Bed & Breakfast locken mittlerweile knapp 200 000 Besucher jährlich an (Öffnungszeiten: Juni – Aug. tgl., sonst nur am Wochenende; www.mannaminne.se).

Skuleberg

Im Hinterland der Hohen Küste erhebt sich bei Docksta der Skuleberg (293 m ü.d.M.), der unter Naturschutz steht und von dessen Gipfel man einen herrlichen Blick über die von der Eiszeit und der anschließenden Landhebung geprägte Landschaft und das Meer hat. Den Gipfel erreicht man bequem mit einer Seilbahn (Fahrzeiten: im Juli 10.00 – 19.00, im Aug. bis 17 Uhr) oder auf zwei unterschiedlich schweren Klettersteigen. Das 2007 eingerichtete Naturum Höga Kusten an der E 4 zwischen Härnösand und Örnsköldsvik am Fuß des Skuleberg informiert über den Nationalpark Skuleskog, vermittelt geführte Touren und zeigt Ausstellungen, außerdem gibt es ein Café (www.naturamhogakusten.se).

Skuleskog Nationalpark

Eine hügelige, von Schluchten durchzogene Landschaft mit unberührten Wäldern prägt den Skuleskog Nationalpark. Er liegt nordöstlich des Skulebergs. Größte Sehenswürdigkeit ist die 40 m tiefe Schlucht **Slåttdalskrevan**, deren Wände 6 m senkrecht aufragen.

Örnsköldsvik

Die Stadt am Meer bekam ihren Namen vom Reichsverweser Per Abraham Örnsköld, der im 18. Jh. viel zur Entwicklung dieser Region beigetragen hat. Architektonisch gelungen sind die modernen Glasbauten am Hafen. Wer tropische Wasserfreuden genießen möchte, kann das **Paradies-Bad** nahe des Zentrums aufsuchen. Besonders amüsant: die Wasserrutschbahn »Magic Eye« (Öffnungszeiten: Winter Mo. – Fr. 10.00 – 20.30, Sa./So. bis 18.00, Sommer siehe www.paradisbadet.se; Lasarettsgatan 15).

Das **Regionalmuseum** zeigt kulturhistorische Ausstellungen aus Ångermanland, die Geschichte der Stadt und das Atelier des Bildhauers Bror Marklund. Das Museumscafé ist im Stil der 1950er-Jahre eingerichtet (Örnsköldsvik Museum og Konsthall, Öffnungszeiten: Di./Mi. 14.00 – 20.00, Do. – Sa. 11.00 – 16.00 Uhr, Läroverksgatan 1, www.museumkonsthall.se). Im **Hans Hedberg Museum** sind die eigenwilligen Kreationen des bekannten Glaskünstlers zu sehen (Öffnungszeiten: Mo. – Fr. 8.00 – 16.15 Uhr, Strandgatan 21).

Baedeker TIPP

Kulinarische Mutprobe

Schon mal Surströmming probiert? An dieser Spezialität der Region scheiden sich die Geister: Für die einen ist der gegorene Hering eine Delikatesse, für andere ein Gräuel. Durch die Gärung sind die Dosen aufgetrieben und stehen kurz vor dem Platzen, sticht man hinein, entweichen übel riechende Dämpfe. Und der Geschmack? Unbeschreiblich und sehr gewöhnungsbedürftig. Doch das Surströmmingfest am Ende des Sommers ist aus dem Festkalender der Nordländer nicht wegzudenken – vielleicht weil der vergorene Fisch das beste Alibi für so manchen Aquavit ist.

Hudiksvall

H 7

Landschaft: Hälsingland
Einwohnerzahl: 37 000
Provinz: Gävleborg Län
Höhe: Meereshöhe

Im Hinterland dieser mittelschwedischen Hafenstadt erstrecken sich riesige Wälder, einst Quelle des Wohlstands für Hudiksvall. Die Stadt entwickelte sich zu einem Zentrum des Holzhandels und hat viele schöne Holzhäuser aus alten Zeiten bewahrt. Im Süden zieht sich an der Küste ein wunderschöner Schärengürtel dahin.

Im Reich der Holzbarone

Hudiksvall ist Hauptort der Landschaft Hälsingland und liegt am Hudiksvallsfjärden. 1582 mit Stadtrechten versehen, ist sie nebst Gävle die älteste Stadt in Norrland und die früheste Stadtgründung der Wasa-Könige. 1861 wurde die »Vestra Helsinglands Trävaru Aktiebolag« gegründet und fortan prägte die Holzindustrie das Wirtschaftsleben. Im 19. Jh. entstand der Begriff »Fröhliches Hudik«, der noch heute gerne als Werbung für die Stadt eingesetzt wird, als Anspielung auf das feucht-fröhliche Leben der Holzpatrone, die mit dem Holzhandel gutes Geld verdienten. 1792 verwüstete ein Feuer große Teile der Stadt. Die anschließend errichteten Häuser stehen teils noch heute und bilden **einen der besterhaltenen Stadtkerne** mit Holzbebauung in Schweden.

Iggesunds Industriemuseum ist in einer alten Eisenhütte untergebracht.

Sehenswertes in Hudiksvall und Umgebung

Hafenbereich

Am Hafen liegt der Stadtteil **Fiskarstaden**, dem die vielen Holzhäuser, Bootsschuppen und Speicher ein altertümliches Flair verleihen. Sie alle stammen aus der Zeit nach dem Brand vom Jahr 1792. Sehenswert ist das Hantverksgårdens Hus, das mit seiner reich geschmückten Fassade ein frühes Beispiel für die Gestaltung einer Ladenfront bildet.

Hälsinglands Museum

Das 1860 von einer Gruppe begeisterter Laienhistoriker und Fachleute gegründete Provinzmuseum ist in einem ehemaligen Bankhaus im Zentrum untergebracht. Gezeigt werden Fundstücke aus der Eisenzeit, mittelalterliche Kirchenkunst, eine Textilausstellung und der Nachlass des Künstlers John Sten (Öffnungszeiten: Mo. 12.00 bis 17.00, Di.–Fr. 10.00–16.00, Sa. 12.00–16.00 Uhr, www.halsinglandsmuseum.se).

Iggesund

Etwa 12 km südlich von Hudiksvall steht in Iggesund eine alte Eisenhütte, die heute als Industriemuseum eingerichtet ist und über die

HUDIKSVALL ERLEBEN

AUSKUNFT

Hudiksvalls Turistbyrå
Storgatan 33, 82480 Hudiksvall
Tel. (06 50) 191 00, Fax 381 75
www.hudiksvall.se

ESSEN

► **Erschwinglich**

Bangkok Kajen
Västra Tvärkajen
Tel. (06 50) 966 00
In dem Restaurant mit Dachterrasse und Blick aufs Meer werden asiatische Gerichte serviert.

ÜBERNACHTEN

► **Komfortabel**

Hotell Hudik
Norra Kyrkogatan 11
Tel. (06 50) 54 10 00, Fax 54 10 10
53 Zi., www.hkchotels.se
Kleines Hotel im Zentrum von Hudiksvall, nur 500 m vom Bahnhof entfernt, Wellnessbereich mit Sauna, Whirlpool und Swimmingpool.

Baedeker-Empfehlung

Luxus auf dem Bauernhof
Hälsingland ist für seine alten, teils prächtig ausgeschmückten und verzierten Bauernhöfe bekannt. Viele sind zu besichtigen, – in einigen kann man auch vorzüglich übernachten. Informationen und Terminvereinbarungen in den Touristenbüros von Hudiksvall, Söderhamn, Bollnäs und Ljusdal. Nähere Informationen auch auf Deutsch unter www.halsingegardar.com.

VERANSTALTUNGEN

Der Sommer ist die Zeit der Spielmannstreffen in Hälsingland, Termine erfährt man in den Touristenbüros. Am dritten Wochenende im August findet in Söderhamn das Heringsfest »Strömmingsleken« statt, eine gute Gelegenheit, sich an den Surströmming zu wagen.

Frühzeit der industriellen Eisenverarbeitung unterrichtet (Öffnungszeiten: Juni – Aug. tgl. 11.00 – 17.00 Uhr; www.bruksminnen.se).

Jungfrauenküste Der Küstenstrich bei Hudiksvall wird nach Storjungfrun, der größten Insel der Gegend, Jungfrukusten (Jungfrauenküste) genannt. Viele der Schären sind mit kleinen malerischen Fischerhäusern bebaut. Von den Seebädern sind vor allem die nördlich gelegenen Stocka und Mellanfjärden sowie die südlich gelegenen Skarså, Stenö und Ljusne einen Besuch wert.

Söderhamn Auf der von Hudiksvall nach Süden führenden E 4 liegt 56 km entfernt die Stadt Söderhamn, die 1620 von König Gustav II. Stadtrechte verliehen bekam. Grund für die Entstehung der Stadt war die bedeutende und schnell wachsende Waffenschmiede, die das schwedische Kriegsheer mit Musketen versorgte. Ein guter Blick bietet sich vom Aussichtsturm Oscarsborg auf dem Östra Berg. Vor der Stadt liegt ein Schärengarten mit ca. 500 Inseln, ein gern genutztes Naherholungsgebiet. Nördlich von Söderhamn lohnt der Fischerort **Skärså** mit hübschen Kaihäusern, Bootsschuppen, Fischrestaurant und Glashütte einen Abstecher.

Bollnäs Über die Str. Nr. 301 erreicht man ca. 15 km vor Bollnäs die **Västerby-Bauernhöfe** in Rengsjö, Hälsingland. Die etwa 30 historischen Häuser stammen zum Teil noch aus dem 17. Jahrhundert. Interessant ist auch das Museum zur bäuerlichen Kultur. Bollnäs liegt in einer alten Kulturlandschaft am Zusammenfluss von Voxnan und Ljusnan. In der Bollnäs Kyrka ist eine Sammlung mittelalterlicher Holzskulpturen zu finden (Öffnungszeiten: Mitte Juni – Mitte Aug. tgl. 10.00 – 17.00 Uhr; www.vasterby.com).

Växbo 13 km nordöstlich von Bollnäs kann man in der Växbo Kvarn die einstige Wohnung eines Müllers, heute ein gemütliches Gasthaus, besuchen. Nebenan lernt man bei Führungen einiges über die alte Flachsverarbeitung (Trolladen). Ein kurzer Spaziergang führt zu Växbo Lin, wo Leinenerzeugnisse hergestellt und auch verkauft werden .

Sehenswert in **Järvsö** ist der als Kulturdenkmal geschützte Hof Stenegård, der heute als vielfältiges Kulturzentrum mit Galerie, Kunsthandwerksausstellungen und Restaurant dient (Tel. 06 51/76 73 00, www.stenegard.com). Im **Järvzoo** kann man auf einem 3 km langen Bohlenweg die nordischen Tiere in ihrer natürlichen Umgebung beobachten. Eine besondere Attraktion sind die Wölfe (Öffnungszeiten: Ende Juni – Anf. Aug. tgl. 10.00 – 17.00, sonst 10.00 – 15.00 Uhr; www.jarvzoo.se).

! *Baedeker* TIPP

Die Riviera Hälsinglands

Orbaden südlich von Järvsö ist ein Kurort am Ufer des Orsjön. Einmalig schön ist der kilometerlange, von dichtem Wald gesäumte Sandstrand, dessen Zungen weit in den See hineinreichen.

Inlandsvägen

G–K 10–13

Landschaft: Jämtland, Lappland

Provinz: Jämtland Län, Norrbotten Län, Västerbotten Län, Västernorrland Län

Lappland lässt sich recht gut entlang des »Inlandsvägen« erkunden, wie der Riksväg 45 auch genannt wird. Der hier beschriebene nördliche Teil führt durch die endlosen Wälder Mittel- und Nordschwedens und bietet viele Möglichkeiten für Abstecher in die Fjälls und Nationalparks des hohen Nordens.

Der Riksväg 45 ist mit rund 1700 km die längste Straße Schwedens. Von Göteborg bis nach Karesuando im äußersten Norden geht die Fahrt immer durchs Landesinnere – deshalb der Name Inlandsvägen.

Von Dorotea bis Arvidsjaur

Dorotea

Das kleine Städtchen Dorotea bildet auf dem Inlandsvägen das südliche Tor nach Lappland. Gegründet wurde die Pfarrei 1799 und nach der schwedischen Königin Dorotea Vilhelmina (s.u.) benannt.

Vilhelmina

Der ansehnliche Marktort Vilhelmina liegt mitten im südlichen Lappland. Seinen Namen erhielt der Ort im Jahr 1799 von Frederika Dorotea Vilhelmina V. von Baden, Gemahlin Gustavs IV. Adolf. Vil-

Eisklare Luft, flirrender Schnee, Gebell der Schlittenhunde – auch das ist Lappland, hier bei Vilhelmina.

helmina ist der Sitz der offiziellen Samenvertretung. An der steilen Hauptstraße des alten Ortskerns befindet sich das kleine Museum mit Sammlungen zur Heimatkunde, Steinzeit und Samenkultur. Die nahe, 1792 gegründete Kirchstadt bestand früher aus 75 Häusern und war damit eine der größten im Norden, doch ein Brand, der 1921 große Teile Vilhelminas zerstörte, ließ nur 27 der kleinen Holzhäuser unbeschädigt.

? WUSSTEN SIE SCHON ...?

- ... dass der schwedische Kälterekord in dem kleinen Dorf Malgorvik, 20 km nördlich von Vilhelmina, gemessen wurde? Am 13. Dezember 1943 fiel das Thermometer auf ungemütliche - 53 °C!

Ein lohnender Ausflug führt von Vilhelmina nordwestlich über Laxbäcken und dann streckenweise auf dem Sagaväg zu dem Dorf **Saxnäs** (95 km), das in großartiger Gebirgslandschaft am Südufer des **Kultsjön** liegt und Zentrum eines schönen Wander- und Wintersportgebiets ist. 25 km weiter in nordwestlicher Richtung kommt man nach **Fatmomakke**, einer alten Kirchstadt der Samen, wo Hunderte der »Kåten« stehen, die zeltähnlichen Hütten der Samen. Hier finden jährlich Anfang Juni und Anfang September Kirchenfeste statt. Von Mitte Juni bis Mitte August gibt es geführte Wanderungen durch die Kirchstadt, die am Länsmansstuga am See starten (tgl. 11.00, 13.30 und 15.30 Uhr).

Arvidsjaur

Arvidsjaur ist einer der bedeutendsten Orte der südlichen Lappmark und wichtiger Verkehrsknotenpunkt an den Str. Nr. 45 und Nr. 95. Wirtschaftlich sind die Holzverarbeitung und die Rentierzucht von Bedeutung. Der Ort ist ein traditioneller Versammlungsplatz der Samen. Im Gamla Prästgård, dem alten Pfarrhof am nordwestlichen Ortsausgang, ist das Heimatmuseum untergebracht, das über die Kultur der Waldsamen informiert (Öffnungszeiten: Ende Juni – Ende Aug. Mo. – Fr. 10.00 – 16.30, Sa. 10.00 – 14.00 Uhr; www.hembygdarvidsjaur.se). Die bedeutendste Attraktion und ein Muss für jeden Besucher ist die Lappenstadt im Zentrum von Arvidsjaur. Es ist Schwedens älteste noch erhaltende Samensiedlung und umfasst etwa 80 Holzhäuser aus dem 17. Jh. Am Eingang liegt das »Arvasgården«, hier kann man Ausflüge buchen, Souvenirs kaufen und die samische Küche genießen (Führungen: Mitte Juni – Mitte Aug. tgl. 17.00 Uhr).

★ Lappstaden ►

★★ **Arjeplog**

Westlich von Arvidsjaur führt die Str. Nr. 95 durch eine wald- und wasserreiche Landschaft zu dem knapp 90 km entfernten Kirchdorf Arjeplog, das traumhaft schön am Südende des 64 km langen Sees Hornavan liegt. Weltruf genießt das **Silbermuseum**, das die Kultur der Samen wie auch der Neusiedler widerspiegelt und die wohl größte Sammlung samischer Silberarbeiten besitzt. Der Arzt Einar Wallquist, der 1922 aus Stockholm hierher in die Wildnis kam, hatte den Grundstock für die Sammlung geliefert: Viele seiner Patienten, die er in weit ablegenen Gegenden betreute, bezahlten ihn in Naturalien

Die samische Alternative zum Zelt sind Holzhütten wie hier in Arvidsjaur.

aller Art (Öffnungszeiten: Mitte Juni – Mitte Aug. tgl. 9.00 – 18.00, sonst Mo. – Fr. 10.00 – 12.00 und 13.00 – 16.00, Sa. 10.00 – 14.00 Uhr, www.silvermuseet.arjeplog.se).

Pieljekaise-Nationalpark

Fährt man von Arjeplog auf der Str. Nr. 95 weiter in nordwestlicher Richtung, erreicht man bei Jäkkvik den Pieljekaise-Nationalpark. Seit 1909 ist der **Birkenurwald** im Pieljekaise geschützt, 1913 wurde er auf die heutige Größe von 15 km² erweitert. Zwei Wanderwege erschließen den Park: der 22 km lange Weg zwischen Jäkkvik und Veiejnäs und der 27 km lange Abschnitt des Kungsleden zwischen Jäkkvik und Adolfström.

✶ Jokkmokk

Tor zur Wildnis

155 km fährt man auf dem Inlandsvägen von Arvidsjaur aus nach Norden, dann erreicht man den Polarkreis und damit auch Jokkmokk, kulturelles Zentrum der schwedischen Samen. Die angenehme, sehr großzügig angelegte Stadt fügt sich gut in die fast menschenleere Landschaft mit ihren Birken- und Nadelgehölzen ein. Westlich des Hauptortes erstrecken sich die großen Nationalparks des Nordens: Padjelanta, Stora Sjöfallet und Sarek sowie nördlich der kleinere Muddus-Nationalpark. Zusammen mit mehreren kleineren Naturschutzgebieten bilden sie das 9400 km² umfassende Gebiet von »Lapponia«, das 1996 von der UNESCO zum Weltkulturerbe erklärt wurde. Jokkmokk ist einer der besten Ausgangspunkte für Unternehmungen in dieser riesigen Wildnis.

INLANDSVÄGEN ERLEBEN

AUSKUNFT

Arvidsjaur Turistbyrå
Östra Skolgatan 18c
93381 Arvidsjaur
Tel. (09 60) 175 00
www.arvidsjaur.se

Gällivare Turistbyrå
Storgatan 16, Centralskolan
(Museumsgebäude)
98236 Gällivare
Tel. (09 70) 166 60, www.gellivare.se

Turistbyrå Jokkmokk
Tel. (09 71) 222 50, Fax 222 59
www.jokkmokk.se

Vilhelmina Turistbyrå
Storgatan 9
91232 Vilhelmina
Tel. (09 40) 398 86
tuby@vilhelmina.se
www.sodralappland.se

ESSEN

► Erschwinglich

Kittelparkens Wärdhus
Kittelfjäll (130 km von Vilhelmina)
Tel. (09 40) 810 88
www.kittelparken.se
Dieses Wirtshaus bietet gute Hausmannskost in schöner Natur. Im Winter der ideale Ort für eine Stärkung zwischen den Skiabfahrten.

Restaurang Ájtte
Jokkmokk, Kyrkogatan 3
Tel. (09 71) 170 91, www.ajtte.com
Solides Restaurant im samischen Museum mit lappländischen Spezialitäten.

Restaurang Opera
Jokkmokk, Storgatan 36
Tel (09 71) 105 05
Ein Opernrestaurant mitten in Lappland? Der Name mag etwas hoch gegriffen sein, das Essen ist aber durchaus schmackhaft.

► Preiswert

Kaffestugan
Arvidsjaur, Storgatan 21
Tel. (09 60) 107 25
Günstige Tagesgerichte und lappländische Spezialitäten. Abends geschlossen.

Toppstugan
Gällivare, Toppstugan
Tel. (09 70) 145 60
Aussichtscafé auf Gällivares Hausberg Dundret. Allein schon wegen des Rundblicks einen Besuch wert.

ÜBERNACHTEN

► Luxus

Grand Hotel Lapland
Gällivare, Lasarettsgatan 1
Tel. (09 70) 77 22 90, Fax 77 22 96
www.grandhotellapland.com
Im Zentrum von Gällivare mit fantastischer Sicht auf die Berge. Gartenveranda, englischer Pub und Golfen rund um die Uhr unter der schwedischen Mitternachtssonne sorgen für Abwechslung.

► Komfortabel

Hotell Laponia
Arvidsjaur, Storgatan 45
Tel. (09 60) 555 00, Fax 555 99
200 Zi., www.hotell-laponia.se
Eine der größten Hotelanlagen für Tourismus und Konferenzen im Zentrum Lapplands. Neben Pool, Sauna, Fitnessraum und Spa-Abteilung hat das Hotel auch etwas Besonderes zu bieten: uriges Abendessen in einer Samenhütte.

Hotel Jokkmokk
Jokkmokk, Solgatan 45

Tel. (09 71) 777 00, Fax 777 90
75 Zi., www.hoteljokkmokk.se
Komfortables Hotel am Talvatis-See. Restaurant mit Aussicht, kulinarische Leckereien wie geräucherte Rentiersteaks oder Elchfilets. Für das Wildnisfeeling sorgen Torfhütte und Sauna direkt am See.

Tärnaby Fjällhotell
Tärnaby, Östra Strandvägen 16
Tel. (09 54) 104 21, Fax 106 27
www.tarnabyfjallhotell.com
Das kleine, charmante Hotel in der Nähe der Skiloipen überzeugt mit einer schönen Aussicht. Massagen und eine Panorama-Sauna im Obergeschoss.

► Günstig

Hotell Wilhelmina
Vilhelmina, Volgsjövägen 16
Tel. (09 40) 554 20, Fax 101 56
64 Zi., www.hotellwilhelmina.se
Mittelklassehotel in malerischer Lage am Volgsee, am Rande von Vilhelmina. Über das Hotel kann man Ferienhäuser in der denkmalgeschützten Kirchstadt mieten. Besonders preisgünstig lässt es sich im Vandrarhem wohnen.

Hotell Dorotea
Dorotea, Bergsvägen 2
Tel. (09 42) 477 80, Fax 477 89, 29 Zi.
Direkt am See und trotzdem mitten in der Stadt. Ausgezeichnete Küche mit Wildspezialitäten.

Åsgård Vandrarhem
Jokkmokk, Åsgatan 20
Tel. (09 71) 559 77
28 Zi., www.jokkmokkhostel.com
STF, die schwedische Touristenvereinigung, ist bekannt für Jugendherbergen an ungewöhnlichen Orten, in diesem Fall ein früheres Forsthaus aus den 1930er-Jahren.

SPORT

Die »Jokkmokkguiderna« bieten das ganze Jahr über Aktivitäten an (www.jokkmokkguiderna.com). Wer nicht allein in die Wildnis aufbrechen möchte, ist hier in guten Händen. Wanderungen zum Berg Jarre oder entlang des Muddus-Flusses bis zum 42 m hohen Wasserfall. Tagestouren mit dem Kanu oder zum Sommertraining der Schlittenhunde (Tel. 09 71/ 122 20).

MITTERNACHTSSONNE

In Gällivare geht vom 2. Juni bis 12. Juli die Sonne nicht unter.

MARKT

1605 wurde erstmals Markt in Jokkmokk abgehalten. Ins Leben gerufen hat ihn König Karl IX., um leichter Steuern eintreiben zu können. Seither findet der Markt immer Anfang Februar statt. Zwar wird mittlerweile viel Krimskrams angeboten, aber auch samisches Kunsthandwerk aller Art.

Hübsche samische Messer vom Markt

Kirchen Die größere der beiden Ortskirchen ist der stattliche Holzbau von 1889. Am nordwestlichen Ortsrand steht die schlichte, rot gestrichene hölzerne Samenkirche aus dem Jahr 1753. Nachdem sie 1972 völlig niedergebrannt war, wurde sie rekonstruiert und 1976 eingeweiht. Der Innenraum ist in den Farben Blau, Rot und Gelb gehalten und entspricht damit den Farben der samischen Jokkmokktracht.

** ** Ajtte-Museum** An der Storgatan liegt die Hauptsehenswürdigkeit der Stadt: das Ajtte-Museum, das sehr eindrücklich die **Kultur der Samen** veranschaulicht. Alltags- und Festkleidung aus Leder, Kunsthandwerk aus Silber, das Leben der Nomaden und die Rentierzucht werden ebenso thematisiert wie ihre Religion und ihre Mythen. Beeindruckend ist auch der Raum des »Noajdden«: Der samische **Schamane** war früher das wichtigste Mitglied der Gemeinschaft, denn mit seiner magischen Trommel (»Trolltrumma«), fand er alle Antworten auf die Fragen des Lebens (Öffnungszeiten: Mitte Juni – Mitte Aug. tgl. 9.00 – 18.00, sonst Di. – Fr. 10.00 – 16.00, Sa. 10.00 – 14.00Uhr; www.ajtte.com).

Einige Minuten Fußweg vom Museum entfernt befindet sich am Mühlbach Kvarnbäcken der Fjällträdgård (Botanische Garten). Hier wachsen vielen Pflanzen auf engem Raum, die sonst verstreut im schwedischen Gebirge vorkommen. Im Informationsgebäude wird eine Diashow des bekannten Naturfotografen Edvin Nilsson gezeigt.

! *Baedeker* TIPP

Samisches Kunsthandwerk

Einer der besten Orte, um qualitativ hochwertiges samisches Kunsthandwerk zu erwerben, ist Jokkmokk. In Jokkmokks Tenn (Järnvägsgatan 19) können Sie den Künstlern bei der Arbeit zuschauen. In Jokkmokks Stencenter am Talvatissee wird eine große Auswahl an Silberschmuck und Gebrauchsgegenständen aus Stein und Halbedelsteinen angeboten.

Lars Pirak aus Jokkmokk ist der bekannteste samische Maler, Künstler und Poet. Als Jugendlicher hat er als Rentierhirte und Holzfäller gearbeitet, kam dann aber durch die samische Volkshochschule zur Kunst. Es ist sein Verdienst, dass die samische Kunst einer breiten Öffentlichkeit, auch außerhalb Schwedens, bekannt wurde. Seine Bilder in kräftigen Farben zeigen häufig Szenen aus dem samischen Alltag (**Atelier**: Jarregatan 4, es kann nach telefonischer Voranmeldung besucht werden Tel. 09 71/109 41).

Umgebung von Jokkmokk

Vuollerim Knapp 50 km südöstlich (Str. Nr. 97) liegt am Lule Älv der Ort Vuollerim mit einem äußerst sehenswerten Museum, das die Vor- und Frühgeschichte Lapplands anschaulich dokumentiert. Einige Kilometer vom Museum entfernt hat man 1983 Überreste einer 6000 Jahre alten Siedlung entdeckt. Das vage Puzzle aus Hüttenteilen, behauenen Steinwerkzeugen und anderen Funden aus der Zeit der Fischer,

Rentierherden ziehen zwar frei umher, doch hat jede einen Besitzer, der sie jährlich zusammentreibt.

Jäger und Sammler fügten die Archäologen zu einem Bild des steinzeitlichen Lebens im Norden Schwedens zusammen. Wer will, kann selbst in Kleidung aus Rentierfell schlüpfen (Öffnungszeiten: Mitte Juni – Mitte Aug. Mo. – Fr 9.00 – 18.00, Sa., So. 11.00 – 16.00, Mitte Mai – Mitte Juni Mo. – Fr. 11.00 – 16.00 Uhr, www.vuollerim6000.com).

Kvikkjokk

Einige Kilometer nördlich von Jokkmokk biegt man von der Str. Nr. 45 links nach Kvikkjokk ab. Die landschaftlich schöne Strecke führt ca. 130 km lang an Seen und kleinen Samendörfer vorbei. In Kvikkjokk, am Ende zweier großer Gebirgstäler, endet die Straße. Die komfortable und viel genutzte Gebirgsstation ist Ausgangspunkt vieler Wandertouren in den angrenzenden Nationalpark. Von hier aus ist der Einstieg in den **Kungsleden** (► Special S. 206) problemlos.

✶ Padjelantaleden

Der Padjelantaleden ist ein rund 150 km langer, gut markierter **Sommerwanderweg**, an dem im Abstand von 10 bis 20 km Selbstversorgerhütten eingerichtet sind. Man kann ihn in Kvikkjokk, Vaisaluokta oder bei den Akkahütten am anderen Ende des Akkajauresees beginnen. In der Regel benötigt man 10 bis 15 Tage für die Wanderung. Da nur Anfangs- und Endpunkt gut zu erreichen sind, der restliche

Weg aber fernab jeglicher Straße verläuft, kann man die Wanderung kaum abkürzen. Wer einen weniger begangenen Weg sucht wie den berühmten Kungsleden, ist hier richtig.

✶ **Sarek-Nationalpark**

Der Sarek-Nationalpark ist zwar nicht weit von Kvikkjokk entfernt, doch Touren in diese vollkommen unberührte Wildnis wollen gut geplant sein. Denn im Gegensatz zu den anderen Nationalparks gibt es im Sarek **keinerlei touristische Infrastruktur:** keine markierten Wege, keine Brücken über die teils reißenden Flüsse und auch keine Hütten. Wer eine Wanderung im Sarek plant, ist in dem 197 000 ha großen Gebiet auf sich allein gestellt.
Zum Schnuppern gibt es aber einige relativ einfache Tagestouren, bei denen man von Kvikkjokk aus die grandiose Bergwelt erleben kann: Die Wanderung auf den Berg **Snjerak** ist rund 7 km lang und markiert. Anfangs geht es durch Birkenwälder, später ins Kahlfjäll. Von oben bietet sich ein guter Blick auf das Delta von Kvikkjokk und die Gipfel des Sarek. Ein weiterer schöner Aussichtsberg ist der Namatj, **der heilige Berg der Samen**. Er liegt mitten im Delta und ist auf einem markierten Weg relativ einfach von Kvikkjokk zu besteigen.

Von Jokkmokk nach Malmberget

Porjus

Setzt man von Jokkmokk aus die Fahrt auf dem Inlandsvägen (Str. Nr. 45) fort, erreicht man nach ca. 46 km das Dorf Porjus. Es entstand zu Beginn des 20. Jh.s beim Bau des ersten schwedischen Wasserkraftwerks. Mit dem Strom, den die Wasserkraft des Lule Älv lieferte, sollte die Erzbahn elektrifiziert werden. Mittlerweile ist der gesamte Fluss in den Dienst der Stromerzeugung gestellt. Die alte Turbinenhalle des ersten Kraftwerks kann besichtigt werden (Öffnungszeiten: Mitte Juni – Mitte Aug. tgl. Führungen).

Arctic Image / Arctic Colors Galleri ►

Im alten Bahnhof von Porjus betreibt die Fotografin **Patricia Cowern** eine Galerie. Faszinierende Nordlichtfotografien gehören zu den ständigen Ausstellungsstücken, die durch wechselnde Sonderausstellungen ergänzt werden (Tel. 09 73/103 06; www.arctic-color.com).

Zu Wasser und zu Lande

Nordwestlich von Porjus bietet sich für Wanderfreudige ein Abstecher zum Stora Sjöfallet Nationalpark an. Zunächst folgt man wenige Kilometer der Str. Nr. 45, zweigt dann links in Richtung Stora Sjöfallet ab. Nach 80 km erreicht man den Parkplatz bei Kebnats. Von hier verkehrt mehrmals täglich ein Boot nach **Saltoluokta**. Die Berghütte vom Svenska Turistförening (STF) ist ein guter Ausgangspunkt für Wanderungen auf dem Kungsleden. Eine beeindruckende **Tagestour** beginnt mit einer **Bootsfahrt** von Saltoluokta nach Sjöfallsbryggan, von wo aus man durch leichtes Terrain zum Hermelinwasserfall wandert. Dies ist der einzige Fall, der noch erahnen lässt, wie es aussah, bevor der Fluss komplett für die Stromgewinnung genutzt wurde.

Der Sarek, eine unberührte Wildnis ohne Weg und Steg →

KÖNIGSPFAD DURCH DIE WILDNIS

Der Königspfad (Kungsleden) ist der bekannteste Fernwander- und Skitourenweg Skandinaviens. Über 425 km führt er von Abisko im Norden bis Hemavan im Süden. Es gibt kaum eine bessere Möglichkeit, die grandiose Landschaft Nordschwedens kennen zu lernen. Man begegnet Samen und ihren Rentieren, sieht vielleicht aus der Ferne sogar Bär, Wolf oder Luchs. Die Infrastruktur ist hervorragend, sodass diesen Weg nicht nur Outdoor-Asse gehen können.

Der Kungsleden lässt sich in vier Abschnitte unterteilen, die jeweils gut in rund einer Woche zu bewältigen sind. Die Anfangs- und Endpunkte der Teilstrecken sind problemlos mit dem Auto oder öffentlichen Verkehrsmitteln zu erreichen. Zwischen Kvikkjokk und Ammarnäs ist der Weg zwar auch markiert, doch auf diesem Abschnitt gibt es keine Hütten zur Übernachtung. Wer dieses Verbindungsstück zwischen nördlichem und südlichem Kungsleden gehen möchte, braucht Zelt und Zeit.

Von Abisko nach Kebnekaise

Dies ist der bekannteste und damit auch meistbegangene Abschnitt des Kungsleden, der durch mächtige Trogtäler verläuft und Ausblicke auf einige der höchsten Berge und Gletscher Schwedens bietet. Hier passiert man auch **den höchsten Punkt** des gesamten Fernwanderweges, den Tjäktjapass auf 1150 m, von dem man eine fantastische Aussicht auf die Talsenke und das umliegende Hochgebirge genießt. Lohnend ist der Abstecher von **Sälka** zum gleichnamigen Gipfel (1865 m ü.d.M.) oder zur Nallohütte, die tief in einem Tal eingebettet liegt, das von hohen Bergen umgeben ist. Von der **Fjällstation Kebnekaise** bietet sich die Besteigung des höchsten Berges Schwedens, dem 2117 m hohen Kebnekaise an. Vom Endpunkt der Wanderung, der Kebnekaise Fjällstation muss man noch 19 km bis Nikkaluokta zu Fuß einplanen, bevor man dort die Straße erreicht (Dauer 7 – 8 Tage).

Kebnekaise – Saltoluokta

Steigt man in Kebnekaise in den Kungsleden ein, beginnt dieser Abschnitt mit der 19 km langen Wanderung von Nikkaluokta zur Kebnekaise Fjällstation, bevor man dann auf dem eigentlichen Kungsleden weiterwandert. Die Strecke führt **über Fjällplateaus** und durch die scharf eingeschnit-

…lten ist auf dem …ungsleden eine beliebte …ternative zur Wander…itte.

tenen Täler bei Teusajaure und Kaitumjaure. Unterwegs passiert man den **Nationalpark Stora Sjöfallet** und genießt schöne Ausblicke auf die markanten Gipfel des **Sarek**. Von Vakkotavare muss man bis zum Anleger Kebnatsbryggen den Bus nehmen, bevor man dann mit dem Boot (Gebühr) zur Fjällstation Saltoluokta übersetzt (Dauer 5 – 7 Tage).

Saltoluokta – Kvikkjokk

Dies ist ein **besonders abwechslungsreicher Abschnitt**, der durch Urwald, Kultur- und Heidelandschaft und an den Ufern mehrerer kristallklarer Seen entlangführt. Nachdem man den See Sitojaure überquert hat und am höchsten Punkt des darauf folgenden Anstiegs angelangt ist, sollte man unbedingt einen Abstecher zum Skiefeklippen machen, um von dort oben den sagenhaften Blick ins **Rapadalen**, über Gipfel und Gletscher des Sarek sowie das Pårtetjåkko-Massiv zu genießen (Dauer 4 – 7 Tage).

Ammarnäs – Hemavan

Der südliche Abschnitt des Kungsleden führt durch das Naturreservat Vindelfjällen. Diese Strecke ist relativ einfach und durchquert überwiegend flache Gebirgsregionen und Fjällheiden, wobei auch zahlreiche große Seen passiert werden (Dauer 5 – 7 Tage).

Reiseinfos

Der gesamte Kungsleden ist sommers wie winters gut markiert und am Ende jeder Tagesetappe findet man eine der 22 STF-Fjällhütten zur Übernachtung. Adressen: über die Broschüre »Kungsleden« des SFT (► Praktische Informationen / Wandern) oder www.svenskaturistforeningen.se. Die **Hütten** sind einfach eingerichtet und nicht im Voraus buchbar. Während der Saison werden sie von einem Hüttenwirt bewirtschaftet. Die Hütten sind für Selbstversorger ausgelegt, d. h. neben Karte und Kompass, guten Wanderstiefeln, sturmsicherem Zelt, zweckmäßiger, robuster Ausrüstung, die auch Regenschauer übersteht, muss im Rucksack auch noch Platz für Verpflegung sein. Es gibt Etappen, auf denen man mutterseelenallein unterwegs ist. Andere, vor allem solche, die Tagesetappen rund um die Einstiege bilden, sind besonders während der schwedischen Sommerferien fast schon überlaufen zu nennen.

Wanderzeiten sind Anfang Juli bis Ende Sept. und für Wintertouren Ende Feb. bis Ende April. Im Juli sind die meisten Wanderer unterwegs und auf den Hütten kann es eng werden. Für Wintertouren ist der April der schönste Monat mit langen und in der Regel sonnigen Tagen, an denen der Schnee wunderbar glitzert.

✶✶ **Gällivare**

Wer von Porjus direkt auf der Str. Nr. 45 weiterfährt, erreicht nach 42 km Gällivare. Das Zentrum einer Großgemeinde liegt in einem reichen Eisenerzgebiet, in dem überwiegend Magnetit abgebaut wird. Im Stadtbereich ist ein Kulturpfad ausgeschildert, ein Heimatmuseum ergänzt das kulturelle Angebot. Der Bahnhof ist ein bemerkenswerter, denkmalgeschützter Holzbau von 1894. Am Südrand von Gällivare steht zwischen der Eisenbahnlinie und dem Vassara Älv die Lappenkirche (Lappkyrkan), die ursprünglich 1747 zur Missionierung der Samen erbaut wurde. Ihren Beinamen »Ettöreskyrka« (Ein-Öre-Kirche) bekam sie, weil zur Finanzierung des schlichten Baus jeder schwedische Haushalt vier Jahre lang eine Öre jährlich beisteuern musste.

Lappenkirche ►

www.dundret.se ►

Die wichtigste Sehenswürdigkeit der Stadt ist der 823 m hohe **Dundret**, ca. 5 km entfernt. Der Vorgipfel trägt das stattliche Hotel Dundret, welches das Zentrum des großen Wintersport- und Freizeitgebiets Dundrets Fritidsby bildet. Auf den mit niedriger, tundraartiger Vegetation und weiten Blockfeldern bedeckten Hauptgipfel führt eine von der Str. Nr. 45 abzweigende steile Nebenstrecke. Bei Gällivare liegt die Kupfermine Aitik, Europas größter Kupfererztagebau.

Malmberget

Der Grubenort Malmberget ist eine im Zentrum ziemlich gesichtslose moderne Stadt mit drei- bis vierstöckigen Häusern. Sie schließt nördlich an Gällivare an. Weiter oben am Berghang zieht sich zwischen lichten Birkenwäldern der ältere Siedlungsteil mit seinen stattlichen Holzhäusern hin. Außerhalb des Ortes erreicht man das **Grubenmuseum** (Besichtigung über das Tourismusbüro Galliväre). Die weithin sichtbare Holzplastik eines Rentiers in der Nähe erinnert daran, dass bis zum Bau der Erzbahn Rentiere für den Materialtransport bis zu 60 kg schwere Akjas (Schlitten) ziehen mussten.

Der **Wanderpfad Rallarstig** zwischen Gällivare und Porjus wurde bereits im 18. Jh. von den Samen und den ersten schwedischen Siedlern benutzt. Mitte des 19. Jh.s kamen die ersten Touristen, um sich Porjus, Harsprånget und Stora Sjöfall anzusehen. Der Rallarstig ist benannt nach den »Rallare«, den Eisenbahnarbeitern, die unter härtesten Bedingungen die Erzbahn nach Kiruna gebaut haben. 1994 wurde der 44 km lange Pfad durch das Urwaldgebiet Stubba und den Nationalpark Muddus nach gründlicher Sanierung wieder als Wanderweg eröffnet.

! *Baedeker* TIPP

Lappland ganz in Ruhe

Die Inlandsbahn fährt von Kristinehamn am Nordende des Vänersees bis ins lappländische Gällivare. Diese 1300 km durchs Landesinnere zählen zu den landschaftlich schönsten Bahnstrecken Schwedens. Von Mitte Juni bis Mitte September kann man auf eigene Faust oder pauschal mit Schienenbussen oder mit nostalgischen Dampflokomotiven in gemütlichem Tempo reisen. Genießer kaufen sich die Inlandsbahnkarte und können dann 14 Tage lang nach Herzenslust touren (weitere Infos unter www.inlandsbanan.se, Tel. 063 / 19 44 00).

Åre zählt zu den bekanntesten Wintersportorten der Welt.

★ Jämtland

C/D 9

Landschaft: Jämtland **Provinz:** Jämtland Län

Die gebirgige mittelschwedische Landschaft Jämtland ist noch weitgehend unberührt. Weite Wiesen, klare Seen und schneebedeckte Berggipfel prägen dieses äußerst dünn besiedelte Gebiet. Die Besucherströme konzentrieren sich vor allem auf die berühmte Wintersportregion rund um Åre.

Nur etwas mehr als ein Prozent der Fläche von Jämtland ist kultiviert, der Rest meist von Wald bedeckt. Das westliche Jämtland ist durch die von Östersund nach Åre, Duved, Storlien und weiter ins norwegische Trondheim führende E 14 hervorragend erschlossen.

Sehenswertes in Jämtland

Åre

Schon 1954 richtete Schwedens Wintersportort Nummer 1 die Ski-Weltmeisterschaft aus, **2007** war Åre wieder **Schauplatz der alpinen Ski-WM**. Alte und neue Nobelhotels prägen das Gesicht des an sich winzigen Ortes mit nur 1000 Einwohnern. Interessant ist die **Steinkirche** aus dem 12. Jh., umgebaut 1736. Im Innern sind einige Holzskulpturen des Heiligen Olav erhalten. Bei ihnen wurde die Königskrone auf Anordnung von König Karl XI. durch einen Karoliner Hut aus der Großmachtzeit ersetzt. Karl wollte damit seinem allen verordneten, anspruchslosen Lebensstil Nachdruck verleihen.

Skigebiete ► Unmittelbar bei Åre erhebt sich 1420 m hoch der **Åreskutan**, einer der bekanntesten Berge Schwedens – und einer der am leichtesten zu erreichende. Denn bis auf 1274 m fährt eine **Kabinenbahn**, der Weg

JÄMTLAND ERLEBEN

AUSKUNFT

Åre Turistbyrå
St: Olavsväg 33, 83013 Åre
Tel. (06 47) 177 20
www.visitare.se
info@areturistbyra.com

Auf dem Hundeschlitten

FREIZEIT

Hundeschlitten
Das Touristenbüro in Åre vermittelt auch Fahrten mit dem Hundeschlitten.

ESSEN

► **Erschwinglich**

Villa Tottebo
Åre, Parkvägen 1, Tel. (06 47) 506 20
info@villatottebo.se
Solide Küche mit regionalen Zutaten in einer Villa von 1897.

ÜBERNACHTEN

► **Komfortabel**

Best Western Hotell Fjällgården
Åre, Fjällgårdsvägen 35
Tel. (06 47) 145 00, Fax 145 27
52 Zi., www.fjallgarden.se
Das Hotel liegt einzigartig am Berghang mit Blick auf das Skigebiet. Idealer Ausgangspunkt für diverse Freiluftaktivitäten.

Björknäsgårdens Hotell
Bräcke
Tel. (06 93) 160 20
www.bjorknasgarden.com
Die ehemalige Soldatenkate unweit der E 14 ist heute ein Hotel in ansprechender Lage mit Blick auf den See. Fünf Minuten Fußweg zum Bahnhof.

► **Günstig**

Storulvåns Fjällstation
Duved
Tel. (06 47) 722 00,
Fax 740 26
Guter Ausgangspunkt für Wanderer, die in die Bergwelt an der Grenze zu Norwegen aufbrechen wollen. Erschwingliches Restaurant.

bis zu Schwedens höchstgelegener Gastwirtschaft, der »Toppstugan«, ist dann nicht mehr weit. Im Sommer bietet sich die Bergstation der Kabinenbahn als Ausgangspunkt für Wanderungen an. Im Winter ist sie das Zentrum eines Alpingebietes der Spitzenklasse. Insgesamt gibt es 46 Lifte und mehr als 100 km Pisten, einige enden mitten im Ort. Die längste Abfahrt ist 6,5 km lang bei einem Höhenunterschied von knapp 900 m. Kinder und Anfänger erreichen mit einem Verbindungslift problemlos das Skigebiet **Åre Björnen** mit leichten Abfahrten. Auch das Après-Ski-Angebot ist in Åre ausgezeichnet. Wer noch mehr Abwechslung sucht, kann sich in den rund 10 km entfernten Skigebieten **Duved** und **Tegefjäll** austoben. Zwischen den Skigebieten pendelt ein Skibus.

★★ Tännfors

Unweit westlich von Duved zweigt rechts die Straße zum Tännfors, Schwedens breitestem Wasserfall ab, der in einem Naturschutzgebiet liegt. Hier stürzt der Indalsälv recht spektakulär auf 60 m Breite 32 m tief in den Nornsjö (►Bild S. 34). 715 m³ Wasser donnern hier pro Sekunde in die Tiefe – ein grandioses Schauspiel! Die Touristenstation Tännforsen ist von Juni bis September mi. – So. 11.00 – 17.00 Uhr geöffnet und bietet dem Hungrigen köstlich-knusprige Tännfors-Waffeln. Wer noch kein Mitbringsel hat: Im Souvenirladen wird allerlei Sami-Kunsthandwerk angeboten.

Storlien

Storlien (592 m ü.d.M.) mit Schwedens höchstgelegener Eisenbahnstation liegt gleichfalls in einem von mehreren Liften erschlossenen Wintersportgebiet. 4 km westlich verläuft die schwedisch-norwegische Grenze.

Sylarna

Die Sylarna, südlich der E 14 gelegen, ist der hochalpine Teil Jämtlands mit Gletschern und Überresten aus der Eiszeit. Vom höchsten Gipfel, dem 1766 m hohen Syltoppen, hat man bei klarem Wetter eine fantastische Aussicht. Von Undersåker, östlich von Åre, führt eine Straße bis zur komfortablen Turiststation Vålådalen. Von Enafors, zwischen Duved und Storlien, geht eine Straße zur Fjällstation Storulvån. Von diesen beiden Punkten kann man auf markierten Wegen die gesamte Sylarna durchwandern. Von der Fjällstation Storulvån erreicht man in einer Tagesetappe die Fjällstation Sylarna, von hier sind es noch 6 km und 700 m Aufstieg zum Syltoppen-Gipfel. Die östlichen Teile des Massivs tragen Namen wie Slottet (»das Schloss«) und Templet (»der Tempel«) und sind bei Kletterern bekannt und beliebt.

Baedeker TIPP

Süße Versuchung

Lust auf Schokolade? Auf etwas ganz Besonderes? Dann sollten Sie der »Åre Chokladfabrik« in Björnänge einen Besuch abstatten. Seit 1901 werden hier edle Pralinen in Handarbeit gefertigt – nicht ganz billig, aber ein Genuss (www.arechokladfabrik.se; Mo. – Fr. 10.00 bis 17.00, Sa. 10.00 – 14.00 Uhr)

24 Mal belagerten fremde Heere das Schloss, doch Kalmars Schmuckstück hielt stand.

★★ Kalmar

G 2

Landschaft: Småland
Einwohnerzahl: 60 600
Provinz: Kalmar Län
Höhe: Meereshöhe

Heute ist Kalmar eine bildhübsche Kleinstadt, einst war sie drittgrößte Stadt Schwedens und Schauplatz der Vereinigung von Dänemark, Schweden und Norwegen. Das mächtige Wasserschloss bewahrt bis heute den Glanz großer Zeiten.

Neuanfang auf der Insel

Wie ein riesiger Schutzwall wölbt sich die Insel Öland vor Kalmar auf. Wegen ihrer strategisch günstigen Lage stieg die heutige Provinzhauptstadt schon in der Wikingerzeit zu einem bedeutenden Handelsplatz auf. Im 11. Jh. baute Schweden die Stadt dann als Seefestung gegen Dänemark aus, Kalmar wurde auch Mitglied der Hanse. Im Jahr 1397 besiegelten hier Dänemark, Schweden und Norwegen unter Erich von Pommern die Kalmarer Union, ein gemeinsames Königreich, das bis 1523 bestand. 1647 ging das mittelalterliche Kalmar, das nahe beim Schloss lag, bei einem Brand fast vollständig in Flammen auf. Die Stadt wurde nun auf der Insel Kvarnholmen wieder aufgebaut, jetzt, typisch für die Barockzeit, mit sich rechtwinklig kreuzenden Straßen. Begeistert waren die Kalmarer über den neuen Standort nicht, viele siedelten nur unter Zwang auf die Insel über.

Sehenswertes in Kalmar

Altstadt auf Kvarnholmen

An dem weiten Marktplatz (Stortorg) fallen der **Dom** und das Rathaus auf, beide in der zweiten Hälfte des 17. Jh.s nach Plänen von Nicodemus Tessin d. Ä. errichtet. Der Dom, eine Kreuzkirche mit vier Ecktürmen, wirkt mit seiner klassizistischen, zweigeschossigen Fassade eher wie ein Palast denn ein Gotteshaus. Im Inneren steht ein prachtvoller Barockaltar (1709/10).
Auch einige Abschnitte der alten **Stadtmauer** sind erhalten geblieben. Im Bereich zwischen Stortorg und dem »Kavaljeren« genannten südlichen Stadttor verläuft die Södra Långgatan. An ihr steht das Haus des Bürgermeisters Rosenlund (Nr. 40), das älteste Steinhaus auf Kvarnholmen. In dieser Straße liegt auch das **Seefahrtsmuseum** (Sjöfartsmuseum), in dem Schiffsmodelle, Navigationsinstrumente und eine Ausstellung zur Seefahrtsgeschichte zu sehen sind (Öffnungszeiten: Mitte Juni – Mitte Sept. tgl. 11.00 – 16.00, sonst So. 12.00 bis 16.00 Uhr).
Südlich vom Stortorg liegt der **Lilla Torg**, um den sich der alte Bischofshof, der Bürgermeisterhof und die Provinzverwaltung gruppieren. Die vom Stortorg nach Südwesten ziehende Storgatan führt zum Larmtorg, auf dem ein Brunnendenkmal von 1928 steht. Es erinnert an Gustav Wasa, der am 31. Mai 1520 südwestlich von Kalmar bei Stensö landete. An der Westseite des Larmtorgs steht das Theater von 1863 mit einer Neorenaissance-Fassade.

Provinzmuseum

Fast alles dreht sich im Provinzmuseum (Kalmar Läns Museum) östlich vom Stortorg um ein versunkenes Kriegsschiff und seinen Goldschatz: 1679 sank die »Kronan« vor Kalmar, doch erst über 300 Jahre nach ihrem tragischen Untergang entdeckte Anders Franzén, der schon die Vasa im Stockholmer Hafen geborgen hatte, das Schiffswrack in 27 m Tiefe. Über 20 000 Gegenstände wurden seitdem aus der »Kronan« geborgen. Einen Teil zeigt das Museum, u.a. Kanonen, kunstvoll gefertigte Musikinstrumente, Schmuck, Kleidung und persönliche Gegenstände der Besatzung und der 1982 geborgene **Goldschatz** – mit 255 Dukaten der größte in ganz Schweden. In »Sahlins Kafé«, einem stimmungsvollen Jahrhundertwendecafé, kann man bei Kaffee und selbst gebackenem Kuchen die Vergangenheit wieder aufleben lassen (Öffnungszeiten: Mitte Juni – Mitte Aug. tgl. 10.00 bis 18.00, sonst Mo. – Fr. 10.00 – 16.00, Sa., So. ab 11.00 Uhr, www.kalmarlansmuseum.se).

✶ Schloss

Von Wassergräben umgeben ist das wuchtige mittelalterliche Schloss von Kalmar. Die ersten Teile des fünftürmigen Baus sind bereits gegen Ende des 11. Jh.s entstanden. Als Festung konnte das Schloss von 1307 bis zum Beginn des Kriegs gegen Dänemark im Jahr 1611 insgesamt **24 Belagerungen** standhalten. Sein heutiges Aussehen mit den wuchtigen Ecktürmen erhielt es im 16. Jh., als die Wasakönige Gustav, Erik XIV. und Johan III. die mittelalterliche Burg zu einem

Renaissancepalast umbauten. Nach 1677 verfiel das Schloss zusehends, war mal Schnapsbrennerei, mal Gefängnis, bis es Mitte des 19.Jh.s. Stück für Stück restauriert wurde.

Gemach König Eriks ►

Den Höhepunkt der Schlossbesichtigung bildet das Gemach König Eriks, das reich mit exzellenter Intarsienvertäfelung und zahlreichen Wandgemälden ausgeschmückt ist. Sehenswert sind auch der Goldene Saal mit seiner Kassettendecke und der Grüne Saal. Im Südflügel befindet sich die **Schlosskirche** (1569), deren Wände mit ornamenta-

KALMAR ERLEBEN

AUSKUNFT

Kalmar Turistbyrå
Ölandskajen 9
39120 Kalmar
Tel. (04 80) 41 77 00, Fax 41 77 20
www.kalmar.se

ESSEN

► Erschwinglich

③ *Källaren Kronan*
Ölandsgatan 7, Tel. (04 80) 41 14 00
www.kallarenkronan.com
Hier speist man in einem der ältesten Steinhäuser der Stadt. Highlight ist das Menü aus den 1660er-Jahren, gut und günstig isst man zur Lunchzeit.

► Preiswert

① *Ernesto Salonger*
Södra Långgatan 5, Tel. (04 80) 241 00
www.ernestokalmar.se
Italienische Küche und leckere Cocktails

② *Restaurang Larmgatan 10*
Södra Långgatan 6, Tel. (04 80) 865 25
www.larmgatan10.se
Preisgünstige Sommermenüs

ÜBERNACHTEN

► Luxus

① *Slottshotellet, Romantik Hotel*
Slottsvägen 7
Tel.(04 80) 882 60, Fax 882 66
www.slottshotellet.se
Zentral neben Schloss und Park gelegenes Hotel im ältesten Stadtteil Kalmars. Größtenteils klassisch eingerichtete Zimmer mit antikem Mobiliar und Kristallkronleuchtern.

► Komfortabel

② *Kalmar Lågprishotell Svanen*
Rappegatan 1
Tel. (04 80) 255 60
42 Zi., www.hotellsvanen.se
Hotel und Jugendherberge in Ängo, im nördlichen Teil Kalmars, nur knappe 10 min. zu Fuß ins Zentrum. Einfache und saubere Zimmer.

EINKAUFEN

Wichtigste Shoppingmeile in Kalmar ist die Kaggensgatan.

Baedeker-Empfehlung

Bei den Glaskünstlern
Die Brücke Västerport war früher die Zufahrt zur Stadt. Seit der Renovierung von 1997 beherbergt sie Västerports Töpferei und Westholms Glasstudio. Hier können Sie Töpfern und Glasbläsern bei der Arbeit zuschauen und Glaswaren kaufen (Mo. – Fr 10.00 – 18.00, Sa. 10.00 – 15.00 Uhr).

FESTE

Remmidemmi im Schloss: Ende Juli/ Anfang August Kalmarer Renaissancetage mit Markt und Ritterspielen.

ler Malerei und Bibelsprüchen bedeckt sind (Öffnungszeiten: Jan. bis März, Nov., Dez. 2. Wochenende im Monat 11.00 bis 15.30, Apr, Okt. Sa., So. 11.00 – 15.30, Mai, Juni, Sept. tgl. 10.00 bis 16.00, Juli bis 18.00, Aug. bis 17.00 Uhr; www.kalmarslott.kalmar.se).

Kunstmuseum

Das Kunstmuseum liegt in einem Park neben dem Schloss. Es zeigt schwedische Kunst aus dem 19. und 20. Jh. Neben Werken von Siri Derkert, Per Ekström, Axel Kargel, Carl Larsson, Evert Lundquist, Arthur Percy und Anders Zorn ist auch kontinentaleuropäische Kunst bis zur Gegenwart vertreten. Sehenswert ist auch die Design-Galerie, die die Geschichte des schwedischen Designs vom 20 Jh. bis heute anschaulich dokumentiert (Öffnungszeiten: Di., Do. bis So. 12.00 – 17.00, Mi. 12.00 – 19.00 Uhr, www.kalmarkonstmuseum.se).

Krusenstierska Gården

Dieses gut erhaltene und vollständig eingerichtete Bürgerhaus aus dem 19 Jh. liegt nur 200 m vom Schloss entfernt. Im Sommer werden Führungen durch das Anwesen angeboten, den Garten kann man auf eigene Faust besichtigen oder auch das Café besuchen (Öffnungszeiten Garten: Mai – Aug. Mo. – Fr. 10.00 – 18.00, Sa., So. 12.00 – 17.00; Museum: Mo. – Fr. 10.00 – 18.00 Uhr).

★ Ölandbrücke

Die 1972 eröffnete Ölandbrücke, mit 6072 m eine der längsten Brücken Europas, verbindet den Stadtbereich mit der östlich vorgelagerten Insel Öland. Bei der Fahrt über die Brücke genießt man prachtvolle Ausblicke nach beiden Seiten. Radfahrer müssen den ebenfalls kostenlosen Cykelbuss nehmen, der jede halbe Stunde von Öland und jede volle Stunde von Kalmar fährt (7.00 – 19.00 Uhr).

Kalmar *Orientierung*

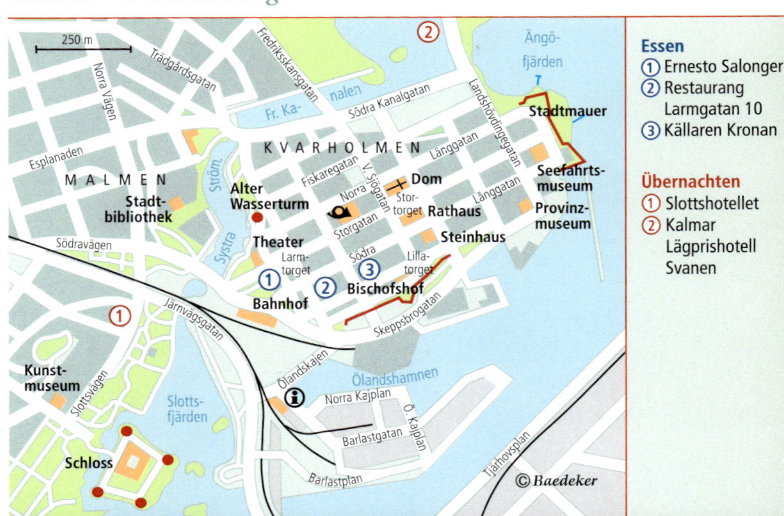

★★ Karlskrona

F 2

Landschaft: Blekinge
Einwohnerzahl: 61 000
Provinz: Blekinge Län
Höhe: Meereshöhe

Ein ganzer Schwarm Schäreninseln bietet Karlskrona zur See hin besten Schutz. Auch die südschwedische Hafenstadt selbst verteilt sich auf rund 30 Inseln, die durch Brücken miteinander verbunden sind. Hochinteressant ist das Marinemuseum mit einer einzigartigen Sammlung.

Marinestützpunkt

Karlskrona wurde 1680 von Karl XI. als Flottenhauptquartier angelegt, da die schwedische Marine dringend einen eisfreien Hafen benötigte. Im 18. Jh. wuchs der Stützpunkt zu einer der bedeutendsten Städte Schwedens heran, doch während dieser Blütezeit zerstörte ein Brand 1790 große Teile der Stadt. Trotzdem zeugen noch viele Straßen und Gebäude von der Großmachtzeit Schwedens. Heute hat Karlskrona als Marinestützpunkt, Sitz einer Marineakademie, wegen seiner Lebensmittelproduktion und der IT-Betriebe Bedeutung. Die einst so blühende Werftindustrie ist aber erheblich zurückgegangen. Ein Teil der Militäranlagen, die zu den besterhaltenen der Welt zählen, sind **UNESCO Weltkulturerbe**.

Sehenswertes in Karlskrona

Marktplatz

Der auf der Altstadtinsel Trossö gelegene **Stortorg** ist der monumentale Hauptplatz der Stadt. In der Mitte steht die Statue des Stadtgründers Karls XI. Begrenzt wird der Platz von der 1802 vollendeten **Dreifaltigkeitskirche** mit ihrer mächtigen Kuppel und von der barocken **Frederikskirche** (1744), beide nach Plänen von Nicodemus Tessin d.J. erbaut. Das Ensemble der repräsentativen Bauten vervollständigt das Rathaus (18. Jh.). Am Fischmarkt befindet sich das **Blekinge Museum** mit seinen kulturgeschichtlichen Sammlungen (Öffnungszeiten: Mitte Juni -- Mitte Aug. tgl. 10.00 – 18.00, sonst Di. – So. 1200 – 17.00 Uhr, www.blekingemuseum.se).

Der Alte Rosenbohm

Weiter östlich, am Rand des Marinestützpunkts, steht die dunkelrote Admiralitetskyrka von 1685. Interessant ist ihr hoher Zentralraum mit offener Balkenkonstruktion und die in Blau und Grau gehaltene Kuppel. Vor der Kirche steht der **»Alte Rosenbohm«**, eine originelle, oft fotografierte Holzfigur, die aus Selma Lagerlöfs Buch »Die wunderbare Reise des kleinen Nils Holgersson mit den Wildgänsen« bekannt ist. Nach einer Legende erfror der arme ehemalige Gefreite Matts Rosenbohm in der Neujahrsnacht 1717 vor der Admiralitätskirche. Er wurde am Morgen mit ausgestreckter Hand, den Hut tief über die Ohren gezogen und mit dem Bettlersack auf dem Rücken gefunden. Im Gedenken an ihn hat die Holzfigur einen Hut, den man hochhebt, um eine Münze in die Armenbüchse zu werfen.

★★ Marinemuseum

Das Marinemuseum existiert bereits seit 1752, das erklärt die umfangreiche Sammlung, die ihresgleichen sucht. 1997 zog das Museum auf die Insel Stumholmen in der Nähe des Stadtzentrums um. Auch architektonisch wird damit nun ein außergewöhnlicher Akzent gesetzt: Das 140 m lange, moderne Hauptgebäude steht teilweise auf Pfählen im Wasser. In diesem Bau ist nun sogar Platz für die Rekonstruktion des Kanonendecks der »Dristigheten« im Maßstab 1:1. Auf dem Deck geht es turbulent zu, denn es werden Szenen einer Seeschlacht dargestellt.
Darüber hinaus zeigt das Museum Waffen und nautisches Gerät, viele Schiffsmodelle, Navigations- und Kommunikationstechnik sowie als Höhepunkt eine grandiose Sammlung von **Galionsfiguren**. Ein verglaster Unterwassertunnel gibt den Blick auf den Grund der Ostsee und ein Wrack aus dem 18. Jh. frei (Öffnungszeiten: Jan. – April u. Okt. – Dez. Di. – So. 10.00 – 16.00, Mia u. Sept. tgl. 10.00 – 16.00 Uhr, www.marinmuseum.se).

Karlskrona Orientierung

Kungsholm-Fort Das Kungsholm-Fort ist eine der alten Befestigungen an der südlichen Einfahrt nach Karlskrona, deren Anfänge bis ins Jahr 1680 zurückgehen. Da das Fort immer noch vom Militär genutzt wird, ist eine Besichtigung nur im Rahmen von geführten Touren möglich (Start am Fisktorg, Mitte Juni – Mitte Aug. tgl. 10.00 – 14.30, im Juli zusätzlich tgl. 15.00 – 18.30 Uhr, gültiger Personalausweis erforderlich, Buchung im Touristenbüro und im Marinemuseum).

Umgebung von Karlskrona

Blekinge Erst 1658 kam die Landschaft Blekinge zu Schweden, vorher gehörte sie zum dänischen Königreich und bildete daher oft genug den Schauplatz für die kriegerischen Auseinandersetzungen der beiden Länder. Blekinge ist nur rund 100 km lang und erstreckt sich von Sölvesborg mit der Halbinsel Listerland im Westen bis Kristianopel im Osten. Trotz ihrer für schwedische Verhältnisse bescheidenen Größe ist sie landschaftlich abwechslungsreich, wobei die Spuren der

Auf allen Fahrten einst immer vorneweg: Galionsfiguren im Marinemuseum

letzten Eiszeit noch deutlich auszumachen sind. Vor der Küste liegt **Schwedens südlichster Schärengarten** mit seinen vielen verschiedenartigen Inseln: Teils sind es nur winzige kahle Felsen, teils aber auch bewohnte und von der Landwirtschaft geprägte größere Inseln. Der westliche Schärengarten wird mit Linienbooten von Karlshamn erschlossen, die die Inseln Tärnö, Joggesö, Tjärö und Guövik ansteuern. Ausflüge in die östlichen Schären unternimmt man am besten mit den Booten, die vom Fisketorg in Karlskrona starten.

Ronneby

Der westliche Zweig der E 22 führt nach Ronneby. Eine 1705 entdeckte eisenhaltige Quelle machte im 19. Jh. aus dem verschlafenen Dorf einen gefragten Kurort. Die **Heiligkreuzkirche** stammt aus dem 11. Jh., bei Renovierungsarbeiten wurden Wandgemälde aus dem 15./16. Jh. freigelegt. Ein makaberes Andenken ist eine Türe mit Axthieben. Sie erinnert an die Zeit, als Ronneby noch dänisch war und

KARLSKRONA ERLEBEN

AUSKUNFT

Turistbyrå
Stortorget 2
37134 Karlskrona
Tel. (04 55) 30 34 90, Fax 30 34 94
www.karlskrona.se

ESSEN

► Preiswert

① *Café Greven*
Im Blekinge-Museum
Borgmästareg. 21, Tel. (04 55) 31 18 23, www.cafegreven.com
Es werden kleine Gerichte, Kaffee und Kuchen angeboten.

② *Porslinan*
Ö. Hamngatan 7c
Tel. (04 55) 169 22
Hier trifft sich die Jugend der Stadt zum Essen, Trinken und Musikhören. Oft treten regionale Bands auf.

ÜBERNACHTEN

► Komfortabel

① *First Hotel Statt*
Ronnebygatan 37–39
Tel. (04 55) 555 50, Fax 169 09
107 Zi., www.firsthotels.com
Liebevoll renoviertes Traditionshaus im Stadtzentrum. Ausgezeichnetes Restaurant sowie Pub und Nachtclub.

► Günstig

② *A-Hotel Bed & Breakfast*
Alamedan 10
Tel. (04 55) 30 02 50, Fax 30 02 50
www.ahotel.se
Gemütliches Hotel nahe Marinemuseum und Bahnhof. Moderne Zimmer, auch größere Apartments und Familienzimmer vorhanden.

AUSFLÜGE UND SPORT

Bootstouren
Vom Fisketorg (Fischmarkt) in Karlskrona starten Ausflugsboote in die östlichen Schären.

Radtouren
Blekinge eignet sich hervorragend für Radtouren, eine Zusammenstellung der schönsten Touren ist in den Touristenbüros erhältlich.

FESTE

Mitte Juli findet in Karlshamn das Ostseefestival statt.

schwedische Eroberer 1564 ein Blutbad unter den in die Kirche geflüchteten Einwohnern angerichtet hatten. Unweit der Kirche liegt der Stadtteil Bergslagen mit seinen farbenfrohen Häusern und dem Heimatmuseum Möllebackgården.

? WUSSTEN SIE SCHON ...?

- .. dass in Schweden einst Tabak angebaut wurde? Dieser wurde im 18. Jh. in Karlshamn, das später wegen seiner Punschfabrik als Sündenbabel verschrien war, in 40 Fabriken zu »snus«, also Kautabak, und Zigarren verarbeitet.

Das **größte Wildreservat Nordeuropas** befindet sich an der E 22 zwischen Karlshamn und Ronneby. In dem 10 km² großen Naturschutzgebiet steigen die Chancen beträchtlich, endlich ein Elchfoto zu schießen. Hier kann man heimische Wildtiere wie Damhirsche, Elche, Rotwild, Wildschweine, Mufflons, Wisente und Steinadler in ihrem natürlichen Lebensraum beobachten (Öffnungszeiten: im Juni nur an Wochenenden, Ende Juni – Ende Aug. tgl. 12.00 – 19.00, www.eriksberg.nu).

Karlshamn Von Karlshamn aus stachen im 19.Jh. zahlreiche schwedische Auswanderer in See, auf dem Weg in eine ungewisse Zukunft in Amerika. Das Emigrantendenkmal im Hamnpark erinnert an diese Zeit. In der Altstadt stehen Holzhäuser aus dem 17. und 18. Jh., u.a. das 1682 als Rathaus errichtete Asschierska Huset und der Skottsbergska Gården, ein gut erhaltener Kaufmannshof. An der Drottninggatan liegt das Kulturkvarter mit einer historischen Druckerei und der Kunsthalle. Hier hat auch das **Punschmuseum** seinen Sitz. Es bewahrt die Original-Produktionsräume aus den wilden Zeiten auf, als Karlshamn noch eine Schnapsbrennermetropole war und viel Geld mit »Carlshamns Flaggpunsch« verdient wurde (Öffnungszeiten: Juni – Aug. Di. – So. 12.00 – 17.00, sonst Mo. – Fr. 13.00 – 16.00 Uhr; www.karlshamnsmuseum.se).

Kreativum ► Im Entdeckerzentrum, das in der ehemaligen Baumwollspinnerei Strömma untergebracht ist, können Jung und Alt Naturwissenschaften und Technik spielerisch-praktisch erleben. Es ist angelegt als ein fantasievoller Park mit über 100 verschiedenen Entdeckerstationen. Wem das nicht genügt, kann im »Kreanova« vorbeischauen, Südschwedens einzigem **Mega-Dome-Kino** (Öffnungszeiten: Mitte Juni – Mitte Aug. tgl. 10.00 – 17.00 Uhr; www.kreativum.se).

Sölvesborg Die kleinste Stadt in Blekinge ist das an der Grenze nach Skåne gelegene Sölvesborg, westlich von Karlshamn. Die östlich angrenzende Halbinsel ist völlig eben und wenig abwechslungsreich, doch das Städtchen hat sich mit schmalen Straßen und kleinen Häusern seinen altertümlichen Charme bewahrt. Sehenswert ist die Stadtkirche St. Nicolai wegen ihrer Backsteingotik aus dem 14. Jh., der Kalkmalereien (15. Jh.) und dem runenbedeckten Stentoftesten.

Blekingeleden ► Wanderer können Blekinge auf dem rund 240 km langen Blekingeleden erkunden, der in 15 Etappen von Sölvesborg nach Kristianopel führt.

★ Kiruna

L 13

Landschaft: Lappland
Einwohnerzahl: 23 000
Provinz: Norrbotten Län
Höhe: 506 m ü.d.M.

Erst durch den Eisenerzabbau entwickelte sich aus einer kleinen Samensiedlung die Stadt Kiruna. Eingebettet in riesige Wildmarkgebiete ist Kiruna der ideale Standort für Ausflüge mit dem Hundeschlitten, Wanderungen und Bergtouren, Rafting und Angeln.

Kiruna, die nördlichste Stadt Schwedens, liegt ungefähr auf demselben Breitengrad wie Mittelgrönland. Das Gemeindegebiet ist mit 20 000 km² halb so groß wie die Schweiz und bildet flächenmäßig die größte Kommune des Landes. Das Wort Kiruna ist übrigens aus dem Samischen »Giron« entstanden und bedeutet »Schneehuhn«.

Herrscher Erz

Die reichen Eisenerzvorkommen waren schon seit dem 17. Jh. bekannt, doch auf Grund der harten klimatischen Bedingungen und weil Transportmöglichkeiten fehlten, war der Abbau der Vorkommen bis zum Beginn des 20. Jh.s praktisch nicht möglich. 1890 wurde die Luosavaara & Kiirunavaara AB (LKAB) gegründet, die bis heute die Eisenerzgruben in Kiruna und Malmberget betreibt. Damit begann die Ära des Erzabbaus. Aus der einstigen Samensiedlung ent-

Rund um Abisko und Kiruna breiten sich Lapplands Wälder, Seen und Berge aus.

KIRUNA ERLEBEN

AUSKUNFT

Kiruna Lappland Touristeninformation
Folkets Hus, Lars Janssongatan 17
98131 Kiruna
Tel. (09 80) 188 80, Fax 182 86
www.lappland.se

ESSEN

► Erschwinglich

Skaidi
Nikkaluokta (60 km von Kiruna)
Tel. (09 80) 550 15
www.nikkaluokta.com
Das Skáidi bietet neben einheimischer Kost wie Fisch, Elch- und Rentierfleisch auch dreigängige Luxusmenüs. Kleinigkeiten gibt es im Café.

Restaurang Malmia
Hogalidagatan 5, Tel. (09 80) 53 10
Gourmetrestaurants darf man in Kiruna nicht erwarten. Im Malmia speist man aber sehr ordentlich.

ÜBERNACHTEN

► Komfortabel

Hotel Kebne
Konduktörsgatan 7
Tel. (09 80) 681 80, Fax 681 81
63 Zi., www.hotellkebne.com
Angenehmes, zentral gelegenes Stadthotel, nur einen Steinwurf vom Bahnhof und Kirunas Nachtleben entfernt. Skibegeisterte finden Hänge und Loipen in Hotelnähe.

► Günstig

Nikkaluokta (s.o. Skaidi)
im gleichnamigen Dorf
Tel. (09 80) 550 15, Fax 550 45
www.nikkaluokta.com
10 einfache Hütten für jeweils vier Personen. Das Gebäude mit Panoramaglasfront wurde nach dem Vorbild eines für diese Region typischen Samenzeltes gebaut (geöffnet: im Winter Ende Februar – Anf. Mai, im Sommer Mitte Juni – Ende Sept.).

EINKAUFEN

Baedeker-Empfehlung

In Karin Vasaras Renskinnsatelje kann man exklusive Mode aus Rentierleder bewundern und kaufen. Hervorragende Qualität und stark von samischen Traditionen beeinflusst (Föreningsgatan 4, Tel. 09 80/199 99, Mo. – Fr. 10.00 – 18.00. Sa. 10.00 – 15.00 Uhr, www.karinvasara.com).

AUSFLÜGE

Mit der Bahn nach Narvik
Ein echtes Erlebnis ist die Fahrt von Abisko aus mit der Lapplandbahn zum norwegischen Erzhafen Narvik. Wegen der Aussicht sollte man Richtung Norwegen rechts sitzen. Fahrtdauer knapp 2 Std. einfach.

FESTE

Ende Januar/Anfang Februar findet das Schneefestival, u.a. mit Schneeskulpturen im Järnvägspark.

FREIZEIT UND SPORT

Über das Touristenbüro können Wanderungen, Goldwaschen, Begegnungen mit der samischen Kultur, Ausritte mit Islandpferden, die Besteigung des Kebnekaise-Südgipfels, Hundeschlittentouren, Raftingtouren, Kanukurse, Angelausflüge oder Schneemobiltouren gebucht werden.

MITTERNACHTSSONNE

Kiruna: 27. Mai bis 14. Juli
Gipfel des Njullá, nordwestlich von Abisko: 31. Mai bis 18. Juli

wickelte sich nun rasch eine größere Ortschaft, und nachdem die Einwohnerzahl auf 11 000 angestiegen war, erhielt Kiruna 1948 das Stadtrecht. Riesige Abraumhalden markieren den Ort, wo südlich der Stadt die Mine liegt. Die Eisenerzvorkommen befinden sich in einer geneigten Schicht, die bis in zwei km Tiefe reicht, die gesamte Ader ist etwa 4 km lang und 80 m breit. In den 1960er-Jahren waren die von der Oberfläche zugänglichen Vorkommen erschöpft, deshalb wurde das Erz fortan im Untertagebau gefördert. Mittlerweile reichen die Stollen 1350 m in die Tiefe.

Sehenswertes in Kiruna und Umgebung

✶ Besucherstollen

Mehrmals täglich bietet die Minen-Gesellschaft Besichtigungstouren zu einer Demonstrationsgrube an, die 540 m tief im Inneren des Berges liegt. Die Tunnel sind so groß, dass man mit dem Bus in die Erzmine fahren kann. Führungen bucht man im Touristenbüro.

✶ Kirche

Südöstlich vom Stadtzentrum steht auf einer Anhöhe die 1912 von Gustaf Wickman errichtete Holzkirche, eine Stiftung der LKAB, die auf Hjalmar Lundbohm zurückgeht. Dessen ausdrücklicher Wunsch war es, das Gotteshaus **ähnlich einem Lappenzelt** zu gestalten. Das lichte Innere ist dank der nüchternen Ästhetik der offenen Holzkonstruktion ungemein wirkungsvoll. Das große Altarbild, das eine sonnendurchflutete Landschaft zeigt, wurde von Prinz Eugen von Schweden (1865 – 1947) gemalt.

Stadhus

Wenn man von der Kirche westlich geht, erreicht man das an seinem skelettartigen Uhrturm schon von weitem zu erkennende Rathaus, das von Artur von Schmalensee entworfen wurde. 1964 bekam es **Schwedens Architektur-Preis** als schönstes Gebäude des Landes. Trotzdem ist das Rathaus wegen seiner eigenwilligen Architektur immer umstritten gewesen.

✶ Kebnekaise

Innerhalb der Gemeindegrenze, ungefähr 90 km westlich vom Zentrum, erhebt sich der Kebnekaise, mit 2117 m der höchste Berg Schwedens. Wer den südlichen Gipfel erklimmen möchte, fährt auf einer einfachen Straße bis zu der Hüttensiedlung Nikkaluokta, von dort geht es zu Fuß über die Kebnekaise Turiststation zum Gipfel. Die Tour ist allerdings nur geübten und gut ausgerüsteten Bergsteigern zu empfehlen.

Jukkasjärvi

20 km östlich von Kiruna liegt abseits der nach Gällivare führenden Straße die kleine Samensiedlung Jukkasjärvi am gleichnamigen See und am **Torne Älv**, einem der schönsten Wildmarkflüsse Schwedens. Am Ende der Straße trifft man auf die kleine, rot gestrichene, einfache Kirche, deren Ursprünge bis ins Jahr 1600 zurückreichen. Der heutige Bau stammt von 1726 und ist damit **die älteste Kirche Lapplands**. Sehenswert ist das Altarbild von Bror Hjorth, einem bekann-

ten schwedischen Bildhauer, Zeichner und Maler. Es zeigt in plakativen Farben den Prediger Lars Levi Laestadius, wie er zu seiner Gemeinde spricht. Der 1800 geborene wortgewaltige Prediger wurde zum Begründer des Laestadianismus, der auch heute noch seine Anhänger hat. Wenige Schritte weiter am Seeufer befindet sich das **Freilichtmuseum** Jukkasjärvi Hembygdsgård mit Sammlungen zur Samenkultur und einem gut sortierten Souvenirladen.

18 km jenseits von Jukkasjärvi liegt das 1965 eröffnete Raumfahrt-Observatorium **Esrange**, das hauptsächlich der Überwachung des Satellitenverkehrs und der Stratosphärenforschung dient. Besichtigungen organisiert das Touristenbüro von Kiruna.

! *Baedeker* TIPP

Eiskalt schlafen

Jedes Jahr wird das Eishotel Ende Oktober aus Tausenden Tonnen Eis und Schnee neu errichtet. Über 40 Künstler gestalten jedes Zimmer einzeln. Vergängliche Kunst, denn das Eis schmilzt spätestens im Mai. Die Temperatur im Hotel beträgt konstant -5 °C, man schläft in Betten aus Eis, die mit Tannenzweigen und Rentierfellen bedeckt sind. Bar, Kapelle, Kino und Kunstgalerie sind für jedermann zugänglich (Icehotel, Jukkasjärvi, Tel. 09 80 / 668 00, www.icehotel.com).

Abisko

Abisko, eine kleine Streusiedlung 96 km nordwestlich von Kiruna, liegt am südlichen Ufer des Torneträsk. Einen bequemeren Einstieg in die Wildnis Lapplands gibt es nicht, denn die Lapplandbahn und die gut ausgebaute E 10 führen nach Abisko. Hier beginnt der berühmte Wanderweg Kungsleden (►Baedeker-Special S. 206) und hier lassen sich auch herrliche Tagestouren machen. Im **Naturum** bekommt man von den Bergführern Informationen zum Abisko-Nationalpark und zur lappländischen Flora und Fauna. Auch wer nur wenig Zeit hat, gewinnt auf relativ einfachen Tagestouren einen Eindruck von der weiten Landschaft. So kann man – auch mit Bergführer – zu den **samischen Opferklippen Luopakte** oder auf dem alten Rallarweg entlang der Eisenerzbahn bis zum Rombakenfjord wandern. Der liegt bereits in Norwegen.

Abisko-Nationalpark

✶

Torneträsk ►

Der nur 7700 ha große Abisko-Nationalpark wirkt wie ein arktischer Kräutergarten im nördlichen Lappland. Das Kernstück ist eine Talsenke, die im Süden und Westen von mächtigen Fjällmassiven und im Norden vom Torneträsk eingerahmt wird. Besonders schön ist der tiefe Cañon des Abiskojakka, in dem krautreicher Birkenwald und vereinzelte Kiefern wachsen.

Njullá

Auf den nordwestlich von Abisko gelegenen Berg Njullá (1163 m) führt ein markierter Weg sowie eine Seilbahn. Der Blick über den Torneträsk und die Berge mit der markanten Lapporten im Süden ist wunderschön. Die Lapporten ist ein Relikt der letzten Eiszeit und zeigt sich als ausgeprägtes, U-förmiges Tal zwischen den Bergen Tjuonatjåkka (1554 m) und Nissuntjårro (1738 m).

★ Kristianstad

E 2

Landschaft: Skåne (Schonen)
Einwohnerzahl: 75 000

Provinz: Skåne Län
Höhe: Meereshöhe

Kristianstad war die erste skandinavische Stadt, die nach den Idealen der Renaissance angelegt wurde. Das rechtwinklige Straßennetz mit diversen Prachtbauten prägt noch heute die Altstadt. Man kann hier gut einkaufen, den Strand besuchen oder die nahe Aalküste: Dort feiert man jährlich zu Ehren des Fisches ein großes kulinarisches Fest, unterm Jahr schmeckt der Aal auch geräuchert.

Eine typische Renaissancestadt

Als Skåne (Schonen) noch Zankapfel zwischen Dänen und Schweden war, ließ Dänenkönig Christian IV. 1614 die Stadt, die seinen Namen tragen sollte, im Stil der Rennaissance anlegen: gerade Straßen, gezackter Verlauf der Festungswälle, dazu einen Stortorg mit dem Charakter eines Paradeplatzes. Marktplatz im eigentlichen Sinne war der heutige Lilla Torg, wo ringsum vorwiegend Handwerker und Händler wohnten. Die schwarzen Skulpturen, die auf einigen öffentlichen Plätzen stehen, sind aus dem Diabas gefertigt, der nördlich der Stadt gebrochen wird.

Kilometerlange Badestrände erstrecken sich entlang der Hanöbucht südlich von Kristianstad.

KRISTIANSTAD ERLEBEN

Fischnetze an der Aalküste

AUSKUNFT

Kristianstad Turistbyrå
Stora Torg
29180 Kristianstad
Tel. (044) 13 53 35, Fax 12 08 98
www.kristianstad.se

ESSEN

► Erschwinglich

Restaurang Patrick Tribo
Västra Boulevarden 15
Tel. (044) 10 91 91
Restaurant und Weinkeller im Hotel Christian IV. mit hervorragender Küche

► Preiswert

Kippars Källare
Östra Storgatan 9, Tel. (044) 10 62 00
www.kippers.se
Uriges Kellerrestaurant in einem Gewölbe aus dem 17. Jh.

ÜBERNACHTEN

► Luxus

First Hotel Christian IV.
Västra Boulevarden 15
Tel. (044) 20 38 50, Fax 12 41 40
86 Zi., www.firsthotels.com
Das palastähnliche Hotel, 2001 zum schönsten Haus der Stadt gewählt, befindet sich in einem ehemaligen Gebäude der »New Savings Bank« von 1901. Sehenswert: der 6 m hohe Dinnersaal mit Kristallleuchtern

Tomarp Gårdshotell
Helmershusvägen 218
Tel. (044) 931 18, Fax 931 14
www.tomarp.gardshotell.com
Wunderschön gelegenes Anwesen am Westufer des Sees Råbellövssjö, 15 km nordöstlich von Kristianstad. Wer Ruhe und Frieden sucht, findet hier sein Paradies, denn Telefone und Fernseher sind tabu!

AUSFLÜGE

Im Sommer fährt vom Südbahnhof aus ein historischer Dampfzug zum Strand nach Åhus.

FESTE

Stadtfest
Im Juli werden die Christianstadttage in Form eines zehntägigen Volksfestes gefeiert.

Baedeker-Empfehlung

Aalfest
Im Herbst ist es an der Aalküste Zeit für »Ålagille«, ein Festival, bei dem sich in den Hütten am Strand, in Gasthäusern und Restaurants alles um den edlen Fisch dreht. Auf den Speisekarten steht dann nur Aal: als Suppe, geräuchert, gekocht, gebraten und auf jede nur denkbare Art zubereitet.

Sehenswertes in Kristianstad

Marktplatz

Am Marktplatz (Stortorg), dem Hauptplatz der Stadt, steht das 1891 erbaute Rathaus, dessen mittlere Giebelwand eine Statue Christians IV. ziert. Ferner befinden sich am Stortorg das Freimaurerhaus und das Bürgermeisterhaus, welches 1640 gebaut wurde und um 1800 seine jetzige Gestalt erhielt. Beachtung verdient auch das Stora Kronohus, ein weißer Empire-Bau aus dem 19. Jh. Das einstige Zeughaus beherbergt das Stadtmuseum, das Ausgrabungsfunde und eine Kunstsammlung zeigt (Öffnungszeiten: Juni – Aug. tgl. 11.00 bis 17.00, sonst Di. – So. 12.00 – 17.00 Uhr).

Filmmuseum

Folgt man vom Stortorg der Östra Storgatan, so gelangt man zum Filmmuseum, das in den Räumen des ersten schwedischen Filmateliers eingerichtet ist. Es widmet sich den Anfängen des schwedischen Films. Man kann hier alte Kameras besichtigen und Stummfilme anschauen (Öffnungszeiten: Ende Juni – Ende Aug. Mo. – Fr. 13.00 bis 18.00, sonst So. 12.00 – 17.00 Uhr; www.regionmuseet.se).

Eisenbahnmuseum

Eisenbahnfreunde finden im Südbahnhof von Kristianstad ein kleines Museum (Järnvägsmuseum; derzeit ist das Museum wegen Renovierung geschlossen.).

★ **Dreifaltigkeitskirche**

Direkt gegenüber dem Bahnhof steht die aus Backstein errichtete Dreifaltigkeitskirche (Trefaldighetskyrka, 1617 – 1628), angeblich die größte und **schönste Renaissancekirche Nordeuropas**. Das Innere ist dreischiffig mit einem von extrem schlanken, achtkantigen Granitpfeilern getragenen Hauptschiff. Renaissance-Altar und -Kanzel sind aus hellem und dunklem Marmor, an den Wänden und im Fußboden sind etliche gut erhaltene Grabplatten eingelassen.

Tivolipark

Jenseits der Bahngleise befindet sich am Fluss der Tivolipark. In der weitläufigen, von einem dänischen Gartenarchitekten gestalteten Anlage gibt es ein Jugendstiltheater von 1906, Spielplätze, exotische Bäume, Vogelteiche und ein Café.

Umgebung von Kristianstad

Ausflug ins Wasserreich

Wenn im Frühjahr die **Kraniche** ins Wasserreich (Vattenrike) zurückkehren, ist dies ein unvergesslicher Anblick. Doch auch für **Adler, Störche** und viele andere bedrohte Tier- und Pflanzenarten ist das Einzugsgebiet der Helgeå mit seinen Seen und Altwässern ein wichtiges Refugium. Nur wenige Hundert Meter vom Bahnhof Kristianstad beginnt das Feuchtgebiet. Damit man die Tiere beobachten kann, ohne sie zu stören, wurde das Wasserreich zu einem **Ökomuseum** mit Besuchsplätzen, befestigten Pfaden und Beobachtungstürmen umgestaltet. Das kleine Freilichtmuseum Kanalhuset informiert über die Gegend. Hier beginnt auch die Linnérundan, ein 7 km langer, teilweise mit Stegen befestigter Wanderweg. Im Touristenbüro kann man eine der täglichen Schiffstouren in das Wasserreich buchen.

Tykarpsgrotte

26 km nordwestlich von Kristianstad (Str. Nr. 21) befindet sich bei Ignaberga die Tykarpsgrottan, eine 20 000 m² große Kalksteingrotte, die besichtigt werden kann. In der Höhle wurden Teile des Films »Ronja Räubertochter« gedreht. (Öffnungszeiten: Juli/Aug. 10.00 bis 18.00 Uhr, sonst kürzer).

Schloss Hovdala

Einen Abstecher lohnt das ca. 35 km von Karlstad entfernte Schloss Hovdala, südwestlich von Hässleholm am Finjasee gelegen. 1678 wurden Teile des Schlosses von Freiheitskämpfern, den so genannten Schnapphähnen, niedergebrannt, später wurde es von Jens Mikkelsen wieder aufgebaut. Wer möchte, kann sich im Schlosscafé einen Picknickkorb für ein Mahl im schönen Park richten lassen (Öffnungszeiten: Mai – Sept. Di. – So. 11.00 – 17.00 Uhr, www.hassleholm.se/hovdalaslott).

Schloss Vittskövle

Das vierflügelige Schloss zwischen Degeberga und Åhus wurde Mitte des 16. Jh.s von Jens Brahe errichtet. Es ist mit seinen Wallgräben und Parkanlagen nicht nur das größte, sondern auch das schönste Renaissancegebäude Schonens. Besucher können leider nur einen Blick aus der Ferne auf die Gebäude werfen, denn das Anwesen ist für die Öffentlichkeit nicht zugänglich.

Schloss Vitskövle gilt als das schönste Renaissancegebäude Schonens.

Südöstlich von Kristianstad und jenseits des Hammarsjön erreicht man die Küstenstadt **Åhus** mit ihren langen, sandigen Badestränden. Für Aal, Kautabak und Branntwein ist die Stadt mit den niedrigen, pittoresken Häusern und den schmalen, gewundenen Gassen seit langem bekannt.

Im Sommer gehören die kilometerlangen Sandstrände, die von Dünen flankiert werden, den Badegästen. Doch im Spätsommer und Herbst, wenn die ausgewachsenen Aale ihre Wanderung zur Saragossasee beginnen, schlägt die hohe Zeit der Aalfischer. Dann kommt Leben in die Fischerhütten, und die Reusen sind prall gefüllt mit den fetten, aber beliebten Speisefischen.

Landskrona

C 1

Landschaft: Skåne (Schonen)
Einwohnerzahl: 39 000
Provinz: Skåne Län
Höhe: Meereshöhe

Gleich mehrere Herrscher haben das ehemalige Fischerdorf Landskrona zum militärischen Standort erkoren und zum Bollwerk gegen feindliche Nachbarn ausgebaut. Geblieben ist aus unruhigen Zeiten die große, klobige Zitadelle. Mit dem Boot kann man zur Insel Ven übersetzen. Von dort aus studierte der Astronom Tycho Brahe das Weltall.

Dem Meer entrissen

Im Jahre 1413 erhielt der Fischerort Södra Säby von Erik von Pommern die Stadtrechte und wurde dabei in Landskrona umbenannt. Christian III. ließ 1549 die Zitadelle errichten und wandelte damit die Stadt zur Festung um. Auch die schwedischen Könige Karl X. und Karl XI. hatten Großes vor, Landskrona sollte Bischofssitz und Universitätsstadt werden. In ihren Plänen spielte die Zitadelle eine wichtige Rolle und so war sie Anfang des 18. Jh.s schließlich eine der größten im Norden. 1747 beschloss der schwedische Reichstag, die mittelalterliche Stadt abzureißen, um noch mehr Platz für die Befes-

LANDSKRONA ERLEBEN

AUSKUNFT

Landskrona Turistbyrå
Regeringsgatan 13
26131 Landskrona
Tel. (04 18) 47 30 00
www.landskrona.se

ESSEN

► Erschwinglich

Erikstorps Kungsgård
Borstahusen, Tel. (04 18) 260 75
www.erikstorp.com
Restaurant und Bar im historischen Milieu eines alten Herrenhauses.

► Preiswert

Pumpans Café
Landsvägen 134, Tel. (04 18) 725 10
www.pumpans.com
Hausgemachte Backwaren, vegetarische Spezialitäten, Tee- und Kaffeesorten aus der ganzen Welt

ÜBERNACHTEN

► Komfortabel

Öresund
Selma Lagerlöfs Väg 4
Tel. (0418) 47 40 00
1 32 Zi., www.hoteloresund.se
Hotel im Stadtzentrum mit altehrwürdigem Charme. Von den drei Restaurants ist besonders empfehlenswert – aber nicht ganz billig – das Gourmetrestaurant Nils Holgersson im urigen Kellergewölbe.

► Günstig

Borstahusens Semesterby
Das Feriendorf mit 81 einfachen Hütten (www.borstahusenssemesterby.se) liegt im Norden von Landskrona nur rund 100 m vom Strand entfernt. Vermietung tage- und wochenweise (Buchung über Tel. 04 18 / 47 47 30 oder www.boiskane.se).

Mit Fensterputzen wäre in der Zitadelle von Landskrona kein Geld verdient.

tigungsanlagen zu schaffen. Die neue Stadt wurde von Schlossbaumeister Carl Hårleman im französisch-klassizistischen Stil entworfen und auf dem Meer abgerungenen Land errichtet.

Sehenswertes in Landskrona

Rathausplatz Das Zentrum bildet der Rådhustorg mit dem neugotischen Rathaus von 1882 und der Skulptur »Västanvinden« von Anders Olsen (1929). An der Nordecke des Rathausplatzes steht die im 18. Jh. erbaute ehemalige Adolf-Fredriks-Kaserne, die heute das Landskrona-Museum mit seinen stadtgeschichtlichen Sammlungen enthält (Öffnungszeiten:Di., Fr. – So. 12.00 – 17.00, Mi./Do. 15.00 – 20.00 Uhr). Über die Storgatan erreicht man die südlich gelegene **Sofia-Albertina-Kirche** aus dem 18. Jh. mit ihren schönen Glasgemälden (Öffnungszeiten: tgl. 11.00 – 16.00 Uhr). In der angrenzenden Kungsgatan (Nr. 13) steht das 1757 – 1769 erbaute **Haijiska Huset,** in dem die Dichterin Selma Lagerlöf 1885 – 1891 wohnte und den Roman »Gösta Berling« schrieb.

Zitadelle Hinter dem Kasernplan erstreckt sich das Festungsgelände mit dem Landskrona Slott, der einstigen Zitadelle. Der Zweckbau aus rotem

Ziegelmauerwerk wurde 1549 erbaut. Das ringsum geschlossene, von einem Wassergraben umzogene Karree liegt inmitten einer weiteren Wall- und Grabenanlage. Im südwestlichen Eckturm befindet sich eine Fotodokumentation, und im südöstlichen Eckturm sind noch die Zellen der von 1825 bis 1940 bestehenden Haftanstalt zu sehen.

Kunsthalle

Direkt bei der Brücke, die über den äußeren Graben ins Stadtzentrum führt, befindet sich die Kunsthalle (Öffnungszeiten: Di., Do. bis So. 13.00 – 17.00, Mi. 15.00 – 20.00 Uhr).

Hafen

Vom 60 m hohen Wasserturm beim Sporthafen hat man einen tollen Ausblick auf die Stadt und den Sund.

✶ Insel Ven

Die Künstlerinsel

Einst bildete die schöne Insel Ven wohl eine Landverbindung zwischen Schonen und dem dänischen Seeland. Die von Landskrona (Fahrtdauer ca. 25 Min.) bzw. im Sommer auch von Helsingborg und Råå kommenden Schiffe legen im Hafen von Bäckviken an. Die kleine Insel kann man bequem mit einem Leihfahrrad oder zu Fuß durchstreifen. Auf Ven haben sich zahlreiche Künstler niedergelassen, die alljährlich zu Christi Himmelfahrt die »Kunstrunde« veranstalten und Besuchern ihre Ateliers öffnen.

Tycho Brahe

Der dänische Astronom Tycho Brahe lebte von 1578 – 1598 in **Schloss Uranienborg**, das mitten auf Ven stand. Der dänische König Frederik II. (Ven wurde erst 1658 schwedisch) hatte dem Astronomen die Insel mit seiner klaren, staubfreien Luft für seine Forschungen zur Verfügung gestellt. Von Schloss Uranienborg ist heute nichts mehr zu sehen, stattdessen gibt es ein Museum, das das Leben und die Arbeit des Sternenforschers beschreibt (Öffnungszeiten: Juli – Mitte Aug., tgl. 10.00 – 18.00, April – Juni u. Mitte Aug. – Ende Sept. tgl. 10.00 – 16.00 Uhr; www.tychobrahe.com).
Im Observatorium Stjerneborg entdeckte Brahe **die erste Supernova** – wohlgemerkt mit bloßem Auge, denn das Fernrohr war noch nicht erfunden. Er war auch nicht der Einzige, der die Erscheinung sah, die von 1572 an 16 Monate lang hell wie ein Stern am Himmel strahlte. Aber Brahe war derjenige, der den Mut hatte, die bislang geltende aristotelische Theorie von der Unveränderlichkeit des Sternenhimmels zu widerlegen. Seine genauen Aufzeichnungen des Himmelsphänomens erlauben es heute, dieses als Supernova zu identifizieren.

St. Ibb

Im nordwestlichen Teil der Insel thront beim Ort Kyrkbacken die mittelalterliche Kirche St. Ibb (13. Jh.) stolz über den steilen Felsen des Backafalls. In der Kirche steht noch Tycho Brahes Kirchbank. Von St. Ibb bietet sich eine grandiose Aussicht über den Öresund sowie die dänische und schwedische Küste.

★ Linköping

F 4

Landschaft: Östergötland
Einwohnerzahl: 137 000
Provinz: Östergötland Län
Höhe: 40 m ü d.M.

In Linköping, der modernen Hauptstadt der südschwedischen Provinz Östergötland, geht man auf besondere Art mit der Vergangenheit um: Bei der Neubebauung hat man viele alte Häuser aus dem Zentrum nicht einfach wegsaniert, sondern sie liebevoll in Gamla Linköping wieder aufgebaut. Weitere Attraktionen sind Schloss Ekenäs und seine Ritterspiele.

Geschichte Erstmals wurde die Stadt im Zusammenhang mit der Gründung des Klosters Vreta 1120 urkundlich erwähnt. 1152 wurde bei Linköping beschlossen, Schweden der römischen Kirche anzugliedern. Hier besiegte 1598 Herzog Karl von Södermanland (später König Karl IX.), der die Reformation in Schweden durchsetzen wollte, den katholischen König Sigismund von Polen. Dessen Gefolgsleute wurden 1600 im Blutgericht von Linköping auf dem Marktplatz hingerichtet. Den wirtschaftlichen Aufschwung brachte 1937 die Verlegung der Flugzeugproduktion von Saab nach Linköping. In den 1960er-Jahren wurde die Universiäte gegründet. Heute in Linköping bekannt für High-Tech und Software-Industrie.

Alte Häuser erhalten durch Versetzen? So macht man es in Linköping.

Sehenswertes in Linköping

Marktplatz

In der Stadtmitte liegt der Marktplatz (Stortorg) mit dem Folkunga-Brunnen (1927). Der Brunnen ist eines der bekanntesten Werke von Carl Milles und trägt die Skulptur von »Folke Filbyter«, die an die Folkungersaga erinnert. Östlich des Hauptplatzes steht die 1802 erbaute St.-Lars-Kirche, deren Turm aus dem 12. Jh. stammt. Im Innern einige Bilder des Autodidakten Pehr Hörberg (1746 – 1816).

Dom

Der Dom, eine der bedeutendsten und schönsten Kathedralen Schwedens steht nordwestlich vom Stortorg in einem kleinen Park. Der ursprünglich romanische Bau von 1230 wurde später durch Um- und Ausbauten gotisch vollendet, an den Flanken der Seitenschiffe kann man noch romanische Bauteile entdecken. Der 107 m hohe Turm, das Wahrzeichen Linköpings, wurde erst 1886 angefügt (Öffnungszeiten: tgl. 9.00 – 18.00 Uhr).

Östergötlands Länsmuseum

Unweit von Dom und Schloss, in dem heute die Bezirksregierung untergebracht ist, befindet sich eines der ältesten und größten Provinzmuseen des Landes, in einem architektonisch interessanten, funktionalistischen Gebäude von 1939. Das Museum zeigt Sammlungen zur Vor- und Frühgeschichte, schwedische Kunst vom Mittelalter bis zur Gegenwart sowie eine kleine medizingeschichtliche Sondersammlung (Öffnungszeiten: Mi., Fr. – So. 11.00 – 16.00, Di. u. Do. bis 20.00 Uhr, www.ostergotlandslansmuseum.se).

★ Gamla Linköping

Die interessanteste Sehenswürdigkeit der Stadt ist Alt-Linköping, ein großes und sehr gepflegtes Freilichtmuseum, das durch viele Handwerksbetriebe, Tante-Emma-Läden und Kunstgewerbeateliers überaus lebendig wirkt. Auch ein Schulmuseum, ein Apothekenmuseum, das Museum der Bank von Östergötland und ein Polizeimuseum

Linköping *Orientierung*

LINKÖPING ERLEBEN

AUSKUNFT

Turistbyrån Visit Linköping
Storgatan 15 (S:t Larsparken)
58223 Linköping
Tel. (013) 190 00 70
www.linkoping.se
info@visitlinkoping.se

ESSEN

► Erschwinglich

① ***Stångs Magasin***
Södra Stånggatan 1, Tel. (013) 31 21 00
www.stangsmagasin.se
Stimmungsvoller Gasthof in einem 200 Jahre alten Lagerhaus am Wasser. Spezialität: Grillgerichte.

② ***Wärdshuset Gamla Linköping***
Gästgivaregatan 1, Tel. (013) 13 31 10
www.wardshuset.com
Die beiden historischen Holzhäuser wurden vor dem Abriss gerettet und im Freilichtmuseum Gamla Linköping wieder aufgebaut. Hausmannskost und internationale Gerichte in einem ruhigen Ambiente. Preisgünstiges Lunchbuffet, abend nur nach Vorbestellung.

ÜBERNACHTEN

► Komfortabel

① ***Scandic Frimurarehotellet***
St. Larsgatan 14
Tel. (013) 495 30 00
Fax 495 30 11
208 Zi., www.scandic-hotels.se
Zentral gelegen an Linköpings Flaniermeile. Vielleicht etwas kitschig, aber durchaus sehenswert: die Eingangshalle des Hotels ganz in Rot und Rosa und mit goldenen Säulenkapitellen.

③ ***Quality Hotel Ekoxen***
Klostergatan 68
Tel. (013) 25 26 00
Fax 12 19 03
190 Zi., www.ekoxen.se
Schönes, geräumiges Hotel der Quality Kette, im Zentrum nahe Stadtpark. Große Spa-Abteilung sowie Möglichkeit, in einem »Flotation Tank« die Schwerelosigkeit zu erproben. Lohnenswert ist auch ein Besuch der modernen, schwedischen »Brasserie Britto«, die in den Sommermonaten ein spezielles Menü für Kinder anbietet und auch im Freien serviert.

② ***City Hotell & Vandrarhem***
Klostergatan 52 a
Tel. (013) 35 90 00
www.lvh.se
Hier hat man die Wahl zwischen 3-Stern-Hotelkomfort und gutem Vandrarhem-Standard. Alle Zimmer sind mit Dusche / WC, Telefon und TV ausgestattet.

sind in den alten Holzhäusern zu finden, ferner das Phänomen-Magasinet mit technisch-naturwissenschaftlichen Experimenten. Fast 100 Häuser umfasst das Gelände, die meisten standen einst im Zentrum von Linköping, mussten aber den Neubauten nach dem Zweiten Weltkrieg weichen. Da viele Häuser von Gamla Linköping bewohnt sind, wirkt es nicht wie ein klassisches Freilichtmuseum, sondern eher wie ein nostalgischer Stadtteil (Öffnungszeiten der Läden und Werkstätten: Mo. – Fr. 11.00 – 17.00, Sa., So. 12.00 – 16.00 Uhr).

Umgebung von Linköping

Kinda-Kanal

Lohnend ist eine Fahrt auf dem Kinda-Kanal, der den Roxensee mit einigen südlich gelegenen, von der Stångån durchflossenen Seen verbindet. Wer auf dem Kanal unterwegs ist, muss auf 80 km Länge 15 Schleusen passieren. Die Fahrt führt an einigen Landsitzen vorbei (u.a. am Erlangsee das Herrenhaus Sturefors von 1704) und endet in Horn am Südende des Åsundsees. Der Kanal folgt im Wesentlichen dem natürlichen Flusslauf der Stångån. Nur zwischen Stora Rängen und Hovetorp musste ein 6 km langes Stück künstlich angelegt werden. Für die Berufsschiffer ist der Kinda-Kanal schon lange nicht mehr rentabel, deshalb sind heute nur noch Freizeitkapitäne auf ihm unterwegs (Infos zu Schleusen, Öffnungszeiten und Preisen unter www.kindakanal.se).

Schloss Ekenäs

Das stattliche weiße Renaissanceschloss liegt 20 km östlich von Linköping. Unbedingt sehenswert ist das farbenfrohe Ritterturnier Ende Mai (Öffnungszeiten: Mai – Aug. Sa., So. 13.00 – 16.00, im Juli Di. bis So. 13.00 – 16.00; Park: tgl. 8.00 – 20.00 Uhr; www.ekenasslott.nu).

Luleå

N 11

Landschaft: Norrbotten
Einwohnerzahl: 72 600
Provinz: Norrbottens Län
Höhe: Meereshöhe

Neben Narvik ist Luleå der wichtigste Hafen für den Erzexport. Die nüchterne Industriestadt bietet wenig fürs Auge, doch die rund 700 vorgelagerten Schäreninseln bilden ein bezauberndes, auch botanisch interessantes Ausflugsziel. Wichtigste Sehenswürdigkeit ist Gammelstad, die größte Kirchstadt in ganz Schweden.

Das alte Luleå (gespr. Lüleo) lag bei seiner Stadterhebung 1621 noch an der Mündung des Flusses Luleälven. Doch die starke Landhebung führte dazu, dass der Hafen nach wenigen Jahren versandete und die Stadt 1649 auf eine Halbinsel am Lule Älv verlegt werden musste. In der Folgezeit vernichteten Brände mehrmals die alte Bausubstanz, so auch 1887. Heute wird Luleå vor allem wegen der Einkaufsmöglichkeiten, den vielen Restaurants, Kneipen und Hotels geschätzt. Wirtschaftlich wichtig ist der Hafen, von dem das Erz, das mit der Eisenbahn von Kiruna kommt, Richtung Süden verschifft wird.

? WUSSTEN SIE SCHON ...?

- ... dass einst in Schweden Kirchpflicht herrschte? Wer bis zu 10 km entfernt wohnte, musste jeden Sonntag zum Gottesdienst erscheinen, bei 20 km Anreise nur alle 14 Tage. Die Gläubigen konnten in den Holzhäuschen übernachten, die bei den Kirchen gebaut wurden. Heute sind diese Kirchenstädte gut besuchte Sehenswürdigkeiten.

LULEÅ ERLEBEN

AUSKUNFT

Kulturens Hus
Skeppsbrogatan, 97185 Luleå
Tel. (09 20) 45 70 00, Fax 45 70 01
www.visitlulea.se

Haparanda Turistbyrå
Green Line
Haparanda Stad
Tel. (09 22) 120 10, Fax 1201 9
www.haparandatornio.com

ESSEN

► Fein & Teuer

Margaretas Wärdshus
Lulevägen 2, Luleå, Gammelstad
Tel. (09 20) 25 42 90
www.margaretasvardshus.se
Das bekannteste Restaurant der Stadt leitet Fernsehköchin Margareta Almlöw. Das »Wärdshus« liegt in einem geschmackvoll restaurierten Hof in Gammelstad.

► Erschwinglich

Musikomat
Järnvägsstationen, Tel. (09 20) 154 44
Im alten Bahnhof von Luleå stimmt die Qualität, allerdings ist die Speisekarte nicht sehr umfangreich. Freitag- und Samstagabend wird Livemusik gespielt.

► Preiswert

Restaurang Minerva
Haparanda, Torget 3
Tel. (09 22) 688 07
Restaurant der schwedisch-finnischen Volkshochschule. Man isst hier zwar günstig und gut, doch muss man dafür ein wenig Kantinenatmosphäre in Kauf nehmen.

ÜBERNACHTEN

► Komfortabel

Baedeker-Empfehlung

Kukkolaforsen Turist Konferens
Kukkolaforsen 184
Tel. (09 22) 310 00
Fax 310 30
www.kukkolaforsen.se
Ein Ferienzentrum der besonderen Art, 15 km nördlich von Haparanda, am Ufer des Thome-Flusses. Idyllisch gelegen in einem Fischzuchtgebiet, in dem noch wie vor 300 Jahren mit dem Kescher gefischt wird. Im Restaurant gibt es die Fische lecker zubereitet mit Blick auf die Stromschnellen. Unterkunft auf dem Campingplatz oder in Ferienhäuschen mit WC, Dusche und Kochnische und Platz für 4-6 Personen.

Rödkallen Fyrhotell
Rödkallen, Hällvägen 10
Tel. (09 20) 25 77 50, Fax 25 77 50
www.fyrhotellet.com
Nur für Abenteuerlustige, denn dieses Hotel ist in einem ehemaligen Leuchtturm im äußeren Schärengarten von Luleå untergebracht. Dafür ist die Sicht von der Bar im obersten Stockwerk unglaublich. 2001 wurde das Hotel renoviert und umgebaut. Gutes Fischrestaurant.

Melderstein Herrgård
Melderstein
Tel. (09 24) 510 37
15 Zi., www.meldersteinherrgard.se
Kürzlich renovierter, schwedischer Gutshof ca. 40 km nördlich von Luleå. Das Hotel verfügt neben einem ausgezeichneten Restaurant über eine eigene Kirche. Im Sommer preiswertere Übernachtung in einer Jugendherberge möglich.

Haparanda Stadshotell
Haparanda, Torget 7
Tel. (09 22) 614 90
Fax 102 23
88 Zi., www.haparandastadshotell.se
In dem prächtigen Haus haben sich die Mächtigen aus dem Zarenreich, der Sowjetunion und dem Westen getroffen und Politik gemacht. Unbedingt sehenswert sind der Ballsaal mit den schimmernden Kronleuchtern und das Gourmetrestaurant im Keller.

AUSFLÜGE

In den Schärengarten vor Luleå: Vom Norra Hamn verkehren von Mitte Juni bis Mitte August täglich Boote, Abfahrt ist in der Regel um 10.00 Uhr. Regelmäßig werden die Inseln Altappen, Hindersön, Junkön, Kluntarna, Rödkallen und Småskär angelaufen. Infos und Fahrkarten im Touristenbüro.

Sehenswertes in Luleå und Umgebung

Kernstadt

Im Stadtzentrum befindet sich in der Storgatan Nr. 2 **Norrbottens Museum**, das archäologische und lokalhistorische Funde zeigt sowie über die Geschichte der Samen informiert (Öffnungszeiten: Juni – Aug. Mo. – Fr. 10.00 – 16.00, Sa., So. ab 12.00 Uhr, sonst Mo. geschl.; www.nll.se). Nördlich der Innenstadt liegt die **Bucht Stadsviken** mit dem Norra Hamn, von dem die Ausflugsschiffe auslaufen. In einem stattlichen Holzbau befindet sich das **Theater Norrbottens**. Nordwestlich vom Zentrum erstreckt sich an der Ausfallstraße in Richtung Haparanda das Gelände der Technischen Hochschule, auf dem das **Haus der Technik** technische und naturwissenschaftliche Zusammenhänge erklärt und zum Experimentieren einlädt (Öffnungszeiten: Di. – So. 10.00 – 16.00 Uhr; www.teknikenhus.se).

Etwa 10 km nordwestlich, dort, wo Luleå im 14. Jh. ursprünglich gegründet wurde, befindet sich Gammelstad. Als man im 15. Jh. mit dem Bau der Kirche begann, lag diese etwas erhöht mitten in der Mündung des Lule Älv. Über 400 kleine Holzhäuschen scharten sich um die Kirche, in denen die Kaufleute und Kirchenbesucher übernachteten, wenn sie ihrer Kirchpflicht nachkamen. Einst gab es in

In der Kirchenstadt Gammelstad übernachteten weit angereiste Kirchgänger.

Schweden mehr als 70 dieser Kirchenstädte, von denen heute nur noch 16 erhalten sind. Von diesen ist Gammelstad die größte, am besten erhaltene und seit 1996 UNESCO-Weltkulturerbe. Die Kirche ist ein gotischer Bruchsteinbau mit klassizistischem Turm, beachtenswerter Kanzel und einem Antwerpener Schnitzaltar (www.lulea.se/gammelstad).

Kalix Rund 80 km nordöstlich von Luleå liegt an der Mündung des Kalix Älv in den Bottnischen Meerbusen die Stadt Kalix. In der Kirche von 1472 sind der spätmittelalterliche Altarschrein, der Taufstein und das moderne Fenster von Pär Andersson beachtenswert.

Haparanda Noch rund 50 km weiter östlich liegt am Torne Älv, der hier die natürliche Grenze zu Finnland bildet, die Stadt Haparanda. Sie wurde 1809 gegründet, nachdem die östliche Nachbarstadt Tornio zusammen mit Finnland an Russland abgetreten worden war. Über Haparanda wurden im Ersten Weltkrieg Gefangene zwischen Russland und den Mittelmächten ausgetauscht. Auf dem Friedhof der Kirche von Nedertorneå erinnert ein Gedenkstein an 205 Österreicher, elf Deutsche und zwei Türken, die auf dem Transport gestorben sind und in der schwedischen Grenzstadt beerdigt wurden. Heute sind Haparanda und Tornio Schwesterstädte, die zwar durch den Fluss und die Landesgrenze getrennt, aber trotzdem eng miteinander verflochten sind. Nicht versäumen sollte man den Abstecher ins finnische Tornio (Pass oder Personalausweis erforderlich), und dort die alte Holzkirche, die russisch-othodoxe Kirche, das Regionalmuseum des Torniotals und das Kunstmuseum anschauen.

★ Lund

D 1

Landschaft: Skåne (Schonen)
Einwohnerzahl: 101 400
Provinz: Skåne Län
Höhe: Meereshöhe

In Lund hat die größte Universität Skandinaviens ihren Sitz, über 40 000 Studenten sind hier eingeschrieben. Die vielen jungen Menschen auf den Plätzen und in den Cafés und Kneipen machen Lund zu einer sehr lebendigen Stadt. Größte Sehenswürdigkeit ist der imposante Dom.

»Dänische Metropole«

Die südschwedische Stadt Lund liegt in der Provinz Skåne, etwa 20 km nordöstlich der großen Hafenstadt Malmö. Sie wurde wahrscheinlich 990 vom dänischen König Sven Gabelbart gegründet. Seit 1666 ist Lund Sitz einer Hochschule, wo man heute Medizin, Technik und Theologie sudieren kann. Vom 12. bis zum 15. Jh. war es die größte Stadt Skandinaviens und Sitz eines dänischen Bischofs, 1104 sogar des Erzbischofs, deshalb wurde sie damals auch »Metropolis Daniae« genannt.

Sehenswertes in Lund

★ Dom

Der Dom ist Lunds wichtigste Sehenswürdigkeit und die bedeutendste romanische Kirche des Landes. Er wurde mehrfach umgebaut. Bis auf die Renaissancekanzel und den prächtigen geschnitzten Altarschrein, der aus Norddeutschland stammt (14. Jh.), ist der Kirchenraum weitgehend schmucklos (►3D S. 240, Öffnungszeiten: Mo. – Fr. 8.00 – 18.00, Sa. 9.30 – 17.00, So. bis 18.00 Uhr).

★ ★ ◄ Krypta

Besonders schön ist die geräumige Krypta, welche die gesamte Breite des Gebäudes einnimmt. Der **Brunnen** trägt satirische niederdeutsche Inschriften, er ist ein Werk des westfälischen Meisters van Düren, der 1512 – 1527 in Lund lebte. Für Lunds Einwohner bildete übrigens lange Zeit der Brunnen die einzige Trinkwasserversorgung.

Lundagård

Die wichtigsten Sehenswürdigkeiten Lunds befinden sich im Lundagård, dem unmittelbaren Umkreis des Doms. Das **Historische Museum** besitzt eine beachtliche Sammlung prähistorischer Funde und kirchlicher Altertümer (Öffnungszeiten: Di. – Fr. 11.00 – 16.00, So. ab 12.00 Uhr). Westlich erhebt sich das turmgeschmückte **Kungshus** aus dem 16. Jh. Der schwedische König Karl XII. soll hier die Wendeltreppe hinaufgeritten sein, als er, von Feldzügen auf dem europäischen Festland kommend, sein Lager in Lund aufschlug.

Tegnérplatz

An der Südostecke des Lundagård erstreckt sich der Tegnérplatz mit dem Standbild des schwedischen Schriftstellers Esaias Tegnér (1782 bis 1846). Seine Wohnung an der Stora Gråbrödersgatan 11 ist ein Museum (Führungen unter Tel. 046 / 35 04 32 buchen).

DOM VON LUND

★★ Der Dom, um 1080 vom Dänenkönig Knut dem Heiligen gegründet, ist die älteste und bedeutendste romanische Kirche Schwedens. Der heutige Bau wurde zwischen 1123 (Krypta) und 1161 (Apsis am Hauptchor) fertig gestellt, aber bereits 1145 eingeweiht. Als im 16. Jh. Lund an Bedeutung rapide verlor, verfiel auch der Dom. Im 18. und 19. Jh. wurde er umfangreich restauriert.

Öffnungszeiten:
Mo. – Fr. 8.00 – 18.00, Sa. 9.30 – 17.00, So. bis 18.00 Uhr. Die astronomische Uhr spielt werktags 12.00 und 15.00 Uhr, sonn- und feiertags 13.00 und 15.00 Uhr.

① Schiff
Ein gotisches Kreuzrippengewölbe überspannt das Hauptschiff, während die Seitenschiffe noch romanische Gewölbe besitzen.

② Kanzel
Johannes Ganssog aus Frankfurt an der Oder schuf 1592 das Kunstwerk aus Alabaster, Sand- und Kalkstein.

③ Chorgestühl
Das Chorgestühl (15. Jh.) besteht aus Eichenholz und zählt zu den größten und schönsten dieser Zeit in ganz Europa.

Blick in die Krypta, unten an der vordersten Säule die »Frau« des Finn

④ Altar
Der geschnitzte Altaraufsatz (1398) zählt zu den ältesten gotischen Retabeln Schwedens. Er wird von 40 Figuren geziert und stammt wohl aus Norddeutschland.

⑤ Mosaik
Das auffallende, 6 m hohe Christusmosaik (1925) in der Apsis ist ein Werk des dänischen Künstlers Joakim Skopvgaard.

⑥ Krypta
18 Säulen tragen die Decke der Krypta und zwei davon zeigen Menschengestalten, die die Säule fest umklammert halten. Der Sage nach soll es sich dabei um den legendären Erbauer der Kirche, den Riesen Finn, und seine Frau handeln. Wer hier wirklich dargestellt sein soll, ist unklar. Die Krypta besitzt mit ihrem jeweils dreischiffigem Langhaus und Querhaus einen ungewöhnlichen Grundriss und ist von großartiger Raumwirkung. Hier liegt neben dem zentralen Grab des Erzbischofs Birger (gest. 1519) das des Erzbischofs Herman.

LUND ERLEBEN

AUSKUNFT

Turistbyrå
Botulfsgatan 1a, på Stortorget
22350 Lund
Tel. (046) 35 50 40
www.lund.se,
turistbyran@lund.se

ESSEN

► Fein & Teuer

Dalby Gästis
Dalby, Tingsgatan 6i
Tel. (046) 20 00 06
www.dalbygastis.com
Eine der ältesten Gaststätten Schonens, nur wenige Kilometer südöstlich von Lund. Mehrfach unter die besten Restaurants des Landes gewählt.

① *Grand Hotel*
Bantorget 1
Tel. (046) 280 61 00, Fax 280 61 50
www.grandilund.se
Hier kann man angenehm übernachten und sehr gut essen. Das Hotelrestaurant bietet neben internationaler Küche auch eine reiche Auswahl an Spezialitäten aus Schonen.

► Erschwinglich

② *Saluhallen*
Mårtenstorget (südlich vom Dom)
In der alten Markthalle von Lund befinden sich mehrere kleine, preisgünstige Retaurants, die besonders zur Mittagszeit beliebt sind. Neben Thaiküche und Kebab gibt es auch gute Fisch- und Schalentiergerichte.
Geöffnet: Mo.–Fr. 9.00 – 18.00, Sa. 9.00 – 15.00 Uhr.

ÜBERNACHTEN

► Luxus

② *Hotel Concordia*
Stålbrogatan 1
Tel. (046) 13 50 50, Fax 13 74 22
64 Zi., www.concordia.se
Erstklassiges Hotel mit langer Geschichte. Früher wohnten hier Gelehrte, die den Schriftsteller August Strindberg im gegenüberliegenden Haus kopfschüttelnd beobachteten, wie er auf alchimistischem Wege versuchte, Gold herzustellen.

③ *Hotel Duxiana*
St. Petri Kyrkogata 7
Tel. (046) 13 55 19, Fax 13 56 71
31 Zi., www.lund.hotelduxiana.com
Relativ kleines, aber sehr persönliches Hotel im Herzen von Lund. Helle, geräumige und geschmackvoll eingerichtete Zimmer.

► Günstig

① *STF Vandrarhem Lund Tåget*
Vävaregatan 22
Tel (046) 14 28 20, Fax 32 05 68
108 Betten, www.trainhostel.com
In einem Zug übernachten kann man in der Jugendherberge von Lund. 200 Meter vom Bahnhof entfernt stehen einige Schlafwagen auf einem stillgelegten Gleis und warten auf Gäste. Sehr originell und urgemütlich.

MARKT

Jeden Vormittag außer sonntags werden Obst, Gemüse und Blumen auf dem Mårtenstorg angeboten.

Die altehrwürdige Universitätsbibliothek birgt Wissen und wertvolle Handschriften.

Umgebung von Lund

Dalby Südöstlich von Lund führt Str. Nr. 16 nach Dalby. Die dortige Kirche mit einer Krypta aus dem 12. Jh. zählt zu den ältesten Steinkirchen des Nordens. In der Nähe liegt der kleine Nationalpark Dalby Söderskog. Seit 1918 sind hier 36 ha kontinentaler Laubwald unter Schutz gestellt. Eine Autostraße führt bis zum Park, auf Wanderwegen, die teils zur Schonung der Vegetation mit Bohlen befestigt sind, kann man den Dalby Söderskog erkunden.

Bosjökloster Ungefähr 30 km nordöstlich von Lund (Str. Nr. 23) erreicht man Schloss Bosjökloster. Das 1080 gegründete Benediktinerkloster liegt auf einer Landzunge im Ringsee und ist eines der ältesten Schlösser Skånes. Der mächtige weiße, mit zahlreichen Giebeldächern verzierte Bau beherbergt im Innern das Klostermuseum. Im Park sind Rosengarten, Kräutergarten und die tausendjährige Eiche sehenswert (Öffnungszeiten: Mai – Sept. tgl. 10.00 – 18.00 Uhr, www.bosjokloster.se).

Skånes Djurpark Rund 3 km nördlich des nahe gelegenen Ortes Höör liegt Skånes Djurpark mit mehr als 800 nordischen Tieren wie Wölfen, Elchen, Luchsen und Adlern (Öffnungszeiten: April – Sept. tgl. 10.00 – 17.00, sonst bis 15.00 Uhr, www.skanesdjurpark.se).

★ Mälarsee

G/H 5

Landschaft: Södermanland, Uppland und Västmanland

Entlang der verschlungenen Ufer des Mälarsees liegt die bevölkerungsreichste Region Schwedens. Stockholm an seiner Ostseite machte den See für den Adel höchst attraktiv, der hier eine große Zahl stattlicher Schlösser und Herrensitze errichten ließ. Die zugehörigen Ländereien wurden nie bebaut, deshalb ist auch heute um den See noch sehr viel Grün zu finden.

Nach Vänersee und Vättersee ist der Mälarsee mit einer Fläche von 1140 km² das drittgrößte Binnengewässer Schwedens. Die Ufer des 120 km langen und rund 50 km breiten Sees sind durch eine Vielzahl von Buchten, Inseln, Halbinseln und Wasserarmen so stark gegliedert, dass er nicht wie ein Binnenmeer, sondern wie ein vielfach verzahntes Labyrinth aus Wasser und Land wirkt. Einst war der Mälarsee eine Ostseebucht, aber seit dem 12. Jh. gilt er wegen der durch die Landhebung hervorgerufenen Veränderung des Wasserstandes als Binnensee.

Sehenswertes am Mälarsee

Södertälje

Die E 4/E 20 führt von Stockholm südwestlich zur Industriestadt Södertälje, die aus einem Handelsplatz der Wikinger zwischen Mälarsee und Ostsee hervorgegangen ist. Am Stortorg stehen die St.-Ragnhild-Kirche (Überreste aus dem 13. Jh.) und das 1965 erbaute Rathaus, dessen Vorgängerbau an den Kanal versetzt wurde.

Schloss Tullgarn

Das Schloss, bis 1950 Sommerresidenz der königlichen Familie, liegt südlich von Södertälje an der Küste in der Nähe von Trosa. Es beherbergt eine Suite im Stil des schwedischen Klassizismus, ein Frühstückszimmer im Stil der süddeutschen Renaissance und eine einzigartige Sammlung original holländischer Kacheln (Öffnungszeiten: Juni – Aug. Führungen tgl. 11.00 – 16.00 Uhr).

Mariefred

Die idyllische Kleinstadt Mariefred westlich von Södertälje geht auf das 1493 gegründete **Kartäuserkloster** Pax Mariae zurück, das bis zur Reformationszeit bestand. Der Ort wird überragt von der auf einem bewaldeten Hügel stehenden Kirche (1624). Unterhalb liegt der alte Teil des Städtchens, dessen enge Gassen von malerischen Holzhäusern gesäumt werden. 1682 wurde die Stadt durch ein Feuer zerstört und danach mit eingeschossigen Holzhäusern wieder aufgebaut. Nördlich der Kirche, am Marktplatz, steht das **Rathaus**, ein attraktiver Holzbau von 1784, in dem sich auch das Touristenbüro befindet. Im alten **Gripsholm Kungsladugård** ist heute ein internationales Zentrum für grafische Kunst untergebracht, das wechselnde Ausstel-

MÄLARSEE ERLEBEN

AUSKUNFT

Eskilstuna Turistbyrå
Rothoffsvillan, Tullgatan 4
63186 Eskilstuna
Tel. (016) 710 70 00, Fax 14 95 00
www.eskilstuna.se

Sigtuna Turistbyrå
Stora Gatan 33
19323 Sigtuna
Tel. (08) 59 48 06 50, Fax 59 48 06 59
www.sigtunaturism.se

Strängnäs Turistbyrå
Västeriken, Storgatan 38
64530 Strängnäs
Tel. (01 52) 296 99, Fax 296 95
www.strangnas.se

ESSEN

► Erschwinglich

Oliver Tist Liquid
Eskilstuna, Careligatan 2
Tel. (016) 51 11 11
Das Vergnügungszentrum der Stadt, mit fünf Bars, drei Tanzflächen und einem Restaurant.

► Preiswert

China Empire
Eskilstuna, Resecentrum
Tel. (016) 13 28 13
Zum Lunch gibt es ein reichhaltiges Buffet, von dem man so viel essen kann, wie man möchte.

Konditori Fredman
Mariefred, Kyrkogatan 11
Tel. (01 59) 121 10
Etwas für Gaumen und Auge sind die herrlich grünen Marzipantorten.

Café Ångbåtsbron
Strängnäs, Strandvägen
Tel. (01 52) 184 00
Wenn es nach Zimt und frisch Gebackenem duftet, die süßen Stückchen unbedingt probieren! Genau das Richtige für einen Sommertag. Nur im Sommer offen.

ÜBERNACHTEN

► Luxus

Gripsholms Värdshus & Hotel
Mariefred, Kyrkogatan 1

Keine Bange, die wollen doch bloß spielen: Skokloster Ritterspektakel

Tel. (01 59) 347 50, Fax 347 77
45 Zi., www.gripsholms-vardshus.se
Der älteste Gasthof Schwedens, ursprünglich ein Kloster aus dem 15. Jh., ist heute ein wunderschönes Hotel mit Aussicht auf Schloss Gripsholm.

Sigtuna Stads Hotell
Sigtuna, Stora Nygatan 3
Tel. (08) 59 25 01 00, Fax 59 25 15 87
26 Zi., www.sigtunastadshotell.se
Ein Hauch des mittelalterlichen Sigtuna kombiniert mit modernem Komfort.

Ulvhälls Herrgård
Strängnäs, Ulvhälls Allé
Tel. (01 52) 186 80, Fax 177 97
13 Zi., www.ulvhall.se
Pompöses Gutsherrenhaus. Im Speisesaal fühlt man sich unter Kristallleuchtern wie zur Gründungszeit des Hotels. Spartipp: Wochenendpaket mit Vier-Gänge-Abendessen.

► Komfortabel
Hotel Laurentius
Strängnäs, Östra Strandvägen 12
Tel. (01 52) 104 44, Fax 104 43
12 Zi., www.hotellaurentius.com
Historisches Holzhaus, zentrumsnah. Das Hotel ist relativ klein und liegt direkt am Mälarsee.

AUSFLÜGE

Sehr nostalgisch ist ein Ausflug mit dem Dampfer »Mariefred«, Baujahr 1903, der nach Stockholm fährt (Fahrzeiten: Mitte Juni – Mitte Aug. Di. – So. 10.00 Abfahrt Stockholm; 13.30 Ankunft in Mariefred; 16.30 Abfahrt Mariefred; 20.00 Uhr Ankunft in Stockholm; www.mariefred.info).

FESTE

Ende Juli finden die Skoklosterspiele im gleichnamigen Schloss statt, ein fünftägiges Spektakel mit Rittern, Musik und bunten Turnieren.

lungen zeigt. 1895 wurde die Bahnlinie nach Mariefred eröffnet; heute wird die Schmalspurbahn von einem Museumsverein betrieben (mehrmals tgl. Fahrten auf der Strecke Mariefred-Läggesta, Dauer ca. 45 min.).

Tucholskys letzte Ruhestätte

Der Friedhof von Mariefred liegt nordöstlich außerhalb des Zentrums. Hier ist der deutsche Schriftsteller Kurt Tucholsky bestattet, der im Sommer 1929 in Mariefred wohnte und den Stoff für seine Sommergeschichte »Schloss Gripsholm« fand. Später kehrte er als Emigrant nach Schweden zurück und nahm sich 1935 schwerkrank in Hindås bei Göteborg das Leben. Sein schlichtes Grab unter einer alten Eiche ziert das Goethe-Zitat »Alles Vergängliche ist nur ein Gleichnis.«

★ ★ Schloss Gripsholm

Auf einer Insel im Mälarsee liegt sehr malerisch Schloss Gripsholm. Es spielte in der Geschichte des Landes mehrmals eine Rolle, so 1809, als König **Gustav IV. Adolf** hier zur **Abdankung** gezwungen wurde (► 3D S. 248, Öffnungszeiten: Mitte Mai – Mitte Sept. tgl. 10.00 – 16.00, sonst Sa., So. 12.00 – 15.00 Uhr).

SCHLOSS GRIPSHOLM

★★ **Das auf einer Insel im Mälarsee gelegene Schloss Gripsholm gilt als der Inbegriff der schwedischen Romantik und zählt zu den berühmtesten Bauwerken des Landes. Bo Jonsson Grip ließ die erste Burg um 1383 errichten, die aber niedergebrannt wurde. Gustav Wasa baute Schloss Gripsholm; Karl XV. war der letzte, der das mehrfach erweiterte Schloss bis 1864 bewohnte.**

Öffnungszeiten:
Mitte Mai – Mitte Sept. tgl. 10.00 – 16.00, sonst Sa., So. 12.00 – 15.00 Uhr

① Zentrale Gebäudegruppe

1537 – 1545 wurde unter Gustav Wasa die unregelmäßige Sechseckanlage mit den vier Türmen erbaut. Gripsholm ist Schloss, aber auch Festung, das beweisen schon die vier Meter dicken Mauern.

② Theaterturm

»Theaterkönig« Gustav III. ließ 1782 hier ein Schlosstheater einrichten, der Turm selbst ist so alt wie die anderen Türme (16. Jh.). Das Theater ist noch heute bespielbar.

Gripsholm besitzt die größte Portraitsammlung Schwedens, heute umfasst der Bestand rund 4000 Gemälde. Das abgebildete zeigt Gustav III. mit seinen Brüdern, gemalt von Alexander Roslin (1715 bis 1795).

③ Astraksaal

Im Stil der Vasa-Zeit eingerichtet mit einer Kassettendecke aus dem Jahr 1570.

④ Schlafzimmer Gustavs III.

Zunächst für Christina II. eingerichtet, u.a. mit japanischer Lacktruhe, Elfenbeinspiegel und Standuhr.

⑤ Statthalterflügel

Der Anbau wurde 1690 errichtet.

⑥ Kavalierflügel

In der Regierungszeit Gustavs III. (1746 – 1792) kam dieser Flügel mit 28 Gästezimmern und vier Halbetagen hinzu.

⑦ Hauptmannflügel

Zwischen 1550 und 1590 wurde der Eingangsbereich um eine rechtwinklige Gebäudegruppe erweitert. Seit 1596 befindet sich das Haupttor an dieser Stelle.

Sigtuna besitzt eine der nettesten Innenstädte Schwedens.

sischem Park und landwirtschaftlichem Musterbetrieb ein gerne besuchtes Ausflugsziel (Öffnungszeiten: Juni – Aug. tgl. 11.00 – 17.00 Uhr). Den See kann man auf einem schönen Rundweg erkunden.

► Västerås

Västerås

★ Härkeberga

An der Nordseite des Mälarsees liegt Enköping, das aber wenig zu bieten hat. Ganz anders der 10 km nordöstlich von Enköping gelegenen Weiler Härkeberga: Hier steht eine kleine Dorfkirche aus dem 13./14. Jh., deren hervorragend erhaltene, nahezu lückenlose gotische Ausmalung mit biblischen Szenen einzigartig ist.

★ Sigtuna

Die erste Münze

Sigtuna liegt hübsch am Sigtunafjärden, einer nördlichen Verzweigung des Mälarsees. Zu Beginn des 11. Jh.s gründete König Olov Eriksson die Stadt, die sich zu einer der größten und schönsten des Landes entwickelte. Englische Münzmeister, von Olov Eriksson ins Land gerufen, prägten hier die ersten schwedischen Münzen mit der Aufschrift »Situne Dei«. Sigtuna wurde **Bischofssitz**, doch als der Bischof von Svea 1130 seine Residenz in das nahe Uppsala verlegte, ging auch die Bedeutung der Stadt zurück.
Verheerend wirkten sich auch der Überfall und die Brandschatzung durch die Esten 1187 aus. Erst nach 50 Jahren hatte sich die Stadt erholt und gewann durch die Gründung eines Dominikanerklosters 1237 erneut an Bedeutung.

Zentrum Im Sommer ist Sigtuna ein beliebtes Ziel der Ausflugsboote, die in Stockholm oder Uppsala ablegen und dem Ort jede Menge Tagesausflügler bescheren. Der Ortskern ist Fußgängerzone und so kann man sehr gemütlich entlang der schmucken Holzhäuser bummeln, in denen viele Geschäfte untergebracht sind. Sehenswert ist das angeblich **kleinste Rathaus Schwedens** von 1744, dessen Säle seitdem unverändert geblieben sind (Öffnungszeiten: tgl. 12.00 – 16.00 Uhr, von Sept. bis Mai nur an Wochenenden).

Sigtuna Museum Dort, wo vor 1000 Jahren der Königshof von Erik Segersäll lag, befindet sich heute das Sigtuna-Museum. Hier werden Funde aus der Wikingerzeit und dem frühen Mittelalter gezeigt (Öffnungszeiten: tgl. 12.00 – 16.00 Uhr, Sept. – Mai Mo. geschl., Stora Gatan 55).

Marienkirche Am Altstadtrand steht die kleine Marienkirche aus dem 13. Jh., ein schöner gotischer Backsteinbau, in dessen Innerem ornamentale Malereien aus der Erbauungszeit zu sehen sind.

✶ Skokloster Folgt man von Sigtuna zunächst in nördlicher, dann in westlicher Richtung der Straße Nr. 263, so erreicht man bei Häggeby die Abzweigung einer Stichstraße nach Skokloster. Das Schloss ist ein weithin sichtbarer, weißer Vierflügelbau mit laternengekrönten Ecktürmen. Ursprünglich war es ein 1244 gegründeter Zisterzienserkonvent, der jedoch 1574 bis auf die Kirche abgerissen wurde. Das zugehörige Gut erhielt 1611 der Feldmarschall Herman Wrangel, dessen Sohn Karl Gustav, der spätere Reichsadmiral und Reichsmarschall von Schweden, in den Jahren 1654 – 1657 das heutige Schloss als seine Residenz bauen ließ.

Der Baumeister des im Barockstil als geschlossenes Karree entworfenen Baus war zunächst Jean de la Vallée, später löst ihn Nicodemus Tessin d.Ä. ab. Die gut erhaltenen Räume sind reich ausgestattet und im Rahmen einer Führung zugänglich. Neben schönen Stuckarbeiten und den sehenswerten Wand- und Deckengemälden sind auch die Gemälde- und die Waffensammlung sehr eindrucksvoll (Öffnungszeiten: Juni – Aug. tgl. 10.30 – 17.00, April, Mai tgl. 11.30 – 16.00, Sept. Mo. bis Fr. 12.30 – 15.00, Sa., So. 11.30 bis 16.00 Uhr; www.skoklostersslott.se).

Nomen est omen: Schloss Skokloster war einst ein Zisterzienserkloster.

★ ★ Malmö

C/D 1

Landschaft: Skåne (Schonen)
Einwohnerzahl: 269 000

Provinz: Skåne Län
Höhe: Meereshöhe

Malmö, die drittgrößte Stadt Schwedens, besitzt eine gemütliche, von Kanälen durchzogene Altstadt mit vielen sehr netten Restaurants und Straßencafés. Kulturfreunde finden in der Festung Malmöhus namhafte Museen, und wer noch mehr Großstadtluft schnuppern will, ist via Öresundbrücke oder mit dem Schnellboot in einer halben Stunde in Dänemarks Hauptstadt Kopenhagen.

Geschichte

Malmö entstand in der zweiten Hälfte des 13. Jh.s, begünstigt durch die geschützten Ankerplätze in der seichten Lomma-Bucht, wo Schiffe der Hanse auf Heringsfang gingen. Die Befestigungsanlagen ließ Dänenkönig Erich von Pommern erbauen. Seit dem Frieden von Roskilde (1658) gehört Malmö zu Schweden. Ihren Aufschwung im 18. Jh. hat die Stadt sowohl dem Hafen als auch Kaufmann Franz Suell (1744–1817) zu verdanken, dessen Standbild in der Norra Vallgatan steht. Wirtschaftlich bedeutend wirkte sich auch der Bau der Eisenbahn nach Stockholm im Jahre 1856 aus. Die jüngste Attraktion Malmös ist das 190 m hohe Haus **»Turning Torso«** im westlichen Hafen, das Architekt Santiago Calatrava plante und das vom Erdgeschoss bis zum 54. Stockwerk um 90° verdreht ist.

Hinter der wuchtigen Skyline von Malmö entdeckt man eine gemütliche Altstadt.

Malmö Orientierung

Essen

1. Johan P.
2. Årstiderna i Kockska huset
3. Radhuskällaren
4. Sankt Markus Vinkällare
5. Anno 1900

Übernachten

1. Hotell Pallas
2. Hotel Plaza
3. STF Vandrarhem

ANLEGESTELLEN:

A Tragflügelboote nach Kopenhagen

B Fährschiffe nach Travemünde

Nyhamnen
Stockholmskajen
Jörgen Kockskajen
Kinagatan
Valenciagatan
Malmö Stadsväg
Tågfärjeplan
Vintergatan
Carlsgatan
Östra hamnkanalen
Slussplan
Lund Flughafen
Norra Vallgatan
Wagenmuseum
Drottningtorget
Östergatan
Caroli Kirche
St. Petri
Rathaus
Kompanihuset
Rundelsgatan
GAMLA STADEN
Kalendegatan
Djäknegt.
Baltzars gatan
Rörsjögatan
Norre
Gröne gatan
Stora Kvarr gatan
Stora Trädgårdsgatan
Östra Promenaden
Östra förstadskanalen
Excercisgat.
Flughafen
Stora Nygatan
Södra Promenaden
Rörsjö kanalen
Malmborgsg.
Drottninggatan
Sportplatz
St. Pauli
RÖRSJÖSTADEN
Kornettsgatan
Kungs gatan
Amiralsgatan
Kaptensgatan
Föreningsgatan
Disponentgt.
Triangeln
Stadshuset

MALMÖ ERLEBEN

AUSKUNFT

Malmö Turistbyrå
Centralen, Skeppsbrom
21120 Malmö
Tel. (040) 34 12 00, Fax 34 12 09
www.malmo.se
malmoturism@malmo.se

Ein beliebtes Mitbringsel: schwedische Korbwaren

ESSEN

► Fein & Teuer

① ***Johan P.***
Lilla Torg, Saluhallen, Landbygatan 5
Tel. (040) 97 18 18, www.johanp.nu
Fischrestaurant in der Markthalle mit erstklassiger Küche. Gehört zu den Top 200 der schwedischen Restaurants. Dafür sind die Hauptgerichte ab 20 € relativ preisgünstig.

② ***Årstiderna i Kockska huset***
Frans Suellsgatan 3
Tel. (040) 23 09 10, www.arstiderna.se
Das Restaurant befindet sich in einem historischen Gebäude aus der Zeit um 1520. Geboten wird neben einer ganz besonderen Atmosphäre auch ausgezeichnete schwedische Küche.

③ ***Rådhuskällaren***
Stortorg, Tel. (040) 790 20
www.profilrestauranger.se
Beliebtes Wein- und Bierlokal in den alten Kellergewölben des Rathauses. Im Sommer auch Bewirtschaftung im Freien.

④ ***Sankt Markus Vinkällare***
Stadt Hamburgsgatan 2
Tel. (040) 30 68 20
www.malmborgen.nu
Das Restaurant liegt in einem historischen Keller und ist bekannt für sein luxuriöses Buffet. Nach dem Essen kann man im Nachtclub im selben Haus tanzen. Vor allem bei Gästen ab 30 beliebt.

► Erschwinglich

⑤ ***Anno 1900***
Norra Bulltoftavägen 7
Tel. (040) 18 47 47, www.anno1900.se
Schwedische Hausmannskost, die von vielen Restaurantführern gelobt wird. Wunderschöner Garten

ÜBERNACHTEN

► Luxus

Häckeberga Slott
24798 Genarp
Tel. (040) 48 04 40, Fax 48 04 02
19 Zi., www.hackebergaslott.se
Schloss aus dem 19. Jh., Zimmer teils im Hauptgebäude, teils im ehemaligen Schloss-Stall. Die Küche bietet neben regionaltypischen Wild- und Fischgerichten köstliche Desserts.

► Komfortabel

② ***Hotel Plaza***
Kasinogatan 6
Tel. (040) 33 05 50, Fax 33 05 51
48 Zi., www.hotel-plaza.com
Kleines Hotel mit persönlichem Service.

► Günstig

① ***Hotell Pallas***
Norra Vallgatan 74
Tel. (040) 611 50 77, Fax 97 99 00
Einfaches Hotel mit 19 Zimmern, dafür aber auch sehr günstig. Bei Bedarf werden auch Hotelwohnungen vermittelt.

③ ***STF Vandrarhem***
Rönngatan 1
Tel. (040) 611 62 20
Fax 611 62 25
www.svenskaturistforeningen.se
Hell, freundlich und modern ist das neue Gästehaus mitten im Zentrum von Malmö. Einzel- und Mehrbettzimmer, DU/WC auf dem Gang.

VERGÜNSTIGUNGEN

Malmökortet
Die Malmö-Karte gewährt freien Eintritt zu einer Reihe von Sehenswürdigkeiten und Freizeiteinrichtungen. Sie gilt für einen Erwachsenen und zwei Kinder, 1 Tag 130 SEK, zwei Tage 160 SEK. Enthalten ist die Malmö City Karte, mit der man in zahlreichen Restaurants und Geschäften Rabatte erhält (www.malmotown.com).

Öresund rundt ticket
Für alle, die einen Abstecher nach Kopenhagen planen, ist dieses Ticket genau das Richtige. Für 249 SEK kann man zwei Tage lang mit Bussen und Bahn die gesamte Öresundregion erkunden. Kinder unter 7 J. sind frei, bis 16 J. reisen sie zum halben Preis. Infos: Skånetrafiken, Tel. 07 71 / 77 77 77, www.skanetrafiken.se).

RUNDFAHRTEN

Gegenüber dem Hauptbahnhof legt das Ausflugsboot Rundan vom 30. April bis 2. Oktober mehrmals tgl. zu einer Fahrt durch die Kanäle und den Park ab (Informationen und Reservierungen unter Tel. 040/ 611 74 88, www.rundan.se).
Bus Linie 20 startet vom Hauptbahnhof aus zu Rundfahrten.

SHOPPING

Einkaufsmeilen
Als wichtigste Einkaufsmeile gelten die Fußgängerzone der Södergatan und die unmittelbar angrenzenden Straßen. Eine der größten Einkaufszentren ist das Hansa Zentrum an der Stora Nygatan.

Märkte
Fischmarkt: gegenüber Schloss Malmöhus am Fiskehoddorna, Di. bis Do. und So. 8.00 – 13.00 Uhr
Flohmarkt: sonntags an der Södra Promenaden

FESTE

Jedes Jahr in der dritten Woche im August steigt das große Malmöfestival mit viel Musik und kulinarischen Höhepunkten. Mit 1,5 Millionen Besuchern ist es das größte Festival Südschwedens (www.malmofestivalen.se).

BADEN

Baedeker-Empfehlung

Schön wie die Copacabana soll der Sandstrand in Ribersborg, 2 km westlich von Malmö sein, das behaupten jedenfalls die Einheimischen. Immerhin hat man sich die Mühe gemacht, den Sand in den 1920er-Jahren aus dem Öresund zu baggern und mit der Eisenbahn hierher zu schaffen. Ist es für den Strand zu kalt, besuchen Sie einfach das herrlich nostalgische »Kallbadhus« von 1898 am Ende der Seebrücke, denn hier gibt es eine Sauna (Tel. 040/ 26 03 66, www.ribersborgskallbadhus.se).

Sehenswertes in Malmö

Altstadt Die meisten Sehenswürdigkeiten Malmös sind gut zu Fuß zu erreichen. Sie liegen innerhalb des Ringkanals, einem verzweigten Wasserweg, der die Altstadt umschließt. Das Zentrum der Altstadt bildet der **Stortorg**, auf dem ein 1896 gegossenes Reiterstandbild Karls X. Gustavs prangt, der die Landschaft Skåne 1658 mit Schweden vereinigte. Daneben steht ein originelles Brunnendenkmal.

Rathaus An der Ostseite des weiten Stortorg, der von stattlichen Gebäuden aus der Zeit um 1900 umgeben ist, steht das prachtvolle Renaissance-Rathaus (1546), links über Eck die Residenz des Landeshauptmanns.

✶ St.-Petri-Kirche Vom Stortorg gelangt man östlich durch die Kyrkogata zur nahen Petri-Kirche, einem gotischen Backsteinbau aus dem 14. Jh., der wohl nach dem Vorbild der Marienkirche in Lübeck entstanden ist. Das weiß verputzte Innere wird von schmucklosen Gewölben überspannt; an den Pfeilern befinden sich etliche Epitaphe aus der Renaissance. Nahe beim Eingang ist links im Nebenschiff in einer Panzerglasvitrine der Kirchenschatz zu sehen.

Ganz in weiß: St. Petri-Kirche

Südwestlich vom Stortorg liegt der **Lilla Torg**, der kleine Marktplatz, der von Häusern aus dem 16. – 18. Jh. eingerahmt wird und wegen der zahlreichen Straßencafés einer der beliebtesten Treffpunkte der Stadt ist.

Ganz in der Nähe befindet sich das **Form Design Center**, das jedes Jahr mehr als 20 Ausstellungen über Architektur, Design und Kunsthandwerk zeigt. Einen Schwerpunkt bildet dabei das klassische sowie das moderne Design Schwedens. Untergebracht ist das Design Center in einem wunderschönen alten Lagerhaus aus dem 19. Jh., im Innenhof gibt es ein kleines Café (Öffnungszeiten: Di. – Fr. 11.00 – 17.00, Do. bis 18.00, Sa., So. bis 16.00 Uhr, www.formdesigncenter.com).

Lohnend ist auch ein Stadtbummel auf den Spuren der alten Bürgerhäuser Malmös mit Ausgangspunkt Lilla Torg: Sehenswert sind das Flensburgska Hus von 1589 (Södergatan 9), das Jörgen Kocks Hus

Norrköpings Stadsmuseum

Im Stadtmuseum, das sich westlich vom Zentrum am Motala Ström auf mehrere Gebäude verteilt, lebt die große Zeit der örtlichen Textilindustrie wieder auf (Öffnungszeiten: Di. – Fr. 10.00 – 17.00, Sa., So. 11.00 – 16.00 Uhr, Västergötegatan 19 – 21, www.norrkoping.se/kultur-fritid/museer/stadsmuseum).

★ Felszeichnungen

Westlich vom Zentrum liegt im Stadtteil Himmelstalund an der E 4 ein Sportpark, in dem rund 1600 bronzezeitliche Felsritzungen mit Darstellungen von Schiffen, Tieren und Menschen entdeckt wurden (► Special S. 140). Im nahen **Museum** erfährt man alles Wichtige über die Entstehung dieser sog. Hällristningar. (Öffnungszeiten: Ende Mai – Ende Aug. Di. 17.30 – 18.30, Sa. 11.00 – 15.00 Uhr).

Umgebung von Norrköping

Kolmårdens Tierpark

Im nordöstlich von Norrköping am Bråviken gelegenen Hafenort Kolmården machen Tiger den Elchen Konkurrenz: Im Kolmårdens Djurpark, der zu den größten Tierparks Schwedens gehört, gibt es ein Elefanten- und Raubtierhaus, weiter sind ein Delfinarium und eine Tropenschau zu sehen (Öffnungszeiten Mai – Aug. 10.00 – 17.00, im Juli bis 18.00 Uhr, www.kolmarden.com).

In Kolmården wird ein üppiges Alternativprogramm zu Elch und Rentier aufgeboten.

NORRKÖPING ERLEBEN

AUSKUNFT

Upplev Norrköping
Holmentornet, Dalsgatan 9
60181 Norrköping
Tel. (011) 15 50 00
www.upplev.norrkoping.se

ESSEN

► Erschwinglich

Palace
Bråddgatan 13, Tel. (011) 18 96 00
www.palacenorrkoping.com
Restaurant, Nachtclub, Kneipe und Discothek unter einem Dach. Schön gelegen am Motala Ström.

► Preiswert

Hantverkaren
Stohagsgatan 4, Tel. (011) 12 40 58
Preisgünstige Alternative für ein solides Mittagessen. Nur an Wochentagen und nur bis 15.00 Uhr geöffnet.

ÜBERNACHTEN

► Komfortabel

Hotel Kneippen
Kneippgatan 7
Tel. (011) 13 30 60
Fax 16 77 73
www.kneippen.se
Um 1900 bei Prominenz und Adel sehr beliebtes Kur- und Wellnesshotel. Moderne, helle Zimmer, nur 10 min. Fußweg zum Zentrum

► Günstig

Marieborgs Kursgård
Marieborgsvägen, Box 724
Tel. (011) 21 96 11
Fax 21 96 28
56 Zi., www.marieborg.net
Preiswertes »Bed & Breakfast« 5 km nördlich von Norrköping. Wunderschöne Lage mit Blick über den Motala-Fluss.

Nyköping

Fährt man von Kolmården Richtung Stockholm, passiert man auch Nyköping. Die südschwedische Hafen- und Provinzhauptstadt an der Mündung der Nyköpingsån in die Ostsee zeigt sich modern und nüchtern. Dass sie im Mittelalter eine der wichtigsten Städte war, kann man nur noch beim Besuch der **Schlossruine Nyköpingshus** erahnen. Diese steht südlich des Stortorg etwas erhöht am Fluss. Der Vorgängerbau ist vermutlich schon in der Zeit der Folkunger entstanden. König Birger Jarl setzte dort 1318 seine beiden Brüder, die ihm die Krone streitig gemacht hatten, gefangen und ließ sie verhungern. Nachdem das Schloss 1665 niedergebrannt war, wurde es später nur zum Teil wiederaufgebaut. Erhalten blieben das Haupttor, die Vasaporten, und der Kungstornet, in dem sich ein Modell der einstigen Burg sowie Funde aus dem Mittelalter und Glaskunst befinden.
Gegenüber der Burg liegt das **Södermanlandsmuseum** mit historischen und volkskundlichen Sammlungen (Öffnungszeiten: Mitte Juni – Mitte Aug. tgl. 10.00 – 17.00, sonst Mo. geschl.).

★ Marienkirche Risinge

Den kleinen, nordwestlich gelegenen Ort Risinge erreicht man von Norrköping auf der Str. Nr. 51. Hier steht die in der zweiten Hälfte des 12. Jh.s erbaute Marienkirche, deren Kalkmalereien aus dem frü-

Schiff ahoi! Söderköping liegt am Götakanal, und da gibt's immer was zu schauen.

hen 15. Jh. zu den interessantesten ihrer Art in Schweden zählen (Öffnungszeiten: Ende Juni – Mitte Aug. Mo. – Fr. 10.00 – 17.00, Sa. 10.00 – 13.00, So. 13.00 – 17.00 Uhr).

Söderköping

Die 17 km südöstlich von Norrköping am Götakanal gelegene Stadt Söderköping wurde im 13. Jh. als Lübecker Handelskolonie gegründet und war im Mittelalter einer der wichtigsten schwedischen Handelsplätze. Später wurde der Handel durch den ertragreicheren Fischfang in den Schären abgelöst. Wegen der schönen alten Häuser und der engen Gassen sind das Drothemsviertel in der Nähe des Rathausplatzes mit der gleichnamigen Kirche sowie das Schulhaus sehenswert. In der Nähe des Ramunderberges fließt der Götakanal durch Söderköping. Im Sommer zählen der Kanalhafen und die Schleuse mitten in der Stadt wegen ihrer Cafés, Restaurants und Handwerksläden zu den beliebtesten Treffpunkten.

◄ Ramunderberg

Der Ramunderberg, auf dem der Sage nach der Riese Ramunder lebte, erhebt sich fast senkrecht 73 m über dem Kanal. Wer über die Treppen hinaufsteigt, hat einen weiten Blick auf die Stadt und ihre Umgebung. Um den Berg führt ein Wanderweg.

Schären

Zwischen Arkösund im Norden und Gryt im Süden liegt vor der Küste ein relativ kleiner, aber schöner Schärengarten. Von Söderköping führt die Straße Nr. 210 nach Sankt Anna und weiter nach Tyrislöt, wo sich eine Schärenlandschaft wie aus dem Bilderbuch öffnet. An etlichen Stellen kann man hier baden, Boot fahren und fischen. Zahlreiche Bootsverbindungen erschließen die Inselwelt, Infos zu Fahrplänen gibt es in den Touristenbüros von Norrköping, Söderköping und Valdemarsvik.

★★ Öland

G/H 2/3

Landschaft: Öland
Einwohnerzahl: 25 000
Provinz: Kalmar Län

Nur der schmale Kalmarsund trennt die zweitgrößte Insel Schwedens vom Festland. Bei den Schweden, einschließlich der Königsfamilie, ist Öland ein beliebtes Urlaubsziel wegen der vielen Strände und der Sonne, die hier häufiger als anderswo scheint. Wahrzeichen der Insel sind die sehr romantischen Windmühlen.

Insel des Windes

Öland liegt vor Südschwedens Ostküste, ist 137 km lang, aber nur 4 – 16 km breit. Daher pfeift hier fast immer der Seewind übers Land, und in der Vergangenheit spannte man die Gratis-Windkraft zum Antrieb von Windmühlen ein. Einst standen auf Öland rund 2000 Stück, 400 Windmühlen sind noch erhalten. Sie sind das Charakteristikum der Insel und stehen unter Denkmalschutz. Kulturinteressierte finden hier außerdem mittelalterliche Kirchen, vorgeschichtliche Befestigungsanlagen, für Pflanzenfreunde interessant sind die Orchideen und die Stora Alvaret, eine steppenähnliche Kalkheide.

Auf kargen Heiden unterwegs zu Windmühlen und Kultstätten, hier Gettlinge

Dünen, Heide, Kraniche

Im Gegensatz zum mittleren und nördlichen Schweden, wo Granit vorherrscht, bildet Öland ein nahezu ebenes, leicht nach Osten geneigtes Kalkplateau, dessen Westrand eine scharf abfallende Kante bildet. Die Ostküste hingegen flacht sanft ab und ist von Dünen und Flugsand bedeckt. Nur ein relativ schmaler Streifen am Fuß der westlichen Plateauränder ist landwirtschaftlich nutzbar und daher dichter besiedelt. Das Plateau ist überwiegend karg und im Sommer von der Hitze ausgedörrt. Im Süden der Insel erstreckt sich die Stora Alvaret, eine verkarstete, von niedrigen Steinmauern unterteilte Steppenheide. Die meiste Zeit des Jahres scheint sie nichts als eine eintönige Schafweide zu sein. Doch im Frühjahr verwandelt sich die Landschaft in einen bunten Blütenteppich aus gelben Sonnenröschen, duftendem Klee und blauen Kugelblumen, gefolgt von seltenen Orchideen. Im Herbst hingegen rasten hier die Kraniche in großer Zahl – ein unvergesslicher Anblick.

Zierlicher Schmuck der Stora Alvaret

Die Mitte Ölands, zwischen Borgholm und Färjestaden, ist in Küstennähe von Laub- und Nadelwald geprägt, während das Inselinnere von Haselbüschen und Waldwiesen bedeckt ist. Der Norden schließlich geht im Westen in eine Felsküste über, während im Osten Landzungen und flache Buchten miteinander abwechseln.

Die Ölandsage

Glaubt man einer alten Sage, soll die Insel folgendermaßen entstanden sein: Ein Schmetterling, viele Meilen lang und mit riesigen, blau und silbern schillernden Flügeln, wagte sich einst auf die Ostsee hinaus. Doch sein Körper war zu groß und schwer für seine Flügel. Als ein Sturm aufzog, rissen die Flügel ab, der Körper fiel ins Meer und er strandete vor Småland auf einem Felsenriff. Und da blieb er liegen, so groß und lang und flügellos, wie er war.

Sehenswertes südlich von Färjestaden

★ Ölandbrücke

Von Kalmar kommend, überquert man die engste Stelle des Kalmarsunds auf der Ölandbrücke. Sie zählt mit 6070 m zu den längsten Brücken Europas und konfrontiert die Fahrer mit oft heftigem Seitenwind. Dafür bietet sich für die Beifahrer ein schöner Rückblick auf Kalmar.

Färjestaden Direkt beim östlichen Brückenkopf liegt der Hafenort Färjestaden; in der Nähe befindet sich der Ölands Djurpark, ein Freizeitzentrum mit Zoo, Dinosaurierpark, Schwimmbad und Märchenland (Öffnungszeiten: Juni tgl. 10.00 – 18.00, Mai – Sept. tgl. 11.00 – 16.00 Uhr, www.olandsdjurpark.com).

Träffpunkt Öland Träffpunkt Öland ist ein Informationszentrum mit »Historium«, einer Ausstellung zur Geschichte Ölands. Für die Fahrt nach Süden empfiehlt es sich, nicht die im Inselinnern verlaufende Straße Nr. 136, sondern die Landstraße in Ufernähe zu benutzen.

✶ Karlevistenen Nach rund 4 km erreicht man den Karlevistenen. Dieser älteste Runenstein der Insel trägt eine ausführliche Inschrift, die besagt, dass der Stein von Sibbe dem Weisen, einem dänischen Seekönig, am Ende des Jahres 1000 gesetzt wurde.

ÖLAND ERLEBEN

AUSKUNFT

Borgholms Turist/Resecentrum
Sandgatan 25
38731 Borgholm
Tel. (04 85) 56 06 00, Fax 890 10
www.olandsturist.se

Träffpunkt Öland
Box 44 (am Brückenkopf Färjestaden)
38621 Färjestaden
Tel. (04 85) 56 06 00, Fax 56 06 05
www.olandsturist.se

ESSEN

► **Erschwinglich**

Halltorps Gästgiveri
Borgholm, Landsvägen Halltorp 105
Tel. (04 85) 850 00
www.halltorpsgastgiveri.se
Landgasthof mit Aussicht auf den Kalmarsund, 2004 zum besten Restaurant der Insel gewählt. Spezialitäten: Lamm und Fisch.

Lammet & Grisen
Löttorp, Hornvägen 35
Tel. (04 85) 203 50, www.lammet.nu
Der Name ist Programm, denn köstliche Lamm- und Schweinegerichte kommen hier auf den Tisch. Außerdem ist die Dachterrasse der schönste Platz, um sich den Sonnenuntergang anzusehen.

KAJ4
S. Hamnplan 4, Färjestaden
Tel. (04 85) 310 37, www.kaj4.se
Am besten sitzt man draußen mit Blick über den Sund. Internationale Küche.

► **Preiswert**

Sandviks Kvarn
nördlich von Sandvik
Tel. (04 85) 261 72
www.sandvikskvarn.se
Öländer Spezialitäten und Hausmannskost in einer der größten Windmühlen der Welt. Auch Pizzeria, Cafeteria und Kiosk. Mittagsbuffet mit schwedischer Hausmannskost.

ÜBERNACHTEN

► **Komfortabel**

Guntorps Herrgård
Borgholm, Guntorpsgatan

Mysinge Hög

Rund 3 km östlich von Mörbylånga ragt der bronzezeitliche Grabhügel Mysinge Hög auf, von dessen Höhe man einen herrlichen Blick über die Weite der Stora Alvaret hat. In der Umgebung sind mehrere sehenswerte Kammergräber aus der jüngeren Steinzeit erhaten.

Gettlinge

Von Mysinge folgt man weiter der Str. Nr. 136 in südlicher Richtung, wo man bald das Gräberfeld von Gettlinge mit mehr als 200 Gräbern aus der Eisenzeit erreicht. Es ist damit eines der größten der Insel. Im nördlichen Teil des rund 2 km langen Feldes sind Steinsetzungen in Schiffsform und etliche Monolithen zu sehen. Über Degerhamn und Grönhögen erreicht man die historische Mauer Karls X. Seit 1653 durchzieht sie auf 45 km die gesamte Südspitze Ölands und trennt das Krongut (heute Gestüt) von der übrigen Insel. Gebaut wurde sie, um das Damwild des Königs am allzu weiten Davonlaufen zu hindern, unterstrich aber auch die Macht des Monarchen.

Tel. (04 85) 130 00, Fax 133 19
20 Zi., www.guntorpsherrgard.se
Alter öländischer Herrenhof mit geschmackvoll eingerichteten Gästezimmern. Erstklassiges Restaurant mit typisch schwedischem Smörgåsbord und vielen lokalen Spezialitäten wie Elchsalami, geräuchertem Aal, Leberpudding und eingelegtem Hering.

Halltorps Gästgiveri
Landsvägen Halltorp, Borgholm
Tel. (04 85) 850 00, Fax 850 01
info@halltorpsgastgiveri.se
36 Zi., www.halltorpsgastgiveri.se
Zimmer mit schönem Kunsthandwerk und im Stil der verschiedenen schwedischen Landschaften eingerichtet. Von der Sonnenterrasse ausgezeichneter Blick auf den Kalmarsund. Viele Aktivitäten wie Weinproben, Folkloreabende, Vogelsafaris und Angeltouren.

► Günstig

Auf Öland gibt es mehr als 20 Campingplätze, die meisten in der Nähe von Färjestaden, Borgholm und der Böda-Bucht. Einige vermieten auch günstige Hütten.

AUSFLÜGE

Von Borgholm und Byxelkrok starten Boote zur Insel Blå Jungfrun.

FREIZEIT UND SPORT

Die schönsten Sandstrände, an denen man freilich selten allein ist, liegen in der Böda-Bucht. Öland ist ein Mekka für Radfahrer, daher gibt es zahlreiche Möglichkeiten, Räder zu mieten, etwa auf den Campingplätzen. Weitere Adressen über die Touristeninformation Borgholm.

VERANSTALTUNGEN

Walpurgisfeuer
Ende April flammen an der Schlossruine Borgholm die Walpurgisfeuer auf.

Ölandstage
Im Hafen von Färjestaden Ende August

Geburtstagsfeier von Kronprinzessin Victoria
Jährlich am 14. Juli. Feierliches Ereignis und Volksfest für die ganze Familie mit einem großen Künstleraufgebot

Ottenby Ganz im Süden Ölands liegt Ottenby, im 13. Jh. ein Klostergut von Gustav Wasa, dann der Krone unterstellt. Die Gutsgebäude stammen von 1804. Nördlich davon erstreckt sich ein eisenzeitliches Gräberfeld, 2 km weiter westlich liegen die Kungsstenarna (Königssteine).

Långe Jan Von Ottenby führt eine Stichstraße durch das Naturreservat bis zur Südspitze von Öland, wo der Långe Jan steht, mit 42 m der höchste Leuchtturm Schwedens. Von oben genießt man einen Panoramablick über die Insel und den Kalmarsund. Am Fuß des Leuchtturms befindet sich das **Ottenby Naturum**: ein kleines Vogelmuseum und eine Vogelstation, wo geführte Touren starten (Tel. 04 85/ 66 10 93; Öffnungszeiten: Mi. – So. 11.00 – 16.00 Uhr).

✶ Eketorp Von Ottenby folgt man nun der nahe der Ostküste nach Norden verlaufenden Landstraße. Nördlich von Össby liegt abseits der Straße die Eketorpsborg, ein **rekonstruiertes Wehrdorf aus der Eisenzeit** (ca. 300 – 1200 n. Chr.). Wer sich ein eindrückliches Bild der Zeit machen möchte, als man die Häuser noch mit Kuhdung isolierte, ist hier richtig. Innerhalb der zinnengekrönten Ringmauer sind mehrere mit Schilf gedeckte Häuser nachgebaut. Im größten befindet sich das Museum mit archäologischen Funden, Rekonstruktionen damaligen Hausgeräts und einem Schnittmodell durch den Grabungshorizont. Im Sommer wird vorgeführt, wie Handwerker in der Eisenzeit und im Mittelalter arbeiteten. Wer will, kann selbst mitmachen oder original eisenzeitliche Suppe kosten (Öffnungszeiten: Mai – Ende Juni u. Mitte August – Anfang Sept. tgl. 11.00 – 17.00; Juli – Mitte Aug. 10.00 – 18.00 Uhr, www.eketorp.se).

Selbst auf einer Insel suchen Menschen den Schutz starker Mauern wie hier in Eketorp.

Sehenswertes nördlich von Färjestaden

✶ Himmelsberga

Entweder man setzt die oben beschriebene Rundfahrt von Eketorp aus fort oder fährt von Färjestaden aus direkt an die Westküste nach Norra Möckleby. Je weiter man der Küstenstraße nach Norden folgt, desto mehr wird die Landschaft von Kiefernwäldern und Wacholderheiden geprägt. Bei Länglöt zweigt links eine Nebenstraße ab, die nach Himmelsberga führt, ein öländisches Dorf, in dem die Zeit stehegeblieben ist. Heute bilden das Herrenhaus und die vier stattlichen Bauernhöfe aus dem 18./19. Jh. ein Freilichtmuseum. Ausgestattet sind die Gebäude mit original ölandischem Mobiliar, darum herum stehen landwirtschaftliche Geräte von Anno dazumal. Es finden wechselnde Kunstausstellungen statt und im Museumsshop kann man allerlei hübsches Kunsthandwerk erstehen (Öffnungszeiten: 15. Mai – Aug. tgl. 10.00 – 17.30 Uhr, www.olandsmuseum.com).

Ismantorpsborg

Noch etwas weiter landeinwärts von Himmelsberga liegt auf einer Waldlichtung die Ismantorpsborg, die eigenartigste Fluchtburg der Insel. Wahrscheinlich im 5. Jh. n.Chr. angelegt, hat sie einen Durchmesser von ungefähr 125 m. Innerhalb der gut erhaltenen Ringmauer wurden 88 Hausfundamente freigelegt. Neuerdings vermutet man, dass es sich hier um eine Kultstätte gehandelt hat.

Gärdslösa

In Gärdslösa steht die besterhaltene mittelalterliche Kirche der Insel, ein romanischer Bau aus dem 12. Jh. mit gotischem Chor, dessen Wände mit Malereien nach alttestamentlichen Motiven geschmückt sind. Zu besichtigen sind weiter Fragmente gotischer Fresken, eine reich bemalte Kanzel (1666) und ein Rokoko-Altar (1764).
Etwas weiter trifft man direkt an der Straße auf mehrere **Windmühlen**. Es sind typisch öländische, kleine Bockwindmühlen, die auf einem dicken Eichenstamm ruhen und mit einem langen Hebel in den Wind gedreht werden müssen.

Weiter geht die Fahrt nach Egby mit der um 1100 erbauten **kleinsten Kirche der Insel**. Trotz des Umbaus von 1818, bei dem der Turm angefügt wurde, zeigt sie noch weitgehend romanisches Gepräge. Im Innern stehen ein Taufbecken und ein steinerner Altar (12. Jh.), eine Kanzel und ein Altaraufsatz aus dem Barock (um 1750).

! *Baedeker* TIPP

Fotogene Steine

Bei Byrum erheben sich an der Westküste die Byrums Raukar, Ölands einziges Gebiet, wo diese bizarren und höchst fotogenen Felsnadeln zu finden sind.

Trollskogen

Die Nordspitze von Öland ist von einem rund 6000 ha großen Parkgelände bedeckt, in dem mehr als 50 Baumarten wachsen. Ein Teil des Parks wird wegen der vom Seewind zerzausten, skurril anmutenden Kiefern »Trollskogen« (Zauberwald) genannt.

Byxelkrok Nahe bei dem kleinen Fischerort Byxelkrok erstreckt sich das von Carl v. Linné als **Neptuni Åkrar** (Äcker des Neptun) bezeichnete Gebiet. Diese eigenartige Strandformation besteht aus losen Steinen, auf denen im Hochsommer der Natternkopf, ein Borretschgewächs, meerblau blüht. Auf dem Strandwall hat ein Feld mit 35 Gräbern die Zeiten überdauert, zu dem auch ein Schiffsgrab aus der Wikingerzeit gehört. Vom Strand blickt man auf **Blå Jungfrun**. Diese Insel aus rötlichem Granit ist Nationalpark und gilt als Treffpunkt von Hexen. Tatsächlich wirkt der Ort dank vieler Grotten und eines undurchdringlichen Waldes je nach Stimmung geheimnisvoll bis schauerlich, bei Schönwetter aber recht sympathisch. Wer sich selbst ein Bild machen will, kann im Sommer an einer Bootstour teilnehmen und auf gut markierten Wanderwegen die Insel erkunden.

Långe Erik Auf der Nordspitze der Insel steht der Leuchtturm Långe Erik. Südlich davor erstreckt sich die **Bödabucht**, die wegen ihrer schönen **Sandstrände** zu den beliebtesten Urlaubsgebieten Ölands gehört.

Borgholm Auf der abseits der Küsten durch das Inselinnere führenden Str. Nr. 136 fährt man wieder nach Süden und an Sandviks Kvarn, der mit acht Stockwerken **größten holländischen Windmühle auf Öland**, vorbei. Dann erreicht man Borgholm, die einzige Stadt der Insel, die mit ihrer Hafenpromenade, Restaurants und Geschäften ein Anziehungspunkt für alle Inseltouristen und entsprechend überlaufen ist. Im Sommer bestehen Bootsverbindungen nach Oskarshamn auf dem schwedischen Festland und zur Insel Blå Jungfrun.

Schloss Borgholm ► Rund 1 km südwestlich der Stadt liegt erhöht die mächtige Ruine des Schlosses Borgholm. Es wurde 1572 an der Stelle einer alten Burg errichtet, später umgebaut und 1806 durch einen Brand zerstört. Heute finden in der Ruine Musikfestspiele statt.

★★ Solliden Unweit südlich von Borgholm liegt in einer geschützten Senke Schloss Solliden. Das weiße klassizistische Schlösschen wirkt bescheiden, gegenüber steht etwas erhöht das kleine, ganz mit Grün überwucherte Spielhaus. 1903 – 1906 wurde das Anwesen für Königin Victoria angelegt, dient heute der schwedischen Königsfamilie als Sommersitz. Besichtigt werden kann auch der englische Park mit seinen schönen alten Bäumen sowie einem kleinen Rondell, wo die Büste der Königin Victoria sowie die verkleinerten Marmorkopien einiger griechischer bzw. hellenistischer Plastiken zu sehen sind (Öffnungszeiten: Mitte Mai – Mitte Sept. tgl. 11.00 – 18.00 Uhr, www.sollidensslott.se).

Karums Alvar Rund 15 km südöstlich von Borgholm liegt im Inselinnern das große eisenzeitliche Gräberfeld Karums Alvar mit der 30 m langen schiffsförmigen Steinsetzung »Arche Noah«. In der Nähe befinden sich zwei Kalksteinhügel, wo der Sage nach Odin sein Ross Sleipnir angebunden haben soll.

Rund 8 km nordöstlich von Färjestaden steht die Gråborg, **die größte Fluchtburg der Insel**, die wohl noch im Mittelalter benutzt wurde. Die bis zu 6 m hohe Ringmauer umschließt ein elliptisches Areal von 220 x 165 m.

Gråborg

★ Örebro

F 5

Landschaft: Närke
Einwohnerzahl: 127 000
Provinz: Örebro Län
Höhe: 22 m ü.d.M.

Wahrzeichen der Stadt ist das Renaissanceschloss mit seinen vier wuchtigen Türmen mitten im Fluss Svartån. Schon früh nutzten Reisende zwischen Nord- und Ostsee hier eine Furt, um den Fluss zu überqueren. Später baute man eine Brücke, sicherte sie mit einer Festung und legte darum herum eine Siedlung an.

Die südschwedische Provinzhauptstadt Örebro liegt in der Ebene zu beiden Seiten der Svartån, die den Hjälmarsee nach Westen hin entwässert. Die Stadt hat Tradition als Handelszentrum, da sie von jeher ein Bindeglied zwischen Bauernland und Bergbaugebiet darstellte.

Trutzig demonstriert Schloss Örebro die Macht der alten Handelsstadt.

ÖREBRO ERLEBEN

AUSKUNFT

Örebrokompaniet
Olof Palmes Torg 3
70135 Örebro, Tel. (019) 21 21 21
www.orebrotown.com
boka@orebrokompaniet.se

ESSEN

► Erschwinglich

① *Slottsskänken*
im Schloss von Örebro
Tel. (019) 12 23 39
Hier isst man immer gut: Entweder im Restaurant im Schloss (Winter: Mi. – Sa. 17.00 – 22.30, Sommer: Mo. – So. 11.30 – 22.30 Uhr) oder günstiger im Tornkaféet, das werktags von 11.30 bis 15.00 Uhr ein sehr preisgünstiges Mittagsbuffet bietet. Auch Bewirtschaftung auf der Schlossterrasse.

ÜBERNACHTEN

► Luxus

Grythyttans Gästgivaregård
Grythyttan, Prästgatan 2
Tel. (05 91) 633 91, Fax 141 24
www.grythyttan.com
Edler Gasthof nordwestlich von Örebro. Exklusive Küche, die zu den besten des Landes zählt, erlesen ist auch die Weinkarte. Historisch-romantische Zimmer mit fantasievollen Namen.

► Komfortabel

① *Hotel Göta*
Olaigatan 11
Tel. (019) 611 53 63
Fax 18 31 56
20 Zi., www.hotellgota.nu
Charmantes Hotel in unmittelbarer Nähe des Schlosses. Wellness-Abteilung mit skandinavischer Sauna, Solarium und Massage.

SHOPPING

In der Innenstadt kann man vor allem im Gebiet Storgatan-Drottninggatan-Stortorg-Våghustorg einkaufen. 9 km südlich von Örebro liegt das riesige Einkaufszentrum Marieberg mit über 60 Geschäften.

FREIZEIT UND SPORT

Ausflüge
Im Hochsommer verkehren Ausflugsboote auf dem Hjälmarkanal, 40 km nordöstlich von Örebro. Auskunft über die Touristenbüros in Arboga (Tel. 05 89/ 871 51) und Kungsör (Tel. 02 27/ 60 01 01).

Kanufahren
Der Kanal ist auch bei Kanuten ein beliebtes Revier. Routenbeschreibungen und Adressen von Kanuvermietern hält die Touristeninformation bereit.

Örebro *Orientierung*

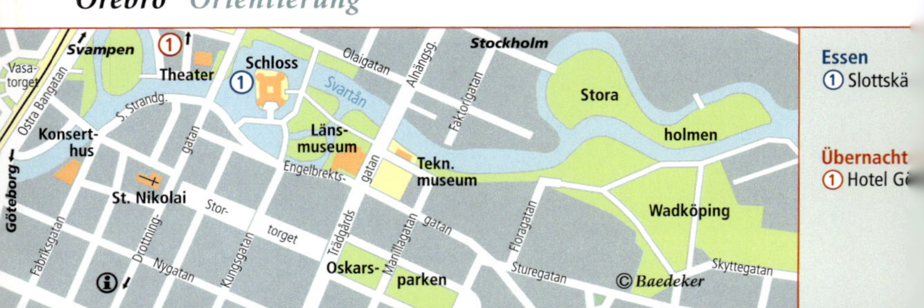

Sehenswertes in Örebro

Nikolaikirche

Das Zentrum der Stadt bildet der lang gestreckte Marktplatz. An seinem westlichen Ende steht die Nikolaikirche aus dem 18. Jh., in der 1810 der französische Marschall Jean Baptiste Bernadotte zum Thronfolger gewählt wurde, da das schwedische Königshaus keine Nachkommen hatte. In der Kirche ist der legendäre schwedische Volksheld und Reichshauptmann **Engelbrekt Engelbrektsson** bestattet; sein Bronzestandbild (1865, von Carl Gustav Qvarnström) steht gegenüber der Kirche vor dem neugotischen Rathaus. Jeden Tag um 12.03, 18.03 und 21.03 Uhr erklingt das Glockenspiel des Rathauses.

*** Schloss Örebro**

Nördlich vom Marktplatz erhebt sich auf einer Flussinsel das Schloss, ein viertürmiger Renaissancebau, der heute neben dem Schlossmuseum auch ein Restaurant und das Tourismusbüro beherbergt. Die ältesten Teile des Schlosses wurden in der zweiten Hälfte des 13. Jh.s erbaut. Den Turm erweiterte man im 14 Jh. zu einer größeren Burg und Ende des 16. Jh.s wurde das heutige Schloss errichtet (Öffnungszeiten: Mo. – Fr. 10.00 – 18.00, Sa., So. 10.00 bis 17.00 Uhr).

Provinzmuseum

Im Örebro Länsmuseet östlich des Schlosses sind Sammlungen zur Kunst- und Kulturgeschichte zu sehen (Öffnungszeiten: Di., Do. 9.00 – 18.00, Mi. 12.00 – 21.00, Fr. – So. 12.00 – 16.00, www.orebrolansmuseum.se).

Wadköping

Folgt man dem Fluss in östlicher Richtung, kommt man zum Freilichtmuseum von Wadköping, dem ältesten Viertel Örebros. Diese Häuser hatten früher im Zentrum von Örebro gestanden, mussten jedoch Neubauten weichen und wurden hier wieder aufgebaut. So ist in Wadköping nicht nur ein Freilichtmuseum, sondern auch ein sehenswerter historischer Stadtteil mit Handwerksbetrieben, Museen, Läden und Cafés entstanden (Öffnungszeiten Museen: Mai – Aug. Di. – So. 11.00 – 17.00, sonst bis 16.00 Uhr).

In **Gustavsvik** (1 km südl. vom Zentrum) wartet ein weitläufiges Abenteuerbad mit Wasserrutsche, großen Liegewiesen und allerlei Sportmöglichkeiten (Öffnungszeiten: Mo. – Fr. 9.00 – 21.00, Sa./So. u. Juli 9.00 – 19.00 Uhr, www.gustavsvik.se).

Freilichtmuseum Wadköping

Karlslunds Herrgård

Am westlichen Stadtrand liegt der historische Herrenhof Karlslunds Herrgård. Im ehemaligen königlichen Stall (16. Jh.) haben sich Museen, Läden und Künstler etabliert. In der Meierei zeigt das Tagelöhnermuseum, wie die Ärmsten der Armen in den 1930er-Jahren wohnten (Öffnungszeiten: Sa., So. 11.00 – 15.00 Uhr).

Svampen An der nördlichen Ausfallstraße Richtung Falun steht der pilzförmige Wasserturm, von dessen Dach sich ein weiter Rundblick bietet. Im Hut sind das Erlebniszentrum »Aqua Nova« und ein Café eingerichtet (Öffnungszeiten: tgl. 10.00 – 18.00 Uhr).

Umgebung von Örebro

Glanshammar Etwa 12 km nordöstlich von Örebro kommt man nach Glanshammar, das wegen seiner Marmorbrüche bekannt ist; u.a. wurde hier das Material für das Stadthaus und das Dramatische Theater in Stockholm gebrochen. Die Kirche des Ortes stammt ursprünglich aus der Mitte des 12. Jh.s und ist mit ihren **Renaissance-Malereien** eine der am reichsten ausgestatteten Kirchen des Landes.

Arboga Rund 40 km nordöstlich von Örebro liegt die Stadt Arboga. Sie entstand im 12. Jh., als der Fluss schiffbar gemacht wurde, und entwickelte sich rasch zu einem betriebsamen Handelsplatz. Diese Bedeutung verlor sich allerdings, als man im 17. Jh. die Bergbausiedlungen Nora und Lindesberg gründete und den Hjälmarkanal anlegte. Im sehr idyllischen Zentrum gibt es noch viele Kaufmanns- und Handwerkerhäuser; außerdem ist Arboga Sitz einer **Brauerei.** Unweit östlich vom Stortorg mit dem Rathaus (18. Jh.) steht die Dreifaltigkeitskirche, ursprünglich Teil eines Franziskanerklosters. Weiter steht hier ein 1935 errichtetes Standbild des Volkshelden Engelbrekt Engelbrektsson, der exakt an diesem Ort 1435 auf Schwedens erstem Reichstag zum Reichshauptmann gewählt wurde. Wenige Schritte westlich vom Rathaus ist das **Stadtmuseum** zu finden, das über die große Zeit der Zünfte informiert und Objekte aus Zinn und Silber zeigt (Öffnungszeiten: Di. – Do., Sa. 13.00 bis 16.00 Uhr).

! *Baedeker* TIPP

Die tanzenden Schwäne

Jedes Jahr Ende März rasten zwischen 1000 und 3000 Singschwäne auf ihrem Weg nach Russland und Finnland am Tysslingen-See westlich von Örebro. Die leicht an dem geraden Hals und dem gelben Schnabel zu erkennenden Tiere vollführen vor allem am Morgen ihre Tänze und trompeten lautstark. Rund um den See gibt es mehrere gute Beobachtungsplätze. Seit das Gewässer in den 1980er- Jahren renaturiert wurde, lohnt auch ein Besuch außerhalb der Schwanenrast, denn jetzt brüten wieder viele Vögel am Tysslingen.

Hjälmarsee Die Verbindung zwischen Arboga und Hjälmarsee bildet der 13,7 km lange Hjälmarkanal, der mit neun Schleusen eine Höhendifferenz von 22 m überwindet.

Der 483 km² große See erstreckt sich östlich bis Södermanland und steht über den Kanal und den Fluss Arbogaån mit dem Mälarsee in Verbindung. Im 19. Jh. wurde der Wasserspiegel um 1,80 m gesenkt und so eine Fläche von ca. 27 000 ha Ackerland gewonnen. An dem fischreichen Gewässer leben viele Vögel.

★★ Östersund

E 9

Landschaft: Jämtland
Einwohnerzahl: 58 000
Provinz: Jämtland Län
Höhe: 286 m ü.d.M.

Östersund, die einzige größere Stadt in Jämtland, ist das moderne Kultur- und Wirtschaftszentrum der Provinz mit entsprechend guten Einkaufsmöglichkeiten. Die Region gilt als sehr schneesicher und ist ein Mekka des Biathlon – 2008 wurden hier die Weltmeisterschaften in dieser Sportart ausgetragen. Immer sehenswert ist das Jamtli-Historieland, ein einzigartiges Museum.

Die terrassenförmig am östlichen Ufer des Storsjön ansteigende Stadt wurde 1786 von Gustav III. gegründet und zeigt in ihrer Anlage noch heute das ursprüngliche, rechtwinklige Straßensystem. Östersund ist heute Garnissonsstadt.

ÖSTERSUND ERLEBEN

AUSKUNFT

Turist & Kongressbyrå
Rådhusgatan 44
83182 Östersund
Tel. (063) 14 40 01
Fax 12 70 55
www.turist.ostersund.se

ESSEN

► Preiswert

Café im Frösöturm
Utsiktsvägen 10, Tel. (063) 12 81 69
www.froson.com/tornet
Café auf der Spitze des Aussichtsturmes. Das hausgebackene Brot ist gut, die meilenweite Aussicht erstklassig. Geöffnet: Mitte Mai – Ende Sept. tgl. 11.00 – 17.00 Uhr, manchmal länger.

ÜBERNACHTEN

► Komfortabel

Hotel Emma
Prästgatan 31
Tel. (063) 51 78 40, Fax 51 78 42
www.hotelemma.com
Nettes Hotel mitten in der Altstadt. Außergewöhnlich schöne Gästezimmer im skandinavischen Stil mit hohen Decken und großen Fenstern.

ERMÄSSIGUNGEN

Im Touristenbüro kann man die Östersundkarte, die freien Eintritt in Bäder, für viele Sehenswürdigkeiten und Museen gewährt, kaufen.

AUSFLÜGE

Auf dem Storsjön verkehrt im Sommer die »Thomée«, der älteste Dampfer Schwedens, ab Östersund zu den Inseln (www.ostersund.se/thomee).

WINTERSPORT

Wegen des stabilen Winterwetters kommt so manche Biathlon-Nationalmannschaft nach Östersund zum Training. Auch Amateure finden hier ideale Bedingungen zum Eisangeln, Skilanglauf oder zum Schlittschuhlaufen auf dem zugefrorenen See.

Im Krämerladen des Jamtli-Museums werden so manche Erinnerungen wach.

Sehenswertes in Östersund

Zentrum An der Rådhusgatan, der Hauptstraße von Östersund, steht das 1912 von B. F. Wallberg erbaute stattliche Rathaus. Schräg gegenüber im Park befindet sich das **Stadtmuseum** (Öffnungszeiten: Mitte Juni – Ende Aug. Mo. – Fr. 10.00 – 16.00, Sa., So. ab 13.00, sonst nur Sa. 12.00 – 15.00 Uhr), daneben die Alte Kirche, ein recht nüchterner Holzbau. Südlich steht die Große Kirche, 1940 nach Plänen von L. I. Wahlman errichtet und mit bemerkenswerten Chorfresken von H. Linnqvist ausgestattet.

Arctura Der 65 m hohe Vorratstank am Skistadion beherbergt ein Café und Restaurant im obersten Stockwerk, von wo aus man einen hervorragenden Blick über die Stadt und die Bergwelt genießt. Wer eine schwache Ahnung vom Nordlicht bekommen will: Abends und nachts wird das Gebäude angestrahlt, was an das Polarlicht erinnern soll.

Runenstein von Frösön Der Runenstein von Frösön vor dem Provinzparlament ist in vielerlei Hinsicht bemerkenswert: Er ist der nördlichste Schwedens und auf ihm wird erstmals der Name der Provinz Jämtland erwähnt. Auch von der Christianisierung der Region ist die Rede, was sonst nirgendwo nachzulesen ist. Auf diesem Stein sind zudem die Runen in den Körper einer Schlange eingeritzt, was manche mit der Sage vom

Storsjö-Ungeheuer in Verbindung bringen, das seit ewigen Zeiten sein Unwesen im See treiben soll. Die Runeninschrift lautet: »Östman, Sohn von Gudfast, ließ diesen Stein errichten, diese Brücke bauen und Jämtland christianisieren. Asbjörn baute die Brücke und Svein und Tryn ritzten die Runen.«

★★ Jamtli

Die bedeutendste Sehenswürdigkeit von Östersund ist das Museum Jamtli im Norden der Stadt, eine Kombination von Volkskunde- und Freilichtmuseum. Im Hauptgebäude befinden sich Gemälde aus Jämtland und Härjedalen, eine Sammlung zur Samenkultur, präparierte Tiere, Hausgerät, Steinzeitfunde sowie die über 1000 Jahre alten **Teppiche aus Överhogdal.** Die vollständig erhaltenen Webmuster sind die ältesten in ganz Europa und haben ihren Ursprung in der altnordischen Mythologie. Auf dem Freigelände steht eine große Zahl von historischen Bauernhäusern, hier werden etliche spannende Aktivitäten für die ganze Familie angeboten (Öffnungszeiten: Ende Juni – Ende Aug. tgl. 11.00 – 17.00, sonst Di. – So. 11.00 – 17.00 Uhr; www.jamtli.com).

Insel Frösön

Im Storsjön-See liegt, durch eine Fußgänger- und eine Straßenbrücke mit Östersund verbunden, die fruchtbare Insel Frösön. Auf dem Östberg steht, auf einer schmalen und ziemlich steilen Stichstraße zu erreichen, der hölzerne Frösötorn mit weitem Blick auf die Stadt, den See und die westlich aufragenden Grenzberge.

Nördlich vom Östberg befindet sich der **Frösö-Zoo** mit über 700 verschiedenen Tierarten, von Tigern, Krokodilen und Giraffen bis hin zu Spinnen und Insekten im Tropenhaus. Auch die einheimische Tierwelt ist vertreten. Ferner gibt es ein Naturkundemuseum, einen Zirkus und ein Restaurant (Öffnungszeiten:Juli tgl. 10.00 – 18.00, Mitte Juni – Mitte Aug. 10.00 – 16.00 Uhr, www.frosozoo.com). Weiter westlich kommt man zu der auf einer Anhöhe gelegenen Kirche von Frösö (12. Jh.), die 1898 erneuert wurde.

? WUSSTEN SIE SCHON ...?

- ... dass Schweden sein einziges Seeungeheuer unter Naturschutz stellte? Nach einer Sage lebt seit Urzeiten das »Storsjödjur«, eine Art schwedische Nessie, im Storsjön-See, Hunderte wollen das seeschlangenähnliche Tier gesehen haben. Lange setzte man Himmel und Hölle in Bewegung, um das Ungeheuer zu erlegen, doch es entging seinen Häschern immer. 1986 stellte die Bezirksregierung das Wesen unter Naturschutz, damit ist es endlich vor Jägern sicher und streckt vielleicht gerade heute sein Haupt aus den Fluten ...

Insel Andersö

Von Frösön besteht eine Bootsverbindung zur benachbarten Insel Andersö, die zusammen mit Skansholmen und Isö unter Naturschutz steht. Hier gibt es Reste einer Verteidigungsanlage aus dem 17. Jh., südlich gegenüber der Insel am Seeufer steht die Kirche von Sunne mit den Resten eines Kastells, das König Sverre im Jahr 1178 errichten ließ, nachdem er auf dem zugefrorenen Storsjön die Jämten besiegt hatte.

Am Siljansee herrscht das ganze Jahr himmlische Ruhe, nur nicht am Mittsommerfest.

★ Siljansee

E7F 6/7

Landschaft: Dalarna
Provinz: Dalarna Län
Höhe: 161 m ü.d.M.

Der Siljansee, von sanft ansteigenden, teilweise bewaldeten Ufern umrahmt, ist das Herz der mittelschwedischen Landschaft Dalarna. Hier setzt man schon lange auf den Tourismus, doch große Hotelbauten und touristischen Rummel wird man hier nicht vorfinden. Wer hierher kommt, schätzt die Ruhe, will wandern, angeln oder an den schönsten Mittsommerfeiern Schwedens teilnehmen.

Der See – ein Meteoritenkrater

Der Siljansee entstand vor rund 360 Millionen Jahren durch den Einschlag eines riesigen Meteors. Aus der Luft erkennt man noch heute die ringförmige Kraterwand um den See. Dieser hat eine Fläche von 290 km², ist bis zu 120 m tief, 36 km lang, bis zu 25 km breit und wird vom Österdal Älv durchströmt. Die Orte rund um den Siljansee – vor allem Mora, Rättvik und Leksand – zählen zu den beliebtesten Ferienorten. Trotzdem geht es hier im Herzen von Dalarna noch erstaunlich gemütlich und traditionsbewusst zu, nirgendwo sonst lässt sich schwedisches Brauchtum besser studieren. Hier finden jährlich **Mittsommerfeiern** wie aus dem Bilderbuch mit Tanz um den Maibaum statt. Am Siljansee gehören die Spielmänner mit ihren Fiedeln noch zu jedem Fest dazu und viele holen zu solchen Gelegenheiten gerne ihre Tracht aus dem Schrank.

Mora

Zielort des Wasalaufs

Mora liegt am nördlichen Ufer des Siljansees, wo der Österdal Älv in diesen mündet. Die Stadt ist Geburts- und Wirkungsstätte des Malers und Bildhauers Anders Zorn (1860 – 1920) und der beliebteste Urlaubsort. In Mora forderte **Gustav Wasa**, der später zum Gründer des schwedischen Staates werden sollte, 1521 die Bauern von Dalarna zum Freiheitskampf gegen die Dänen auf, stieß aber bei diesen zunächst auf Widerstand und zog auf Skiern Richtung Norwegen ab.
In Sälen, etwa 90 km westlich, wurde er von seinen Gefolgsleuten Lars und Engelbrekt eingeholt und zur Rückkehr bewegt, denn nun waren die Bauern zum Kampf bereit. Dies sollte der Auslöser für die Befreiung Schwedens von der dänischen Herrschaft sein; Gustav Wasa wurde am 6. Juni 1523 zum schwedischen König gewählt. Seit 1922 wird zum Gedenken an dieses Ereignis alljährlich am ersten Sonntag im März der Wasalauf (Vasaloppet), mit 90 km **der längste Skilanglauf der Welt**, zwischen Sälen und Mora durchgeführt.

? WUSSTEN SIE SCHON ...?

- Einst, als noch keine asphaltierten Straßen um den See führten, waren sog. Kirchboote das ideale und oft einzige Transportmittel, um zum sonntäglichen Gottesdienst zu gelangen. Die langen, schlanken Boote bieten auf jeder Seite Platz für bis zu zwölf Ruderer und werden heute publikumswirksam zu Wasser gelassen.

Vasaloppets Hus

Am nordöstlichen Rand der Innenstadt steht auf einem künstlich aufgeschütteten kleinen Hügel das Denkmal für Gustav Wasa (von A. Zorn, 1903). Ganz in der Nähe befindet sich das Vasaloppets Hus mit einer Ausstellung zur Geschichte des Wasalaufs (Öffnungszeiten: Mo. – Fr. 10.00 – 17.00 Uhr, www.vasaloppet.se).

Kirche

Geht man vom Vasaloppets Hus in westlicher Richtung, gelangt man bald zu einem kleinen Denkmal, das zum 50. Jubiläum des Wasalaufs 1974 aufgestellt wurde, dann zum frei stehenden Glockenturm und zur Kirche. Auf dem Friedhof befindet sich das in der Art einer alten Steinsetzung gestaltete Grab von Anders Zorn (1860 – 1920). Jenseits der Durchgangsstraße hat man ihm in einem kleinen Park ein Denkmal gesetzt.

Zorngården

Noch weiter westlich liegt der Zorngården, ein hübscher Park mit alten Holzhäusern sowie dem Wohnhaus und Atelier des Künstlers Anders Zorn (Öffnungszeiten: Mitte Mai – Mitte Sept. Mo. – Sa. 10.00 – 16.00, So. ab 11.00, sonst tgl. 12.00 – 15.00 Uhr, Besichtigung nur im Rahmen von Führungen, www.zorn.se).
Nebenan steht das Zorn-Museum, das eine umfangreiche Sammlung von Werken des Künstlers enthält (Öffnungszeiten: Mitte Mai – Mitte Sept. Mo. – Sa. 9.00 – 17.00, So. ab 11.00, sonst tgl. 12.00 – 16.00 Uhr).

SILJANSEE ERLEBEN

AUSKUNFT

Siljan Turism Mora
Strandgatan 14a, 79230 Mora
Tel. (02 50) 59 20 20, Fax 59 20 21
www.moran.se

ESSEN

► Fein & Teuer

Fryksås Hotell & Gestgifveri
Fryksås (ca. 20 km von Orsa)
Tel. (02 50) 460 20
www.fryksashotell.se
Hier werden die besten Wildgerichte weit und breit serviert. Wer möchte, kann im kleinen gemütlichen Fryksås Hotell übernachten.

Kungshaga Hotell & Wärdshus
Orsa (2 km außerhalb)
Tel. (02 50) 442 60, www.kungshaga.se
Restaurant in einem alten Herrenhaus mit schöner Aussicht über den Orsasee. Bekannt gute Küche.

► Preiswert

Sjövillan
Långbryggevägen 20, 79521 Rättvik
Tel. (02 48) 134 00
Sommerrestaurant in schöner Lage direkt am Siljansee. Empfehlenswert ist Mittwochabend die Schalentierplatte. Außerdem Kanuverleih, Minigolfplatz und Kinderschwimmbecken.

ÜBERNACHTEN

► Komfortabel

Dala Husby Hotell & Restaurang
Dala Husby, Smedbyvägen 56
Tel. (02 25) 412 70
12 Zi., www.dalahusbyhotell.com
Kleines Hotel, ruhig gelegen am Ufer des Dal Älv. Im Landhausstil eingerichtete, gemütliche Zimmer. Im urigen Gemeinschaftsraum sitzt man bei Kaminfeuer, Kaffee und selbst gebackenen Leckereien zusammen.

► Günstig

Vandrarhem Leksand
Leksand, Källberget
Tel. (02 47) 152 50
www.vandrarhemleksand.se
Eine der ältesten Jugendherbergen Schwedens (1937 erbaut, 80 Betten) in einem schönen alten Dalarnahof.

Baedeker-Empfehlung

Åkerblads Romantik Hotell & Gästgiveri
Tällberg, Sjögattu 2
Tel. (02 47) 508 00, Fax 506 52
69 Zi., www.akerblads.se
Wunderschönes Hotel an einem sanften Abhang am Siljansee. Exklusive Küche – jedes Jahr ist das Åkerblads unter den besten Gourmetrestaurants Schwedens zu finden. Erschwinglich sind das Smörgåsbord oder das Dagens Rätt zur Mittagszeit.

EINKAUFEN

Die berühmten Dalapferdchen werden bei Mora im Ort Nusnäs hergestellt. Dort kann man sie frisch von der Fabrik weg kaufen.

FREIZEIT UND SPORT

Baden
Siljan- und Orsasee sind im Sommer herrlich zum Baden. Wer es überdacht mag, findet im Familienpark und Wasserparadies Äventyret Sommarland genug Gelegenheit zum Plantschen (Leksand, www.sommarland.nu, Juli bis Mitte Aug. tgl. 10.00 – 18.00, sonst bis 17.00 Uhr).

Exkursionen
Elchsafaris und Ausritte mit Isländerpferden werden u.a. vom Sportzentrum Orsa Grönklitt angeboten (Tel. 02 50/ 462 00, www.orsagron-

klitt.se). Weitere Veranstalter in großer Zahl nennt die Touristeninformation in Älvdalen, Mora oder www.siljan.se.

Wandern und Radfahren
Der »Siljansleden« ist ein 340 km langer Wander- bzw. 310 km langer Fahrradweg rund um den Siljansee. Die Strecke ist durchgehend markiert, leicht zu bewältigen und hat ausreichend Rast- und Übernachtungsmöglichkeiten.
Auch im Sommer kann man den Wasalauf machen in Form einer wenig beschwerlichen Wanderung. Der 90 km lange Weg ist durchgehend markiert und folgt überwiegend der Skispur. Übernachtung in acht einfachen Hütten

Wintersport und Wasalauf
Die Skihänge am Siljansee sind leicht bis mittelschwer und ideal für Anfänger und Familien. Skilangläufer finden in den Wäldern hunderte von Kilometern gespurter Loipen.

ersten Sonntag im März ausgetragen, wobei sich rund 15 000 Skiläufer im klassischen Stil auf den 90 km langen Weg von Sälen nach Mora machen. Es gibt auch kürzere Strecken.

FESTE

»Musik vid Siljan«
Anfang Juli wird mehrere Tage lang vom Symphonieorchester bis zur typischen Spelmansstämma alles geboten (www.festivalinfo.se).

»Classic Car Week«
Oldtimerfreunde treffen sich in der ersten Augustwoche in Rättvik. Liebevoll restaurierte amerikanische Straßenkreuzer verstopfen dann die Straßen der kleinen Stadt (www.classiccarweek.com).

Mittsommar
An Mittsommer (um 21. Juni) wird in den Orten um den Siljansee mit viel Tanz und Musik das Aufrichten der prächtig geschmückten Mittsommerbäume unterstützt.

Dabeisein ist beim Wasalauf für viele Schweden fast schon Ehrensache.

Ganz in Handarbeit werden die Dalapferdchen in Nusnäs hergestellt.

Zorns Gammelgård Südlich vom Stadtkern liegt am Ufer des Siljansees das Freilichtmuseum Zorns Gammelgård, wo man eine Anzahl alter Holzhäuser aus der Region sowie ein eindrucksvolles Textilmuseum besichtigen kann (Tel. 02 50/59 23 10, Juni – Aug. tgl. 12.00 – 17.00 Uhr).

Abstecher zum Orsasee

Orsasee Nördlich von Mora erstreckt sich der 56 km² große und bis 97 m tiefe Orsasee, an dessen nördlichem Ufer die Orte Våmhus und Orsa liegen. Im **Heimatmuseum** von Våmhus kann man im Sommer bei der Herstellung von Flechtarbeiten und Spankörben zusehen. Vor der Kirche steht ein Denkmal für Erik Wigman, der in die USA auswanderte und dort das Busunternehmen »Greyhound« gründete.

Orsa Grönklitt Orsa Björnpark ▶ Orsa Grönklitt, 17 km nordwestlich von Orsa, ist ein großzügiges Freizeitgebiet mit Angel- und Wassersportmöglichkeiten, im Winter kann man Ski fahren. Außerdem ist Grönklitt für sein **Bärengehege** bekannt, das größte in Nordeuropa. Auf einem Areal von rund 9 ha leben 20 Braunbären, die man von mehreren Aussichtsplattformen beobachten kann. Die Tiere leben hier in ihrer natürlichen Umgebung und haben viel Platz. Besucher sollten deshalb etwas Geduld und ein Fernglas mitbringen. Neben den Bären kann man auch noch Wölfe, Luchse, Vielfraße und Polarfüchse anschauen (Öffnungszeiten: Ende Juni – Mitte Aug. tgl. 10.00 – 18.00, sonst bis 15.00 Uhr, www.orsabjornpark.se).

Von Mora um den Siljansee

Nusnäs

Das bunt lackierte hölzerne **Dalapferdchen**, wohl das bekannteste Souvenir Schwedens, wird im rund 10 km östlich von Mora gelegenen Ort Nusnäs hergestellt. Meist sind die Dalapferdchen rot bemalt und stehen nach Größen sortiert auf stämmigen Beinen in den Regalen. Auch wenn es in den Läden nach Fließbandarbeit aussieht, hier ist alles handgemacht, wovon man sich in den Werkstätten überzeugen kann. Die Brüder Olsson aus Nusnäs, deren Geschäft noch heute existiert, waren die Ersten, die diese Souvenirs in großer Stückzahl fertigten. Der Weg vom Holzklotz zum Souvenir beginnt damit, dass die Rohlinge mit der Bandsäge grob in Form geschnitten werden, danach geben geschickte Schnitzer ihm in wenigen Minuten die endgültigen Konturen. Die Pferdchen werden gespachtelt, grundiert, in Farbe getaucht und zum Schluss mit alten Motiven der Blumen- und Rosenmalerei versehen (Werkstätten Edåkersvägen 17 und 24, Öffnungszeiten Sommer: Mo. – Fr. 9.00 – 18.00, Sa., So. 9.00 – 16.00, sonst mo. – Fr. 9.00 – 16.00 Uhr; www.grannas.com).

Rättvik

Von Mora führt Str. Nr. 70 in östlicher Richtung am Seeufer entlang nach Rättvik, das an einer Bucht des Siljansees liegt. Die Kirche steht nordwestlich etwas außerhalb auf einer in den See ragenden Landzunge, sie stammt aus dem 13. Jh. und wurde im 18. Jh. umgebaut. Um sie herum gruppieren sich etliche »Kyrkstugor«, kleine Häuser, in denen die von weit her zum Gottesdienst angereisten Bauern übernachten konnten. Südlich der Kirche steht direkt am Wasser der Wasastein von 1893, der an die erste Rede erinnert, die Gustav Wasa 1520 auf dem Kirchwall an die Männer von Dalarna richtete.

Im **Freilichtmuseum** Rättviks Gammelgård, 2 km nördlich vom Zentrum, sind rund 30 Häuser, altes Hausgerät und Volkstrachten sowie schöne Dala-Malereien zu sehen (Öffnungszeiten: Mitte Juni – Mitte Aug. tgl. 12.00 – 16.00 Uhr).

! *Baedeker* TIPP

Oper im Steinbruch

Dalhalla, 7 km nördlich von Rättvik, ist ein seit 1990 stillgelegter Steinbruch, an dessen Grund sich ein kleiner See befindet. Die Senke hat die Form eines Amphitheaters und verzückt Besucher wegen der vorzüglichen Akustik. Im Sommer werden in diesem spektakulären Ambiente Opern- und Musikabende veranstaltet. Aber auch ohne Konzert lohnt die Besichtigung im Rahmen einer Führung (Tel. 02 48/ 79 79 50, www.dalhalla.se).

Im Kulturhaus am Südrand der Innenstadt findet man das **Naturmuseum**, das auch über den Meteoriteneinschlag informiert, der wohl vor über 300 Millionen Jahren den Siljansee formte (Öffnungszeiten: im Sommer Mo. – Do. 11.00 – 19.00, Fr. bis 15.00, Sa. bis 14.00, So. 13.00 – 17.00 Uhr).

Eine teilweise ziemlich steile Straße führt zum auf einer Anhöhe stehenden hölzernen Aussichtsturm **Vidablick**, der zur Zeit saniert wird (Infos unter rattvik@siljan.se)..

Leksand Die Uferstraße führt weiter über **Tällberg**, das der vielen traditionellen Häuser wegen als schönster Ort am See gilt, und Hjortnäs nach Leksand, wo der Österdal Älv den Siljansee verlässt. Im Hemsbygdgård ist ein Schulmuseum eingerichtet. Außerdem gibt es im Tingshus, in der Kyrkallén 8, ein kleines Kunstmuseum, das in erster Linie Werke regionaler Künstler zeigt.

Gesunda Die Landstraße umrundet nun den Westteil des Siljansees und führt über Gesunda und Sollerön nach Mora zurück. In Gesunda hat Anders Zorn 1906 das erste schwedische Spielmannstreffen veranstaltet. Das **Tomteland** (Nikolausland) am Gesundaberg besteht aus einer Gruppe von Blockhäusern mit Nikolauswerkstatt und ist vor allem für Kinder ein Erlebnis (Öffnungszeiten: Mitte Juni – Mitte Aug. 10.00 – 16.00, Jan. – März 15.00 – 19.00 Uhr, www.tomteland.se). Vom Gipfel des **Gesundaberges** (508 m), der auch per Lift zu erreichen ist, genießt man einen schönen Rundblick (Betriebszeiten: Ende Juni bis Mitte Aug. tgl. 11.00 – 18.00 Uhr). Hier liegt **eines der größten Mountainbikezentren Schwedens**. Downhillfahrer nehmen das Rad mit in den Lift und haben dann eine rasante Abfahrt vor sich.

Siljansfors Die von Mora in Richtung Malung führende Str. Nr. 45 berührt den Ort Siljansfors, wo im interessanten Waldmuseum erläutert wird, wie die beschwerliche Waldarbeit vor 200 Jahren bewältigt wurde (Öffnungszeiten: Mitte Juni – Mitte Aug. Sa./So. 10.00 – 17.00 Uhr).

Fjälldalarna

Wer den Siljansee gesehen hat, könnte Dalarna für ein liebliches, leicht hügeliges Waldland halten, doch fährt man auf der Str. Nr. 70 von Mora aus Richtung Nordwesten, gelangt man ins raue »Fjälldalarna«, die südlichste Wildnis Schwedens. Sie vermittelt einen Eindruck von der Kargheit des Nordens. Berge, weite Sumpfgebiete und einsame Wälder bieten Kanufahrern, Wanderern und Skiläufern beste Möglichkeiten. Natürlich kann man auch mit Führern auf Elch- und Bärensafari gehen oder mit dem Kanu den Biberspuren folgen.

Älvdalen Das kleine Städtchen liegt in Schwedens einzigem **Porphyrgebiet**. Das vulkanische Gestein, auch Diamant Schwedens genannt, wird hier seit 1788 abgebaut. Eines der schönsten Stücke aus Älvdalener Porphyr ist der Sarkophag von Karl XIV., der in der Stockholmer Riddarholms-Kirche zu bewundern ist. Heute wird aus dem Stein meist Schmuck hergestellt. Das **Porphyrmuseum** im Zentrum von Älvdalen besitzt eine große Sammlung dieser Steine sowie eine geologische Abteilung (Öffnungszeiten: Ende Juni – Aug. tgl. 11.00 bis 17.00, sonst Di. – Fr. 10.00 – 12.00 und 13.00 – 15.00 Uhr).

Sälen Von Älvdalen lohnt, speziell im Winter, ein Abstecher ins westlich gelegene Sälen, das wegen seiner hervorragenden Wintersportmög-

Dalarna von seiner wilden, rauen Seite: auf dem Fulufjäll bei Särna.

lichkeiten bekannt ist. Das Sälener Skigebiet erstreckt sich von Lindvallen bis Högfjäll und bietet mehr als 100 verschiedene Pisten und 40 km gespurte Loipen. Für schwedische Verhältnisse ist auch das Après-Ski abwechslungsreich. Am ersten Wochenende im März fällt in Sälen der Startschuss zum traditionsreichen **Wasalauf**.

Särna

Über die Str. Nr. 70 erreicht man Särna. 3 km südlich von Särna erhebt sich der 624 m hohe Mickeltemplet, von dessen Aussichtsturm sich ein herrlicher Ausblick auf das 1044 m hohe Fulufjäll bietet.

★ Njupeskärsfall

Auf der Str. Nr. 70 fährt man weiter nach Nordwesten Richtung Idre und biegt auf die Landstraße nach Westen bis Mörkret an der Nordseite des Fulufjäll ab. Nun erreicht man einen Parkplatz, von dem man nach einer kurzen Wanderung den Njupeskärsfall, den mit 93 m (davon 70 m freier Fall) **höchsten Wasserfall Schwedens**.

Idre

Idre ist ein kleines Dorf, das sich hervorragend als Ausgangspunkt für Unternehmungen im nordöstlich gelegenen Nipfjäll eignet. Im Winter ist der Wintersportort Idre Fjäll, 10 km nördlich von Idre, ein schneesicheres Alpin- und Langlaufgebiet, viele der Abfahrten sind für Kinder und Anfänger geeignet. Biegt man von der Hauptstraße rechts ab und folgt der Landstraße, erreicht man nach rund 45 km die Grövelsjön-Turiststasjon, ein weiteres Wander- und Skigebiet.

★ Skellefteå

L/M 10

Landschaft: Västerbotten
Einwohnerzahl: 72 000

Provinz: Västerbotten Län
Höhe: Meereshöhe

Skellefteå hat man nicht wie andernorts wegen der Landhebung in Richtung Meer verschoben, sondern stattdessen nur den Hafen verlegt. Die ruhige Kleinstadt besitzt zwar keine großen Sehenswürdigkeiten, ein Besuch lohnt aber wegen der alten Holzbebauung.

Skellefteå, an der Mündung des Skellefte Älv in den Bottnischen Meerbusen, wurde bereits 1621 als Handelsplatz erwähnt, erhielt aber erst 1845 die Stadtrechte. Die Anlage einer Eisenbahnlinie und die Ausweitung der Gruben des Bergwerksortes Boliden, in denen Gold, Silber und Kupfer gewonnen wurden, sorgten für wirtschaftlichen Aufschwung.

Sehenswertes in Skellefteå und Umgebung

Stadtzentrum Der Stadtkern besitzt noch den ursprünglichen rechteckigen Grundriss und zeigt mit den gut erhaltenen Holzhäusern noch immer das typische Bild einer gewachsenen norrländischen Stadt. Im Bereich von Nordånpark und Bonnstan gibt es noch mehr als 100 Kirchhäu-

Lövangers historische Holzhütten werden heute an Touristen vermietet.

ser aus dem 17. Jh. Bei der **Kirche** der Landsgemeinde (1485 erbaut, 1799 umgebaut) sind der Viersäulenportikus und die Kuppel bemerkenswert. Im Innern sollte man den Lübecker Flügelaltar von Bernt Notke und die kleine Skellefte-Madonna (12. Jh.) anschauen. Das nahe **Heimatmuseum** zeigt Bronzeschmuck aus der Zeit um 300 bis 400 n. Chr. und informiert über die Stadtgeschichte (Öffnungszeiten: Mitte Juni – Ende Aug. Di. – So. 12.00 – 16.00 Uhr, Juli so. geschl., www.skellefteamuseum.se).

Skelleftehamn

Gut 15 km südöstlich der Stadtmitte liegt der Hafen Skelleftehamn. Die St. Örjankirche wurde 1935 geweiht, sie besitzt ein Dach und Glocken, zu deren Herstellung Kupfer aus den Boliden-Gruben verwendet wurde. Im Innern gibt es ein Altarbild spanischer Herkunft, das möglicherweise von Velázquez stammt.

SKELLEFTEÅ ERLEBEN

AUSKUNFT

Destination Skellefteå
Nygatan 39, 93131 Skellefteå
Tel. (09 10) 45 25 10
www.destination.skelleftea.se
turistbyra@destinationskelleftea.se

ESSEN

► Erschwinglich

Restaurang Vitberget
Mossgatan, Tel. (09 10) 77 58 00
ww.vitbergsstugan.se
Etwas außerhalb in der Nähe der alpinen Skistrecke gelegenes Restaurant. Besonders gut sind die Steaks.

ÜBERNACHTEN

► Luxus

Furunäset Hotell & Konferens
Piteå, Belonasvängen 2B
Tel. (09 11) 779 50, Fax 378 89
www.furunasethotell.se
Gut 100 Jahre alter Hotelkomplex in der Nähe des Pite-Flusses, entworfen und gebaut von Axel Kumlien, der auch das Grand Hotel in Stockholm konstruierte. Luxuriös eingerichtete Zimmer und große Spa-Abteilung. Angeschlossen ist »Doktors Villan«, mehrfach preisgekröntes Restaurant in einer alten, verspielten Holzvilla von 1893. Spezialität ist das dreigängige Nordlandmenü.

► Komfortabel

Hotell Victoria
Trädgårdsgatan 8
Tel. (09 10) 174 70
Fax 894 58
18 Zi., www.hotelvictoria.se
Kleines, preisgünstiges Hotel im Stadtzentrum. Das Café im 6.Stock serviert kleinere Snacks und bietet eine schöne Aussicht.

EINKAUFEN

Baedeker-Empfehlung

In Bölebyns Garveri werden edle Lederwaren nach alten Traditionen und mit alten Werkzeugen handgefertigt. Die Produkte der Gerberei, die mit Birkenrinde arbeitet und einzigartig in ganz Skandinavien ist, beliefert auch das Königshaus. Schönes Freiluftcafé (Nya Älvvägen 647, Tel. 09 11/620 23, geöffnet im Juli Mo. – Fr. 12.00 bis 16.00, sonst nur nach Vereinbarung; www.bolebynsgarveri.se).

Lövånger ✶ Die E 4 nach Süden führt zu dem knapp 50 km entfernten Ort Lövånger, wo rund hundert Kirchhütten, teils aus dem 17. Jh., stehen, die einst den Bauern beim Kirchgang als Wohnung dienten und heute als Touristenunterkünfte vermietet werden (Auskunft erteilt das Touristenbüro in Skellefteå).

Boliden Etwa 35 km nordwestlich von Skellefteå liegt landeinwärts an der Str. Nr. 95 der Bergwerksort Boliden, wo 1925/1926 große Vorkommen von Kupfer- und Silbererz entdeckt wurden. Ein kleines Museum zeigt Kostbarkeiten aus der Geschichte des Bergbaus. Von Boliden führte einst eine 96 km lange Materialseilbahn, die von 1943 – 1987 in Betrieb war, über Rakkejaur zum Minenort Kristineberg.

! *Baedeker* TIPP

Die längste Seilbahn der Welt

... ist genau 13 163 m lang und verkehrt zwischen Örträsk und Mensträsk (erreichbar auf der Str. Nr. 370 von Boliden aus ca. 50 km in nordwestlicher Richtung). Mit ihr wurde einst Erz aus den Gruben in Richtung Küste transportiert, heute ist sie eine Touristenattraktion. Rund 90 Min. dauert die Fahrt bei gemütlichen 10 km/h über stille Seen, Moore und Wälder. Wer möchte, kann unterwegs sogar ein Rentiersteak verspeisen (http://www.linbanan.com/Linbanan.htm, Tel. 09 18/210 25, Ende Juni – Mitte Aug. tgl. 13.00 Uhr).

Für die Schweden liegt **Piteå** an »Norrlands Riviera« wegen des 5 km langen Sandstrandes, der dank überraschend vieler Sonnenstunden mit angenehm temperiertem Wasser gesegnet ist. Im ehemaligen Rathaus, das sich durch eine schöne Holzarchitektur auszeichnet, ist das Stadtmuseum untergebracht (Öffnungszeiten: Di. – Fr. 9.00 bis 16.00, Sa. 11.00 bis 15.00 Uhr; www.piteamuseum.nu). Genug der Ruhe? Nordwestlich der Stadt, auf dem Flugfeld Langnäs, finden regelmäßig Dragster-Rennen mit internationaler Beteiligung statt.

6 km nördlich liegt **Öjeby Kyrkstad**. Die Steinkirche und die Kirchstadt mit ihren kleinen Häuschen, in denen die Kirchgänger früher übernachteten, stehen an dem Ort, wo bis 1666 auch die Stadt Piteå ihr Zentrum hatte, bevor man sie weiter in Richtung Meer verlegte.

Storforsen Fährt man auf der Straße Nr. 374 Richtung Nordwesten, kommt man nach rund 40 km zum Storforsen, einer mehrere Kilometer langen Stromschnelle des Pite Älv. Der wildeste Abschnitt ist ca. 2 km lang und hat einen Höhenunterschied von 60 m. Neben der Stromschnelle wurde eine Flößerrinne angelegt, die heute nicht mehr in Betrieb ist und trockengelegt wurde. In diesem toten Fall gibt es Schluchten, Aushöhlungen und vom Wasser geschliffene Felsplatten. Durch die alte Flößerrinne und entlang des Storforsen führen Wege, auf denen man dicht an das tosende Wasser herankommt. Wer länger bleiben will, findet hier einen Campingplatz, Übernachtungsmöglichkeiten, Restaurant, Café und ein Forst- und Flößereimuseum.

So schön wie Stockholm liegt keine andere Hauptstadt in ganz Europa.

** Stockholm

H/J 5

Landschaft: Södermanland
Einwohnerzahl: 767 000

Provinz: Stockholm Län
Höhe: Meereshöhe

Als »Venedig des Nordens« und »Schönste Hauptstadt Europas« wird die schwedische Metropole gerne gepriesen. Eingebettet zwischen See und Meer, Schären, Wäldern und hoch aufragenden Felsen besitzt Stockholm eine selten schöne Lage. Weiter lockt die Stadt mit vielen hervorragenden Museen, imposanten Prachtbauten und exzellenten Shoppingmöglichkeiten.

Blühende Kapitale

Stockholm ist die Hauptstadt des Königreichs Schweden, Sitz der Ministerien, des Reichstags und des höchsten Gerichts sowie eines katholischen Bischofs. Die **größte Stadt Skandinaviens** liegt auf Inseln und Halbinseln an der engen Mündung des Mälarsees in die Ostsee, die hier eine tiefe Bucht bildet. Über Seen und Kanäle steht die Stadt mit dem Binnenland in Verbindung. Aus den beiden Weltkriegen ging die schwedische Hauptstadt unbeschadet hervor, deshalb sind viele alte prachtvolle Gebäude erhalten geblieben. Ihre Vorstädte sind großenteils aus Villenvierteln hervorgegangen, doch mittlerweile legen sich mehrere moderne und teils gesichtslose Satellitenstädte ringförmig um den Altstadtkern.

Stockholm Orientierung

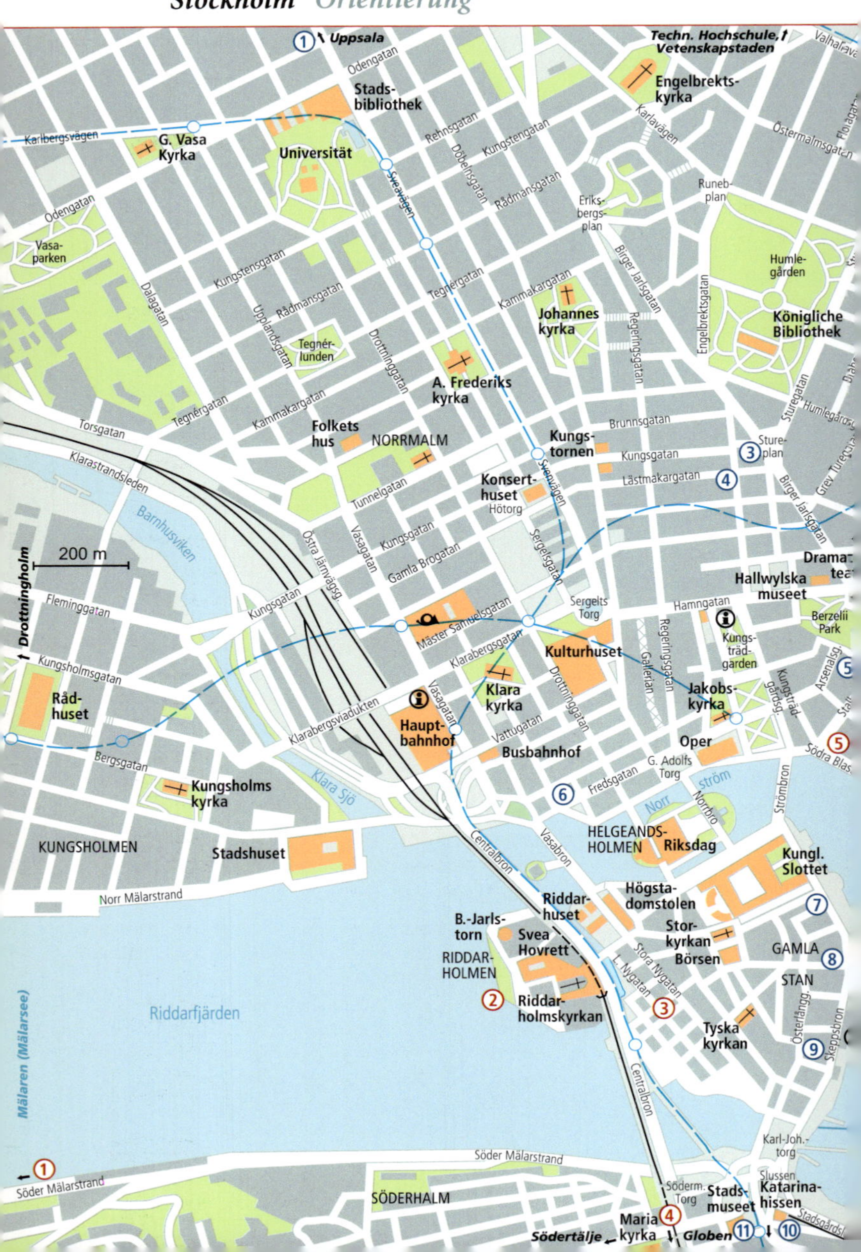

Essen

1. Edsbacka Krog
2. Halv Grek Plus Turk
3. Sturehof
4. Halv Trappa plus Gård
5. Wedholms Fisk
6. F 12
7. Zum Franziskaner
8. Fem Små Hus
9. Den Gyldene Freden
10. Gondolen
11. Strykjärnet

Übernachten

1. Långholmens Vandrarhem
2. Mälardrottningen Hotel
3. Victory Hotel & Conference
4. Tre Små Rum Hotel
5. Grand Hotel Stockholm
6. af Chapman

U-Bahn (Tunnelbana)

STOCKHOLM ERLEBEN

AUSKUNFT

Stockholm Visitors Board
Vasagatan 14, Tel. (08) 50 82 85 08
www.stockholmtown.com
touristinfo@stockholm.se

Hotellcentralen
Centralstationen, Stora Hallen
Tel. (08) 789 24 90, Fax 791 86 88
hotels@svb.stockholm.se
Zentrale für alle Hotelbuchungen (kostenlos)

What's on Stockholm
Monatlich erscheinende Broschüre in Englisch mit dem kompletten Veranstaltungskalender

ESSEN

► Fein & Teuer

① ***Edsbacka Krog***
Sollentuna, Sollentunaveien 220
Tel. (08) 96 33 00
www.edsbackakrog.se
Seit 1626 wird hier mit königlicher Erlaubnis ein Restaurant betrieben. Exzellente preisgekrönte Küche und edles Ambiente. Ebenfalls empfehlenswert ist Edsbacka Bisto i Sollentuna (Sollentunaveien 223).

»Den Gyldene Freden«

③ ***Sturehof***
Stureplan 2, Tel. (08) 4 40 57 30
www.sturehof.com
Das von einem bekannten schwedischen Designer eingerichtete Lokal ist bekannt für hervorragende Fischgerichte.

⑤ ***Wedholms Fisk***
Nybrokajen 17, Tel. (08) 611 78 74
www.wedholmsfisk.se
Das beste Fischrestaurant Stockholms. Absolut frischer Fisch und exzellente Saucen. In dieser preisgekrönten Küche sind die Portionen erfreulich groß.

⑨ ***Den Gyldene Freden***
Österlånggatan 51, Tel. (08) 24 97 60
www.gyldenefreden.se
Schwedische Küche in einem der ältesten Restaurants der Stadt. Hier ging einst die literarische Elite des Landes ein und aus.

⑩ ***Gondolen***
Stadsgården 6
Tel. (08) 641 70 90
www.eriks.se
Hervorragender Blick aus 36 m Höhe über der Stadt. Die Cocktails sind berühmt, aber teuer.

► Erschwinglich

④ ***Halv Trappa plus Gård***
Lästmakargatan 3
Tel. (08) 611 02 77
Eines der besten chinesischen Restaurants der Stadt.

⑥ ***F 12***
Fredsgatan 12
Tel. (08) 24 80 52, www.f12.se
Internationale Küche von kreativen Köchen zubereitet. Liegt im Herzen der schwedischen Hauptstadt.

⑧ ***Fem Små Hus***
Nygränd 10, Tel. (08) 10 87 75
www.femsmahus.se
Gute schwedische Küche in traditionellem Ambiente

⑪ ***Strykjärnet***
Skånegatan 47, Tel. (08) 702 10 13
Im Bügeleisen, so die deutsche Übersetzung des Restaurantnamens, wird gute südländische Küche angeboten.

► Preiswert

② ***Halv Grek Plus Turk***
Jungfrugatan 33, Tel. (08) 665 94 22
www.halvgrekplusturk.se
Der Name ist Programm. Preisgünstige griechisch-türkische Küche.

⑦ ***Zum Franziskaner***
Skeppsbron 44, Tel. (08) 411 83 30
www.zumfranziskaner.gastrogate.com
Eines der ältesten Restaurants der Stadt bietet schwedische und deutsche Hausmannskost.

ÜBERNACHTEN

► Luxus

② ***Mälardrottningen Hotel***
Riddarholmen
Tel. (08) 54 51 87 80, Fax 24 36 76
61 Kabinen
www.malardrottningen.se
1924 für den New Yorker Millionär Billing gebaute Luxusyacht, seit 1982 vor der Altstadt Stockholms schwimmendes Hotel mit eleganten Kabinen und außergewöhnlichem Charme.

③ ***Victory Hotel & Conference***
Lilla Nygatan 5
Tel. (08) 50 64 00 00
Fax 50 64 00 10
45 Zi., www.trehotell.se
Einzigartiges Luxushotel in einem mittelalterlichen Gebäude. Angeschlossen ist das ausgezeichnete Restaurant Leijonhornet.

Grand Hotel Stockholm

⑤ ***Grand Hotel Stockholm***
Södra Blasieholmshamnen 8
Tel. (08) 679 35 00, Fax 611 86 86
www.grandhotel.se
Die Nr. 1 Stockholms, Mitglied der »Leading Hotels of the World« mit einzigartiger Lage am Wasser mit Blick über Hafen, Altstadt und königlichen Palast. Hier logiert die Crème de la Crème der internationalen High Society, sowie die Nobelpreisträger, die im Dezember zur Verleihung nach Stockholm kommen.

► Komfortabel

④ ***Tre Små Rum Hotel***
Högbergsgatan 81
Tel. (08) 641 23 71, Fax 642 88 08
7 Zi., www.tresmarum.se
Kleinstes Hotel der Stadt, dafür richtig gemütlich. Nicht mit drei Räumen, wie der Name glauben macht, sind doch seit der Gründung 1993 immerhin vier neue dazugekommen.

► Günstig

① ***Långholmens Vandrarhem***
Gamla Kronohäktet
Långholmsmuren 20
Tel. (08) 720 85 00
www.langholmen.com
Hotelaufenthalt der etwas anderen Art. 1840 gebaut, diente das Haus bis Mitte der 1970er-Jahre als Gefängnis.

⑥ ***af Chapman***
Skeppsholmen, Flaggsmansvägen 8
Tel. (08) 463 22 66
Fax 611 71 55
www.stfchapman.com
Schönste Jugendherberge Stockholms auf einem alten Segelschiff. Allerdings muss man hier lange im Voraus buchen! Seit 2004 gibt es die »Bar Chapman«, die auch im Freien Drinks serviert.

TRANSPORT

U-Bahn
Das wichtigste und bequemste innerstädtische Verkehrsmittel ist die Tunnelbana (U-Bahn), mit deren Bau schon 1930 begonnen wurde und die heute mit drei Linien auch das nahe Umland erschließt. Wer die Stockholmkarte besitzt, fährt kostenlos. Sonst kann man Netzkarten mit 24, 48, 72 oder 120 Stunden Gültigkeit erwerben. Fährt man nur in der Innenstadt, kann man auch die »rabattkuponger« (Streifenkarte) kaufen, auf der man je nach Zonenzahl Felder abstempelt.

Oldtimer-Straßenbahn
Ein nostalgisches Erlebnis ist die Fahrt mit der gemütlichen Oldtimer-Straßenbahn, die zwischen der Innenstadt und dem Freilichtmuseum Skansen verkehrt.

VERGÜNSTIGUNGEN

Stockholmskortet
Die Stockholmkarte gewährt freien Eintritt zu vielen Sehenswürdigkeiten, Museen und Freizeiteinrichtungen sowie kostenlose Fahrten mit öffentlichen Verkehrsmitteln, Stadtrundfahrten u.a. Sie ist erhältlich bei den Tourismusinformationen im Stadtbereich (24 Std. Erw./Kinder 395/195 SEK,; 48 Std. Erw./Kinder 525/225 SEK; 72 Std. Erw.Kinder 625/245 SEK; 120 Std. 895/285 SEK).

EINKAUFEN

Drottninggatan
Nördlich vom Reichstag durchzieht die Drottninggatan die Stadt, dicht an dicht stehen hier große Kaufhäuser und Shoppingketten, Boutiquen und Nobelgeschäfte.

Köstlichkeiten aller Art offeriert die Saluhall in Östermalm.

Kungsgatan / Stureplan
Vom Stureplan gehen alle wichtigen Einkaufsstraßen ab, so auch die Kungsgatan, erste Anlaufstelle in der City mit Nobelgeschäften und Läden aller Art. Exklusive Shoppingwünsche wie auch der Wunsch nach einem deutschsprachigen Buch werden in der Sturegallerian am Stureplan befriedigt.

Östermalms Saluhall
Kulinarische Köstlichkeiten aus ganz Schweden bieten die Händler in dieser großen Markthalle am Östermalmstorg feil.

Nordiska Kompaniet (NK)-Kaufhaus
Luxus und schwedisches Kunsthandwerk hinter Jugendstilfassaden in der Hamngatan

Markt
Mo. bis Sa. bieten am Hötorget Gemüse- und Blumenhändler ihre Waren feil, am Sonntag feilscht man auf dem Flohmarkt.

AUSFLÜGE

Nach Drottningholm und Birka
Vom Kai am Stadshus verkehren Ausflugsschiffe nach Drottningholm (2 Std.) und Birka (Tour: 7,5 Std.). Fahrplan unter www.strommakanalbolaget.com oder Tel. (08) 12 00 40 00.

Museumstraßenbahn
Nostalgie pur, eine Fahrt mit der über 50 Jahre alten Museumsstraßenbahn von Norrmalmstorg nach Djugården (Abfahrt alle 12 min., siehe www.destination-stockholm.com/sights/1ine7.htm).

Stockholm U-Bahn

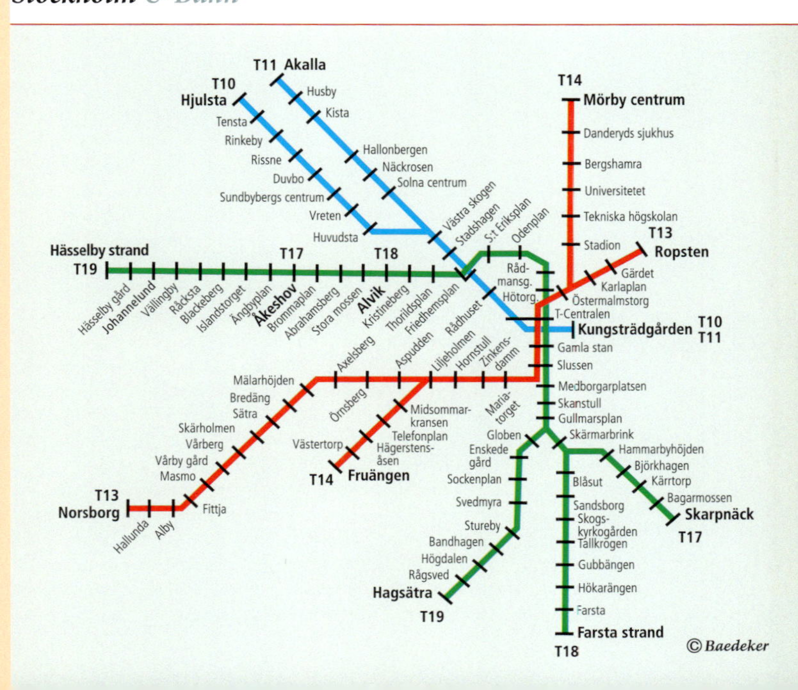

Highlights Stockholm

Gamla Stan
Sehen, Staunen, Geld ausgeben: Stockholms malerisches Herz
► Seite 299

Vasa-Museum
Letzter Hafen für die Vasa, von Besuchern aus aller Welt bewundert
► Seite 310

Nationalmuseum
Nichts für Eilige: Schwedens größtes Museum birgt 16 000 Kunstwerke.
► Seite 302

Moderna Museet
Eine der weltbesten Sammlungen moderner Kunst in außergewöhnlichem Haus
► Seite 303

Skansen
Schweden auf kleinstem Raum mit Windmühlen, Bauernhöfen, Lappenhütte und fröhlichen Feiern zu allen Jahreszeiten
► Seite 312

Schloss Drottningholm
Barockes Domizil der königlichen Familie
► Seite 313

Geschichte

Stockholm heißt wörtlich »Pfahlinsel«, Keimzelle der Stadt ist das Inselchen Helgeandsholmen, die heute fast ganz vom Reichstag eingenommen wird. Dann breitete sich die Siedlung auch auf die Inseln Stadsholmen und Riddarholmen aus. Letztere ließ Reichsverweser **Birger Jarl** 1252 befestigen, um die Bürger vor den ständigen Überfällen, besonders von See her, zu schützen. Diese Inseln bilden heute die Altstadt Gamla Stan. Ende des 13. Jh. baute man eine befestigte Burg auf Stadsholmen, genannt **Tre Kroner** (Drei Kronen), wobei die drei Kronen, die das Staatswappen noch heute zeigt, die vereinigten Königreiche von Götaland, Svealand und Norrland darstellen sollten. Im 14. Jh. hatte die Hanse großen Einfluss auf die Geschicke der Stadt, viele Deutsche siedelten sich hier an und die Hälfte aller Stadträte hatten Deutsche zu sein. Wegen seiner strategisch wichtigen Lage wurde Stockholm immer wieder in kriegerische Auseinandersetzungen verwickelt. Zum Dank dafür, dass sich die Stadt beim Aufstand gegen den dänischen König auf die Seite der Aufständischen gestellt hatte, wurde sie im Jahre **1436 zur Hauptstadt Schwedens**.

Ihre Blütezeit begann im 17. Jh., als sie zum Zentrum des schwedischen Ostseereichs wurde. Im 18. und 19. Jh. zerstörten immer wieder Brände viele der Holzhäuser, und so überwiegen heute bei weitem die Stein- und Betonbauten. Im 19. Jh. stieg die Bewohnerzahl explosionsartig von 75 000 auf 300 000 an, was zu gravierenden Problemen führte: Stockholm hatte bis 1861 keine Kanalisation und galt als eine der schmutzigsten Städte Europas, deren Bewohner immer wieder von Choleraepidemien heimgesucht wurden. Im Zuge der baulichen Entwicklung verschob sich das Stadtzentrum nach Norrmalm. Das seit etwa 1950 angelegte neue Stadtzentrum konzentriert sich um die Plätze Hötorg und Sergels Torg. Heute leben im Großraum Stockholm 1,6 Millionen Menschen.

Rechts die Riddarholm-Kirche auf Gamla Stan, daneben das markante Stadshuset auf Kungsholmen

Gamla Stan (Altstadt)

Stockholms Herz

Den ursprünglichen Stadtkern bilden die drei Inseln Stadsholmen, Riddarholmen und Helgeandsholmen, an die nördlich die über vier Brücken erreichbaren neuen Stadtteile anschließen. Wegen seiner Prachtbauten, der malerischen Gassen und der vielen Restaurants ist Gamla Stan der Touristenmagnet schlechthin. Die vom Gustav Adolfs Torg am Südrand der Nordstadt kommende Norrbro führt zunächst zur Insel Helgeandsholmen, an deren Ostseite der kleine Park Strömparterren mit einem Sommercafé liegt. Den westlichen Teil nimmt das Gebäude des Reichstags ein, das 1898 – 1904 im Stil der Neorenaissance errichtet wurde.

Schloss

Unmittelbar südlich der Norrbro steht auf der Altstadtinsel Stadsholmen das mächtige Königliche Schloss (Kungliga Slott). Es wurde nach Plänen von Nicodemus Tessin d.J. 1754 vollendet. Das Schloss steht an der Stelle der mittelalterlichen Vasaburg, die 1697 durch einen Brand zerstört worden war. Es gilt als **einer der bedeutendsten Barockbauten Nordeuropas** und umfasst mehr als 608 Räume. Heute ist das Schloss der Arbeitsplatz des Königs. Der Wohnsitz der königlichen Familie liegt jedoch in Drottningholm. Im ersten Stock liegen die Wohnräume König Oskars II. (gest. 1907), im zweiten Stock die Prunkräume und die Gästezimmer. Ein silberbeschlagener Thronsessel steht im Reichssaal im Südflügel, hier ist auch eine höfische Tracht mit dem Band des Seraphinerordens ausgestellt. In der Schatzkammer im Keller werden die schwedischen Reichsinsignien

Gästezimmer im Schloss

aufbewahrt (Schlüssel, Reichsapfel und Zepter), der Krönungsmantel Oskars II. (1873), eine stattliche Zahl von Königskronen, Krönungs- und anderen Prunkschwertern, darunter auch das Reichsschwert Gustav Wasas (16. Jh.) sowie ein riesiges silbernes Taufbecken (17./18. Jh.). In der Rüstkammer funkeln Prunkharnische, Festgewänder und Staatskarossen (Öffnungszeiten: Juni – Aug. tgl. 10.00 – 16.00, 15. Mai – 31. Mai, 1. Sept. – 14. Sept bis 16.00, sonst Di. – So. 12.00 – 15.00 Uhr). Im **Schlosshof** findet die traditionelle Wachablösung mit Marschmusik und militärischen Kommandos unter den Augen vieler Zuschauer statt (Öffnungszeiten: Juni – Aug. Mo. – Sa. 12.15, So. 13.15, sonst Mi., Sa. 12.15, So. 13.15 Uhr).

★ **Storkyrka**

Südwestlich vom Schloss erhebt sich die Große Kirche, die Domkirche und gleichzeitig das älteste Gotteshaus der Stadt ist. Sie wurde 1306 geweiht, fast 200 Jahre lang ausgebaut und 1736 bis 1743 barockisiert. Da sie Hochzeits- und Krönungskirche der schwedischen Monarchen ist, besitzt sie eine besonders reiche Innenausstattung. Neben dem großen, in Silber und Schwarz gehaltenen Renaissancealtar ist die vom Lübecker Meister Bernt Notke (gest. 1509) geschaffene berühmte Skulpturengruppe des **hl. Georg mit dem Drachen** einzigartig. Links neben dem Altar befindet sich ein bombastisches Renaissance-Doppelgrab für den Reichsschatzmeister Jesper Mattson Kruus (gest. 1622) und seine Familie. In den beiden rechten Seitenschiffen sollte man einen Blick auf die schönen gotischen Gewölbemalereien werfen (Öffnungszeiten: Mai – Aug. tgl. 9.00 – 18.00, sonst bis 16.00 Uhr).

Stortorget

Südlich der Kirche liegt im Mittelpunkt von Stadsholmen der nicht sonderlich große Stortorget, einst der Hauptplatz der Stadt. Er wird beherrscht von der klassizistischen Säulenfassade der Börse, die 1778 von Erik Palmstedt errichtet wurde und heute die Schwedische Akademie und das **Nobelmusem** (www.nobelmuseum.se)beherbergt. Dieses vermittelt Wissenswertes zur Geschichte des Nobelpreises und zu den Preisträgern und ihrer umwälzenden Forschungen. Am Stortorget stehen zudem noch einige schmale Bürgerhäuser mit stattlichen Renaissancefronten. 1520 spielte sich hier das **Stockholmer Blutbad** ab, als Christian II. von Dänemark 82 führende Männer Schwedens hinrichten ließ.

Tyska Kyrkan

Eine schmale Gasse führt vom Stortorg zur Deutschen Kirche, dem einstigen Gotteshaus der deutschen Kaufmannsgilde, einem Werk der Backsteingotik, jedoch mit starkem Renaissance-Einschlag. Der Turm kam im 19. Jh. hinzu. Das Glockenspiel der Deutschen Kirche spielt »Lobet den Herren, den mächtigen König der Ehren«. Nicodemus Tessin d.Ä entwarf die Kanzel aus Ebenholz und Alabaster (Öffnungszeiten: Juni – Aug. Mo. – Sa. 11.00 – 15.00 Uhr, sonst Sa. geschlossen).

Riddarhustorg

Im Nordwesten von Gamla Stan liegt der Riddarhustorg, den ein Denkmal Gustav Wasas ziert. An der Nordseite des Platzes steht das Alte Rathaus aus dem 17. Jh., heute Sitz des Reichsgerichts.

★ **Riddarhus**

Der Platz wird beherrscht von der Rückfront des Riddarhus, in dem bis 1866 die schwedischen Ritterschaften ihre Versammlungen abhielten. Das Gebäude entstand 1641 – 1674 nach Plänen des französischen Architekten Simon de la Vallée. Die Hauptfront des Gebäudes wird von zwei freistehenden Eckpavillons flankiert. Vor dem Haus steht eine Statue Gustav Wasas.

Riddarholmen

Birger Jarlstorg

Beim Riddarhus überquert man den Riddarholmskanal und kommt zur Insel Riddarholmen, der »Ritterinsel«. Viele der ehemaligen Adelspaläste sind heute Regierungsgebäude. Auf dem Birger Jarlstorg steht auf hoher Säule ein Standbild des legendären Stadtgründers. Umrahmt wird der Platz von schönen Häusern aus dem 17. und 18. Jh., z.B. der Svea Hovrätt mit dem Wrangelska Palats, der Schering Rosenhannes Palats und das Hessensteinka Hus.

An der Südseite des Platzes steht die an ihrem durchbrochenen Turmhelm schon von weitem zu erkennende Riddarholm-Kirche, einst Teil eines Franziskanerklosters. Seit 1807 wird sie nur noch als Beisetzungs- und Gedächtniskirche genutzt und ist **Grablege der schwedischen Könige**, unter andrem liegt hier Gustaf II. Adolf. Das dreischiffige Innere der Kirche ist mit den verzierten Wappenschilden des 1336 gestifteten Seraphinerordens bedeckt. Außerdem sind im Innern mehrere Grabkapellen wie die des Hauses Bernadotte und prunkvolle Sarkophage sehenswert. (Öffnungszeiten: Mitte Mai – Ende Sept. tgl. 10.00 – 17.00 Uhr).

Riddarholm-Kirche

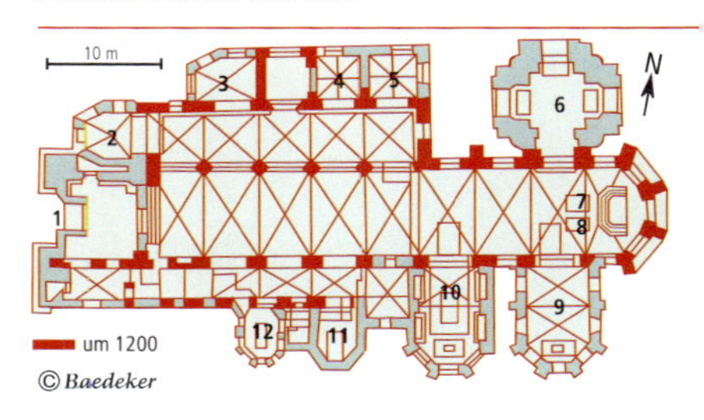

1 Westeingang
2 Torstensonsche Kapelle (1651)
3 Wachtmeistersche Kapelle (1654)
4 Lewenhauptsche
5 Kapellen (1654)
6 Karolinische Kapelle (1671 – 1743)
7 Grabmal von Magnus Ladulås († 1290)
8 Grabmal von Karl Knutsson († 1470)
9 Gustav-II-Adolf-Kapelle (1633 – 1634)
10 Bernadottsche Kapelle (1858 – 1860)
11 Vasaborgsche Kapelle (1647)
12 Banérsche Kapelle (1636)

Blasieholmen und Skeppsholmen

★ **Nationalmuseum**

Nordwestlich der Gamla Stan liegt Blasieholmen. Dort stellt Schwedens größtes Museum Gemälde, Grafiken, Zeichnungen und Skulpturen berühmter schwedischer und internationaler Künstler aus; insgesamt umfasst die Sammlung rund 16 000 Werke vom späten Mittelalter bis zum Beginn des 20. Jh.s. Einen Schwerpunkt bildet die **schwedische Malerei** des 18. und 19. Jh.s. Gezeigt werden darüber hinaus Arbeiten internationaler Künstler wie Rembrandt, Rubens, Goya, Renoir, Degas und Gauguin. Die **Sammlung französischer Malerei** aus dem 18. Jh. zählt zu den bedeutendsten weltweit. Nicht ganz so umfangreich, aber immer noch gewaltig ist die Kunstgewerbe-, Design- und Industriedesignausstellung mit Werken aus dem 14. Jahrhundert bis heute. Sehenswert ist weiter die Sammlung von **Zeichnungen und Drucken** vom späten Mittelalter bis 1900. Das Nationalmuseum unterhält auch eine umfangreiche Gemäldesammlung der königlichen Schlösser Schwedens. Das Museum zeigt die berühmte **Gustavsberg-Porzellansammlung** (Öffnungszeiten: Juni – Aug. Mi./Fr. 11.00 – 17.00, Di./Do. 11.00 – 20.00, sonst Di. 11.00 bis 20.00, Mi. – So. 11.00 – 17.00 Uhr, www.nationalmuseum.se).

Das Dramatiska Teatern in Östermalm wurde 1908 eröffnet.

Skeppsholmbron

Über die Skeppsholmsbron erreicht man die Insel Skeppsholmen, wo als weithin sichtbarer Blickfang das als Jugendherberge dienende einstige Segelschulschiff »af Chapman« vor Anker liegt.

* **Moderna Museet**

Nahebei befindet sich das Moderne Museum. Seine große Sammlung zeitgenössischer Kunst und Fotografie gehört zu den besten Europas. Neben großen Namen wie Picasso, Matisse, Dalí und Klee, die die Dauerausstellung dominieren, werden laufend Ausstellungen zur Gegenwartskunst gezeigt.

Das vom spanischen Architekten Rafael Moneo entworfene neue Museumsgebäude wurde 1998 eröffnet, 2002 wegen Baumängeln geschlossen, umfangreich instand gesetzt und ist seit 2004 wieder zugänglich (Öffnungszeiten: Di., 10.00 bis 20.00, Mi. – So. 10.00 – 18.00 Uhr, www.modernamuseet.se).

! *Baedeker* TIPP

Kunst im Untergrund

U-Bahn fahren lohnt in Stockholm gleich doppelt. Denn die »Tunnelbana« ist weit mehr als nur ein bequemes Transportmittel, sie ist auch die längste Galerie der Welt. Seit rund 50 Jahren sind die Bahnhöfe die legale Spielwiese der künstlerischen Avantgarde. Mittlerweile haben die Künstlerfast alle Bahnhöfe fantasievoll und farbenfroh ausgeschmückt.

Auf der Anhöhe steht der klassizistische Zentralbau der **Skeppsholms Kyrka**, deren Rundkuppel dem Pantheon in Rom nachempfunden ist. Die Ikonostase mit den Heiligenbildern stammt aus dem 19. Jh.

Östasiatiska Museet

Das kleine, sehenswerte ostasiatische Museum nordwestlich der Kirche zeigt Kunst und Kunsthandwerk aus China, Japan, Korea und Indien und nennt **eine der bedeutendsten Sammlungen chinesischer Kunst** sein eigen. Es werden buddhistische Skulpturen, chinesische Malerei und wundervolle Beispiele erlesenen chinesischen Porzellans gezeigt. Die Wechselaustellungen beleuchten die Verbindungen von asiatischer Kunst und westlichem Alltag, z.B. in der Kunst der Tattoos (Öffnungszeiten: tgl. 10.00 – 20.00 Uhr, www.ostasiatiska.se).

Norrmalm und nördliche Innenstadt

Norrmalm ist die moderne City Stockholms. Die meisten Gebäude zwischen Sergels Torg, Hötorg, Stureplan und Norrmalmstorg wurden nach dem Zweiten Weltkrieg errichtet und haben die Altbauviertel verdrängt.

Gustav Adolfs Torg

Von Gamla Stan kommt man über die Norrbro zum Stadtteil Norrmalm und zum Gustav Adolfs Torg, auf dem ein Reiterstandbild des Königs steht (1796). Hier befindet sich das 1783 erbaute Erbfürstenpalais, seit 1906 Sitz des Außenministeriums. Rechts, mit Blick auf den Strömmen, steht die Oper, dahinter erhebt sich die Jakobskirche, die 1643 fertig gestellt wurde.

Das alte Klara-Viertel musste weichen, jetzt erfüllt urbanes Leben den Sergels Torg.

Kungsträdgården Östlich des Platzes erstreckt sich der Kungsträdgården, im Sommer ein besonders beliebter Treffpunkt. Die Standbilder in diesem Park zeigen die Könige Karl XII. und Karl XIII.

Hamngatan An der Nordseite des Kungsträdgården verläuft die Hamngatan, die Hauptachse der neueren Innenstadt. In der Nähe des Norrmalmstorgs steht der architektonisch gelungene Komplex des NK-Kaufhauses, von dessen Dachrestaurant sich ein weiter Rundblick öffnet. Das Gebäude Hamngatan Nr. 4 ist das von spanischen Vorbildern beeinflusste ehemalige **Hallwylsche Palais**. Im heutigen Hallwylska museet kann man sich ein Bild davon machen, wie reiche Adlige Anfang des 20. Jh. zu leben pflegten (Führungen stündlich Mitte Juni bis Mitte Aug. tgl. 11.00 – 16.00, Mi. bis 18.00, sonst Di. – So. 12.00 – 15.00, Mi. bis 18.00 Uhr).

Sergels Torg Am Westende der Hamngatan bildet der weite Sergels Torg einen städtebaulichen Hauptakzent, dessen Wahrzeichen die knapp 40 m hohe Skulptur »Kristallvertikalaccent« bildet. Der in mehreren Ebenen angelegte Platz mit Einkaufspassage ist ein zentraler Verkehrsknotenpunkt und **beliebter Jugendtreff**. Seine Südseite wird beherrscht vom **Kulturhus**, das wegen seiner vielen Kulturveranstaltungen, aber auch dank Galerien, Lesesaal, Theater und Cafés zu den meistbesuchten Sehenswürdigkeiten der Stadt zählt (Öffnungszeiten:

variieren bei den einzelnen Einrichtungen, siehe www.kulturhuset.stockholm.se).
Rings um den Platz gruppieren sich Hochhäuser aus den 1960er-Jahren. Nur wenige erinnern sich noch an das Klara-Viertel, das mit seinen alten, gewachsenen Strukturen dem modernen Sergels Torg in den 1950er- und 1960er-Jahren weichen musste. In einer **beispiellosen Kahlschlagsanierung** wurden damals die alten Wohnhäuser abgerissen und durch Neubauten ersetzt.

Konzerthaus

Vom Sergels Torg führt die Sergelsgatan nach Norden zum Hötorg, wo das Konserthus (1962) steht, Heimstatt der Stockholmer Philharmoniker. Hier werden auch jährlich die **Nobelpreise** verliehen, mit Ausnahme des Friedensnobelpreises, der in Oslo vergeben wird. Vor dem Gebäude steht der Orpheus-Brunnen von Carl Milles.

Kungsgatan

Beim Konzerthaus und Hötorg verläuft in ost-westlicher Richtung die Kungsgatan, eine der Hauptgeschäftsstraßen im Innenstadtbereich. Man flaniert an den beiden 17-stöckigen Königstürmen sowie dem exklusiven Einkaufszentrum Sturegallerian vorbei.

Adolf-Fredriks-Kirche

Vom Konzerthaus führt der breite Sveavägen nach Nordwesten. An ihm steht links die 1774 erbaute Adolf-Fredriks-Kirche, deren Inneres mit Skulpturen des Bildhauers J. T. Sergel ausgestattet ist. Hier ist auch das Epitaph des französischen Philosophen **René Descartes** zu sehen, der 1650 in Stockholm starb und dessen Leichnam 1666 nach Paris überführt wurde.

Drottninggatan

Westlich parallel zum Sveavägen verläuft die zum Teil als großzügige Fußgängerzone gestaltete Drottninggatan. Nahe deren südlichem Abschnitt steht die **Klarakirche** mit ihrem 104 m hohen Turm. Auf dem Kirchhof befindet sich das Grab des Barockdichters **Carl Mikael Bellman**. Im Gebäude Drottninggatan Nr. 85 wohnte der berühmte Dichter August Strindberg (1849 – 1912), heute ist hier das **Strindberg-Museum** eingerichtet (Öffnungszeiten: Di. – So. 12.00 – 16.00, sonst Mi. – So. 12.00 – 16.00 Uhr; www.strindbergsmuseet.se).

Kungsholmen

Kungsbron und Klaraberg-Viadukt führen nach Westen zur »Königsinsel«, die durch eine schmale Bucht von der übrigen Stadt getrennt ist. Erst Klosterinsel, dann königliches Jagdgebiet, hat sich der Stadtteil Kungsholmen schließlich von einem Industrie- und Arbeiterviertel zu einer der beliebtesten Wohnlagen der Stadt gewandelt, weil zentral und doch ruhig.

★ Stadshuset

Das Stadthaus am Ufer des Riddarfjärden ist eines der markantesten Wahrzeichen von Stockholm. Der dunkelrote Klinkerbau mit seinen grün patinierten Kupferdächern wurde 1911 – 1923 von Ragnar Östberg errichtet, angeblich sollen dabei acht Millionen Backsteine verbaut worden sein. Die Südostecke bildet ein vierkantiger, von einer offenen Laterne gekrönter 106 m hoher Turm, dessen Spitze die drei Kronen des schwedischen Staatswappens trägt. Ein Fahrstuhl führt hinauf zur Plattform unter dem Glockenstuhl, von wo man eine gute Rundsicht genießt. An der Nordwand zeigt ein Spielwerk den hl. Georg mit dem Drachen. Am Fuß der östlichen Turmflanke, unter einem von Säulen getragenen Baldachin, sieht man die ruhende Gestalt des Stadtgründers Birger Jarl. Die **Blaue Halle** ist ein gedeckter Innenhof mit Säulengang. Blau ausgemalt, wie ursprünglich vorgesehen, wurde der Saal zwar nie, doch blieb der Name, den er im Entwurf erhalten hatte, trotzdem bestehen. Im großen Ratssaal, heute Sitzungssaal des Stockholmer Gemeinderates, soll die offene Dachkonstruktion das Flair einer Wikingerburg erzeugen. Über 18 Mio. farbige Steinchen sind im **Goldenen Saal** zu prächtigen goldgrundigen Mosaiken zusammengesetzt. In den Sälen findet das jährliche Bankett zu Ehren der frisch gekürten **Nobelpreisträger** statt (nur zugänglich im Rahmen von Führungen: Jan. – Apr., Okt. – Dez. 10.00, 12.00, Mai, Sept. 10.00, 12.00, 14.00, Juni – Aug. tgl. 10.00 (Deutsch), 11.00, 12.00. 13.00. 15.00 (Englisch) Uhr.

Herrliche Mosaiken schmücken den Goldenen Saal im Stadshuset.

Östermalm

Es ist noch gar nicht so lange, da grasten in Östermalm noch die königlichen Schafherden, denn erst im 19. Jh. wurde das Viertel Teil der City. Das Zentrum liegt um den Östermalmstorg, den stattliche Häuser, Geschäfte, Restaurants und Galerien säumen.

✶ **Strandvägen**

Östermalm wird im Westen durch die vom Dramatischen Theater ausgehende Birger Jarlsgatan und im Süden von der Bucht Nybroviken begrenzt. Hier verläuft am Ufer zwischen Nybroplan und Djurgården eine der schönsten Flaniermeilen der Stadt, der Strandvägen, an dem zahlreiche palastartige Bauten aus dem 19. Jh. liegen.
An der nördlich parallel verlaufenden Riddargatan steht das **Königliche Armeemuseum**, das eine Uniform- und Waffensammlung zur schwedischen Militärgeschichte zeigt (Öffnungszeiten: Di. – So. 11.00 bis 20.00 Uhr).

Königliche Bibliothek

Weiter nördlich liegt nahe der Birger Jarlsgatan der Park Humlegården mit der im 19. Jh. errichteten und später erweiterten Kungliga Biblioteket, der Nationalbibliothek des Landes. Zu ihren Schätzen gehört der Codex Aureus, eine kostbar ausgestattete lateinische Evangelienübersetzung aus dem 8. Jahrhundert.

Nobel-Stiftung

Östlich des Parks steht an der Sturegatan Nr. 14 das Gebäude der Nobel-Stiftung. Der schwedische Chemiker und Großindustrielle **Alfred Nobel** (► Berühmte Persönlichkeiten) hatte testamentarisch verfügt, dass die Erträge seines riesigen Vermögens alljährlich als Preise für besondere wissenschaftliche, literarische und humanitäre Leistungen vergeben werden sollen. Die erste Verleihung fand 1901 statt, bei der auch zwei deutsche Forscher, Wilhelm Conrad Röntgen (Physik) und Emil von Behring (Medizin), ausgezeichnet wurden. Röntgen wurde für die Entdeckung der nach ihm benannten Strahlen geehrt. Behring hatte auf dem Gebiet der Serumtherapie geforscht und diese bei Diphterie angewandt.

Engelbrektskyrkan

An der schmalen nordwestlichen Fortsetzung des Karlavägen, der als breiter Boulevard nordöstlich am Humlegården vorbeiführt, steht die Engelbrektskirche, die 1914 von Lars Israel Wahlman aus Granit und rotem Klinker erbaut wurde.

Historiska Museet

An der vom Humlegården südöstlich verlaufenden Linnégatan, Ecke Narvavägen, steht der stattliche Bau des Staatlichen Historischen Museums, das einen instruktiven Überblick über die frühe geschichtliche Entwicklung Schwedens, die Wikingerzeit und das Mittelalter enthält. Interesse verdienen u.a. die Bildsteine aus Gotland.
Im selben Haus ist auch das **Königliche Münzkabinett** eingerichtet (Öffnungszeiten: Di. – So. 11.00 – 17.00, Do. bis 20.00 Uhr; www.historiska.se).

Schicksal eines Kriegsschiffes: nur 1500 m auf See, dann auf den Grund der Ostsee.

DER UNTERGANG DER VASA

Eigentlich hätte das Regalschiff Vasa der Stolz der schwedischen Kriegsmarine und der Schrecken seiner Feinde sein sollen. Doch als es am 10. August 1628 unter dem Jubel der Bevölkerung vom Stapel lief, ging es nach 1500 m mit Mann und Maus im Stockholmer Hafen unter. Was war geschehen?

Gustav II. Adolf gab den Auftrag für den Bau des größten Kriegsschiffes der damaligen Zeit, befand er sich doch in einer harten Auseinandersetzung mit Polen. Kaum erfuhr er, dass sein polnischer Rivale ein ebenso mächtiges Kriegsschiff baute, ließ Gustav II. Adolf **mehr Kanonen** als urspünglich vorgesehen an Bord schaffen. Damit stimmte jedoch die gesamte Statik des Schiffes nicht mehr. Es lag so tief im Wasser, dass selbst bei Wind, der das Schiff nur leicht zum Schaukeln brachte, die offenen Luken der unteren Kanonenreihe unter Wasser zu liegen kamen. Zwei Windstöße genügten, um die Jungfernfahrt zur Katastrophe werden zu lassen, bei der über 30 Seeleute ihr Leben ließen. Auch dem Kapitän wird Schuld gegeben, weil **die Kanonenluken geöffnet** waren.

Die Wiedergeburt

Schon bald nach dem Unglück versuchte man, die Vasa zu heben. Doch es gelang lediglich, die Kanonen mit Hilfe einer Taucherglocke zu bergen, damals ein technisches Bravourstück. Dann wurde es still um die Vasa. Normalerweise sorgt der Schiffsbohrwurm dafür, dass kein Wrack lange in seinem kühlen Grab erhalten bleibt. Doch das brackige Wasser der Ostsee meidet der Wurm und die Vasa blieb intakt. Anders Franzén, Wrackforscher und Ingenieur, suchte von 1953 an systematisch nach der Vasa, wurde drei Jahre später fündig und machte sich an die **Bergung**.

1957, also 333 Jahre nach ihrem Untergang, kam die Vasa wieder ans Tageslicht. Und mit ihr die vollständige Ausstattung eines Schiffes, das gerne als »schwimmender Palast« bezeichnet wird: 14 000 Holzobjekte wurden geborgen, darunter herrliche Skulpturen; allerlei Gerätschaften geben ein eindrucksvolles Bild vom Leben an Bord im 17.Jh wieder. Und die sechs Segel der Vasa sind die ältesten erhaltenen Segel der Welt. Wer heute die Vasa besucht, wird ihr in einem dämmrigen Raum mit festgelegter Luftfeuchtigkeit begegnen. Denn das Schiff muss **aufwändig konserviert** werden, um nicht für immer zu zerfallen.

Djurgården

Djurgården ist die grüne Lunge der Stadt. Fast die ganze Insel wird als Naherholungsgebiet und für Kultur und Vergnügen genutzt. Einst war Djurgården königliches Jagdrevier, dann zogen die Reichen hierher und errichteten prächtige Holzvillen, die auch heute noch das Bild der Insel prägen. Auf Djurgården liegen viele der interessantesten Museen der Stadt.

★ Nordiska Museet

Das Nordische Museum besitzt umfangreiche Sammlungen zur nordischen Volkskunde. Eine Ausstellung samischer Kultur zeigt Jagd- und Fischfanggeräte, Schnitzereien aus Rentiergeweih sowie Schamanentrommeln und andere kultische Gegenstände. Weitere Themen sind schwedische Trachten, Brauchtum, Puppenstuben, Spielzeug, volkstümliche Keramik, Tischkultur seit dem 17. Jh. und Weihnachtsbräuche. Die oberste Galerie zieren Möbel von Renaissance bis Jugendstil sowie die Uhren- und Tabaksdosensammlung (Öffnungszeiten: Juni – Aug. tgl. 10.00 – 17.00, sonst Mo. – Fr. 10.00 – 16.00, Sa., So. 11.00 – 17.00 Uhr; www.nordiskamuseet.se).

★★ Vasa-Museum

Schon von weitem ist an den Schiffsmasten das Vasa-Museum zu erkennen, die wohl bedeutendste Sehenswürdigkeit Stockholms (► 3 D S. 310). Das Regalschiff »Vasa« sank 1628 schon bei seiner Jungfernfahrt im Hafenbereich von Stockholm (► nebenstehendes Baedeker-Special und 3D-Abb. S. 311). Das Innere des Museums ist als große Halle angelegt, in der drei Galerien den noch fast gänzlich aus Originalmaterial bestehenden riesigen Schiffsrumpf umziehen und eine Betrachtung aus verschiedenen Blickwinkeln möglich machen (Öffnungszeiten: Juni – Aug. tgl. 8.30 – 18.00, sonst 10.00 – 17.00, Mi. bis 20.00 Uhr, www.vasamuseet.se).

Vasa Hamnen

Hinter dem Museum liegt der Vasa Hamnen, wo einige historische Schiffe aus neuerer Zeit verankert sind: Das sowjetische U-Boot U 194, der Eisbrecher »St. Erik« und das Feuerschiff »Finngrundet«.

Aquaria

Wenige Schritte weiter in Richtung Skansen erreicht man das Wassermuseum Aquaria, eine moderne, interessante Anlage mit Süß- und Salzwasserfauna (Lachs-, Korallen- und Haifischbecken) sowie einem tropischen Regenwald-Biotop (Öffnungszeiten: Mitte Juni bis Ende Aug. tgl. 10.00 – 18.00, sonst Di. – So. 10.00 – 16.30 Uhr, www.aquaria.se).

Gröna Lund

Achterbahnfahren das ganze Jahr über kann man im Freizeitpark Gröna Lund Tivoli. Seit 1883 drehen sich hier die Karussells, mittlerweile sind Varietés, Musikbühnen, Los- und Würstchenbuden, Cafés und Restaurants dazugekommen (Mai – Sept. tgl. in der Regel 12.00 bis 23.00 Uhr, Änderungen möglich. Djurgårdsfähre ab Slussen oder Nybrokai, Haupteingang Almänna Gränd; www.gronalund.com).

VASA-MUSEUM

★★ **Man muss nicht zu den Schiffsliebhabern zählen, um von diesem Museum begeistert zu sein. Der eindrucksvolle Bau umschließt auf mehreren Ebenen das rund 50 m hohe Kriegsschiff Vasa, das 1628 auf seiner Jungfernfahrt sank, dann aber fast vollständig geborgen und konserviert werden konnte. Das meistbesuchte Museum Skandinaviens gewährt zudem einen Einblick in Schiffsbau und Leben der Menschen im 17. Jahrhundert.**

Öffnungszeiten:
Juni – Aug. tgl. 8.30 – 18.00,
sonst 10.00 – 17.00, Mi. bis 20.00 Uhr

① Vasa
Kernstück des Museums ist das 1957 geborgene und restaurierte Wrack der Vasa, eines der größten Kriegsschiffe seiner Zeit: 62 m lang, 11,7 m breit und bis zur Mastspitze 52,5 m hoch. Sie hätte 445 Männer aufnehmen können, 145 davon Besatzung sowie 300 Soldaten. Unter den 30 geborgenen Toten befanden sich auch Frauen.

② Takelage
Rekonstruiert wurde die Takelage nach Vorbildern aus dem 17. Jahrhundert.

③ Rumpf
Im Rumpf des Schiffes hatte man 120 t Steine als Ballast deponiert. Dieses Gewicht reichte jedoch nicht aus, um den zweigeschossigen Aufbau mit dem zu hohen Kanonengewicht stabil zu halten.

④ Werft
Zwei Jahre lang arbeiteten 400 Menschen an der Vasa, die König Gustav II. Adolf bauen ließ.

⑤ Schiffe im Gefecht
Wie man sich den Seekrieg im 17.Jh. vorstellt, wird hier im Film gezeigt. Von dieser Ebene aus gelangt man auch ins Freie zum Eisbrecher (1915) und zum Feuerschiff (1903).

⑥ Leben an Bord
Aufgeschnittene Modelle gewähren einen Blick ins Innere der Vasa, die selbst nicht betreten werden kann. So war die Kapitänskajüte recht luxuriös, hart war der Alltag der Mannschaft, die auf Deck schlafen musste, unter Skorbut und Hunger litt. Löffel, Teller, Münzen, sogar ein Backgammonspiel wurden auf der Vasa gefunden.

⑦ Auf hoher See
Auf dieser Etage wird erläutert, wie man im 17. Jh. segelte und navigierte.

Blick auf das Vasa-Museum

Die Sku
Vasa ze
die Mee
Löwen
ten. Sie
Glanz u
streiche
Künstle
Herausf
rung de

Eine g
zeigt
der V
duktio

✶✶ Skansen

An den Hängen hinter Gröna Lund zieht sich das 1891 eröffnete Freilichtmuseum Skansen hin, das erste seiner Art weltweit. Gründer der Anlage war der Volkskundler Artur Hazelius, der sich zum Ziel gesetzt hatte, die schwedische Kulturtradition zu bewahren. Auf dem rund 30 ha großen Gelände versammeln sich **historische Gebäude** aus allen Landesteilen, Kunstgewerbeateliers, eine Glashütte und eine Holzkirche, dazu Spielplätze, Buden mit allerlei Süßigkeiten und Souvenirs sowie eine Konzertmuschel. Vom **Aussichtsturm** des Cafés Bredablick überschaut man die ganze Stadt. Im kleinen **Zoo** leben Tiere, die für Schwedens Wildmark typisch sind, sowie alte Haustierrassen (Öffnungszeiten: Juni – Aug. tgl. 10.00 – 22.00, Mai bis 20.00, Sept. bis 17.00, Nov. – Feb. Mo. – Fr. 10.00 – 15.00; Sa., So. bis 16.00 Uhr; www.skansen.se).
Auf dem Museumsgelände befinden sich auch das **Tabakmuseum**, das **Biologische Museum** mit Dioramen nordischer Tiere und ein **Zirkus** (Öffnungszeiten Tabakmuseum: Mai – September tgl. 11.00 bis 17.00, sonst bis 15.00 Uhr; Biologisches Museum: April bis Sept. tgl. 11.00 – 16.00, sonst Di. – Fr. 12.00 – 15.00, Sa., So. ab 10.00 Uhr).

Waldemarsudde

Im Süden der Insel ließ sich Prinz Eugen (1865 – 1947), der als Maler berühmt gewordene Sohn Oscars II., auf dem in den Saltsjön hinausragenden Landvorsprung ein Palais bauen. Heute ist es Museum und zeigt einige seiner eigenen Werke und Stücke aus seiner persönlichen Kunstsammlung. Das Palais und das Galeriegebäude liegen in einem schönen Park (Öffnungszeiten: Di. – Do. 11.00 – 20.00, Fr. – So. 11.00 – 17.00 Uhr, www.waldemarsudde.se).

Ladugårdsgärdet

Folgt man dem Strandvägen immer in östlicher Richtung, erreicht man fast automatisch die Sehenswürdigkeiten im Stadtteil Ladugårdsgärdet. Jenseits des kleinen Nobelparks erreicht man das auf geschwungenem Grundriss erbaute **Sjöhistoriska Museet**. Es informiert über Unterwasserarchäologie, Geschichte der Kriegsmarine und zeigt das nachgebaute Achterkastell des Schoners »Amphion«.
Besonders interessant sind die Spezialsammlung des Seefahrtsmuseums zum Thema **Schmuggel**, die Schiffsmodellbauwerkstatt und die Sonderabteilung zum Thema Piraterie (Öffnungszeiten: tgl. 10.00 bis 17.00 Uhr, Djurgårdsbrunnsvägen 24; www.sjohistoriska.se).

! *Baedeker* TIPP

Die schönste Aussicht

Nordöstlich der Museen steht der 155 m hohe Kaknästurm, der in den 1960er-Jahren als Fernsehturm errichtet wurde. Nur vom Flugzeug aus hat man einen besseren Blick über die Stadt, außerdem gibt es ein Restaurant. Besonders hinreißend ist die Aussicht an klaren Abenden, wenn Stockholm in allen Farben blitzt und blinkt (geöffnet: Mo. – Sa. 10.00 bis 21.00, So. 10.00 – 18.00 Uhr; www.kaknastornet.se).

★ **Technisches Museum**

Gleich hinter dem Seefahrtsmuseum steht das Tekniska Museet, **das größte Wissenschafts- und Technologiemuseum des Landes**. Von der Eingangsebene kommt man zunächst in die Maschinenhalle, wo Verbrennungsmotoren, Bergwerksmaschinen sowie Oldtimer-Autos und -Flugzeuge zu sehen sind.
Das Teknorama auf der nächsthöheren Ebene lädt zu eigenem **Experimentieren** ein. Auf der dritten Ebene dreht sich alles um Haushaltstechnik, Hochbautechnik und Technologieentwicklung. Im obersten Geschoss dreht sich alles um Forst- und Holzwirtschaft, Drucktechnik und Chemie; hier steht auch eine Modellbahnanlage (Öffnungszeiten: Mo. – Fr. 10.00 – 17.00, Mi. bis 20.00, Sa., So. 11.00 – 17.00 Uhr; www.tekniskamuseet.se).

Vetenskapsstaden und Lidingö

Naturhistoriska Riksmuseet

Im Norden von Stockholm liegt die Wissenschaftsstadt mit der Universität. Hier befindet sich das Naturhistorische Reichsmuseum mit naturgeschichtlichen Sammlungen mit Schwerpunkt auf den **Polargebieten**. Zum Museum gehört auch das **Cosmonova**, ein großer sphärischer Theaterbaum mit Planetarium und verschiedenen Filmangeboten im Omnimax-Format (Öffnungszeiten: Mi. – Fr. 10.00 bis 19.00, Di. bis 20.00, Sa., So. 11.00 – 19.00 Uhr; www.nrm.se).

★ **Ekopark**

An der Nordostseite des Stadtgebiets zieht sich der Ekopark hin, eine riesige, von Wasserläufen durchzogene grüne Parklandschaft, die sich aus königlichem Landbesitz entwickelt hat und heute das wichtigste Naherholungsgebiet im Ballungsraum Stockholm bildet.

Millesgården

Im Nordosten des Stadtgebiets liegt auf der Insel Lidingö der gleichnamige Villenvorort. Sehenswert ist der Millesgården, ehemals Wohnung und Atelier des Bildhauers Carl Milles (1875 – 1955). Neben seinen Werken ist hier auch eine Sammlung griechischer und römischer Kunstwerke zu sehen. Im Garten stehen Repliken verschiedener Arbeiten des Künstlers. Von hier hat man einen schönen Blick auf die Stadt (Öffnungszeiten: Mitte Mai – Ende Juli tgl. 10.00 bis 17.00, sonst Di. – So. 12.00 – 17.00 Uhr; www.millesgarden.se).

Sehenswertes in der Umgebung

Öffnungszeiten: Mai – Aug. tgl. 10.00 bis 16.30, Sept. tgl. 11.00 bis 15.30, April Sa./So. 11.00 bis 15.30, sonst Sa., So. 12.00 – 15.30

Rund 11 km westlich vom Zentrum steht auf einer Insel im Mälarsee Schloss Drottningholm, heute Wohnsitz der königlichen Familie. Es wurde im Jahr 1662 im Auftrag Königin Eleonoras von Nicodemus Tessin d.Ä. nach französischen und holländischen Vorbildern errichtet. 1744 erhielt Königin Luise Ulrike, eine Schwester Friedrichs des Großen, Drottningholm als Hochzeitsgabe. Carl Hårleman und Carl Fredrik Adelcrantz bauten im 18. Jh. neue Flügel an, so entstanden die Räume im französischen Rokokostil. Das Schloss zählt zum UNESCO-Weltkulturerbe (www.royalcourt.se).

Auf Schloss Drottningholm lebt die königliche Familie.

Das **Innere** schmücken u.a. Gemälde von David Klöker Ehrenstrahl und Johan Philip Lempke sowie Skulpturen von Nicolaes Millich und Burchardt Precht. Besonders prunkvoll ist das Schlafzimmer von Königin Eleonora. An das Schloss grenzt ein schöner, weitläufiger **Park** mit schattigen Lindenalleen und Wasserflächen. Die hier stehenden Bronzeskulpturen wurden als Kriegsbeute aus Dänemark und Böhmen mitgebracht.

Schlosstheater und Theatermuseum ▶ Der etwas abseits stehende klassizistische Bau von 1766 wird auch heute noch für Aufführungen von **Barockopern** genutzt – wer Zeit hat, sollte sich dies nicht entgehen lassen! Im Rahmen einer Führung kann man das Foyer und den noch weitestgehend im Originalzustand erhaltenen Zuschauerraum besichtigen. Ein Nebengebäude beherbergt das seit 1922 bestehende Theatermuseum, die größte theatergeschichtliche Sammlung des Landes mit Bühnendekorationen seit der Renaissance, Darstellungen europäischer Theatergebäude sowie einer kleinen Sammlung von Theaterkostümen aus der Zeit um 1770 (Öffnungszeiten Juni – Aug. tgl. 11.00 – 16.30, Mai 12.00 bis 16.30, Sept. 13.00 – 15.30 Uhr).

Kina Slott ▶ Aus dem Jahr 1766 stammt das Kina Slott, ein überaus kostbar ausgestatteter Pavillon mit Nebengebäuden nach chinesischen Vorbildern. Dieses Kleinod befindet sich weit hinten im Park. Daneben erstreckt sich die kleine Arbeitersiedlung von Kanton (1750 – 1760), in der die Handwerker wohnten, die im Spätbarock die Möbel und Tapeten für das Schloss herstellten.

Barockes Theater auf Drottningholm

Rund 20 km südöstlich der Stadtmitte liegt an einer Bucht des Baggensfjärd der Villenvorort Saltsjöbaden, der als Seebad viel besucht wird und mit Jachthafen, Golf- und Tennisplätzen ausgestattet ist. Hier befindet sich außerdem die Stockholmer Sternwarte.

Auf der Insel Vaxö, nordöstlich der Hauptstadt im Schärengürtel, liegt **Vaxholm**, wo einst König Gustav Wasa einen Wehrturm zum Schutz der Hafeneinfahrt bauen ließ. Ihr heutiges Aussehen erhielt die Festung Vaxholm durch Umbauarbeiten im Jahr 1838, doch gleichzeitig ließ ihre strategische Bedeutung nach, da das Mauerwerk der immer perfekter werdenden Artillerie nicht standhielt. Heute beherbergt das Kastell ein Verteidigungsmuseum, das die 450-jährige Geschichte des Hafenschutzes vergegenwärtigt. Im 19. Jh. war das Städtchen als Sommeraufenthalt der Stockholmer Bürger geschätzt; aus jener Zeit stammen die mit Schnitzereien verzierten Sommerhäuser mit ihren geschlossenen Lauben, in denen man abends seinen Punsch trank.

Die Schären

Der Stockholmer Schärengarten besteht aus **rund 24 000 Inseln**. Mitte des 19. Jh.s bauten sich die ersten Stockholmer in den Schären ihre ersten Sommerhäuschen – heute ist deren Zahl auf rund 50 000 angewachsen. Wer hier eine Unterkunft sucht, wird im Internet fündig unter www.dess.se/tyindex.htm. Eine ganze Flotte von weißen Schärendampfern bricht jeden Tag von der Hauptstadt in die Inselwelt auf. Wer etwas Zeit hat, besorgt sich eine »Båtluffarkort« mit der man die Schärendampfer beliebig oft benutzen kann (5 Tage 420 SEK, www,waxholmsbolaget.se). Man kann aber natürlich auch zu Tagestouren starten.

Björkö

Etwa 28 km westlich von Stockholm liegt im Mälarsee die kleine Insel Björkö (Birkeninsel). Hier wurde gegen Ende des 8. Jh.s die Wikingersiedlung Birka gegründet, die zu einem der wichtigsten Handelszentren ihrer Zeit aufstieg. Im 10. Jh. lebten auf Birka etwa tausend Menschen: Handwerker, Kaufleute, Bauern und Leibeigene. Außerhalb der Siedlung erstreckt sich ein Gräberfeld, mit rund 2500 Grabstätten das größte in Schweden. Bei Ausgrabungen fand man arabische Silbermünzen, Seide aus China, Keramik aus Friesland und Glas aus Frankreich. Warum diese blühende Handelsstadt schon bald aufgegeben wurde, ist unbekannt. Birka zählt zum UNESCO-Weltkulturerbe. Im Museum kann man sich über den Stand der noch laufenden Ausgrabungen informieren (Öffnungszeiten: Mai – Sept. Mo. – Fr. 10.00 – 16.00, Sa., So. bis 17.00 Uhr, www.raa.se).

Sundsvall

H 8

Landschaft: Medelpad
Einwohnerzahl: 94 000
Provinz: Västernorrland Län
Höhe: Meereshöhe

Holz hat Sundsvall reich gemacht und die Metropole der Holzbarone ist heute das wichtigste Wirtschaftszentrum von ganz Norrland. Nach einem Brand im Jahre 1888 baute man die Stadt ganz in Stein, und weil Geld keine Rolle spielte, sehr prachtvoll wieder auf.

Phönix aus der Asche

Sundsvall liegt an der Mündung der Selångerån in den Bottnischen Meerbusen. Dank der günstigen Lage am Wasser und an den westwärts führenden Fernhandelswegen war Sundsvall schon im 6. Jh. ein bedeutender Handelsplatz, 1624 erhielt es Stadtrechte. Ein stürmischer Aufschwung setzte im 19. Jh. ein, als zahlreiche Sägewerke gegründet wurden. Allein auf der Insel Alnön in der Sundsvall-Bucht gab es zeitweise rund 40 Sägemühlen. Heute hat die Stadt einen Ölhafen und ist Zentrum der schwedischen Holz- und Papierindustrie. Der Gesamtplan der alten Stadtanlage geht auf Nicodemus Tessin d.Ä. zurück. 1888 brannten große Teile der Stadt ab. Beim Wiederaufbau legte man im Stadtzentrum breite Straßen an, und heute ist »Stenstaden« – die Stadt aus Stein – mit ihren repräsentativen Häusern rund um den Marktplatz ein architektonisches Highlight.

König Gustav II. Adolf schaut milde auf das Treiben am Marktplatz von Sundsvall.

SUNDSVALL ERLEBEN

AUSKUNFT

Sundsvall Turism
Stora Torget
85230 Sundsvall
Tel. (060) 658 58 00, Fax 12 72 72
www.sundsvallturism.com

ESSEN

► Erschwinglich

M/S Medvind
Kajpklats 1, Sundsvalls Inre Hamn
www.msmedvind.com
Im Sommer legt das Ausflugsboot Mi. bis Sa. zu einer 3,5-stündigen Schären fahrt ab. An Bord gibt es ein reichhaltiges Buffet mit überwiegend Fisch und Schalentieren.

Innergården 1891
Centralgatan 6
Tel. (060) 61 18 91
www.innergarden.se
Gemütliches Café und Restaurant. Köstliche Kuchen, typisch schwedische Küche. Gute Pasta-Gerichte. Wochentags zwischen 11.00 und 14.00 Uhr günstige Businessgerichte. Im Sommer 40 Plätze im Freien.

ÜBERNACHTEN

► Luxus

Elite Hotel Knaust
Storgatan 13
Tel. (060) 608 00 00
Fax 608 00 10
140 Zi., www.elite.se
Luxushotel in der Stadtmitte, das für seine prächtige weiße Marmortreppe bekannt ist. Bei der Renovierung blieb der Stil aus dem 19.Jh. der Zimmer erhalten, der Standard modernen Bedürfnissen angepasst.

► Günstig

STF Vandrarhem
Gaffelbyvägen, Norra Stadsberget
85640 Sundsvall
Tel. (060) 61 21 19
Wer preisgünstig im Grünen und trotzdem nicht weit von Sundsvall entfernt wohnen möchte, ist hier richtig.

Sehenswertes in Sundsvall und Umgebung

Marktplatz

Der großzügig gestaltete Stortorg wird von repräsentativen Bauten unterschiedlichen Stils eingerahmt, darunter das Hirschka Hus. In der Mitte des Platzes erinnert ein 1911 gegossenes Bronzestandbild an König Gustav II. Adolf; an der Südseite steht das Stadthaus. Sundsvall kann man angenehm zu Fuß erkunden, denn viele Fußgängerzonen durchziehen die gesamte Innenstadt.

Kulturmagasin

In Verlängerung der Nybrogatan steht das leicht an seiner verglasten Front erkennbare Kulturmagasin, in dem eine Bibliothek, das Medelpad-Archiv und das **städtische Museum** untergebracht sind. Im Museum kann man den **Grabfund von Högom** bestaunen (ca. 500 n. Chr.). Ein mit Silber beschlagenes Schwert, goldene Fingerringe, Bronzekessel und weitere kostbare Beigaben unterstreichen, wie reich und mächtig dieser hier bestattete Häuptling einmal gewesen sein muss, dessen Verbindungen von den Lofoten bis zum Schwarzen Meer reichten. Zwei Ausstellungen sind der Stadthistorie und der Holzwirtschaft gewidmet. Eine Sammlung zeitgenössischer Kunst rundet das Angebot ab (Öffnungszeiten: Mo.–Do. 10.00–19.00, Fr. bis 18.00, Sa. 11.00–16.00 Uhr; www.sundsvall.se/kulturmagasinet).

Casino 2001 wurde mit dem Casino Cosmopol das erste internationale Kasino Schwedens eröffnet (Öffnungszeiten: tgl. 13.00–3.00 Uhr).

Freilichtmuseum Außerhalb des Zentrums liegt auf dem Stadtberg neben einer großen Freizeitanlage das Freilichtmuseum mit alter Töpferwerkstatt, Handwerksmuseum und historischem Kramladen sowie einem kleinen Tierpark. Ein Unikum ist das Museum Skvaderboden, das dem sagenhaften **Skvader**, einer Art schwedischem Wolpertinger, gewidmet ist. Der Skvader ist eine Kreuzung aus Auerhahn und Hase und kann hier ausgestopft bestaunt werden. Urheber des merkwürdigen Geschöpfs war der Flößereiinspektor Håkan Dahlmark, der diesen Ulk anlässlich einer Kneipenwette im Jahr 1874 inszenierte (Öffnungszeiten: tgl. 11.00–16.00 Uhr). Beim Freilichtmuseum steht auf dem höchsten Punkt des Stadtberges ein **Aussichtsturm,** von dessen Plattform man einen sagenhaften Blick genießt.

Njurunda Südlich von Sundsvall Richtung Njurunda durchquert man auf der E 4 eine schöne Landschaft, in der zahlreiche Vögel leben und Erdorchideen vorkommen. In der Nähe von Njurunda steht auch der größte Grabhügel Norrlands, zu dem ein archäologischer Wanderpfad führt.

Döda Fall Folgt man den Straßen Nr. 86 und 87 in nordöstlicher Richtung, kommt man zwischen den Orten Ragunda und Hammarstrand zum Döda Fall, dem **toten Wasserfall**. Einst schoss hier der 30 m hohe Storforsen zu Tal, doch heute wandert man durch eine trockene, mit Felsbrocken und Geröll bedeckte Landschaft. Es ist das ungewollte Werk von **Magnus Huss**, der vor mehr als 200 Jahren versucht hat, den Indals Älv flößbar zu machen. Damals machte der Storforsen den Flößern das Leben schwer. Immer wieder verkeilten sich die Stämme in den tosenden Fluten und brachen wie Streichhölzer zwischen den Felsen.

Ein Kanal neben dem Fall sollte das Problem lösen, doch dazu musste ein Moränenhügel am Ragundasee durchstochen werden. Eine fatale Idee, denn **der Damm brach** und innerhalb weniger Stunden entleerte sich der gesamte See. 100 Mio. m³ Wasser donnerten flussabwärts und rissen alles auf ihrem Weg mit sich – Häuser, Wälder, Wiesen und Äcker. Es blieb ein **Bild der Zerstörung:** der See war trocken, das Tal verwüstet und selbst das Delta des Indals Älv hatte sich durch die Schlammmassen verändert. Angeblich ertrank der Verursacher in den Fluten. Heute kann man auf befestigten Wegen und Stegen das Tal erkunden.

Zwischen Trelleborg und Ystad erstrecken sich an Südschwedens Küste wunderschöne Strände.

Trelleborg

D 1

Landschaft: Skåne (Schonen)
Einwohnerzahl: 40 000
Provinz: Skåne Län
Höhe: Meereshöhe

Trelleborg, die südlichste Stadt Schwedens, teilt das Schicksal der meisten Fährhäfen: Die Schiffe bringen zwar viele Besucher, aber fast alle fahren sofort weiter. Dabei sollte man zumindest einen Blick auf die Strandgatan werfen. Vor über 20 Jahren hat man hier eine Allee aus Palmen angepflanzt, die ganz prächtig gedeihen. Im Winter brauchen sie allerdings ein beheiztes Quartier.

Trelleborg, im 12. Jh. gegründet, hatte seine Blütezeit im Mittelalter dank der damals reichen Heringsgründe in der Ostsee. Im Jahr 1619 verlor Trelleborg zugunsten von Malmö seine Stadtrechte, erhielt sie aber 1867 zurück. Für die Entwicklung ungemein wichtig war der Bau des Hafens, denn die Fährverbindungen nach Travemünde, Rostock und Saßnitz sind heute ein wichtiger Wirtschaftsfaktor.

Sehenswertes in Trelleborg und Umgebung

Axel Ebbes Konsthall

Das Zentrum der Altstadt bildet der Stortorg, an den im Nordosten der Stadtpark anschließt. An dessen nordöstlicher Ecke steht der nüchterne Klinkerbau der 1935 eingeweihten Kunsthalle, ein Geschenk des Bildhauers Axel Emil Ebbe (1868 – 1941) an seine Heimatstadt. Hier wird eine stattliche Zahl seiner großteils vom Jugendstil geprägten Skulpturen gezeigt. Auch die auf dem Stortorg stehende »Sjöormsföntän«, der Seeschlangenbrunnen, ist sein Werk (Öffnungszeiten: Ende Juni – Mitte Aug. Mi. – So. 13.00 – 16.00 Uhr).

Trelleborgs Museum

Östlich vom Hafen wurde im einstigen Krankenhaus das Stadtmuseum eingerichtet. Besonders interessant sind die Ausgrabungsfunde der rund 7000 Jahre alten Siedlung Skateholmen. Daneben gibt es Ausstellungen zur Indianerkultur Kolumbiens und zur Regionalgeschichte (Stortorget 1; Öffnungszeiten: Di. – So. 12.00 – 16.00 Uhr).

Trelleborg

Ende de 1980er-Jahre wurden mitten in der Stadt die Überreste einer 1000 Jahre alten **Wikingerburg**, der Trelleborg, aus der Zeit Harald Blauzahns entdeckt. Ursprünglich hatte die Befestigungsanlage, die aus einem Erdwall und Palisaden aus gespaltenen Stämmen bestand, einen Durchmesser von 143 m. Gegenwärtig ist ein Viertel rekonstruiert. Mittlerweile gibt es auch ein kleines Museum (Västra Vallgatan 6; Öffnungszeiten: Mo. – Do. 11.00 – 17.00 Uhr).

Trelleborg Orientierung

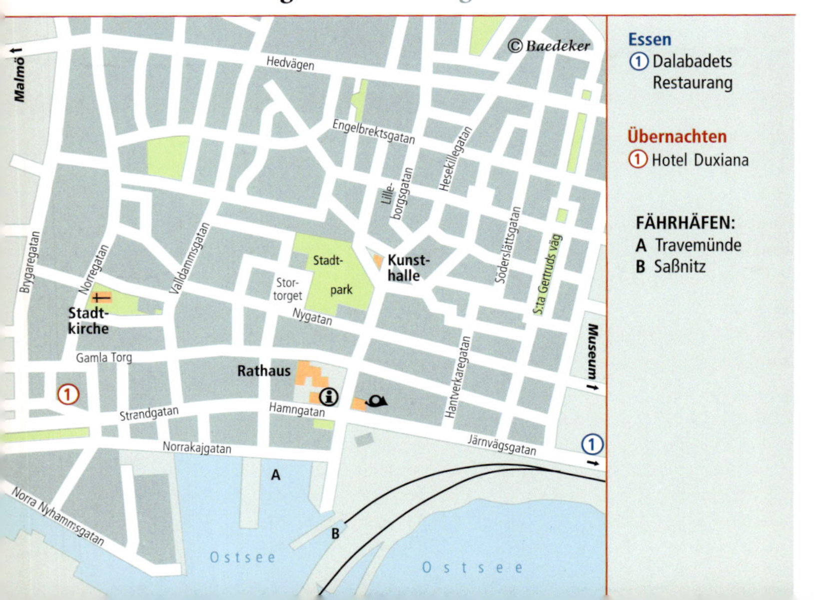

Smygehuk

Knapp 15 km östlich vom Stadtzentrum kommt man auf der Straße Nr. 9 zum Smygehuk, der südlichsten Spitze Schwedens. Während des Sommers sind im Köpmansmagasin, einem stattlichen alten Speicher, das Touristenbüro und ein Café untergebracht. Außerdem werden wechselnde Ausstellungen gezeigt und Kunsthandwerk verkauft. Der rund 200 Jahre alte Speicher diente früher den Kaufleuten als **Magazin für Schmuggelware**. Diese wurde von englischen Seeräubern angelandet und von den Einheimischen aufgekauft. Da man aber nicht sicher war, wann man die Ware risikolos wieder verhökern konnte, war ein großer Speicher von Nutzen.

Falsterbonäset

Im Mittelalter war der Südwestzipfel Schwedens, der wie ein Amboss ins Meer ragt, ein bedeutendes Zentrum der Heringsfischerei. Zwischen dem 14. und 15. Jh. boomte der Fischfang, doch dann gingen die Bestände zurück und die Halbinsel verlor an Bedeutung. Erst mit dem einsetzenden Tourismus erlebte der Doppelort Skanör/Falsterbo wieder einen Aufschwung. Dabei profitiert das Seebad auch von der

TRELLEBORG ERLEBEN

AUSKUNFT

Turistbyrå
Kontinentgatan 2
23142 Trelleborg
Tel. (04 10) 73 33 20, Fax 134 86
www.trelleborg.se

ESSEN

► Fein & Teuer

Anderslövs Gästgiveri
Anderslöv, Landsvägen 39
Tel. (04 10) 212 00
www.gastgivaregarden.nu
Etwa 10 km nordöstlich von Trelleborg in Anderslöv; vor allem regionale Küche mit Spezialitäten aus Schonen

► Preiswert

① *Dalabadets Restaurang*
Dalköpinge Strandväg 2
Tel. (04 10) 149 05
3 km vom Zentrum entfernt liegt dieses Restaurant in sehr schöner Lage an einem der beliebtesten Badestrände der Stadt. Nur während der Badesaison geöffnet.

ÜBERNACHTEN

► Luxus

① *Hotel Duxiana Trelleborg*
Strandgatan 32
Tel. (04 10) 481 80, Fax 481 81
www.trelleborg.hotelduxiana.com
Ehemalige Villa (25 Zi.) mit stilvoll eingerichteten Zimmern und nostalgischem Touch

► Komfortabel

Smygehus
Smygehamn, Kustvägen
Tel. (04 10) 503 00, Fax 293 43
41 Häuser, www.smygehus.se
Hotelanlage in Smygehamn, nur 50 m vom Meer entfernt, mit Hallenbad, Freibad und zahlreichen Sportmöglichkeiten. Das Restaurant bietet leckere Spezialitäten aus der Region.

Spelabäcken
Skanör, Mellangatan 58
Tel. (040) 47 53 00
17 Zi., www.spelabacken.com
Gemütliches Hotel im Zentrum von Skanör

Nähe zur Großstadt Malmö, deren Bewohner die phantastischen Strände vor der Haustür gerne und häufig in Beschlag nehmen. Hat man erst einmal das Nadelöhr, den Ort Höllviken passiert, steht dem Badevergnügen nichts mehr im Wege. Wer noch Strandutensilien benötigt, findet in den alten, bunt gestrichenen Häusern von Skanör alles Nötige. Sehr hübsch: die bunten Strandhäuschen entlang des kilometerlangen, feinsandigen Strands.

Bernsteinmuseum ►

Schon Carl von Linné wusste, dass man nirgendwo in Schweden so viel Bernstein wie auf Falsterbonäset findet. Im Bärnstensmuseet von **Höllviken** werden viele schöne Stücke gezeigt (Öffnungszeiten: Mitte Mai – Mitte Sept. tgl. 11.00 – 17.00, sonst Sa. 11.00 – 17.00, So. bis 14.00 Uhr).

Fotevikens Museum

Wer wissen möchte, wie einst die Wikinger gelebt haben, sollte diesem Museum nördlich von Höllviken einen Besuch abstatten. Im Sommer wird das Dorf von »echten« Wikingern bevölkert, die sich nach Wikingerart kleiden und alte Handwerke vorführen (Öffnungszeiten: Ende Mai – Mitte Sept. Mo. – Fr. 10.00 – 16.00, Juni – Aug. tgl. 10.00 – 16.00 Uhr, www.fotevikensmuseum.se).

★★ Umeå

L 9

Landschaft: Västerbotten
Einwohnerzahl: 110 000
Provinz: Västerbotten Län
Höhe: Meereshöhe

Im Jahr 1888 vernichtete ein Brand drei Viertel der Häuser und alle drei Werften. Beim Wiederaufbau wurden breite Straßen mit Birkenalleen angelegt, die der ansonsten nüchternen Stadt heute ein wenig Flair verleihen.

Umeå, der Hauptort der Provinz Västerbotten, liegt am linken Ufer des Ume Älv, etwa 5 km vor dessen Mündung in den Bottnischen Meerbusen. Erst mit dem Aufschwung der Holzindustrie setzte in der zweiten Hälfte des 19. Jh.s die Blütezeit der Stadt ein. Forstwirtschaft und Holzverarbeitung spielen auch heute noch eine ausschlaggebende Rolle, wichtig sind außerdem die Forsthochschule und seit 1963 die Universität. Nicht zuletzt den ca. 25 000 Studenten sind die vielen Musik- und Filmfeste rund ums Jahr zu verdanken.

Sehenswertes in Umeå und Umgebung

Zentrum

Das Zentrum der Stadt ist der Rathausplatz mit einer großen Büste des Stadtgründers Gustavs II. Adolf. Bei der Stadtkirche liegt der Döbelns Park, benannt nach General von Döbeln, dem Führer des letzten schwedisch-finnischen Heeres, das hier nach dem Krieg gegen Russland (1808/1809) aufgelöst wurde.

Nordöstlich außerhalb des Zentrums liegt auf einer Anhöhe das Bezirksmuseum Västerbottens. Dieses zeigt optisch und didaktisch gelungen Vor- und Frühgeschichte, Dioramen mit einheimischen Tieren, das Modell einer Blockhaussiedlung sowie eine sehr interessante Ski-Sammlung **mit dem angeblich ältesten Ski der Welt**. In der stadtgeschichtlichen Abteilung sind in nachgebauten kleinen Häusern traditionelle Werkstätten zu sehen. Außerdem erhält man Einblick in die Schifffahrt und Schiffsbau der Region. Rings um die Museumsgebäude breitet sich ein Freilichtmuseum Gammlia mit historischen Gebäuden aus, das nahtlos in ein Freizeitgelände übergeht (Öffnungszeiten: Di. – Fr. 10.00 – 16.00 – gelten auch für Gammlia –, Sa. ab 12.00, So. 12.00 – 17.00 Uhr, www.vbm.se).

✶✶ Västerbotten Museum, Freilichtmuseum Gammlia

Im **Bild Museet** werden zeitgenössische Bilder, Skulpturen und Zeichnungen u. a. nationaler und internationaler Künstler in wechselnde Ausstellungen präsentiert.

Umeleden

Der Umeleden ist eine etwa 30 km lange Rundtour, die man mit dem Auto, zu Fuß oder mit dem Fahrrad unternehmen kann. Der Weg beginnt im Zentrum von Umeå und führt zu vielen Sehenswürdigkeiten an den Ufern des Ume Älv.

UMEÅ ERLEBEN

AUSKUNFT

Turisbyrå
Renmarkstorget 15, 90326 Umeå
Tel. (090) 16 16 16, www.visitumea.se

ESSEN

► Erschwinglich

Brännlands Wärdshus
10 km vom Zentrum in Brännland
Tel. (090) 301 30
www.brannlandswardshus.se
Landgasthof in einem alten Bauerngehöft. Beliebtes Ausflugsziel, hier kommen Spezialitäten der Region Västerbotten auf den Tisch.

ÜBERNACHTEN

► Günstig

Hotell Gamla Fängelset
Storgatan 62, 90330 Umeå
Tel. (090)10 03 80
Einfaches Hotel und Vandrarhem (23 EZ, 1 DZ und 2 4-Bett-Z.) in einem ehem. Gefängnis. Die Fenster sind zwar noch vergittert und die Zellen erhalten geblieben, doch sonst wirkt alles hell, freundlich und modern.

FREIZEIT UND SPORT

Baedeker-Empfehlung

Kunst am Weg
Der Kunst- und Skulpturenweg »Sju Älver« ist eine 350 km lange Kunstausstellung, die an der Küste in Holmsund beginnt und in westlicher Richtung über Vännäs, Bjurholm, Åsele und Dorotea bis nach Borgafjäll führt. Unterwegs kann man zwölf teils recht eigenwillige Kunstwerke besichtigen.

Wassersport
Der Vindel Älv ist ein ideales Revier für Wassersportler. z. B. Wildwassertouren. Vermittlung und weitere Infos bietet die Touristeninformation.

✶ Stornorrfors Bei der aus dem 17. Jh. stammenden Soldatenkate Brännland überquert eine Eisengitterbrücke den Ume Älv, dahinter erreicht man das Wasserkraftwerk Stornorrfors, das 1953 – 1958 erbaut wurde. Die Maschinenhalle 75 m unterhalb des Zulaufs kann besichtigt werden

Strände und Bäder Die schönsten Sandstrände am Meer befinden sich ca. 20 km südlich von Umeå bei Norrmölje Havsbad und Bettnesand Havsbad. Östlich vom Zentrum lohnt die Umelagun, ein schönes Freizeitbad mit vielen beheizten Becken, einen Besuch (Öffnungszeiten: tgl. 10.00 bis 20.00 Uhr). Gleich daneben liegt am Nydalasjön ein Badeplatz mit Sandstrand, angeschlossen ist ein Campingplatz.

Vindel Älv Der Vindel Älv zählt zu den vier Nationalflüssen Schwedens und wird nicht für die Energiegewinnung genutzt. Sehenswert sind die Stromschnellen – über 100 an der Zahl – auf dem 470 km langen Fluss. Am spektakulärsten ist der Anblick der Mårdseleforsarna, die zudem noch direkt an der Str. 363 liegen (70 km von Umeå). Die kleinen Inseln in den Stromschnellen sind mit Hängebrücken verbunden, auf den Inseln gibt es Grill- und Rastplätze.

✶✶ Uppsala

H 5

Landschaft: Uppland
Einwohnerzahl: 182 000
Provinz: Uppsala Län
Höhe: 7 m ü.d.M.

Trotz der beeindruckenden Zahl historischer Bauten ist Uppsala durch die vielen Studenten eine junge, sehr lebendige Stadt. Carl von Linné studierte und wirkte hier. Neben dem Dom ist der Garten, der nach Plänen des berühmten Botanikers angelegt wurde, die wichtigste Sehenswürdigkeit der alten Bischofsstadt.

Uppsala, die weltberühmte Universitätsstadt und viertgrößte Stadt des Landes, liegt ca. 70 km nordwestlich von Stockholm in einer fruchtbaren Ebene an beiden Ufern der Fyrisån. Sie ist Hauptstadt Upplands und Sitz des evangelischen Erzbischofs von Schweden.

Zwei Stadtkerne Auf dem heutigen Stadtgebiet stand einst eine Siedlung names Östra Aros. Sie war lediglich Handelsplatz und Hafen der schwedischen Könige war, die in Alt-Uppsala (Gamla Uppsala) residierten. Im Jahr 1273 wurde der Sitz des Erzbischofs von Gamla Uppsala dann nach Östra Aros verlegt, während die Könige Stockholm zur Residenz wählten. Die Universität wurde 1477 von Erzbischof Jakob Ulvsson gegründet und entwickelte sich dank der Zuwendungen Gustav Adolfs zu einer Hochburg des Geisteslebens. Der berühmteste Bürger Uppsalas war der Botaniker **Carl von Linné** (1707 – 1778). Er entwickelte ein geniales Nomenklatursystem, das erstmals Ordnung in die

UPPSALA ERLEBEN

AUSKUNFT

Uppsala Turist och Kongress AB
Fyristorg 8
75310 Uppsala
Tel. (018) 727 48 00, Fax 12 43 20
www.uppsala.to

ESSEN

► Erschwinglich

① *Markthalle (Saluhallen)*
St. Eriks Torg
www.saluhalleniuppsala.se
Die umgebaute Markthalle ist heute Sitz zahlreicher Restaurants, z.B. das »Hyllan« (für junge Leute, günstiger Mittagstisch, abends Barbetrieb, am Wochenende Disco, Tel. 018/150 150) oder für den, der Gourmetküche genießen will und bezahlen kann: »Guldkanten« (Tel. 018/150 151).

② *Birger Jarl*
Nedre Slottsgatan 3
Tel. (018) 13 50 00, www.birgerjarl.nu
Restaurant und Nachtklub für die etwas ältere Generation. Altersgrenze 23 Jahre.

③ *Flustret*
Svandammen 1, Tel. (018) 10 04 44
www.flustret.se
Restaurant in schöner Lage. Hervorragende Fischgerichte, versuchen Sie doch einmal den Lachs. Immer wieder auch Musik- und Comedyveranstaltungen.

ÜBERNACHTEN

► Komfortabel

① *First Hotel Linné*
Skolgatan 45
Tel. (018) 10 20 00, Fax 13 75 97
116 Zi., www.firsthotels.se
Zentrale Lage direkt am Linné-Garten. Modernes, schnörkelloses Stadthotel, 2003 renoviert.

② *Hotel Uppsala*
Kungsgatan 27
Tel. (018) 480 50 00, Fax 480 50 50
169 Z., www.profilhotels.se
Angenehme, helle Zimmer in modernem Tagungshotel, zentral gelegen

③ *Krusenberg Herrgård*
Krusenberg
Tel. (018) 18 03 00, Fax 18 03 99
60 Zi., www.krusenbergherrgard.se
Altehrwürdiger schwedischer Herrenhof, dessen Anfänge zurück ins 17. Jh. reichen. Wunderschön am Mälarsee gelegen, 10 km südlich von Uppsala. Das Hauptgebäude liegt inmitten von alten Obstbäumen und pittoresken Parkanlagen.

AUSFLÜGE

Baedeker-Empfehlung

Mit Dampf nach Länna
Im Sommer kann man mit dem Dampfzug, Triebwagen oder Oldtimer-Bus gemütlich von Uppsala ins 20 km östlich gelegene Länna fahren. Abfahrt ab Ostbahnhof Uppsala Östra Station (Ende Juni – Anfang Sept., www.lennakatten.se).

Uppsala Orientierung

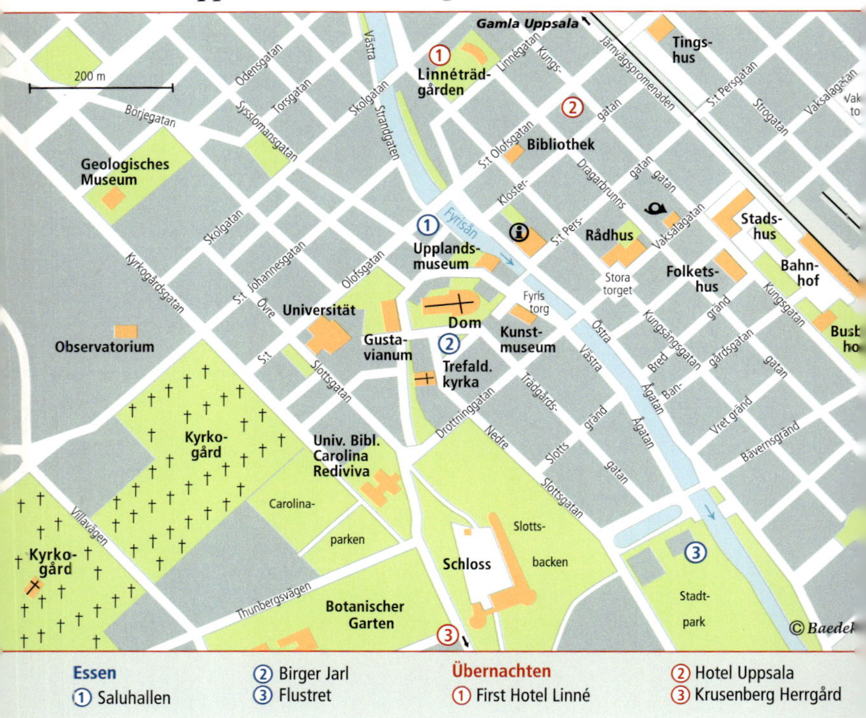

Pflanzenwelt brachte. Seine binäre Nomenklatur, nach der jede Pflanze durch einen Gattungs- und Artnamen eindeutig beschrieben ist, ist noch heute international gültig.

Sehenswertes in Uppsala

Kennzeichnend für die Innenstadt von Uppsala ist die Untergliederung in einen überwiegend kirchlich-akademischen Bereich (westlich der Fyrisån) und das eigentliche Zentrum mit Rathaus, Verwaltungseinrichtungen und Wirtschaftsunternehmen östlich der Fyrisån. Die meisten Sehenswürdigkeiten befinden sich im Westteil der Stadt.

Dom Auf dem ansteigenden rechten Flussufer steht der 1435 geweihte Dom. Der Entwurf orientierte sich zunächst an englischen Vorbildern, erhielt jedoch ab 1287 durch Etienne de Bonneuil aus Paris sein hochgotisches Gepräge. Durch Brände mehrmals beschädigt, wurde die Kirche jeweils im Stil der Zeit wiederhergestellt. Die beiden Westtürme, nach 1702 teilweise umgebaut, erhielten 1745 neue Helme. Nach der umstrittenen Restaurierung in der Zeit des Historismus (um 1880) wurde in den letzten Jahrzehnten versucht, das mittelalterliche Erscheinungsbild der Kirche so weit wie möglich wiederherzustellen. Dennoch ist der Bau ein Sammelsurium unterschiedlicher Stilepochen. Bis ins 18. Jh. wurden hier Schwedens Könige gekrönt.

Im Dom von Uppsala fand der Botaniker Carl von Linné seine letzte Ruhestätte.

Der Innenraum ist dreischiffig, die Seitenschiffe werden von Kapellen gesäumt. Viele berühmte Schweden sind hier bestattet: In der Hauptchorkapelle befindet sich das um 1576 in den Niederlanden gefertigte **Grabmal König Gustav Wasas**. Nahe beim Chorhaupt steht der 1577 angefertigte vergoldete Metallsarkophag mit den Gebeinen König Erichs des Heiligen, des schwedischen Nationalheiligen, der im Jahr 1160 von den Dänen erschlagen wurde. Beim Kircheneingang ist links in den Fußboden das Epitaph des Botanikers Carl von Linné eingelassen. Außerdem sind im Dom der Bischof Nathan Söderblom und der Philosoph Emanuel Svedenborg bestattet (Öffnungszeiten: tgl. 8.00 – 18.00 Uhr).

◄ Dommuseum

Im nördlichen Fassadenturm wurde das Dommuseum eingerichtet. Ausgestellt sind prunkvolles liturgisches Gerät sowie der Domschatz, zu dem das Schwert Gustav Adolfs, ein goldenes Kleid, das Königin Maragretha gehörte, sowie Kronen, Reichsschwerter, Reichsäpfel und Zepter zählen (Öffnungszeiten Dom: Mai – Sept. tgl. 8.00 – 18.00, sonst So. – Fr. 8.00 – 18.00, Sa. ab 10.00; Museum: Mai – Sept. Mo. bis Sa. 10.00 – 17.00, So. 12.30 – 17.00, sonst Mo. – Sa. 10.00 – 16.00, sonst So. 12.30 – 16.30 Uhr; www.uppsaladomkyrka.se).

Uppland-Museum

Unterhalb des Doms liegt am St. Eriks Torg das Uppland-Museum mit Sammlungen zur Kulturgeschichte der Provinz sowie beachtenswerten Modellen von Dom und Schloss (Öffnungszeiten: Di. – So. 12.00 – 17.00 Uhr; upplandsmuseet.se).

Gustavianum

Wenige Schritte vom Dom entfernt steht das von einer Kuppel gekrönte Gustavianum, das Gustav II. Adolf um 1620 der Universität stiftete. Hier befinden sich hier das Museum für nordische Altertü-

Freier Blick auf den Seziertisch im »Anatomischen Theater«

mer und das Victoria-Museum, das ägyptische und griechische Altertümer ausstellt. Weiter beherbergt es die kulturhistorischen Sammlungen der Universität, deren Höhepunkt das Anatomische Theater ist (ein Hörsaal mit Blick auf den Seziertisch, 1663 von Olof Rudbeck geschaffen). In dem kleinen Parkgelände, das westlich an das Gustavianum anschließt, stehen etliche Runensteine (Öffnungszeiten Gustavianum: Juni – Aug. Di. – So. 10.00 – 16.00, sonst 11.00 – 16.00, Sa., So. 13.00 Uhr, englische Führungen, www.gustavianum.uu.se).

Südwestlich grenzt an den höher gelegenen Teil des Parks **das neue Universitätsgebäude** an, das 1879 bis 1886 erbaut und prunkvoll ausgestattet worden ist.

Zwischen der Universität und dem Schloss prangt das stattliche Gebäude der **Universitätsbibliothek** (Carolina Rediviva), der mit über fünf Millionen Bänden größten Bibliothek des Landes. Im Ausstellungsraum ist als kostbarster Besitz der Codex Argenteus zu sehen, ein Evangelienbuch in gotischer Sprache aus dem 6. Jh., das seinen Namen dem silberbeschlagenen Einband aus dem 17. Jh. verdankt. Diese Abschrift der Bibelübersetzung des Gotenbischofs Wulfila (gest. 383) umfasst heute noch 187 von ursprünglich 330 purpurfarbenen Pergamentblättern mit silberner und goldener Schrift.

✱✱ Codex Argenteus ►

Zum Bestand der Bibliothek gehören ferner der Codex Upsaliensis, die älteste erhaltene Handschrift der von Snorre Sturlasson verfassten **jüngeren Edda** (um 1300), und die Carta Marina von Olaus Magnus, eine Karte von Nordeuropa aus dem Jahr 1539, die in Venedig gedruckt wurde (Öffnungszeiten: Mitte Juni – Mitte Aug. Mo. – Fr. 9.00 – 17.00, Sa. ab 10.00, So. 10.00 – 16.00, sonst Mo. – Fr. 9.00 – 20.00, Sa. 10.00 – 17.00 Uhr).

Schloss

Von der Bibliothek führt der Weg zum Schloss auf dem Berg, das 1548 unter Gustav Wasa begonnen wurde. Von den Bastionen bietet sich ein schöner Blick auf Stadt und Umland. Im Schloss ist das städtische Kunstmuseum eingerichtet. Auch die Universitäts-Kunstsammlung wird hier ausgestellt (Öffnungszeiten: Juni Di. – Fr. 10.00 bis 16.00, Sa./So. 12.00 – 16.30, Juli Mo. – Fr. 12.00 – 16.00, Sa./So. 12.00 – 16.30, sonst Di. 12.00 – 16.00, Mi. 12.00 – 20.00, Do. / Fr. 12.00 – 16.00, Sa./So. 12.00 – 16.30 Uhr).

Botanischer Garten

Vom Schloss gelangt man über eine Freitreppe zum Botanischen Garten. Im Linnéanum, einem klassizistischen Bau mit Säulenportikus, sind das Institut für systematische Botanik und eine bemerkenswerte Kakteensammlung untergebracht. Im tropischen Gewächshaus gibt es ein großes Victoria-Regia-Becken, Orchideen und im Innenhof einen stilechten Japangarten (Öffnungszeiten: Park. tgl. 7.00 bis 19.00, Orangerie Mo. – Fr. 9.00 – 14.00, Gewächshäuser Di. – Fr. 9.00 bis 15.00, So. 12.00 – 15.00 19.00 Uhr; www.botan.uu.se).

Stortorg

Von der Universitätsbibliothek führt die Drottninggatan nordöstlich über die Fyrisån und zum rechteckigen Stortorg mit dem Rathaus.

Linné-Museum

Im Norden der Innenstadt liegt an der Svartbäcksgatan der 1655 angelegte und einst von dem Botaniker Carl von Linné betreute Garten, in dem er die Pflanzen nach seinem bahnbrechenden System ordnete. Hier befindet sich auch das Linné-Museum. Zu besichtigen ist das Arbeitszimmer des Naturwissenschaftlers mit allerlei Kuriositäten und Tierpräparaten (Öffnungszeiten: Mai – Sept. Di. – So. 11.00 bis 17.00; um 14.30 Uhr englischsprachige Führung; www.linnaeus.se).

*** Gamla Uppsala**

Rund 5 km nördlich vom Zentrum liegt Gamla Uppsala, Keimzelle der heutigen Stadt und ehemaliger Hauptort des Svea-Reichs. Der archäologische Bereich mit Grabhügeln und Thinghügel reicht bis ins 4. Jh.n.Chr. zurück und gehört zu den größten vor- bzw. frühgeschichtlichen Denkmälern Skandinaviens. Gleich nebenan steht der Dom von Alt-Uppsala, vermutlich im 11. Jh. errichtet und später zum Bischofssitz auserkoren. Man vermutet, dass entweder an dieser Stelle oder in der Nähe ein Tempel für Odin stand. Sicher ist, dass Alt-Uppsala einst **religiöses Zentrum** des wikingerzeitlichen Schwedens war. Wie Adam von Bremen im 11. Jh. berichtete, trafen sich hier die Stämme des ganzen Landes alle neun Jahre und feierten wilde Feste, bei denen es angeblich auch Menschenopfer gegeben haben soll. Südlich der Kirche liegen in einer Reihe drei große Grabhügel, die so genannten Königshügel und einige kleinere Grabhügel.

Umgebung von Uppsala

Nördliches Uppland

Im nördlichen Uppland liegen mehrere kleine Industrieorte mit traditionsreichen, jedoch zum Teil stillgelegten Eisenhütten. Besonders ertragreich waren die Erzminen beim knapp 50 km nördlich gelegenen Dannemora, die heute besichtigt werden können.

Forsmark

Östlich von Lövstabruk kommt man auf der Str. Nr. 76 nach Forsmark, dessen Kernkraftwerk rund ein Sechstel der in Schweden verbrauchten elektrischen Energie liefert und eine viel besuchte Sehenswürdigkeit der Region ist (Besichtigungen vermittelt die Turistinformation Forsmark, Tel. 01 73/500 15 oder das Kraftwerk Tel. 01 70/ 812 68).

Wie hübsch sich mit den Pflanzenbüchern der Konkurrenz die Wohnung tapezieren lässt, demonstrierte Carl von Linné in seinem Sommerhaus Linnés Hammarby.

Linnés Hammarby

Ein lohnendes Ausflugsziel ist Linnés Hammarby, das knapp 10 km südöstlich von Uppsala gelegene einstige Sommerhaus des Botanikers Carl von Linné. Er hatte es 1758 gekauft und nach seinem Geschmack eingerichtet. Hier kann man wie nirgendwo sonst dem »Kanzleibeamten Gottes« nachspüren, wie er mitunter gerne genannt wird wegen des von ihm ersonnenen Nomenklatur-Systems. Der Exzentriker ließ sein Arbeits- und Schlafzimmer mit Seiten aus Botanik-Büchern von Kollegen tapezieren. Noch heute bedecken diese Pflanzenzeichnungen lückenlos die Wände. Im linken Seitenbau befinden sich eine kleine Sammlung mit Porträts von Linné und einer Weltkarte mit seinen Reiserouten. Im Hauptgebäude sind Hausrat, Textilien und Kleidungsstücke zu sehen. Im rechten Nebengebäude ist ein kleines Café eingerichtet (Öffnungszeiten Mai – Sept. Fr. – So. 11.00 – 17.00, Juni – Aug. Di. – So. 11.00 – 17.00 Uhr; www.hammarby.uu.se).

Morasteine

In der Nähe von Linnés Hammarby befinden sich in einem 1779 errichteten Haus die Morasteine. Hier leisteten die gewählten Könige den Eid, worauf ihr Name auf einen Stein geschrieben wurde. Unweit davon lohnt auch die Kirche von Lagga einen Besuch, die Wandmalereien aus dem 15. Jh. besitzt.

★ Vänersee

B–E 4/5

Landschaft: Värmland, Dalsland und Västergötland

Verlässt man mit dem Schiff den Götakanal und fährt auf den Vänersee hinaus, glaubt man sich auf dem offenen Meer. Die endlose Wasserfläche reicht bis zum Dunst des Horizonts und weit und breit ist kein Land in Sicht auf Schwedens größtem See.

Ein Kind des Meeres

Der bis zu 92 m tiefe Vänern ist mit einer Fläche von 5546 km² der größte See Schwedens und der drittgrößte Europas. Er liegt in einem tektonischen Becken im Süden des Landes, etwa zwischen Göteborg und Örebro. Die beiden Landzungen Kallandsö (nördlich von Lidköping) und Värmlandsnäs (südwestlich von Karlstad) sowie die zwischen diesen gelegene Inselgruppe Eskilsäters Skärgård trennen den See in den Großen Vänern (nordöstlich) und den Dalbosjön (südwestlich). Am Ende der letzten Eiszeit war der Vänersee noch mit dem offenen Meer verbunden, erst vor rund 9000 Jahren wurde die Bucht durch die Landhebung abgetrennt. Damals war er sogar noch fast doppelt so groß wie heute und große Teile des heutigen Värmland waren vom Wasser bedeckt. Heute liegt der Wasserspiegel des Sees 45 m über dem Niveau des Meeres – ein Resultat der immer noch fortschreitenden Landhebung.

Fahrt um den Vänersee

Trollhättan

Die Gegend an der Südwestspitze des Vänersees, aus dem hier der Göta Älv austritt, war schon vor 7000 Jahren besiedelt. Der Ort Trollhättan taucht 1413 in den Steuerannalen von Erich von Pommern zum ersten Mal auf. Die Stadtrechte erhielt die Siedlung aber erst 1916. Getreide- und Sägemühlen, die einst das Wirtschaftsleben prägten, sind heute von Großbetrieben der elektrotechnischen und Maschinenbauindustrie wie Saab und Nohab abgelöst worden.

? WUSSTEN SIE SCHON ...?

- ... dass Trollhättan auch »Trollywood« genannt wird? Denn hier werden nicht nur Autos, sondern auch Filme produziert. Mit rund 20 Produktionen pro Jahr, darunter auch Lars von Triers »Dogville« mit Nicole Kidman, ist die Stadt jetzt reif für einen »Walk of Fame« nach Hollywood-Art. Die ersten goldenen Sterne strahlen schon.

Dort, wo der Göta Älv einen mächtigen Gneisriegel durchbrochen hat und auf einer Strecke von 1500 m über 30 m tief hinabstürzte, waren einst großartige Wasserfälle und Stromschnellen. Doch schon im 17. Jh. gab es Überlegungen, die Stromschnellen zu umgehen, und so wurde in mehreren Abschnitten zwischen 1793 und 1916 der 28 km lange **Trollhättankanal** gebaut. Heute ist das Flussbett so gut wie trockengelegt; die gewaltigen Wassermassen strömen durch Druckstollen zur Turbinenanlage

VÄNERSEE ERLEBEN

AUSKUNFT

Karlskoga Turistbyrå
Kyrkbakken 9, 69183 Karlskoga
Tel. (05 86) 614 74, Fax 619 60
www.karlskoga.se

Karlstad Turistbyrå
Bibliotekshuset, V. Torggatan 26
65220 Karlstad
Tel. (054) 29 84 00
www.karlstad.se

Lidköping Turistbyrå
Destination Läckö-Kinnekulle
Gamla Rådhuset Nya Stadens Torg
53131 Lidköping
Tel. (05 10) 2 00 20, Fax 2 71 91
www.lackokinnekulle.se

Mariestads Turistbyrå
Kyrkogatan 2, 54286 Mariestad
Tel. (05 01) 75 58 50
turistbyren@mariestad.se
www.vastsverige.com/sv/mariestad

Visit Trollhättan AB
Åkerssjövägen 10
46129 Trollhättan
Tel. (05 20) 135 09, Fax 28 93 97
www.trollhattan.se

Visit Trollhättan Vänersborg AB
Järnvägsbacken 1c
46234 Vänersborg
Tel. (05 20)135 09
www.visittrollhattanvanersborg.se

ESSEN

► Fein & Teuer

Källaren Munken
Karlstad, Västra Torggatan 17
Tel. (054) 18 51 50
www.restaurangmunken.se
Gourmetrestaurant im Kellergewölbe. Hochklassige schwedische Küche. Zum selben Haus gehört auch die günstigere Brasseriet Munken.

Albert Kök
Kvarnliden, Strömsberg
46157 Trollhättan, Tel. (05 20) 129 90
www.alberthotell.com
In dem wunderschönen alten Holzhaus wird Exzellentes geboten. Die Menüs sind nicht billig, aber ausgezeichnet. Zur Mittagszeit auch sehr gut, aber erheblich preisgünstiger.

► Erschwinglich

Suads Kök
Edsgatan 8, 46233 Vänersborg
Tel. (05 21) 616 60, ww.suads.com
Das Restaurant in der Fußgängerzone von Vänersborg serviert gute internationale Küche; mittags Lunchmenü.

► Preiswert

Café August
Karlstad, Kanikenäsholmen
Tel. (054) 217747, www.cafeaugust.se
Café am See, das auch warme Gerichte serviert, Galerie mit 300 Plätzen im Freien

Skogshyddan
Etwas außerhalb von Vänersborg
Tel. (05 21) 127 74
www.skogshyddan.com
Ältestes Sommerrestaurant der Stadt in einem alten Landhaus von 1898. Beliebtes Ausflugsziel, bekannt für seine Waffeln, die in verschiedenen Variationen angeboten werden.

Gate Gästgiveri
Arvika, Gate, Tel (05 70) 131 20
www.gategastgiveri.se
Restaurant im ältesten Haus Arvikas, bekannt für seine typisch värmländische Küche. Allerdings wird hier nur mittags serviert. Etwas außerhalb am Kreisverkehr des RV 61 Richtung Karlstad.

ÜBERNACHTEN

► Luxus

Hotel Oscar Statt
Arvika, Torggatan 9
Tel. (05 70) 197 50, Fax 197 55
73 Zi., www.oscarstatt.se
Der Name des noblen Hotels spiegelt die Geschichte Arvikas wider, das zu Anfang des 19. Jh.s noch Oskarstad hieß. Stadtbekannt auch das Restaurant Sofia, Spezialität ist das »Kalbsfilet Oskar« mit Hummer, Spargel und Sauce Bearnaise.

► Komfortabel

Bristol Hotel Arvika
Arvika, Kyrkogatan 25
Tel. (05 70) 132 80, Fax 191 22
32 Zi., www.bristolhotel.com
Im Zentrum von Arvika versprüht das nette, familiäre Hotel britischen Charme. Gute Alternative für Preisbewusste und Junggebliebene, denn die zahlreichen Restaurants, Pubs und Geschäfte in der Umgebung versprechen viel Abwechslung und internationales Flair.

Ramada Karlskoga Hotel & Konferens
Karlskoga, Boåsvägen 2
Tel. (05 86) 637 40
Fax 637 45
www.karlskogahotel.se
Mittelklassehotel in der Nähe vom Alfred-Nobel-Museum Björkborn. Freundliches Personal, zentral gelegen.

Clarion Collection Hotel Bilan
Karlstad, Karlsbergsgatan 3
Tel. (054) 10 03 00, Fax 21 92 14
www.choicehotels.se
First-Class-Hotel im ehemaligen Bezirksgefängnis von Karlstad. Die Zellen in dem fast 200 Jahre alten Gebäude wurden in 68 bequeme Hotelzimmer umgebaut.

Scandic Hotel Klarälven Karlstad
Karlstad, Sandbäcksgatan 6
Tel. (054) 776 45 00, Fax 776 45 11
www.scandichotels.com
Direkt am Fluss gelegenes Hotel der Scandicgruppe, natürlich mit Restaurant, Bistro und Bar

Hotell Läckö
Lidköping, Gamla Stadens Torg 5
Tel. (05 10) 230 00, Fax 621 91
19 Zi., www.hotellacko.se
Hotel mit viel Atmosphäre im Zentrum von Lidköping. Trotz zahlreicher Renovierungen im Laufe der Jahre kann man immer noch das Flair der Gründungszeit vom Ende des 19. Jh.s genießen.

► Günstig

Österberga Gård Bed & Breakfast
Mariestad, Österberga Gård
Tel. (05 01) 205 00, Fax 200 00
www.osterbergagard.se
Einfache Unterkunft in ländlicher Umgebung, nördlich von Mariestad.

Baedeker-Empfehlung

Tag des Wasserfalls
Mitte Juli ist in Trollhättan »Vattenfallsdag«. Dann darf der Göta Älv wie früher unter lautem Getöse und den Augen vieler Zuschauer wieder durch das alte Flussbett strömen. Doch schon am nächsten Tag ist alles vorbei, der Fluss wird gebändigt und die Stromproduktion hat Vorrang.

und treten erst weit unterhalb wieder zutage. Der beste Blick auf das Flussbett bietet sich von der Kung-Oscars-Brücke. Von hier führen stählerne Treppen mit Aussichtskanzeln abwärts.

Vänersborg Nördlich von Trollhättan liegt Vänersborg. Die Innenstadt ist zum Teil durch einige Häuser aus dem 18. Jh. geprägt, von denen die Länsresidens (1754) sehenswert ist. Am See erstreckt sich die schöne Parkanlage Skräcklan mit der Skulptur »Frida« von Axel Wallberg. Im nahen **stadtgeschichtlichen Museum** gibt es eine Sammlung präparierter exotischer Vögel, die von dem Forschungsreisenden Axel Ericson gestiftet wurde (Öffnungszeiten: Juni – Aug. Di. – Do., Sa., So. 12.00 – 16.00, sonst Di., Do., Sa., So. 12.00 – 16.00 Uhr; www.vanersborgsmuseum.se).

Lidköping Von Vänersborg fährt man über Vargön und Flo in östlicher Richtung zur Str. Nr. 44, der man weiterhin folgt. Etwas abseits vom Seeufer geht es zur reizvoll an der Bucht Kinneviken gelegenen industriereichen Stadt Lidköping. Das hölzerne Jagdschlösschen am Stortorg diente später als Rathaus und entwickelte sich zum Wahrzeichen der Stadt. 1960 brannte es ab, doch das dunkelrote Gebäude mit der geschweiften Dachkonstruktion wurde nach Originalzeichnungen wieder aufgebaut. An den weiten Platz schließt sich die hübsche Fußgängerzone mit ihren niedrigen Häusern an. Lohnend ist der Besuch der **Porzellanmanufaktur Rörstrand** im Industriegebiet. Das große Werksmuseum zeigt Porzellan und Keramik seit dem 18. Jh. und eine Tonbildschau zur Werksproduktion. Zudem gibt es hier eine Verkaufsausstellung, auch mit preisgünstiger Ware zweiter Wahl (Öffnungszeiten: Mo. – Fr. 10.00 bis 18.00, Sa. bis 15.00, So. 12.00 bis 16.00 Uhr).

Begonnen 1298: Schloss Läckö

Nördlich von Lidköping ragt die Halbinsel Kallandsö in den Vänern. Nahe der Spitze steht etwas erhöht über dem See **Schloss Läckö**, das 1298 von Bischof Brynolt Algotsson zunächst als Festung errichtet wurde. Nach der Reformation kam es 1557 in den Besitz der Krone, wenig später in den von Svarte Sture und schließlich 1571 an die Familie Hogenskild Bielke, die es von Grund auf erneuern

ließ. Im 17.Jh. erreichten die Umbauarbeiten einen Höhepunkt: Die Schlossbesitzer zogen den berühmten Augsburger Stadtbaumeister Elias Holl sowie Franz Stierner aus Polen hinzu. Sie bauten die vierte Etage, die Küchenräume und die Vorburg.
Das 700-jährige Schloss in wunderschöner Lage ist die meistbesuchte Sehenswürdigkeit Westschwedens. Nicht nur die Lage des stattlichen Schlosses zieht die Besucher an, es sind auch die Ausstellungen und Führungen sowie die Konzerte im Königssaal und auf dem Burgwall. Für Gartenliebhaber ist der Schlossgarten fast ein Muss. Im Stallcafé gibt es Tagesgerichte und Kuchen, das Restaurant Fataburen serviert Spezialitäten aus der Region. In der Nähe des Schlosses kann man an einem Sandstrand baden oder sich dort ein Boot leihen. Eine Bootspartie ist durchaus lohnend, denn vom Wasser bietet Schloss Läckö einen besonders schönen Anblick. Das prunkvoll ausgestattete Innere ist nur mit Führung zugänglich (Öffnungszeiten: Mai – Sept. tgl. stündliche Führungen 11.00 – 17.00, Sept. Mo. – Fr. 11.00 – 15.00, Sa., So. bis 16.00 Uhr, www.lackoslott.se).

Abstecher ins Hinterland

Skara

Einen netten Abstecher bildet die Fahrt nach Skara. Die Hauptstadt der Landschaft Västergötland ist aus einer alten Thing- und Kultstätte hervorgegangen. Im Mittelalter entwickelte sie sich zum Zentrum der christlichen Mission und wurde Bischofssitz. Die imposante **Domkirche** ist ein dreischiffiger gotischer Bau aus den Jahren 1312 – 1350, deren Türme aus dem frühen 19. Jh. stammen. Altar und Kanzel sind aus der Renaissance, in der Krypta liegen die ersten Bischöfe von Skara bestattet. Im rechten Nebenchor fällt das bombastische Grabmonument aus schwarzem und weißem Marmor für den Reiterobristen Erik Soop (gest. 1632) auf.
Einige Schritte weiter nordöstlich breitet sich der Stadsträdgård aus, in dem sich das **Provinzmuseum** von Västergötland befindet. Besonders sehenswert sind die 1985 ausgegrabenen Bronzeschilde von Fröslunda aus dem 7./8. Jh.v.Chr. (Öffnungszeiten: Mai – Sept. tgl. 11.00 – 16.00, Sa., So. ab 12.00 Uhr; www.vastergotlandsmuseum.se). Unmittelbar daneben befindet sich das **Freilichtmuseum Fornbyn** mit rund dreißig Häusern aus der Gegend von Skaraborg (Öffnungszeiten: Mai – Sept. tgl. 11.00 – 16.00 Uhr). Etwas außerhalb des Zentrums, bei den Eisenbahnanlagen, ist in einem alten Lokschuppen das **Eisenbahnmuseum** eingerichtet. In der Saison (Juli und August) ver-

! *Baedeker* TIPP

Der Tanz der Kraniche

Der Hornborgasee zwischen Skara, Skövde und Falköping ist wegen seines reichen Vogellebens und besonders wegen seiner Kraniche weit über die Landesgrenzen berühmt. Im Frühjahr kommen mindestens 5000 Kraniche fast gleichzeitig zu dem von weiten Sumpfflächen umgebenen See. Bevor sie zu ihren Brutrevieren im Norden aufbrechen, bieten sie beim Paarungsritual des sehenswerten »Tanz der Kraniche«, der jedes Jahr Ornithologen und Naturfotografen anlockt.

Sommers Abschied am See

kehrt sonntags ein nostalgischer Dampfzug zum nördlich gelegenen Weiler Lundsbrunn (Fahrplanauskunft unter Tel. 05 11/136 36).

Falköping Auf der Str. Nr. 184 gelangt man von Skara aus zu dem 27 km südlich gelegenen Städtchen Falköping, in dessen Umgebung etwa zwei Drittel der 300 bekannten Ganggräber Schwedens liegen. Die aus großen Steinblöcken bestehenden Gräber wurden um 3300 v. Chr. als Grabstätten für bedeutende Persönlichkeiten errichtet. Das bekannteste Ganggrab liegt südlich von Falköping, einige hundert Meter östlich der Kirche von Luttra. Das größte Ganggrab Skandinaviens liegt bei Karleby, nur wenige Kilometer östlich. Ekornavallen, eines der sehenswertesten Grabfelder Schwedens, befindet sich 15 km nördlich von Falköping.

★ Kinnekulle Auf der Rückfahrt zum Vänersee sieht man schon von weitem den Kinnekulle, der die Bucht Kinneviken im Osten begrenzt. Tannen bedecken den 14 km langen und 6 km breiten **Tafelberg**, der im Högkullen 306 m hoch ist und einen ausgezeichneten Panoramablick auf den Vänersee bietet. Die Tafelberge in diesem Gebiet entstanden vor etwa 500 Millionen Jahren. Damals lagerten sich Sedimente auf dem Meeresboden ab, die sodann zum Teil von untermeerischer Lava bedeckt wurden. Diese harte Lava bildete einen perfekten Panzer:

Während bei der später einsetzenden Landhebung die ungeschützten Sedimentgesteine durch Erosion abgetragen wurden, blieben die mit Lavahülle stehen. Diese Entwicklung lässt sich am Kinnekulle besonders gut ablesen, denn seine Treppen zeigen alle Ablagerungsschichten bis hinunter zum Urgestein.

Mariestad

Der nächste größere Ort am Vänersee ist die an der Mündung der Tidan gelegene Industriestadt Mariestad. Nach einem Brand 1895 musste die Stadt nahezu völlig neu aufgebaut werden. Im nördlichen Teil der Innenstadt steht der 1593–1619 erbaute Dom, auf einer Insel im Fluss das Schloss Marieholm.
Kurz hinter Mariestad verlässt man die E 20 und folgt der Str. Nr. 64, die in Ufernähe über Gullspång, das die Grenze zwischen Västergötland und Värmland bildet, weiter nach Nybble führt. Dort verdient der aus dem 18. Jh. stammende stattliche Herrenhof Värmlands Säby Gård wegen seines sehenswerten Interieurs einen Besuch.

Kristinehamn

Die Durchgangsstraße führt weiter nach Kristinehamn, wo man die nordöstlichste Stelle des Vänersees erreicht. Die Stadtprivilegien erhielt der Ort 1642 unter der Vormundschaftsregierung der noch nicht volljährigen Königin Christine, nach der er seinen Namen bekam. Um die Mitte des 19. Jh.s wurde Kristinehamn an das Eisenbahnnetz angeschlossen und stieg zum Umschlagplatz für das Holz der Region und das Eisenerz aus Bergslagen auf. Ca. 6 km südwestlich der Stadtmitte befindet sich der Sporthafen. Dort steht die einem Seezeichen ähnelnde, 15 m hohe Betonskulptur, die **Pablo Picasso** der Stadt 1964 schenkte.

Karlskoga

Rund 25 km östlich von Kristinehamn befindet sich am Nordufer des kleinen Möckelnsees in einem alten Bergbaugebiet die Stadt Karlskoga. Außerhalb liegt Alfred Nobels Björkborn, ein weitläufiges Werksgelände mit dem einstigen Wohnhaus des Sprengstofffabrikanten und seinem Laboratorium mit der originalen Einrichtung.

◄ Nobelmuseum

Der Herrenhof Björkborn diente **Alfred Nobel** einst als Wohnsitz und Arbeitsstätte. Sein elegantes weißes Haus ist zum größten Teil noch so eingerichtet wie zu seinen Lebzeiten; besichtigt werden kann auch das Labor, in dem er u.a. Versuchen mit künstlich hergestellter Seide und synthetischem Gummi nachging. In der Diele des Hauses befindet sich eine Kopie seines Testaments – eine einzige handgeschriebene Seite, die die Aufteilung seines gewaltigen Vermögens regelte und ihn unsterblich machen sollte. In diesem rief er die Nobelstiftung und den berühmten Nobelpreis ins Leben: Nobelpreise in Physik, Chemie, Medizin und Literatur werden seitdem jedes Jahr an seinem Todestag in Stockholm verliehen, der Friedensnobelpreis in Oslo. Sein riesiges Vermögen, das er größtenteils durch **Waffenverkäufe** erwirtschaftet hatte, wird von der Nobelstiftung verwaltet, die nur die Zinsen als Nobelpreis ausschüttet. Interessierte können dem **Bofors Industriemuseum** einen Besuch abstatten, das die über 350-

jährige Geschichte des Rüstungskonzerns, dessen Eigentümer einst Alfred Nobel war, dokumentiert (Öffnungszeiten: Juni – Aug. Di. bis So. 11.00 – 17.00 Uhr, http: //nobelmuseetikarlskoga.se).

Karlstad

Karlstad, das Kultur- und Handelszentrum von Värmland, liegt an der Mündung des 500 km langen Klar Älv in den Vänersee. Die heutige Provinzhauptstadt ist nach Karl IX. benannt, der dem seit dem Frühmittelalter bestehenden Thingplatz 1584 das Stadtrecht verliehen hat. 1905 fanden hier die Verhandlungen über die Auflösung der Union zwischen Schweden und Norwegen statt.

Altstadt

Die Älvgatan vermittelt mit ihren alten Bürgerhäusern ein Bild des alten Karlstad vor dem großen Brand von 1865. Auch die Domkirche (1723 – 1730) und das Bischofspalais von 1780 stammen noch aus jener Zeit. Auf dem Stortorg steht ein Friedensmonument von Ivar Johnsson, das an die Auflösung der schwedisch-norwegischen Union erinnert..

Värmlands Museet

Das Värmland-Museum liegt auf der Landzunge Sandgrundsudden mitten im Stadtzentrum. 2005 wurde es zu Schwedens »Museum des Jahres« gewählt. Schon die beiden Gebäude, Meisterwerke von einigen der bedeutendsten Architekten Schwedens, lohnen einen Blick: links das schlichte erste Museumsgebäude, rechts der neue, siebeneckige Bau in Rot. Das alte Haus, genannt Cyrillushaus, bekam seinen Namen nach dem Architekten Cyrillus Johansson. Dort befindet sich die Kunstabteilung mit värmländischer Kunst vom 18. Jh. bis zur Gegenwart. Das neue Museumsgebäude (1998) stammt von Carl Nyrén und beherbergt Dauer- und Wechselausstellungen sowie ein großes Café (Öffnungszeiten: Di. – Fr. 10.00 – 17.00, Mi. bis 21.00, Sa., So. 11.00 – 17.00 Uhr; www.varmlandsmuseum.se).

Abstecher zu den Frykenseen

★ Frykenseen

Nördlich von Karlstad erreicht man über die Str. Nr. 61 und 45 das Gebiet der Frykenseen, einer Kette von drei lang gestreckten, schmalen Seen, die durch Selma Lagerlöfs Roman »Gösta Berling« bekannt wurden. Als Erstes kommt man zu dem an der Südspitze des Nedre Fryken gelegenen Eisenbahnknotenpunkt Kil, die nächstgrößere Ortschaft ist Rottneros.

★ Rottneros

Der 40 ha große **Rottneros-Park** gehört zu den wichtigsten Sehenswürdigkeiten Värmlands. Nördlich vom Bahnhof beginnt der königliche Garten, der in das Carl-Eldh-Parterre mit dem Skulpturengarten übergeht. Das klassizistische Herrenhaus wurde nach einem Brand 1929 komplett neu gestaltet. Vorbild für das Haus war »Ekeby« in Selma Lagerlöfs »Gösta Berling«. Die gepflegte Gartenanlage

Hier saß einst Selma Lagerlöf und schrieb ihre Romane nieder.

beinhaltet nicht nur schöne Blumenbeete, die in Zusammenarbeit mit der deutschen **Blumeninsel Mainau** gestaltet werden, sondern auch eine Vielzahl von Skulpturen von internationalen Künstlern wie **Carl Milles, Gustav Vigeland und Jean Goujon**. Auch Kindern wird es in Rottneros nicht langweilig dank Nils-Holgersson-Abenteuerpark, Minizoo und Tropenhaus. Die Schriftstellerin und Nobelpreisträgerin Selma Lagerlöf kann man als lebensgroße Skulptur am Ufer des Frykensees sehen, wo sie würdevoll mit Papier und Bleistift in einem Sessel sitzt (Öffnungszeiten: Mitte Juni – Mitte Aug. tgl. 10.00 – 18.00, ab Mitte Mai und bis Ende Aug. bis 16.00 Uhr; www.rottnerospark.se).

Sunne

Nach weiteren 5,5 km erreicht man Sunne, das »Broby« aus »Gösta Berling«. Der als Sommerziel gerne besuchte, freundliche Ort liegt am Sund zwischen Mellan Fryken und Övra Fryken. Beachtenswert ist die erhöht gelegene Kirche aus dem 19. Jh.

★ Mårbacka

Von Sunne gelangt man auf einer Landstraße zu dem nahe am Ostufer des Sees gelegenen Gut Mårbacka, wo die Dichterin **Selma Lagerlöf** (1858 – 1940) geboren wurde und ab 1907 wieder wohnte. Im Sommer kann man im Rahmen von Führungen das Herrenhaus besichtigen. Der beeindruckendste Raum ist die Bibliothek des Hauses, in der Selma Lagerlöf viele ihrer berühmten Romane schrieb. Heute ist das gesamte Anwesen ein Lagerlöf-Museum, das noch aussieht wie zu ihren Lebezeiten, so wie sie es testamentarisch verfügt hatte (Öffnungszeiten: Juli tgl. 10.00 – 17.00, Juni, Aug. bis 16.00, ab Mitte Mai bis 15.00, Sept. Sa., So. 11.00 – 14.00 Uhr, www.marbacka.com). In **Östra Ämtervik** südlich von Mårbacka liegt Selma Lagerlöf auf dem Friedhof begraben.

Övre Fryken Von Sunne fährt man entweder auf einer Landstraße am Ostufer des waldgesäumten Övre Fryken über Lysvik nach Torsby. Lohnender ist die Route auf der Str. Nr. 45 am Westufer des Sees entlang, am Herrenhaus Stöpfors und am 342 m hohen Tosserbergsklätten vorbei nach Torsby. Im **Torsbys Herregård** ist ein Zentrum für Finnenkultur eingerichtet, lebten doch in dieser Gegend einst viele Finnen. Diese hatte man im 16. und 17. Jh. hier angesiedelt, damit sie das wilde Land urbar machten. Im Gegenzug erhielten sie lukrative Steuervergünstigungen (Öffnungszeiten: Mitte Juni – Mitte Aug. tgl. 11.00 – 17.00, sonst Di. – Fr. 10.00 bis 16.00, Sa. 10.00 – 14.00 Uhr).

! *Baedeker* TIPP

Wo Schiffe über Brücken fahren

In Haverud, unweit von Mellerud gelegen, gibt es einen ganz besonderen »Verkehrsknotenpunkt«, denn hier fahren die Schiffe nicht nur durch Schleusen, hier werden sie auf einem Aquädukt über den Taleinschnitt befördert. Das Ganze kann man hervorragend von der darüber gelegenen Straßenbrücke beobachten.

Zurück in Karlstad folgt man dem Ufer des Vänern westwärts Richtung nach Säffle. Hinter Säffle überquert man die Grenze zwischen Värmland und Dalsland und gelangt nach **Åmål**. Nachdem Großbrände immer wieder die Holzhäuser vernichtet hatten, wurden beim Wiederaufbau zunehmend Steinhäuser errichtet. Heute sind nur noch im Viertel Plantaget am Stadtpark einige wenige alte Holzbauten erhalten. Schön ist der Örnäspark mit dem Hembygdsgård, wo außer einem kleinen Tierpark historisches Werkzeug und Mobiliar aus der Gegend zu sehen sind. Bei Seglern und sonstigen Wassersportlern ist vor allem die Marina der Stadt bekannt und beliebt.

✶ Dalslandkanal Bei Köpmannebro, etwa 40 km südlich von Åmål, beginnt der 1864 – 1868 von Nils Ericsson erbaute Dalslandkanal. Insgesamt 254 km lang, verbindet er mit seinen 29 Schleusen ein ganzes System von Seen, das sich bis auf norwegisches Gebiet erstreckt. Nur 10 km der gesamten Strecke sind ein Kanal im eigentlichen Sinn, der Rest besteht aus natürlichen Binnengewässern. Der Kanal sollte in erster Linie den Transport für die Erzeugnisse der Eisenwerke und Sägemühlen in Värmland und Dalsland ermöglichen und auch eine Verbindung durch Norwegen zur Nordsee herstellen.

Heute dient der Kanal praktisch nur noch als Touristenroute. Auf ihm fährt man durch eine schöne, abwechslungsreiche Landschaft mit Äckern, dunklen Wäldern, felsigen Höhenzügen und kargen Wildmarken. Wer den Kanal mit dem eigenen Boot befahren möchte, sollte sich bei den zuständigen Touristenbüros nach den Betriebszeiten der Schleusen erkundigen.

Hinter dem kleinen Industrieort **Mellerud** entfernt sich die Straße vom See und erreicht nach 30 km die Stadt Vänersborg und kommt von dort aus nach Trollhättan, dem Ausgangspunkt der Fahrt um den Vänern.

★ Varberg

C 3

Landschaft: Halland
Einwohnerzahl: 64 000
Provinz: Halland Län
Höhe: Meereshöhe

Das westschwedische Varberg hat sich schon früh einen Namen als Kur- und Badeort gemacht. Beim Anblick des nostalgisch verspielten Badehauses kann man noch erahnen, wie es früher hier zugegangen ist. Heute wird immer noch gebadet, jetzt aber mehr an den schönen Sandstränden in der Umgebung.

Sehenswertes in Varberg

Zentrum und Societetspark

Das Zentrum der auf einem regelmäßigen, schachbrettförmigen Grundriss angelegten Innenstadt ist der große Hauptplatz, der, mit Ausnahme der wuchtigen Gründerzeitbauten von Sparbank und Stadshotell, von niedrigen Häusern eingerahmt ist. An seiner Nordseite steht die klassizistische Kirche. Im nahen, gepflegten Societetspark beeindruckt das stattliche Societetshaus von 1880, das heute Café, Pub und Diskothek beherbergt. Das verspielte weiße Holzgebäude mit den Türmchen erinnert noch an die Zeit des vornehmen Kur- und Badetourismus.

Einen Hauch von Orient zaubert das Varberger Badehaus an den Kattegat.

VARBERG ERLEBEN

AUSKUNFT

Varbergs Turistbyrå
Brunnsparken
43224 Varberg
Tel. (03 40) 868 00, Fax 8 68 07
www.marknadvarberg.se

ESSEN

► Fein & Teuer

Wärdshuset
Varberg, Kungsgatan 14
Tel. (03 40) 801 11
www.varbergswardshus.com
Gourmetrestaurant mit internationaler Speisekarte

► Erschwinglich

Borggården
Varberg /Festung, Tel. (03 40) 108 66
www.borggarden.nu
In der Festung mit schöner Aussicht über das Kattegatt. Nur im Sommer geöffnet. Hier kann man auf Vorbestellung auch an einer Mittelaltertafel teilnehmen.

Hertigen Island
Falkenberg (Zugang südlich vom Elvägen)
Tel. (03 46) 100 18, www.hertigen.se
Elegantes Restaurant auf einer Insel in der Stadt mitten im Fluss Ätran; zum Komplex gehören auch ein Weinkeller, eine Bar und ein Nachtclub.

ÜBERNACHTEN

► Komfortabel

Clarion Collection Hotel Fregatten
Varberg, Hamnplan
Tel. (03 40) 67 70 00, Fax 61 11 21
www.cchotelfregatten.se
Erstklassiges Hotel unweit von Hafen und Badestrand.

Okéns Bed & Breakfast
Varberg, Västra Vallgatan 25
Tel. (03 40) 808 15, Fax 808 47
www.okens.se
Kleine, familiäre Unterkunft, romantisch eingerichtete Zimmer mit großen bequemen Himmelbetten und vielen kleinen Extras.

Värdshuset Hwitan
Falkenberg, Storgatan 24
Tel. (03 46) 820 90, Fax 597 96
32 Zi., www.hwitan.se
Im Zentrum am Ätranfluss. Besonders lohnend im Sommer wegen der großen Gartenterrasse und der Musikveranstaltungen.

Grand Hotel
Falkenberg, Hotellgatan 1
Tel. (03 46) 144 50, Fax 144 59
70 Zi., www.grandhotelfalkenberg.se
Nettes Hotel mit Blick über den Ätranfluss; am Wochenende spielen lokale Gruppen zum Tanz auf.

SPORT UND FREIZEIT

Angeln
Durch Falkenberg fließt der Ätran, einer der besten Lachsflüsse Schwedens. Einige der besten Fangplätze liegen mitten in der Stadt. Beste Angelzeit für die Meerforelle ist der April und für den Lachs die Periode von Mai bis September.

Baden und Surfen
Südlich von Varberg liegen bei Träslövsläge die schönsten Sandstrände, die auch bei Surfern sehr beliebt sind. Um Falkenberg erstrecken sich 13 km Strand. Die stadtnächsten sind der 2 km lange Skrea Strand mit hohen Sanddünen unmittelbar südlich der Flussmündung und der Stafsinge Strand nördlich des Flusses mit einigen steinigen Abschnitten.

✶ Festung

Das Wahrzeichen der ansonsten etwas gesichtslosen Stadt ist die große Festung, die auf einem ins Meer vorspringenden Felsen liegt. Sie wurde im 13. Jh. von den Dänen erbaut und später mehrmals verändert. Bis 1830 erfüllte sie Verteidigungsfunktionen und diente dann bis 1931 als Gefängnis. Von den Geschützbastionen bietet sich ein umfassender Rundblick auf Varberg und das Kattegatt. Inmitten des Mauerkarrees erhebt sich das schon im 14. Jh. erbaute Schloss, in dessen nördlichem und westlichem Flügel seit 1925 ein **Museum** eingerichtet ist. Dessen bedeutendstes Exponat ist der Bockstenmann, eine **Moorleiche** aus dem 14. Jh., dessen durch die Huminsäuren konservierte Kleidung die besterhaltene ihrer Art in Europa ist. Warum der Mann mit einem Eichenpfahl durchbohrt wurde, darüber kann man nur spekulieren. Die Sammlungen informieren weiter über bäuerliches Leben, Wohnkultur, Fischerei und Stadtgeschichte. Im nördlichen Teil des Festungsareals befinden sich ein Fahrradmuseum und die Jugendherberge (Öffnungszeiten: Mitte Juni – Mitte Aug. tgl. 10.00 – 18.00, sonst Mo. – Fr. 10.00 – 16.00, Sa., So. 12.00 – 16.00 Uhr, www.lansmuseet.varberg.se).

Hafenbereich

Vom Nordtor der Festung geht man hinunter in Richtung Hafen, zum nostalgischen **Kaltbadehaus** und weiter zum alten Hafenmagazin, in dem heute Kunstgewerbeateliers ihre Erzeugnisse ausstellen. Das 1903 erbaute Kaltbadhaus steht auf Stelzen ein Stück vor dem Strand im flachen Wasser und ist mit seiner orientalisch verspielten Fassade und den Türmchen ein Blickfang. Nach einer aufwändigen Restaurierung strahlt es wieder in neuem Glanz, nur die nahen Hafenanlagen trüben etwas die Badefreuden. Wer sich vor dem Bad im Meerwasser etwas aufheizen möchte, findet im Innern eine Sauna (Öffnungszeiten: Mo. – Do. 7.30 – 21.00, Fr. bis 19.00, Sa. 9.00 bis 16.30, So. 14.00 – 18.30 Uhr).

Insel Getterön

Nordwestlich vorgelagert und durch einen Straßendamm mit dem Festland verbunden, liegt die Insel Getterön, die von Varberg aus auch mit Ausflugsbooten zu erreichen ist. Das neu angelegte Naturzentrum informiert mit einer kleinen Ausstellung über das Natur- und Vogelschutzgebiet. Von dem kleinen Café (tgl. 10.00 bis 16.00 Uhr geöffnet) hat man einen schönen Blick über das Schutzgebiet.

Umgebung von Varberg

Äskhult

Zwischen Gällinge und Förlanda, südöstlich von Fjärås, führt ein steiler und enger Fahrweg aufwärts nach Äskhult, einem reizvollen kleinen Dorf, das als Freilichtmuseum hergerichtet ist. Die ältesten Gebäude stammen aus dem 17. Jh., Ende des 19. Jh.s wohnten hier noch 35 Menschen und bewirtschafteten die Äcker, der letzte Dorfbewohner starb 1964 (Öffnungszeiten: Mai. tgl. 11.00 – 17.00, Juni – Aug. tgl. 11.00 – 18.00, Sept. Sa./So. 11.00 – 17.00 Uhr; www.askultsby.se).

Sender SAQ

Technik- und Funkfreunde zieht der Sender SAQ bei Grimeton zwischen Varberg und Rolfstorp magisch an. Die Anlage gehört zum UNESCO Weltkulturerbe und ist dank der 127 m hohen Sendemasten kaum zu übersehen. 1924 für den Funkverkehr mit den USA gebaut, stellt sie ein einzigartiges Industriedenkmal dar (Öffnungszeiten: Mai – Sept. Sa. 10.00 – 15.00, englische Führung 13.00 Uhr).

✶ Falkenberg

Altstadt

Die Hafenstadt Falkenberg liegt an der Mündung des lachsreichen Ätran in das Kattegatt. Zwar hat sich auch hier viel Industrie und Gewerbe angesiedelt, doch es gibt im Zentrum noch charmante alte Holzhäuser. An der Kreuzung Torggatan/Nygatan unweit des Stortorg steht das moderne Gebäude der Sparbank, dessen Wand ein haushohes, originelles Bronzerelief (1977) von Walter Bengtsson ziert, auf dem allerlei Kurzweil und Unfug dargestellt ist.

✶ Laurentius-Kirche

Aus der Zeit der Burg stammt auch die St. Laurentii Kyrka inmitten der Altstadt. An den relativ kleinen, teils noch romanischen einschiffigen Bau wurde im 18. Jh. der recht massige Turm angefügt. Die Wände des Inneren sind noch vollständig mit Resten spätromanischer bzw. frühgotischer Fresken bedeckt. Die Holzdecke trägt eine besonders reiche Bemalung aus dem 17. Jahrhundert.

! *Baedeker* TIPP

Kaufrausch in der Provinz

Gekås, das größte Warenhaus Nordeuropas, liegt in Ullared (40 km östlich von Varberg). Hier gibt alles von Bekleidung über Sportartikel bis zu Unterhaltungselektronik (geöffnet: Mo. – Fr. 8.00 bis 20.00, Sa. 7.00 – 17.00, So. 8.00 – 17.00 Uhr, www.gekas.se).

Symbol der Stadt ist die südöstlich vom Stortorg den Fluss überspannende Tullbron (Zollbrücke). Zwischen 1756 und 1761 erbaut, ist sie eine der besterhaltenen Steinbrücken Schwedens.

Museum

Im größten der schmucken Holzhäuser nahe der Kirche ist das Falkenberg-Museum untergebracht. In erster Linie ist es ein Heimatmuseum, das von Zeit zu Zeit aber auch interessante Wechselausstellungen zeigt (Öffnungszeiten: Di. – So. 12.00 – 16.00 Uhr).

Töpferei Törngrens

1789 gründete Töpfermeister Hans Törngren die Törngrens Krukmakeri in Falkenberg. In diesem Familienbetrieb bekommt man auch tönerne Kuckuckspfeifen (»Lergökar«), die früher von Lehrlingen gefertigt wurden, die damit ihren spärlichen Lohn aufbesserten (Öffnungszeiten: Mo. – Fr. 9.30 – 16.30 Uhr, Krukmakaregatan 4).

Brauerei

Falkenberg ist auch Sitz einer Brauerei. Deren hochmoderne Brauanlagen können besichtigt werden (Termine und Voranmeldung bei der Touristeninformation Falkenberg, Tel. 03 46/ 88 61 00).

★ Västerås

G 5

Landschaft: Västmanland
Einwohnerzahl: 131 000
Provinz: Västmands län

Die Hauptstadt der südschwedischen Provinz Västmanland liegt an einer Bucht des Mälarsees. Im Mittelalter war Västerås eine der bedeutendsten Städte des Landes. Heute ist sie ein wichtiger Industriestandort und bietet Gelegenheit, die regionale Spezialität »Västeråsgurkor« einzukaufen, Salzgurken in Dill.

Im Mittelalter war der Ort Bischofssitz. Von den elf Reichstagen, die in Västerås abgehalten wurden, hatte der im Jahre 1527 abgehaltene die größte Bedeutung, weil damals unter Gustav Wasa die Reformation beschlossen wurde. Eine sprunghafte Entwicklung setzte mit der Industrialisierung zu Beginn des 20. Jh.s ein. Um 1900 hatte Västerås nur knapp 12 000 Einwohner, seither hat sich die Zahl mehr als verzehnfacht

Sehenswertes in Västerås

Das Zentrum der Stadt bildet der weite Marktplatz. An seiner Südseite steht ein originelles Bronzedenkmal von 1989, das eine Kolonne von Radfahrern zeigt. Südlich erstreckt sich eine ansprechend gestaltete Fußgängerzone.

Nördlich vom Stortorg erhebt sich der Dom, der 1271 geweiht und später mehrmals umgebaut wurde. Der gotische Ziegelbau wurde auf den Fundamenten einer romanischen Kirche errichtet, 1694 fügte Nicodemus Tessin d.J. den 103 m hohen Turm an. Links vor der Hauptfassade steht ein mächtiges Bronzedenkmal von Carl Milles (1923) für Johannes Rudbeckius, der 1619 – 1646 Bischof von Västerås war. Das Innere wurde erst im 16. Jh. auf fünf Schiffe erweitert. Sehenswert ist der teilweise in Gold gefasste gotische Schnitzaltar, hinter dem Altarraum halblinks das große, aus schwarzem und hellem Marmor gefertigte Renaissancegrabmal des Reichsmarschalls Magnus Brahe (1633).

Schloss Beim Dom überquert man die Svartån und geht auf der Slottsgatan zwischen alten Holzhäusern nach Süden zum Stadtpark. An der Brücke über den Fluss steht ein altes Turbinenhaus. Halbrechts davon stößt man auf das Schloss, das im 13. Jh. als Festung errichtet wurde und heute das Provinzmuseum beherbergt. Im Museum sind prähistorische Funde und kulturgeschichtliche Sammlungen zu sehen.

*** Anundshögen** Der Bestattungsplatz Anundshögen liegt 6 km nordöstlich außerhalb des Zentrums. Die Grabhügel und schiffsförmigen Steinsetzungen aus der Wikingerzeit entstanden zwischen 500 und 1050 n.Chr. und gehören zu den umfassendsten derartigen Anlagen in Schweden.

Umgebung von Västerås

Schloss Tidö Rund 15 km südwestlich von Västerås liegt an einer kleinen Bucht des Mälarsees Schloss Tidö, eines der am besten erhaltenen schwedi-

VÄSTERÅS ERLEBEN

AUSKUNFT

Västerås Turistbyrå
Kopparbergsvägen 3
72187 Västerås, Tel. (021) 39 01 00
www.vasterasmalarstaden.se

ÜBERNACHTEN

► **Luxus**

① *Elite Stadshotellet*
Stora Torget
Tel. (021) 10 28 00
Fax 10 28 10
137 Zi., www.elite.se
Am Markplatz gelegenes Businesshotel in einem eindrucksvollen Art-Nouveau-Gebäude. Im »Stadskällaren« diniert man edel. Große Bier- und Whiskyauswahl im rustikalen, irisch angehauchten Pub »The Bishop's Arms«.

ESSEN

► **Erschwinglich**

① *Karlsson På Taket*
Karlsgatan 9
Tel. (021) 101 01 oder 10 10 98
www.karlssonpataket.wordpress.com
Hier speist man mit atemberaubender Aussicht, denn man sitzt im 23. Stock gut 70 m über der Erde. Noch ein Stockwerk höher liegt die Skybar, die abends geöffnet hat.

Kunst am Bau, gesehen in der Fußgängerzone von Västerås

schen Schlösser aus der Übergangszeit zwischen Renaissance und Barock. Die Schlosskapelle und einige Schauräume sowie das Spielzeugmuseum können im Sommer besichtigt werden (Mai – Aug. Di. bis So. 11.00 – 17.00, sonst Sa. / So. 12.00 – 17.00; www.tidoslott.se).

Der heutige Bau von **Schloss Strömsholm** geht auf Pläne von Nicodemus Tessin d.Ä. zurück. Im Schloss befindet sich eine große Sammlung schwedischer Gemälde aus dem 17. Jh., außerdem Möbel aus gustavianischer Zeit (Öffnungszeiten: Juli tgl. 12.00 – 17.00, Juni, Aug. bis 16.00, Mai Sa./So. 12.00 – 16.00; www.royalcourt.se).

Die Wikinger schätzten schiffsförmig angelegte Friedhöfe wie hier bei Anundshögen.

Die Straße Nr. 67 führt nach Norden zu dem 36 km entfernten alten Bergbauort **Sala**. Seine Blütezeit erlebte er im 16. Jh., als die Silbergruben dieser Region einen erheblichen Teil des Landesvermögens erwirtschafteten. Das hier geförderte Silbererz galt als eines der reichsten der Erde. Einen guten Einblick in die bergmännische Technik vermittelt das im alten Grubenhaus eingerichtete **Grubenmuseum**. Die tiefste Stollenanlage ist mit 318 m der Schacht Carl XI., der Schacht Drottning Christina reicht bis in 257 m Tiefe. Besucher können im Rahmen verschiedener Führungen bis in eine Tiefe von 50 m absteigen (Öffnungszeiten: Mai – Sept. tgl. 10.00 – 17.00, sonst Di. – Fr. 14.30 – 17.00 Uhr; www.salasilvergruva.se).
Auf dem Gelände der Silbergrube kann man sich in den Läden mehrerer Kunsthandwerker mit Schmuck und Geschenken aus Silber und Gold eindecken.

Köping

Wenn man von Västerås der E 18 weiter nach Westen folgt, gelangt man zu der 40 km entfernten kleinen Stadt Köping, die seit dem 15. Jh. als Handelsort bekannt ist. Hier arbeitete der in Stralsund geborene Carl Wilhelm Scheele, einer der bedeutendsten Chemiker des 18. Jh.s, als Apotheker. Ihm ist die Apothekenabteilung »Scheeles Minne« des Köpinger Museums gewidmet (Öffnungszeiten: Di. bis So. 13.00 – 16.00, Östra Långgatan 37).

Västervik

G 3

Landschaft: Småland
Einwohnerzahl: 37 000
Provinz: Kalmar Län
Höhe: Meereshöhe

Die Hafenstadt Västervik liegt wunderschön an einer mit Inseln gesprenkelten Bucht der småländischen Ostseeküste. Sie ist eines der besten Beispiele für die reizvollen Holzhaussiedlungen, die im 18. Jh. in dieser Region entstanden sind.

Einst war Västervik so bedeutend, dass es in einem Atemzug mit Kalmar genannt wurde. Vor allem die Einnahmen aus der Werftindustrie und Fischerei sorgten für Wohlstand, der sich auch im Stadtbild niederschlug. Sorgten die über 5000 Schäreninseln vor der Stadt in der Vergangenheit für Schutz, bilden sie heute ein einzigartiges Segel- und Surfparadies.

Die Pluspunkte von Västervik: malerisches Stadtbild, Paradies für Segler und Kanuten

Sehenswertes in Västervik und Umgebung

Am Hafen

Direkt am Fischer- und Bootshafen liegt der Gemüsemarkt mit seinen Fischhändlerhütten. Wer gerne Fisch, Gemüse oder Krimskrams einkauft und buntes Markttreiben liebt, ist hier goldrichtig. Zwischen dem Platz und der auf einer Anhöhe stehenden Gertrudskirche breiten sich Västerviks malerische alte Holzhäuser aus.

Gertrudskirche

Die St. Gertruds Kyrka stammt ursprünglich aus dem 15. Jh., wurde aber im Laufe der Zeit vollständig umgestaltet. Über dem ersten Teil des linken Querhausarms befindet sich eine mit ornamentalen Grisaillemalereien geschmückte Holzdecke. Die schöne geschnitzte Kanzel ist barock, die Ölgemälde datieren ins 17./18. Jahrhundert.

Cederflychtska Fattighus

Wenige Schritte östlich der Gertrudskirche steht das Cederflychtska Fattighus, das 1749 – 1751 erbaute Armenhaus, das so ansehnlich ist, dass sich ein zeitgenössischer Geschichtsschreiber zu der Bemerkung hinreißen ließ: »In Västervik wohnten die Armen besser als die Reichen.« Westlich gegenüber der Gertrudskirche befindet sich der Aspagård, ein Relikt aus der Zeit vor dem Stadtbrand von 1677, in dem heute Kunsthandwerker ihre Ateliers haben.

Lysingsbadet

Etwa 3 km östlich vom Zentrum liegt in den Schären das Freizeitzentrum Lysingbadet mit Campingplatz, Hütten, Stränden, Wasserrutsche und Golfplatz (www.lysingsbadet@vastervik.se, Tel.04 90 /25 48 50).

VÄSTERVIK ERLEBEN

AUSKUNFT

Västervik Turistbyrå
Strömsholmen
59330 Västervik
Tel. (04 90) 25 40 40, Fax 25 40 45
www.vastervik.se

ESSEN

▸ Fein & Teuer

Gränsö Slotts Restaurang
Tel. (04 90) 824 30, Fax 345 46
www.granso.se
Schlossrestaurant mit edler schwedischer Küche, aber nur Freitag- und Samstagabend geöffnet. Das Schlosscafé ist im Sommer täglich geöffnet. Die schöne Lage am Wasser lohnt jederzeit einen Besuch.

ÜBERNACHTEN

▸ Komfortabel

Centralhotellet
Brunnsgatan 23
Tel. (04 90) 895 50
Fax 895 51
www.centralhotellet.com
Im Zentrum gelegenes, gemütliches Hotel mit gehobenem Standard, seit 1968 in Familienbesitz

AUSFLÜGE

Seit 1879 fährt eine Schmalspurbahn von Västervik nach Hultsfred. Immer im Juli kann man heute noch die ca. zweistündige Fahrt im gemütlichen Tempo unternehmen (Infos: www.smalsparet, Tel. 04 90/ 230 10).

Lunds By Der aus dem 17. Jh. stammende Weiler Lunds By, 10 km südwestlich, lohnt wegen seiner architektonisch interessanten Anlage einen Abstecher: Acht alte Herrenhäuser gruppieren sich hier um einen rechteckigen Marktplatz.

Stensjö Fährt man von Västervik aus die E 22 Richtung Süden, erreicht man ca. 10 km vor Oskarshamn den Weiler Stensjö, der noch so aussieht wie ein typisches småländisches Dorf im 18. und 19. Jh. Stensjö liegt inmitten dichter Wälder und ist umgeben von teilweise winzigen Feldern, die mit dicken Felsbrocken übersät sind. Deshalb war es kaum möglich, diese verwinkelte Landschaft mit großen Maschinen zu bewirtschaften. So wurde die Landwirtschaft unrentabel, das Dorf verfiel, bis die Wissenschaftsakademie das gesamte Dorf zu einem ökologischen Musterbetrieb verwandelt hat, in dem heute nach alter Väter Sitte gewirtschaftet wird. Besucher können auf verschiedenen Wanderwegen die Umgebung erkunden.

Oskarshamn In der Hafen- und Industriestadt Oskarshamn wurde der Arzt und Schriftsteller Axel Munthe (1857 – 1949) geboren, dessen Erinnerungswerk »Das Buch von San Michele« (1931) ein Welterfolg wurde. Im Kulturhus (Hantverksgatan 18-20) sind das Seefahrtsmuseum sowie eine Sammlung mit Skulpturen des im nahen Döderhult geborenen Bildhauers Axel Petersson (1868 – 1925) zu sehen.

Vimmerby Gut 50 km in westlicher Richtung landeinwärts kommt man auf der Str. Nr. 33 zu dem Städtchen Vimmerby, dessen Straßengrundriss zwar noch die mittelalterliche Planung erkennen lässt, aber ansonsten wenig Spektakuläres zu bieten hat. Trotzdem strömen jedes Jahr Zigtausende nach Vimmerby Astrid Lindgrens wegen, die auf dem Hof Näs nördlich der Stadt aufgewachsen ist.

In »Astrid Lindgrens Welt«

Die Hauptsehenswürdigkeit von Vimmerby ist der Freizeitpark **»Astrid Lindgrens Welt«** am nordwestlichen Stadtrand. Hier sind viele Details aus ihren Kinderbüchern nachgebaut, z.B. die Villa Kunterbunt, die Krachmacherstraße, Mattisburg und Bullerbü. Ein buntes Veranstaltungsprogramm, speziell für kleinere Kinder, gehört natürlich dazu (Öffnungszeiten: Mitte Juni – Aug. tgl. 10.00 – 18.00, ab Mitte Mai bis 17.00 Uhr, www.alv.se).

Wer sich noch weiter auf die Spuren der Bücher von Astrid Lindgren begeben will, wird ringsum rasch fündig: Auf den drei kleinen Höfen Sevedstorp in Pelarne (15 km von Vimmerby entfernt) wurden die Bullerbü-Filme gedreht. Das Katthult des Michel von Lönneberga gibt es ebenfalls: Gibberyd liegt in Rumskulla, ca. 25 km von Vimmerby entfernt. Im »Katthultsboden« kann man Michels Requisiten, Keramik und Kunsthandwerk erwerben (www.katthult.se).

Det Lilla Landet

Das kleine Land liegt nördlich von Vimmerby und zeigt ganz Schweden im Kleinformat. So konnte man das ganze Land auf 60 000 m² unterbringen und hatte Platz für ein typisches Gebäude aus jeder Provinz im Maßstab 1:3 (Öffnungszeiten: tgl. 10.00 – 17.00, www.lilalandet.com).

Norra Kvill

Ganz in der Nähe liegt der kleine Nationalpark Norra Kvill, ein 27 ha großer unberührter Urwald, den man auf mehreren Wanderwegen durchstreifen kann. Südlich des Nationalparks, bei Södra Kvill, steht die tausendjährige Eiche »Rumskulla Eken«, mit einem Stammumfang von 14 m ist sie die größte Eiche des Landes.

★★ Vättersee

E/F 3/4

Landschaft: Västergötland, Östergötland, Närke und Småland

So weit wie ein Meer spannt sich der Vättersee unter dem schwedischen Himmel aus. Rund um den See machten die Menschen das Land schon früh urbar, entsprechend reichhaltig ist das kulturelle Angebot. Höhepunkte sind das mittelalterliche Vadstena, der Götakanal und Jönköping, die größte Stadt am Vättern.

Der Vättersee, mit 1912 km² der zweitgrößte See des Landes, liegt in der Mittelschwedischen Senke. Er ist 130 km lang und bis 30 km breit bei einer Tiefe von maximal 128 m. Sein Wasser ist an vielen Stellen erstaunlich klar, weil der Vättern Quellsee ist und obendrein von nährstoffarmen, klaren Bergbächen gespeist wird. Die großen Wassermassen speichern so viel Wärme, dass der See erst spät im Winter, manchmal überhaupt nicht zufriert.

★ Jönköping

Größte Stadt am See

Jönköping, dem Magnus Ladulås 1284 die Stadtrechte verliehen hat, liegt schön an der Südspitze des Vättersees. Die mehrmals durch Feuer zerstörte Stadt wurde nach 1835 großenteils neu erbaut. Heute ist Jönköping von der Land- und Forstwirtschaft des Umlandes geprägt. Im östlichen Gemeindeteil Huskvarna ist eine vielfältige Industrie angesiedelt. Heute hat Jönköping 112 000 Einwohner.

Hovrättstorg Im historischen Stadtkern zwischen Vättersee, Munksjön und Rocksjön sind noch einige alte Gebäude erhalten. Am Hovrättstorg stehen das Landgericht, erbaut 1639 – 1655, und das aus dem späten 17. Jh. stammende alte Rathaus, ein etwas roher Renaissancebau.

★ Landesmuseum Südlich vom Hovrättstorg steht am Dag Hammarskjölds Plats der großzügige Neubau des Landesmuseums mit einer recht umfangreichen Sammlung von Werken der klassischen Moderne sowie einer stadtgeschichtlichen Abteilung und historischen Sammlungen (Öffnungszeiten: Di. – So. 11.00 – 17.00, Mi. bis 20.00 Uhr; www.jkpglm.se).

★ Streichholzmuseum Die Västra Storgatan führt zum einstigen Werksgelände der Streichholzfabrik, das heute als Tändsticksområdet ein Kultur- und Sozialzentrum bildet. In den ehemaligen Betriebsräumen der Fabrik ist das Streichholzmuseum eingerichtet, in dem nicht nur die Fertigungstechnik, sondern auch die soziale Situation der Fabrikarbeiter Thema sind. Weiter kann man eine beneidenswert umfangreiche Sammlung von Streichholzschachteln bestaunen sowie sich über den zwielichtigen Zündholzkönig Ivar Kreuger informieren.

Auf dem Gelände befinden sich außerdem ein Radiomuseum, Boutiquen aller Art und Behindertenwerkstätten, ein Kulturhaus mit Café und das Landestheater. Entsprechend viel Zeit sollte man für den Besuch des Kulturzentrums einplanen (Öffnungszeiten: Juni – Aug. Mo. – Fr. 10.00 – 17.00, Sa., So. bis 15.00, sonst Di. – So. 11.00 – 15.00 Uhr; www2.jonkoping.se/kultur/matchmuseum).

Jönköping Orientierung

Stadtpark

Noch weiter westlich erstreckt sich der Stadtpark, von dem man einen guten Blick auf den Vättersee hat. Außerdem gibt es hier ein Museum mit **Schwedens größter Sammlung präparierter Vögel** sowie ein Freilichtmuseum mit småländischen Häusern (Öffnungszeiten: Juni – Aug. tgl. 11.00 bis 17.00 Uhr).

Der **Stadtteil Huskvarna** ist weitgehend industriell geprägt. Besonders in der Sparte der Motorsägen ist der Markenname Husqvarna bekannt. Das Husqvarna-Werksmuseum veranschaulicht 300 Jahre Industriegeschichte (Öffnungszeiten: Mai – Sept. Mo. – Fr. 10.00 – 17.00, Sa., So. 12.00 – 16.00, ansonsten Mo. bis Fr. 10.00 – 15.00 Uhr, Hakarpsvägen 1, www.husqvarnamuseum.se).
Auch das einstige Schmiededorf ist mit seinen Kunsthandwerkerateliers einen Besuch wert. Fährt man die E 4 nordwärts am Ufer des Vättern entlang, passiert man rechts die große Holzplastik des »Jätten Vist« genannten Trolls und kommt am Hotel Gyllene Uttern vorbei nach Gränna.

Außergewöhnlich: die Habo-Kirche

Das größte schwedische Moorgebiet südlich von Lappland ist der **Nationalpark Store Mosse**, der südlich von Jönköping über die E 4 zu erreichen ist. In dem schön gestalteten Naturzentrum können die die Besucher, gut gewärmt vom Kaminfeuer, Kraniche, Kanadagänse und Singschwäne beobachten, die am Kävsjön-See brüten.

Habo-Kirche

Rund 15 km nördlich von Jönköping, am Westufer des Vänersees, liegt der kleine Ort Habo. Seine große, mit roten Schindeln verkleidete Holzkirche ist **einer der eigenartigsten Sakralbauten Schwedens**. Wände und Decken sind aus Holz und lückenlos mit farbenprächtigen Bibelmotiven geschmückt, die 1741 – 1743 geschaffen wurden. Die dreischiffige Holzkirche selbst wurde 1680 umgebaut; von der mittelalterlichen Kirche ist noch der Taufstein erhalten (Öffnungszeiten: im Sommer tgl. 9.00 – 18.00, sonst außer Sa. 10.00 – 16.00 Uhr).

VÄTTERSEE ERLEBEN

AUSKUNFT

Gränna Turistbyrå
Haus Grenna Kulturgård
56322 Gränna
Tel. (03 90) 410 10, Fax 102 75
www.grm.se

Jönköping Resecenter
Järnvägsstationen
55189 Jönköping
Tel. (036) 10 50 50, Fax 10 77 68
www.jonkoping.net

Motala Turistbyrå
Hamnen
59186 Motala
Tel. (01 43) 22 50 00
www.motala.se

Vadstena Turistbyrå
Rödtornet, Storgatan
59280 Vadstena
Tel. (01 43) 315 70, Fax 315 79
info@vadstena.com, www.vadstena.se

ÜBERNACHTEN

► Luxus

① ***Elite Stora Hotellet***
Jönköping, Hotellplan
Tel. (036) 10 00 00
Fax 215 50 25
135 Z., www.elite.se/jonkoping
Direkt am Südufer des Vättern und zentral in Jönköping gelegenes Hotel in einem wunderschönen Gebäude aus dem 19. Jahrhundert.

Hotel Gyllene Uttern
Gränna, Tel. (03 90) 108 00
51 Zi., www.gylleneuttern.se
info@gylleneuttern.se
Gepflegt eingerichtete Zimmer im Ambiente eines herrlichen Herrenhauses, der Großteil von ihnen mit Aussicht auf Gränna, den Vättersee und die Insel Visingsö. Golfplatz nahebei.

Vadstena Klosterhotell
Vadstena, Klosterområdet
Tel. (01 43) 315 30, Fax 136 48
www.klosterhotel.se
Dezenter Luxus im mittelalterlichen Kloster aus dem 13. Jh., unweit von Zentrum und Schloss. Angeschlossen ist das Restaurant »Munkklostret« mit exzellentem Essen, teils mit mittelalterlicher Musik.

► Komfortabel

Kanalhotellet
Karlsborg, Storgatan 94
Tel. (05 05) 1 21 30, Fax 1 27 61
27 Zi., www.kanalhotellet.se
Ehrwürdiges Holzhotel von 1894 im Schweizer Stil mit vielen schönen Schnitzereien verziert. Direkt am Götakanal mit toller Aussicht.

Baedeker-Empfehlung

Buntgeringelte Zuckerstangen
»Polkagrisar« heißen die bunt geringelten Zuckerstangen, meist mit Pfefferminzgeschmack, die in über zehn Kochereien in Gränna hergestellt werden. Erfinderin dieser Köstlichkeit war die mittellose Witwe Amalia Eriksson, die 1895 vom Magistrat der Stadt die Erlaubnis erhielt, Backwerk und Zuckerstangen herstellen zu dürfen – eine geniale Geschäftsidee, wie die Scharen der kleinen und großen Abnehmer zeigen.

ESSEN

► Erschwinglich

Idas Brygga
Karlsborg, Skepparegatan 9
Tel. (05 05) 131 11
www.idas-brygga.se
Direkt am Götakanal gelegen und bekannt für seine ausgezeichneten Fischgerichte. Günstiges »Dagens Rätt«. Auch Zimmervermietung.

① ***Mäster Gudmunds Källare***
Jönköping, Kapellgatan 2
Tel. (036)10 06 40
www.mastergudmund.se
Lokale Spezialitäten, darunter auch Elch, werden in diesem Kellerrestaurant serviert.

▸ Preiswert

② ***Fiskeboden***
Jonköping, am Hafen
Tel. (036) 15 00 12
Kein Restaurant, sondern nur ein kleiner Verkaufsstand mit wenigen Sitzplätzen. Am besten isst man den frisch geräucherten Fisch einige Schritte weiter am Seeufer (10.00 – 18.00 Uhr geöffnet).

AUSFLÜGE

Von dem Uferort Hjo fährt ein über 100 Jahre altes Dampfboot zur Insel Visingsö.

FESTE UND SPORT

Blasmusikfestival
Tausende Blasmusiker treffen sich zu Pfingsten in Jönköping. Dann spielen Bigbands, Brass-Ensembles, Saxophonquartette, Militärorchester und Solisten um die Wette beim Internationalen Schwedischen Blasmusikfestival. Dreitägiges Musikspektakel in der Jönköpinger Innenstadt (www.blasmusik.smot.nu).

Ballonfahrerfest
Gränna gilt als eines der besten schwedischen Zentren für Ballonfahrer. Jeden Februar wird hier Skandinaviens größtes Ballonevent ausgetragen und alljährlich am 11. Juli gedenkt man der Andrée-Expedition mit Ballonaufstiegen.

Baedeker-Empfehlung

Einmal rund um den Vättern
Jedes Jahr Mitte Juni kommen mindestens 15 000 begeisterte Radfahrer nach Motala am Vättersee, um am Jedermannrennen rund um den See teilzunehmen. Die »Vätternrundan« kann mittlerweile auf eine über 40-jährige Tradition zurückblicken. Ein wenig Kondition ist aber schon nötig, denn die Runde ist immerhin 300 km lang und muss am Stück absolviert werden (Anmeldung: www.cyklavaettern.com).

Einmal jährlich treten Radler zum Wettrennen um den Vättern an.

Vögel beobachten, Picknick machen, ausruhen – alles möglich am Vättersee

Fahrt um den Vättersee

Gränna Das hübsche Städtchen Gränna liegt am Südostufer des Vättersees am Fuß des steilen Grännaberges. Die Gründung des Orts geht auf den Grafen Per Brahe zurück. 1652 ließ er die nach ihm benannte Hauptstraße so anlegen, dass er sie von dem heute nur als Ruine erhaltenen **Schloss Brahehus** gut überblicken konnte. Die schöne **Barockkirche** (12. Jh.), etwas erhöht über den Häuserzeilen am Fuß des Berges gelegen, wurde nach einem Brand 1895 wieder errichtet. Das Grännaberget-Freilichtmuseum auf dem Berg umfasst eine Hauptmannsunterkunft, eine Soldatenkate und die Hütte eines Papiermachers. Eine bekannte kulinarische Spezialität von Gränna sind **Zuckerstangen** (polargris).

Expeditions-Museum ► Gränna ist der Geburtsort des **Polarforschers Salomon August Andrée** (1854 – 1897), der zusammen mit zwei Begleitern in einem Heißluftballon den Nordpol überqueren wollte. Das Unternehmen scheiterte jedoch am 83. Breitengrad, die Überreste der Expedition fand man erst 1930. Das kleine Museum an der Brahegatan in einem malerischen Karree niedriger Holzhäuser zeigt, was von dem wagemutigen Unternehmen übrig geblieben ist. Gegenüber, jenseits der Straße, steht Andrées Geburtshaus.

★ **Visingsö**

Mit dem Schiff kommt man in 20 min. von Gränna nach Visingsö, der größten Insel im Vättersee. Prähistorische Gräberfelder beweisen eine frühe Besiedlung. Die Familie Brahe errichtete **Visingborgs Slott** (17. Jh.), einst das prachtvollste Schloss des Landes, aber seit dem Brand von 1718 eine Ruine.

★★ **Runenstein von Rök**

Von Gränna folgt man der E 4 in nördlicher Richtung bis jenseits von Ödeshög und biegt links nach Rök ab. Dort steht vor der Kirche **Schwedens größter und bedeutendster Runenstein mit der längsen Runeninschrift der Welt**. Der Block ist von 700 Runenzeichen bedeckt, in denen so mancher Philologe das erste Gedicht Schwedens zu erkennen glaubt. Sicher ist aber, dass ein Wikingerhäuptling im 9. Jh. den »Rökstenen« zum Gedenken an seinen verstorbenen Sohn Värmod aufstellen ließ. Angeschlossen ist ein **Freilichtmuseum**.

Tåkernsee

Nördlich von Rök breitet sich der teils versumpfte Tåkernsee aus, der schon in Selma Lagerlöfs Erzählung »Nils Holgersson« als große Vogelkolonie beschrieben wird und heute ein Naturreservat mit guten Beobachtungsmöglichkeiten ist. Ornithologen schätzen den See wegen der bis zu 250 verschiedenen Arten als eines der besten Vogelgebiete.

★ Vadstena

Vadstena verdankt seinen Ursprung der Heiligen Birgitta. Sie war zunächst Haushofmeisterin bei König Magnus Eriksson und Königin Blanka, bis sie ein Offenbarungserlebnis hatte und 1346 den Kungsgård als Klosterstiftung erhielt. Das Kloster wurde allerdings erst sechs Jahre nach ihrem Tod fertig gestellt. Später wurde Vadstena ein wichtiger Wallfahrtsort und Handelsplatz, 1400 erhielt es die Stadtrechte.

Schloss

Reizvoll sind die Lage des Ortes direkt am Seeufer, die engen Gassen und die Vielzahl alter Häuser. Unmittelbar am Hafen steht das von Gustav Wasa im 16. Jh. errichtete Schloss, ein abweisender und glattflächiger, wuchtiger Bau mit gedrungenen Ecktürmen, der von einem Wassergraben umgeben ist. Heute ist das Schloss u.a. Sitz des Landesarchivs (Öffnungszeiten: Juni, Aug. tgl. 11.00 – 16.00, Juli bis 18.00 Uhr).

Blåkyrkan

Zwischen Schloss und See liegt der Hamnpark. Auf der Strandpromenade geht man nordwestlich zum Birgittakloster und weiter zur 1430 geweihten einstigen Klosterkirche. Die dreischiffige gotische Hallenkirche wird nach der Farbe des blaugrauen Steins Blåkyrkan genannt. Bemerkenswert ist die farbige Fassung der Gewölberippen (Bild umseitig). Größter Schatz ist der Birgitta-Flügelaltar, eine Lübecker Arbeit aus dem 15. Jh. Links davon steht das 1331 gefertigte Reliquiar der Heiligen, die im Mittelteil dargestellt ist.

Sehr ungewöhnlich sind die farbigen Gewölberippen der Klosterkirche von Vadestna.

Kloster Gut erhalten ist das nahe Mönchskloster, das sein heutiges Aussehen den barocken Umbauten verdankt und jetzt teilweise als Hotel dient. Wenn man durch die Innenstadt zum Schloss zurückkehrt, kommt man am alten Theater und am Rödtorn, einem alten Turm, vorbei, ehe man durch die Storgatan und über den Rådhustorg mit seinen schönen Bürgerhäusern wieder den Hamnpark erreicht.

Motala

Alter Thingplatz Die schon im 14. Jh. als Thingplatz erwähnte, in den 1920er-Jahren nicht zuletzt durch ihren starken Rundfunksender bekannte Stadt Motala liegt am Götakanal, der hier den Vättersee mit dem Borensee verbindet. Die Geschichte der Stadt ist eng mit der Person von Baltzar Graf von Platen, dem Erbauer des Götakanals, verbunden, der auch einen Teil des Stadtbebauungsplans erstellt hat. Am Rand des Sportparks beim Kanal ist sein Grab.

Kanalmuseum Beim Gästehafen am Götakanal ist im ehemaligen Kanalgesellschaftshaus von 1822 das Kanal- und Seefahrtsmuseum eingerichtet, in dem das Modell einer Schleusen- und Hubbrückenanlage sowie Kanalbauwerkzeug und eine Reihe von Schiffsmodellen zu sehen sind. Außerdem wird die Geschichte des Kanalbaus unter Baltzar von Platen illustriert (Öffnungszeiten: Mai tgl. 11.00 – 17.00, Juni – Mitte Aug. tgl. 10.00 – 17.00 Uhr; www.gotakanal.se).

Motormuseum

An die motorsportliche Tradition der Stadt erinnert das Motormuseum, das in einem großen roten Lagergebäude am Hafen untergebracht ist. Es zeigt eine ganze Reihe exzellent restaurierter Oldtimerautos und -motorräder sowie historische Radioapparate (Öffnungszeiten: Mo. – Sa. 8.00 – 20.00, So. ab 10.00 Uhr, www.motala-motormuseum.se).

> **! Baedeker TIPP**
>
> **Kanalidyll Borensberg**
>
> Auf der von Motala am Borensee nach Osten führenden Str. Nr. 36 kommt man nach Borensberg, wo die Schleusentreppe des Götakanals immer Schaulustige anzieht. Direkt am Kanal liegt das kleine, charmante Göta Hotell, ein rot gestrichenes Holzhaus von 1908, ein Fotomotiv wie es typischer für Schweden nicht sein könnte. Von der Terrasse kann man die Schiffe auf dem Kanal vorbeiziehen sehen (Göta Hotell, Götagatan2, Borensberg, Tel. 01 41/400 60, www.gotahotell.se).

Beim Sportpark überquert eine Brücke den Götakanal und den parallel verlaufenden Motala Ström. Am jenseitigen Ufer steht das aus dem 17. Jh. stammende Schloss Charlottenborg mit dem **Motala-Museum**, dessen Hauptattraktion die Holzschnitzereien von Sophia Isberg bilden (Öffnungszeiten: Juli tgl. 13.00 – 16.00, sonst Di. – Fr., So. 13.00 – 16.00 Uhr, www.motalamuseum.com).

Askersund

Askersund liegt an der Nordspitze des Vätternsees. Am Marktplatz sind noch einige alte Holzhäuser und das spätbarocke Rathaus erhalten. Südlich des Ortes biegt man auf die Str. Nr. 49 ein und folgt dem Westufer des Sees Richtung Karlsborg.

Nationalpark Tiveden

Der kleine Tiveden-Nationalpark zwischen Vättern und Unden besteht aus einer wild zerklüfteten Felsenlandschaft, die von Kiefernurwald bedeckt ist. Von der Str. Nr. 49 zweigt bei Granvik die Zufahrt zum Park ab und endet an einem Parkplatz mit Infohäuschen. Von hier kann man auf einem rund 5 km langen, markierten Wanderweg den unübersichtlichen Tivedenurwald erkunden.

Karlsborg

Auf der Str. Nr. 49, **einer der landschaftlich schönsten Strecken Schwedens**, fährt man am Westufer des Vättern weiter nach Süden bis Karlsborg, wo der Götakanal in den Vättersee eintritt. Die größte Sehenswürdigkeit der Stadt ist die weitläufige Festung, die 1819 – 1909 auf der in den See ragenden Landspitze angelegt wurde und auch heute noch militärischen Zwecken dient. In die südwestliche Festungsmauer ist die Garnisonskirche integriert, unter der sich ein wehrtechnisches Museum befindet.

Hjo

Kurz hinter Karlsborg verlässt man bei Mölltorp die Str. Nr. 49 und folgt der Str. Nr. 195 weiter am See entlang nach Hjo. Im Societetshus gibt es eine Schmetterlingsausstellung und ein Aquarium mit Fauna aus dem Vättersee. Über Brandstorp und Habo erreicht man schließlich wieder Jönköping, den Ausgangspunkt der Rundreise.

Schwedisches Glas wird nach alter Tradition von Hand gefertigt.

DAS SCHWEDISCHE GLASREICH

Zwischen Växjö und Nybro, versteckt in den småländischen Wäldern, liegt das Glasreich. Seine Glasbläser leisten Meisterhaftes und so sind ihre filigranen Kunstwerke mittlerweile weltweit in Museen zu bewundern. Natürlich kommen auch die Gläser, mit denen die Gäste den Nobelpreisträgern alljährlich im Stockholmer Rathaus zuprosten, aus Småland.

Am Hofe König Wasas war es üblich, Gelage mit Scherben zu beenden, doch leider war es immer kostbares venezianisches Glas, das dabei zu Bruch ging. Geldmangel soll es gewesen sein, der den König schließlich auf die Idee brachte, statt ständig teure Gläser zu importieren, **Glasbläser nach Schweden** zu holen. Der älteste heute noch existierende Betrieb wurde 1742 von Anders Koskull und Georg Bogislaus Stael gegründet. Den Namen ihres Unternehmens **»Kosta«** bildeten sie aus den ersten Buchstaben ihrer Nachnamen. Anfangs produzierte »Kosta« hauptsächlich profane Gebrauchsgegenstände aus Glas, doch mit der Zeit wurden die Produkte immer kunstvoller.

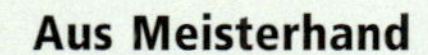

Aus Meisterhand

Als gegen Ende des 19. Jh.s immer mehr småländische Eisenhütten schließen mussten, kam der Aufschwung der Glashütten. Die Voraussetzungen waren ideal, die Wälder lieferten Holz für die hungrigen Öfen, die rund um die Uhr brannten. Die

Wasserkraft der Flüsse trieb die Schleifereien an und auch Arbeitskräfte standen Schlange vor den neuen Fabriken. Während der Blütezeit gab es **77 Glashütten** in Schweden, über die Hälfte davon in Småland. Heute bestehen noch 14 Hütten, wobei jede ihren eigenen, unverwechselbaren Stil hat und mit bekannten Künstlern zusammenarbeitet. Bertil Vallien, Göran Wärff, Gunnel Sahlin, Mats Jonasson, Lena Bergström oder Monica Backström sind Namen, die in Schweden jeder kennt. Sie versuchen immer neue Techniken, ihrer Phantasie entspringen immer neue Ideen. Besucher sind dabei willkommen, sie können den Glasbläsern an ihrem schweißtreibenden Arbeitsplatz auf die Finger schauen.

Jedes Stück ein Unikat

Glasblasen ist ein altes Handwerk und die Technik, Glas durch ein Eisenrohr aufzublasen, kannte man schon vor unserer Zeitrechnung. Im Grunde hat sich seitdem nicht viel verändert: Hat der Glasklumpen die richtige Temperatur erreicht, wird die glühend heiße Masse aus dem Feuer genommen und mit der **Glasmacherpfeife** gerollt. Dann wird der sirupweiche Klumpen unter Zischen gegen nasses Zeitungspapier oder ein Stück Holz gehalten und bekommt so die grobe Form. Dies ist die Geburtsstunde eines gläsernen Kunstwerkes, das nach seiner Vollendung unter klangvollen Namen wie Pandora, Gustaviana, Felicia oder Cancan in den Handel kommt. Jedes Exemplar ist einmalig, denn auch der beste Glasbläsermeister leistet sich **kleinste Unregelmäßigkeiten**. Jede Luftblase im Glaskörper, und sei sie auch nur mikroskopisch klein, ist wie ein Fingerabdruck, der das Gütesiegel »Echte Handarbeit« fast überflüssig macht. Der Meister hat zwar die Idee, aber Glasherstellung ist Teamwork. Am Ofen stehen ein Glasanfänger und ein Einbläser, der über-

»... jede Luftblase ist wie ein Fingerabdruck ...«

Produkte aus der Glashütte Kosta

gibt an den Stilanfänger, der an den Stilmacher und der zum Fußanfänger. Um ein einziges Glas der berühmten Serie »Intermezzo« zu fertigen – ein Kelch aus dünnem, klarem Glas mit einem kornblumenblauen Tropfen im Stiel – werden sieben Personen benötigt. Kein Wunder, dass diese Gläser nicht billig sind, doch in dem Laden, den jede Hütte betreibt, werden Gläser mit winzigen, kaum sichtbaren Fehlern zu deutlich günstigeren Preisen angeboten.

»Im Winter schätzten die Menschen die gemütliche Wärme um die Schmelzöfen.«

Nach der Arbeit Hering

Für die Touristen hat man auch die Tradition des **»Hyttsill«** wiederbelebt. Früher war die Glashütte mehr als nur ein Arbeitsplatz. War die Arbeit getan, trafen sich die Menschen aus dem Dorf, um in der Fabrik einen gemütlichen Abend zu verbringen. Die Wärme der Öfen wurde genutzt, um Hering, Kartoffeln und Brot zu backen und besonders im Winter schätzten die Menschen die gemütliche Wärme um die Glasöfen. Landstreicher auf der Durchreise hatten oft **spannende Geschichten** zu erzählen, einer spielte auf dem Akkordeon, man sang und aß in gemütlicher Runde. Aus dem einfachen »Hyttsill« von früher ist heute ein echtes Festmahl geworden, das an langen Tafeln serviert wird, wenn die Glasbläser nach Hause gegangen sind. Serviert werden Hering, knusprig gebratener Speck, Griebenwurst, Preiselbeerkompott und zum Abschluss echter småländischer Käsekuchen mit Erdbeeren und Sahne.

In den meisten Hütten kann man den Glasbläsern werktags von 7.00 – 15.00 Uhr bei der Arbeit zuschauen, während der Sommersaison auch an den Wochenenden. Wer gerne an einem Hytsill teilnehmen will, erhält Termine und Vorabinformationen bei der Glasriket Tourism AB, 38280 Nybro, Tel. (04 81) 452 15, www.glasriket.se.

✶ Växjö

E 2

Landschaft: Småland
Einwohnerzahl: 77 000
Provinz: Kronoberg Län
Höhe: 160 m ü.d.M.

Die südschwedische Provinzhauptstadt Växjö liegt am Nordende des kleinen gleichnamigen Sees. Hier, wo die Wege (Väg) am See (Sjö) zusammentrafen, gab es schon in der Eisenzeit und unter den Wikingern einen Handelsplatz.

Växjö wird »Wäckschö« ausgesprochen. Zwischen der Einkaufsstadt und dem weiter östlich gelegenen Nybro erstreckt sich das Glasreich mit seinen zahlreichen Glasbläsereien (► Special S. 360).

Sehenswertes in Växjö und Umgebung

Dom

Das Zentrum der auf regelmäßig rechteckigem Grundriss angelegten Innenstadt ist der Stortorg, an dem das stattliche Gebäude der Länsresidenz steht. Das bemerkenswerteste Bauwerk der Stadt ist der weithin sichtbare Dom mit seinem charakteristischen, von zwei spitzen Turmhelmen gekrönten Westwerk. Er wurde im 12. Jh. erbaut und nach Blitzschäden bis zum Jahr 1959 restauriert. Nach der bislang letzten Sanierung 1995 erscheint die Kathedrale heute sehr hell und wird von modernen Kunstwerken geziert, die u.a. die bekannten Glaskünstlern Göran Wärff und Bertil Vallien geschaffen haben. Das Kircheninnere ist dreischiffig, Wände und Gewölbe sind nahezu schmucklos. Beachtenswert ist der originelle Kerzenhalter in der Form eines Baums, dessen Blätter aus buntem Glas bestehen(Öffnungszeiten: tgl. 9.00 – 18.00 Uhr).

Linnépark

An den Dom schließt sich der Linnépark an. Hier befindet sich das alte Karolinische Gymnasium, zu dessen Schülern Carl von Linné gehörte, der 1707 in Stenbrohult außerhalb von Växjö geboren wurde. Der Kräutergarten geht auf eine Anregung des berühmten Botanikers zurück, ferner gibt es eine Kakteenzucht.

Utvandrarnas Hus

Vom Linnépark aus unterquert man die Eisenbahnlinie und kommt zu dem rechts stehenden Auswandererhaus, das den zahlreichen Bürger Växjös gewidmet ist, die in der Zeit zwischen 1850 und 1930 nach Amerika ausgewandert sind. Hier werden wechselnde historische und ethnologische Ausstellungen veranstaltet (Öffnungszeiten: Di. – Fr. 9.00 – 16.00, Sa. ab 11.00 Uhr, www.utvandrarnashus.se).

Xperiment Hus

In dem 100 Jahre alten Lokomotivschuppen können Kinder und Erwachsene nach Herzenslust experimentieren und die Welt der Wissenschaft und Technik erkunden (Öffnungszeiten: Di. – Fr. 10.00 bis 16.00, Sa., So. ab 11.00 Uhr, Regementsgatan).

Smålands Museum Im Bezirksmuseum werden die småländische Kulturgeschichte, Archäologie sowie Wald- und Landwirtschaft dokumentiert. Das äußerst sehenswerte schwedische Glasmuseum zeigt eine repräsentative Sammlung aus fünf Jahrhunderten – die ideale Einstimmung auf eine Fahrt durch das Glasreich (Öffnungszeiten: Sept. – Mai Di. – Fr. 10.00 – 17.00, Sa., So. ab 11.00, Juni – Aug. Mo. – Fr. 10.00 – 17.00, Sa., So. ab 11.00 Uhr, www.smalandsmuseum.se).

Kronoberg Ungefähr 5 km nördlich vom Zentrum steht auf einer kleinen Insel im Helgasjön die Ruine des Schlosses Kronoberg. Die aus dem 14. Jh. stammende Anlage war zunächst Bischofsresidenz und wurde dann Königsgut.

VÄXJÖ ERLEBEN

AUSKUNFT

Touristenbüro
Residenset, Stortorget
Kronobergsgatan 7
35112 Växjö
Tel. (04 70) 73 32 80
www.turism.vaxjo.se
turistbyran@vaxjo-co.se

ESSEN

► Erschwinglich

Elite Stadshotellet
Kungsgatan 6
Tel. (04 70) 134 00
In diesem zum Stadshotell gehörenden Restaurant wird moderne schwedische Küche geboten. Die Einrichtung ist schnörkellos und stilvoll. Im Sommer kann man auch draußen sitzen und das Treiben auf der belebten Kungsgatan beobachten.

ÜBERNACHTEN

► Komfortabel

Tofta Strand Hotell & Konditori
Lenhovdavägen 72
Tel. (04 70) 652 90, Fax 614 02
www.toftastrand.nu
Gemütliches, kleines Hotel in schöner Lage auf einem Wassergrundstück am Toftasjö mit Zimmern und Hütten zu Niedrigpreisen. Das kleine Extra: köstliche, hausgemachte Back- und Konditoreiwaren.

EINKAUFEN

Zauberhaftes Glas
Die Hütte Bergdala bei Växjö ist für ihr blaues Glas bekannt. In Kosta werden Gläser in sehr modernem Design geschaffen, großer Verkaufsraum, Tel. (04 81) 316 50. In der Glashütte Orrefors erzeugen zehn Designer neben bunten Glaskunstwerken auch wunderschöne aus Kristallglas, Tel. (04 81) 428 81. Öffnungszeiten siehe Special S. 362. Über weitere Glashütten informiert die Glasriket Tourism AB, 38280 Nybro, Tel. (04 81) 452 15, www.glasriket.se

Baedeker-Empfehlung

Kostbares Papier
Der kleine Ort Lessebo liegt in der Mitte zwischen Växjö und Kalmar. Hier kann man handgeschöpftes, nach jahrhundertealter Tradition hergestelltes Papier kaufen oder sich auf einer Führung die Papierherstellung erklären lassen (Lessebo Handpappersbruk, Tel. 04 78/476 91, Papierverkauf Mo. – Fr. 9.00 – 16.00 Uhr).

★ Ystad

D 1

Landschaft: Skåne (Schonen)
Einwohnerzahl: 27 000
Provinz: Skåne Län
Höhe: Meereshöhe

Mit über hundert alten Fachwerkhäusern besitzt Ystad einen der schönste Stadtkerne in ganz Schweden. Mittelalterliche Atmosphäre mit verwinkelten Innenhöfen und altersschiefen Häusern erlebt man am intensivsten beim einem Bummel durch die kopfsteingepflasterten Gassen.

Die südschwedische Hafenstadt Ystad liegt an der schonischen Ostseeküste. Im Mittelalter war sie ein Hauptort für den Heringsfang. Ursprünglich dänisch, kam sie erst 1658 an Schweden. Ihre eigentliche Blütezeit setzte mit der napoleonischen Kontinentalsperre (1806 – 1810) ein, als der Handel mit Schmuggelware den Bürgern in kürzester Zeit hohe Gewinne brachte.

Sehenswertes in Ystad

Nördlich des Marktplatzes gelangt man zur Petrikirche (13. Jh.). Nahebei steht das ehemalige Franziskanerkonvent, nach dem in Vadstena das besterhaltene in Schweden. Im Jahr 1267 wurde mit dem Bau begonnen, nach der Profanierung durch die Reformation um 1530

Auch heute noch findet man beim Kloster in Ystad Ruhe.

Bokia
Bokia Bok och Pappershandel Bokia

benutzte man den Gebäudekomplex als Spital, Schnapsbrennerei und Lagerhaus. Heute dienen die Konventsgebäude auch als Stadtmuseum (Öffnungszeiten: Juni – Aug. Mo. – Fr. 10.00 – 17.00, Sa., So. 12.00 – 16.00 Uhr).

Das Alte Rathaus am **Stortorg** wurde über einem Keller mit Kreuzgewölben aus dem 14. Jh. errichtet. Am Stortorg steht auch die Marienkirche, deren geschweifte kupferne Haube aus dem 16. Jh. ein Wahrzeichen der Stadt ist. Vom Turm blickt noch heute der Wächter über die Stadt, sein Hornsignal ertönt nachts zu jeder Stunde. Im 14. Jh. wurde ein Turm angefügt, der später bei einem Sturm einstürzte und Teile des Kirchenschiffs zerstörte. Der dänische König Frederik III. förderte den Wiederaufbau. Das Innere ist reich geschmückt und mit schönen Schnitzereien ausgestattet. Sehenswert ist auch die wertvolle Silbersammlung.

Baedeker TIPP

Spettkaka

Auf den ersten Blick haben Spettkaka, die man in fast jeder Konditorei sieht, große Ähnlichkeit mit unserem Baumkuchen. Doch der schonische Spettkaka ist ein knuspriger Kuchen aus Fett, Eiern, Zucker und Mehl, der über offenem Feuer getrocknet wird. Ein leckeres Souvenir, aber nicht leicht zu transportieren, denn die Pyramiden erreichen teilweise eine beeindruckende Größe und sind höchst zerbrechlich (Bild S. 62/63).

Südostwärts vom Stortorg liegt das **Charlotte-Berlins-Museum**, ein Bürgerhaus mit schöner Einrichtung aus dem 19. Jh. (Öffnungszeiten: Juni – August Mo. – Fr. 12.00 bis 17.00, Sa., So. bis 16 Uhr).
Nur wenige Schritte weiter südlich steht das regionale **Kunstmuseum** mit einer guten Sammlung von Kunst des 19. und 20. Jh.s aus Schonen und Dänemark, ferner Gastausstellungen, Fotogalerie, Museumsladen und Café (Öffnungszeiten: Mitte Juni – Ende Aug. Di. – Fr. 10.00 – 17.00, Sa., So. 12.00 – 16.00 Uhr, sonst Di. – Fr. 12.00 – 17.00, Sa., So. bis 16.00 Uhr).

✶ **Fachwerkhäuser**

An der Ecke von Stora Östergatan und Pilgränd steht das teilweise von 1480 stammende Pilgrändshus, angeblich Skandinaviens ältester erhaltener Fachwerkbau. Der gegenüberliegende Aspelinska Gården (1778) war einst Eigentum einer erfolgreichen Goldschmiedfamilie. Weiter östlich und etwas abseits der Stora Östergatan liegt der Per Hälsas Gård, der mehrere Gebäude aus dem 17. – 19. Jh. umfasst.

Sandskog

Östlich außerhalb des Zentrums liegt der Sandskog (Sandwald). Zu Beginn des 19. Jh.s wurden hier zum Schutz gegen den vom Wind herangetragenen Flugsand Bäume angepflanzt. Heute ist die Gegend ein Naherholungsgebiet mit schönen Badestränden. Die Strände ziehen sich bis Nybrostrand hin und sind meist von kleinen Dünen begrenzt.

← *Die gemütliche Altstadt von Ystad*

YSTAD ERLEBEN

AUSKUNFT

Ystads Turistbyrå
St. Knuts Torg
27142 Ystad
Tel. (04 11) 57 76 81
www.ystad.se, turistinfo@ystad.se

ESSEN

► Fein & Teuer

Restaurang Store Thor
Stortorget
Tel. (04 11) 185 10
www.storethor.se
Hier speist man gut und stimmungsvoll in den aus dem 15. Jh. stammenden Kellergewölben des Alten Rathauses.

► Erschwinglich

Bryggeriet
Långgatan 20, Tel. (04 11) 699 99
www.restaurangbryggeriet.nu
Minibrauerei und Restaurant. Das »Ysta Färsköl« wird in Kupferkesseln mitten im Restaurant gebraut. Die Küche verwendet bei der Zubereitung der Speisen, wo immer es geht, einen kräftigen Schluck Bier.

► Preiswert

Bäckahästens Kaffeestuga
Lilla Östergatan 6
Tel. (04 11) 140 00
Gemütliches Kaffeehaus, im Sommer auch Gaststätte mit Mittagstisch. Besonders schön ist es im Sommer, wenn im Freien am alten Apotheksgarten serviert wird.

Sandskogens Värdshus
Saltsjöbadsvägen, Tel. (04 11) 147 60
www.sandskogensvardhus.se
Schönes altes Holzhaus in Strandnähe. Um die Mittagzeit wird ein preisgünstiges und gutes »Dagens Rätt« serviert.

ÜBERNACHTEN

► Komfortabel

Anno 1793 Sekelgården
Långgatan 18
Tel. (04 11) 739 00
Fax 189 97
36 Zi., www.sekelgarden.se
Kleines, familiengeführtes Hotel im Herzen von Ystad. Das Hotel ist in einem Fachwerkhaus untergebracht, die Zimmer sind liebevoll eingerichtet und sprühen vor Nostalgie.

Ystads Saltsjöbad
Saltsjöbadsvägen 15
Tel. (04 11) 136 30
Fax 55 58 35
www.ystadssaltsjobad.se
Grandhotel in einzigartiger Lage direkt am Meer vor den Toren Ystads. Hervorragende Küche. Leider ist der Sandstrand beim Hotel recht schmal.

FREIZEIT UND SPORT

Badestrände
Östlich von Ystad, zwischen Ales Stenar und Skillinge liegen kilometerlange Sandstrände, der schönste Abschnitt ist bei Sandhammaren.

! Baedeker TIPP

Auf Kurt Wallanders Spuren

Jetzt kann man in Ystad auch auf den Spu
von Kurt Wallander wandern. In zehn Man
Büchern hat der melancholische Kommissar
bisher versucht, mysteriöse Morde in seiner
Heimatstadt aufzuklären. Mehr als 30 Scha
plätze listet der »Wegweiser für Wallander-F
(kostenlos im Touristenbüro erhältlich) auf.
treue Wallander-Fan quartiert sich im Hotel
Continental ein, isst im »Lottas« zu Abend
trinkt seinen Kaffee in »Fridolfs Konditori«.

Ein Hauch von Stonehenge: Auch Ales Stenar diente als Kalender.

Umgebung von Ystad

Örups Stenhus

Fährt man von Ystad in nordöstlicher Richtung auf der Str. Nr. 19, so erreicht man nach 19 km Örups Stenhus, eine der ältesten Burgen in Skåne. Sie wurde um 1490 erbaut und hat Ähnlichkeit mit Schloss Glimmingehus.

Valleberga

Knapp 17 km östlich von Ystad steht in Valleberga die einzige erhaltene Rundkirche Skånes aus dem 12. Jh. Sie besitzt den gleichen Grundriss wie die Rundkirchen auf der dänischen Insel Bornholm, die früher zum selben Stift gehörten. Den Taufstein der Valleberga-Kirche fertigte im 12. Jh. ein gotländischer Steinmetzmeister mit dem Namen »Magister Maiestatis« an. Im frei stehenden mittelalterlichen Wehrturm ist ein Museum untergebracht.

✶ Ales Stenar

An der Küste südöstlich von Ystad liegt das kleine Fischerdorf Kåseberga. Etwas erhöht über dem Strand befindet sich die hervorragend erhaltene Steinsetzung Ales Stenar, die höchstwahrscheinlich aus der Wikingerzeit stammt. Insgesamt 59 Steinblöcke bilden einen 67 m langen und 19 m breiten Schiffsgrundriss. Es könnte aber auch sein, dass Ales Stenar viel mehr als nur ein Wikingergrab ist, da man mit der Steinsetzung auch die Tage des Sonnenjahres und die Stunden des Tages bestimmen kann.

Schloss Snogeholm Verlässt man Ystad in nördlicher Richtung auf der Str. Nr. 13, erreicht man noch vor Sjöbo Schloss Snogeholm. In wunderschöner Lage auf einer Landzunge im Snogeholmssjön war es ursprünglich eine Burg aus dem 15. Jh., die um 1860 im französischen Barock umgebaut wurde. Heute beherbergt es ein exklusives Hotel.

Simrishamn Idyllisch und liebevoll herausgeputzt präsentiert sich das Fischerstädtchen im Sommer seinen Besuchern. So ist es auch eine Freude, vom Gästehafen über den Marktplatz und weiter entlang der Storgatan zu schlendern und in die engen Gassen mit den niedrigen in Pastelltönen gestrichenen Häusern einzutauchen. Wer lieber baden möchte, findet in der Umgebung viele schöne Strände.

St. Nicolai ► Die St. Nicolaikirche wurde im 12. Jh. aus grauem Halla-Stein erbaut, doch lange war ihre Fassade hinter Zementputz versteckt. Als der Künstler Carl Milles in Simrishamn zu Besuch war, versprach er, dem Ort eine seiner Skulpturen zu schenken, wenn sie doch nur die Kirche von diesem hässlichen Putz befreien würde. Der Handel war erfolgreich, denn heute hat die Kirche wieder ihre unverputzte Fassade und auch Carl Milles hat Wort gehalten: Auf dem Rasen steht eines seiner Werke. Im Innern sind die Kanzel mit einem Monogramm von König Christian IV., das prächtige Taufbecken und das Votivschiff von 1776 sehenswert.

Glimmingehus ist die besterhaltene mittelalterliche Burg von ganz Skandinavien.

◄ Österlens Museum

Das Museum im Zentrum zeigt Ausstellungen zu Fischerei und Seefahrt sowie zur Klöppeltradition in Österlen (Öffnungszeiten: Mitte Juni – Mitte Sept. Mo. – Fr. 10.00 – 18.00, Sa. bis 14.00, sonst Di. – Fr. 12.00 – 16.00, Sa. bis 14.00 Uhr).

✶ Glimmingehus

Auch Selma Lagerlöf muss von Glimmingehus beeindruckt gewesen sein, denn sonst hätte sie den kleinen Nils Holgersson kaum so ausführlich über die mittelalterliche Burg berichten lassen. Die Burg, südöstlich von Simrishamn etwas landeinwärts gelegen, wurde 1499 begonnen und seit der Fertigstellung nicht mehr verändert. Reichsadmiral und Reichsrat Jens Holgerson Ulfstad war der Auftraggeber, Adam van Düren, der sich schon in Köln und Lund einen Namen gemacht hatte, der Baumeister. Zahlreiche Verteidigungsanlagen und Wassergräben betonen den Festungscharakter. Eindringlinge konnten mit kochendem Wasser oder Pech begossen werden, jedes Stockwerk war einzeln zu verteidigen und notfalls wurde die enge Treppe mit schweren Steinplatten blockiert. Im Treppenhaus steht der »Vildmann«, eine Kalksteinskulptur, die noch von Adam van Düren stammt und wahrscheinlich den Bauherren mit Keule und erlegten Hasen darstellt. Im Sommer finden in der Burg **Ritterspiele**, Mittelalterfestivals und nächtliche Führungen statt (Öffnungszeiten: Juni – Juli tgl. 10.00 – 18.00, April, Mai, Aug., Sept. 11.00 – 16.00 Uhr).

Kivik

Von Simrishamn führt die Str. Nr. 9 rund 20 km nach Norden zu dem kleinen Küstenort Kivik. Mitten im Apfelanbaugebiet von Österlen liegt das größte Rollsteingrab Schwedens. Das Königsgrab aus der Bronzezeit ist leicht an dem beeindruckenden Steinhaufen mit 75 m Durchmesser zu erkennen. Im Innern befindet sich eine Kammer mit Steinritzungen, auf denen Sonnenräder, Pferde und Wagen zu sehen sind (Öffnungszeiten der Grabkammer: Mai – August täglich 10.00 – 18.00 Uhr).

Etwas südlich von Kivik liegt direkt an der Küste der nur 4 km² große **Nationalpark Stenshuvud** mit reichhaltiger Pflanzenwelt. Von den drei Gipfeln hat man einen schönen Blick übers Meer und die Steilküste. Von Södra Mellby erreicht man einen Parkplatz mitten im Nationalpark. Dort befindet sich das Naturum mit einer Informationsausstellung (Öffnungszeiten: Juni – Aug. 11.00 – 18.00, sonst bis 16.00 Uhr).

Steinritzungen im Grab von Kivik

REGISTER

Hinweis: Der schwedische Buchstabe Å, å wird hier eingeordnet wie a. Zum schwedischen Alphabet siehe S. 89.

a

b

c

d

e

BILDNACHWEIS

AKG S. 42
Bildagentur Huber S. 108 (links), 109 (unten), 122/123, 319
Bildagentur Huber/Gräfenhain S. 48, 212,
Bildagentur Huber/Mezzanotte S. 169
Bildagentur Huber/Römmelt S. 119 (links), 221
Bilderberg/Boisvieux S. 38, 88, 240
Bilderberg/Madej S. 29, 37, 172, 216
Bilderberg/Modrak S. 46 (©VG Bild-Kunst, Bonn 2005), 312
Bilderberg/Poperfoto S. 60
Bilderberg/Schmid S. 99
Branscheid, Barbara S. 308
dpa/epa scanpix/Krister Halvars S. 283
Dumont Bildarchiv/ Nowak S. 182
Dumont Bildarchiv/Riehle S. 2, 5 (unten), 6, 13 (oben, Mitte), 14, 15, 41, 62/63, 71, 75, 79, 91, 103, 109 (Mitte), 113 (beide), 116, 117 (rechts), 118, 126, 137, 141, 164, 176, 180, 184, 218, 225, 226, 232, 241 (links u.), 244, 246, 251, 252, 253, 263, 265, 266, 270, 291, 294, 299, 300, 314, 328, 330, 334, 348, 350, 353, 355, 356, 361
Interfoto S. 52, 54, 57, 59
Istock/Marcus Lindström S. 302
laif/Daams S. 114 (rechts), 167
laif/Galli S. 5 (oben), 16, 174, 258, 278, 339, 358
laif/Hub S. 83, 125,
laif/Kreuels S. 100
laif/Modrow S. 197
look/Dressler S. 13 (unten), 25, 132, 236, 366
look/Martini S. 4
look/Gruene S. 209
mauritius images S. 336
mauritius images/age fotostock S. 7, 8, 10/11, 20, 106/107, 109 (oben), 119, 207, 262, 316
mauritius images/Boerner S. 261 (rechts o.)
mauritius images/Credit Super Stock S. 248
mauritius images/Great Shots S. 9, 179
mauritius images/Ekholm S. 34
mauritius images/Guierig S. 111
mauritius images/Magnusson S. 273
mauritius images/Nordic fotos S. 249 (rechts o.)
mauritius images/Rommelt S. 120
mauritius images/Schmidt-Luchs S. 14
mauritius images/Schröder S. 11
mauritius images/Rommelt S. 120
mauritius images/Westend 61 S. 369
mauritius images/Wiede S. 210
Nahm, Peter M./Pfaffinger S. 3, 5, 12, 24, 65, 73, 74, 76, 80, 85, 114 (links), 140, 142, 148, 166, 189, 194, 199, 241 (links o.), 241 (rechts), 242, 249 (links o.), 256, 267, 275, 288, 332, 346, 347
Nowak, Christian S. U2, 14, 63 (rechts), 77, 105, 108 (rechts), 123, 146, 151, 152, 154, 158, 160 (© VG Bild-Kunst, Bonn 2005), 163, 201, 228, 230, 238, 249 (rechts u.), 280, 284, 296, 304, 306, 314, 315, 327, 360, 362, 365, 370, 371
picture alliance/dpa S. 23, 30, 64, 117 (links), 119 (unten), 131, 192, 203, 205, 250, 260, 261 (links o. und u.), 287, 341
Rotkäppchen S. 325
Szerelmy, Beate S. 295, 310, 311 (alle drei)
Wirths PR S. 190
WMF S. 243

Titelbild: Getty Images/Johner

VERZEICHNIS DER KARTEN & GRAFISCHEN DARSTELLUNGEN

IMPRESSUM

Ausstattung:
209 Abbildungen, 32 Karten und grafische Darstellungen, eine große Reisekarte
Text:
Wolfgang Hassenpflug, Rasso Knoller, Peter M. Nahm, Dr. Christian Nowak, Dina Stahn
Überarbeitung:
Dr. Christian Nowak, Rasso Knoller
Bearbeitung:
Baedeker-Redaktion (Beate Szerelmy)
Kartografie:
Klaus-Peter Lawall, Unterensingen; Franz Kaiser, Sindelfingen: MAIRDUMONT/Falk Verlag, Ostfildern (Reisekarte)
3D-Illustrationen:
jangled nerves, Stuttgart
Gestalterisches Konzept:
independent Medien-Design, München (Kathrin Schemel)

Sprachführer in Zusammenarbeit mit Ernst Klett Sprachen GmbH, Stuttgart,Redaktion PONS Wörterbücher

Chefredaktion:
Rainer Eisenschmid,
Baedeker Ostfildern

7. Auflage 2011

Urheberschaft:
Karl Baedeker Verlag, Ostfildern

Nutzungsrecht:
MAIRDUMONT GmbH & Co KG; Ostfildern

Printed in China
Gedruckt auf 100% chlorfrei gebleichtem Papier

i atmosfair

nachdenken • klimabewusst reisen

atmosfair

Reisen bereichert und verbindet Menschen und Kulturen. Jedoch wer reist, erzeugt auch CO_2. Dabei trägt der Flugverkehr mit bis zu 10% zur globalen Erwärmung bei. Wer das Klima schützen will, sollte sich somit nach Möglichkeit für die schonendere Reiseform entscheiden (wie z. B. die Bahn). Wenn keine Alternative zum Fliegen besteht, kann man mit atmosfair handeln und klimafördernde Projekte unterstützen.

atmosfair ist eine gemeinnützige Klimaschutzorganisation unter der Schirmherrschaft von Klaus Töpfer. Die Idee: Flugpassagiere spenden einen kilometerabhängigen Beitrag für die von ihnen verursachten Emissionen und finanzieren damit Projekte in Entwicklungsländern, die dort den Ausstoß von Klimagasen verringern helfen. Dazu berechnet man mit dem Emissionsrechner auf **www.atmosfair.de** wieviel CO_2 der Flug produziert und was es kostet, eine vergleichbare Menge Klimagase einzusparen (z.B. Berlin – London – Berlin 13 Euro). atmosfair garantiert die sorgfältige Verwendung Ihres Beitrags. Auch der Karl Baedeker Verlag fliegt mit *atmosfair*. Unterstützen auch Sie unser Klima. Alle Informationen dazu auf www.atmosfair.de.

BAEDEKER VERLAGSPROGRAMM

- Ägypten
- Algarve
- Allgäu
- Amsterdam
- Andalusien
- Argentinien
- Athen
- Australien
- Australien • Osten
- Bali
- Baltikum
- Barcelona
- Bayerischer Wald
- Belgien
- Berlin • Potsdam
- Bodensee
- Brasilien
- Bretagne
- Brüssel
- Budapest
- Bulgarien
- Burgund
- Chicago • Große Seen
- China
- Costa Blanca
- Costa Brava
- Dänemark
- Deutsche Nordseeküste
- Deutschland
- Deutschland • Osten
- Djerba • Südtunesien
- Dominik. Republik
- Dresden
- Dubai • VAE
- Elba
- Elsass • Vogesen
- Finnland
- Florenz
- Florida
- Franken
- Frankfurt am Main
- Frankreich
- Frankreich • Norden
- Fuerteventura
- Gardasee
- Golf von Neapel
- Gomera
- Gran Canaria
- Griechenland
- Griechische Inseln
- Großbritannien
- Hamburg
- Harz
- Hongkong • Macao
- Indien
- Irland
- Island
- Israel
- Istanbul
- Istrien • Kvarner Bucht
- Italien
- Italien • Norden
- Italien • Süden
- Italienische Adria
- Italienische Riviera
- Japan
- Jordanien
- Kalifornien
- Kanada • Osten
- Kanada • Westen
- Kanalinseln
- Kapstadt • Garden Route
- Kenia
- Köln
- Kopenhagen
- Korfu • Ionische Inseln
- Korsika
- Kos
- Kreta
- Kroatische Adriaküste • Dalmatien
- Kuba
- La Palma
- Lanzarote
- Leipzig • Halle
- Lissabon
- Loire
- London
- Madeira
- Madrid
- Malediven
- Mallorca
- Malta • Gozo • Comino
- Marokko
- Mecklenburg-Vorpommern
- Menorca
- Mexiko
- Moskau
- München

- Namibia
- Neuseeland
- New York
- Niederlande
- Norwegen
- Oberbayern
- Oberital. Seen • Lombardei • Mailand
- Österreich
- Paris
- Peking
- Piemont
- Polen
- Polnische Ostseeküste • Danzig • Masuren
- Portugal
- Prag
- Provence • Côte d'Azur
- Rhodos
- Rom
- Rügen • Hiddensee
- Ruhrgebiet
- Rumänien
- Russland (Europäischer Teil)
- Sachsen
- Salzburger Land
- St. Petersburg
- Sardinien
- Schottland
- Schwäbische Alb
- Schwarzwald
- Schweden
- Schweiz
- Sizilien
- Skandinavien
- Slowenien
- Spanien
- Spanien • Norden • Jakobsweg
- Sri Lanka
- Stuttgart
- Südafrika
- Südengland
- Südschweden • Stockholm
- Südtirol
- Sylt
- Teneriffa
- Tessin
- Thailand
- Thüringen
- Toskana
- Tschechien
- Tunesien
- Türkei
- Türkische Mittelmeerküste
- Umbrien
- Ungarn
- USA
- USA • Nordosten
- USA • Nordwesten
- USA • Südwesten
- Usedom
- Venedig
- Vietnam
- Weimar
- Wien
- Zürich
- Zypern

BAEDEKER ENGLISH

- Andalusia
- Austria
- Bali
- Barcelona
- Berlin
- Brazil
- Budapest
- Cape Town • Garden Route
- China
- Cologne
- Dresden
- Dubai
- Egypt
- Florence
- Florida
- France
- Gran Canaria
- Greece
- Iceland
- India
- Ireland
- Italy
- Japan
- London
- Mexico
- Morocco
- New York
- Norway
- Paris
- Portugal
- Prague
- Rome
- South Africa
- Spain
- Thailand
- Tuscany
- Venice
- Vienna
- Vietnam

LIEBE LESERINNEN, LIEBE LESER,

ein herzliches Dankeschön, dass Sie sich für einen Baedeker Allianz Reiseführer entschieden haben. Er wird Sie zuverlässig auf Ihrer Reise begleiten und Sie nicht im Stich lassen.
Natürlich beschreibt er die wichtigen Sehenswürdigkeiten, aber er empfiehlt auch die nettesten Kneipen und Bars, dazu Hotels für den großen und kleinen Geldbeutel, gibt Tipps für Restaurants, Shopping und für vieles mehr, was eine Reise zum Erlebnis macht. Dafür haben unsere Autoren Sorge getragen. Sie sind für Sie regelmäßig nach Schweden gereist und haben all ihre Erfahrungen und Kenntnisse in diesen Reiseführer gepackt.

Trotzdem: Die Erfahrung zeigt, dass Fehler und Änderungen nach Drucklegung, für die der Verlag keine Haftung übernehmen kann, nicht ausgeschlossen werden können. Für Kritik, Berichtigungen und Verbesserungsvorschläge sind wir Ihnen außerordentlich dankbar. Schreiben Sie uns, mailen Sie uns oder rufen Sie an:

► **Verlag Karl Baedeker GmbH**
Redaktion
Postfach 3162
D-73751 Ostfildern
Tel. (0711) 4502-262, Fax -343
E-Mail: info@baedeker.com

Besuchen Sie uns auch im Internet unter www. baedeker.com. Hier finden Sie jeden Monat den aktuellen Reisetipp der Redaktion und das gesamte Verlagsprogramm. Hier können Sie auch lesen, wer Karl Baedeker war und wie er seinen ersten Reiseführer geschrieben hat. Mit seinen über 180 Jahren ist der Karl Baedeker Verlag der älteste Reiseführer-Verlag der Welt.

www.baedeker.com

ZU GEWINNEN: STADTREISE NACH LONDON

Unter allen Einsendungen verlost der Verlag am Jahresende – unter Ausschluss des Rechtswegs – eine Städtekurzreise für zwei Personen nach London.
Freuen Sie sich auf ein spannendes Wochenende in London. Natürlich ist ein Baedeker Allianz Reiseführer London auch dabei!